泉州文库

遐庵题

閩中理學淵源考卷三十三

文毅洪陽巖先生天錫學派

按：先生以開濟偉畧，爲廟堂倚重，同郡丘氏葵，早志考亭之學，遊先生之門者最久。又同時有徐擇齋先生明叔者，亦與公同學齊名。考泉南九日山石刻舊題，寶祐六年，公嘗從徐公明叔、梁公椿選、呂公中、方公澄孫、王公廣翁同遊紀盛，故梁、呂、方俱列之交友焉。王廣翁未詳，待考。再按：南軒門人蘇氏國台從孫三英亦登公與擇齋之門，可知洪、徐二公爲一時典型物望，宋季學派賴以維持，淵源所漸盛矣。

文毅洪陽巖先生天錫

洪天錫，字君疇，號陽巖，晉江人。寶慶二年進士。授廣州司法，歷知古田縣。剖決無留，按誅倚藩邸勢殺人者。調通判建寧郡。大水，擅發常平倉賑之。擢諸司糧料院，拜監察御史兼崇政殿說書。理宗寶祐間，宦寺肆橫外閫，朝紳多出門下，廟堂不敢言。天錫來自孤遠，首疏以正心格君爲說，且曰：“臣職在憲府，不惟不能奉承大臣風旨，亦不敢奉承陛下風旨。”朝端耳目，一時聳動。次月，囊封申劾宦官董宋臣、外戚謝堂、知慶元府屬文翁不法狀。疏上，理宗力護之，令大臣吳燧宣諭再三，天錫力爭，謂：“貴倖作姦犯科，根柢蟠固，異日勢焰愈張，雖欲活之不可得已。”理宗俾天錫易疏，欲自戒飭之。天錫言：“自古姦人外雖憑怙，心未嘗不畏人主之知，苟知之而止戒飭，則憑怙愈張，反不若未知之爲愈。”章五上，出關待罪。有詔謝堂、屬文翁已改命，宋臣續處。天錫言：“臣義不與宋臣共留。”會天雨土，天錫奏：“其異爲蒙，爲不辨君子、小人所致。”又言："今蜀中地震,浙、閩大水,上下困窮,遠近怨疾,獨貴戚巨閹,安享富貴,不知陛下能獨與數十人者共天下乎?"值宋臣復奪民田,天錫申劾之,上猶力護。天錫又言："修内司祇供繕修,比年動稱御前,故凡姦贓老吏、積捕兇渠皆竄名其間,有司不得舉首,小民展轉受害,恐使後日史臣書曰:内司之横,自今日始。"不報。疏至六七上,最後請還御史印,謂："朝廷輕給舍臺諫、百司庶府,而獨重北司,倉卒之際,臣實懼焉。"言雖不果行,然終帝之世,閹人不至大竊威福,蓋天錫有力云。御筆改大理少卿,遷太常,皆不拜。明年起知潭州兼湖南安撫使。至則戢盜賊,尊先賢,踰年大治。遷直寶謨閣、廣東運判,決疑獄,劾貪吏,治財賦,皆有法則。召爲秘書監侍講,以贖辭,升秘閣修撰、福建轉運副使,又辭。度宗即位,以侍御史兼侍讀累召,辭,不許,乃疏所欲對病民五事:曰公田、曰會子、曰銀綱、曰鹽鈔、曰賦役。又言："在廷無嚴憚之士,何以寢姦謀?遇事無敢諍之臣,何以臨大節?人物稀疎,精采銷慄,隱情惜己者多,忘身殉國者少。"擢工部侍郎兼直學士院,加顯文閣待制、湖南安撫使、知潭州,改漳州,皆力辭。又明年,改福建安撫使,力辭,不許。至官,首罷亭户買鹽之累,止荔枝貢。召爲刑部尚書,進顯文閣直學士。五辭召命,特改華文閣,奉祠,轉端明殿學士,致仕。咸淳八年,卒。疾革,草遺表以規君相。上震悼,贈正議大夫,謚文毅。天錫動有準繩,居官清介,臨事是非,不憚面折。所著奏議、《經筵講義》、《通禮輯畧》、《味言發墨》、《陽巖文集》。宋周密曰:近世敢言之士,雖間有之,其終始一節,明目張膽,言人所難,絶無僅有,惟温陵洪公一人。《閩書》,參《宋史》

秘書吕時可先生中以下交友。

吕中,字時可,晉江人。淳祐七年進士。歷沂靖惠王府諸王官大小學教授。輪對,言："當去小人之根,革贓吏之弊。"遷國子監丞,兼崇政殿説書。奏乞晚輪二員説書,夜輪講官直宿,以備顧問。又言："進講經史,乞依正文進讀,不宜節貼避忌,不惟可察古今治亂,亦以革臣下諂諛之習。"又言："人能正心,則事不足爲;君能正心,則天下不足治。"尋以兄卒無後,請假歸葬。明年,以秘書郎召。丁大全忌其直,徙汀州。在汀茸年,演《易》爲十圖。景定中,復舊官。卒。著《皇朝大事記》、《治迹要畧》、《論語講義》。《閩書》

正守梁壽卿先生椿選

梁椿選,字壽卿,晉江人。淳祐元年,以省試經魁登第,有文學之譽。歷官通正守。寓在安溪來蘇里,作湖山書院,學士多從之遊,亦寓賢也。再考《安溪清水寺志》,景定四年,梁公曾爲承議郎行監察御史,崇政殿説書,有記文可考云。按:梁公椿選倡學湖山之來蘇里,其遺踪往迹,莫得詳矣。嘗讀《清源文獻》,公於咸淳元年季春撰《安溪大成殿記畧》曰:"夫子之道,固不以廟興廢爲存亡,然示學者之依歸,尊正傳之宗主,賴有此爾。今爲吏者,惟知簿書期會之間,上以督責爲功,下以趨避爲能,至有漠然視學校如傳舍者,聖賢之居,頹弊摧壓,慢不之恤,風俗日卑,人材日陋,莫有知其故者。鍾侯國秀於邑焦熬,不憚撙節,興此鉅役,是則可書也已。"觀此,知公之崇奬名教,挽回風俗,所以規警爲吏者至深切,洵爲清溪一時興學之倡。欲俎豆湖山師席者,能無溯厥淵源哉?再按:梁公事跡,安溪舊邑志只載在《莫方》内,未曾立傳,謂公係寓賢也。因志乘缺"寓賢"一類,附見之此爾。後之欲修葺邑乘者,似當增補此門目,奉文公朱子爲寓賢之首。蓋文公之簿同安時,奉檄往來安溪,愛其山川清淑,是公開人文之先,其始基之矣。謹識之以待考訂。乾隆丁丑六月初十日。

丁丑六月,本《閩書》紀此傳之後,因挾兒輩及黄甥等赴郡應試。念一日舟行九日山,是日於延福寺午餐,扶杖登山麓,摩挲石刻,大槩宋元間碑蹟最盛,未得徧觀。因讀宋寶祐六年三月,徐仲晦諸公與公同遊九日山之勝,乃知公與諸賢同時往復,自是一時之選。因與甥輩、兒輩考同,記憶石刻,取筆録歸。今并附載備考。

寶祐六年三月甲戌,徐明叔仲晦、洪天錫君疇、方澄孫蒙仲、王廣翁居安、梁椿選壽卿,同登懷古寺,酌菩薩泉瀹茶,觀石像,訪姜、秦舊蹟,小飲聚秀,摩挲明翰墨,探韻賦詩,抵暮期而不至,吕中時可。

乾隆三十一年丙戌六月十四日,以旱暵踏勘田畝,是晚上清水巖宿,尋訪《清水志》。僧因取出舊刻底本數帙,爲明季邑令許公自表所葺者,内載《蓬萊山清水寺興造記》一篇,爲有宋徐公明叔記,知安邑事黄裳篆蓋,承議郎行監察御史、崇政殿説書梁椿選立石,其記之年爲景定四年四月吉日。讀此,則梁公曾爲監察御史、崇政殿説書。而本傳寥寥莫詳,只叙歷官通正守。今增入本傳,録此附考。《閩書》、《清源文獻》、《安溪邑志·莫方類》、《清水巖志》

備　考

　　洪氏天錫序趙《四書纂疏》曰：或問尹和靖讀《易傳》之法，和靖曰："體用一源，顯微無間。"李延平聞之曰："此語固好，然學者須理會六十四卦、三百八十四爻，皆有歸著，方可及此。"二先生豈異旨哉？言各有當也。蓋學不可以徒博，亦不可以徑約。徒博則雜，徑約則孤，此約禮必先之以博文，而詳說乃所以反約也。文公朱子之於《論》、《孟》，既成《集義》，又作《詳說》，既約其精者爲《集注》，又疏其所以去取之意爲《或問》，其後《集注》删改，日以精密，而《或問》遂不復修。文公自謂《集注》乃集義之精細，一字稱輕等重，不可增减，讀《論》、《孟》者，取是書焉可也。格庵趙公復取文公口授，及門人高弟，退而私淑與《集注》相發者，纂而疏之，閒以所聞，附於其後，使讀之者如侍考亭師友之側，所問非一人，所答非一日，一開卷盡得之，博哉書乎！然非約之外有所謂博也。人莫不飲食也，知味者鮮。文公一生精力多在此書，一章之旨、一字之義，或數年更易而後定，或終夜思索而未安，學者以易心讀之，豈能得聖賢之意哉？如援先儒與諸家之説，有隨文直解，不以先後爲高下者，有二説俱通，終以前説爲正者，有二説相須，其義始備，不可分先後者。設非親聞，未易意逆，此纂疏所以有功於後學也。僕晚未聞道，加以衰聵廢學，公不鄙辱教，且命之曰序以屬子，竊惟《論》、《孟》二書，文公凡幾序矣，僕於《要義》而得熟讀深思、優游涵泳之説，於《訓蒙》而得本末精粗、無敢偏廢之説，又於《集義》而得操存涵養、體驗充廣之説，終身受持，猶懼不蔇，何敢復措一辭？抑文公曾有言曰："《大學》一書，有正經，有《注解》，有《或問》，看來看去，不用《或問》，只《注解》足矣。久之，不用《注解》，只正經足矣。又久之，自有一部《大學》在吾胸中，正經亦不用矣。"此文公喫緊教人處也，僕於《集注纂疏》亦云。

侍郎徐擇齋先生明叔學派

　　按：公爲西山真文忠公所鑒識指授，與陽巖洪公齊名，余氏謙一述摹詳矣。

侍郎徐擇齋先生明叔

徐明叔，字仲晦，晉江人。父伯嵩，理宗紹定五年進士。辟江淮制幕，秩滿，幹辦廣漕，清節益勵。除太學録，通判漳州，以廉聞。知英德府，徭寇不敢犯。召爲國子監丞。潮寇起，命知潮州，捕戮渠魁。除直秘閣、江右憲，歲歉，發義倉賑民。遷户部侍郎，改兵部。會元兵南下，憂憤卒。明叔學有源委，與洪天錫齊名，人稱擇齋先生。《閩書》、《莆陽文獻》

備　考

余氏謙一序《徐擇齋文集》曰：往歲，莆有後村劉公，福有竹溪林公，泉南有擇齋徐公、陽巖洪公，皆吾閩文章宗匠。竹溪、後村集既板行，家藏而人誦之矣。陽巖、擇齋後卒，不幸與壞劫會，嗣子、門生伏匿奔踣不暇，遺集久之莫克會萃，有志於斯文者歎息焉。一日，擇齋之子籌老，奉先集以授門人余謙一，俾爲之序。開編伏讀，則公年耆老，官顯榮之日所作。蓋公平生藁就輒棄，嗣子少長，始從旁抄録得之，兹特太山之毫芒耳。謙一既喜於成編，而又懼不敢當序筆，辭不獲，乃稽首而言曰：昔之人論著多矣。少壯之氣鋭而老則衰，窮苦之辭工而貴則墮，吕紫薇、周平園猶未免此病。而公年益老，官益高，作爲文章，略無一毫頹墮衰竭之態，此其故何哉？蓋不以老壯窮達爲進退者，氣實爲之。天地間有所謂至剛至大者，是爲浩然之氣，故孟氏之學以養氣爲先。是氣也，賁、育失其勇，儀、秦失其辯，良、平失其智。眉山蘇氏亦以是稱昌黎公，然後知孟子、韓子之文純粹明白，汪洋而大肆者，氣之所充也。豈特韓、孟爲然，蘇氏之文亦然。故欲論公之文者，不于其文而于其氣。公爲人剛方嚴峻，一介不以取予人，意所不可，雖當路有權勢者，不肯以辭色假借之。開口論時事，若不知有諱忌，以故憚黯疾固者多。入輒斥，召輒寢，所謂諫書、講卷、綸言、史筆，皆公所宜擅，曾不得一出其所長。山林歲月之外，麾節弓鈇，竟展轉外服以老。德祐初元，嘗以第一人起之，而公老且病矣。今觀公之論著，文與詩大抵尚妥律，不尚奇怪；尚典雅,不尚纖巧。陽巖每稱仲晦之文最宜臺閣,人以爲知言。公於書無所不讀,料飽而思敏,每下筆娓娓千百語不能休。西山真公之守泉也,公以翰墨受知,遂付以斯文之事,淵源所漸有本,固如是夫。因竊歎西山爲南渡歐、蘇,門人經指授者多以文名于世,四十年來,凋零殆盡,歸然靈光,獨東澗與公耳。二公歿,文章之統紀遂絕,而奎運終焉。嗚呼!斯文興廢,豈非天邪?讀斯編者,將必掩卷而流涕矣。

州守余子同先生謙一

余謙一,字子同,莆田人。祖奭之元孫,師魯之子也。與弟士明連中江西漕試,而謙一第咸淳元年進士,調泉州石井書院山長,召爲國子監書庫官,除太學博士,改宗正寺簿差,知化州。宋亡不仕。好爲古學,辭語渾成警切,名文章家。著述數十藁,兵後多散佚。士明亦以進士得官,知南安縣。

附　　録

《書文安公帖後》曰:右先文安公遺墨一紙,於里巷學童剪截故紙中得之,雖不甚完,猶得五十八字。蓋宦遊他鄉,與母家延陵氏①所作也。方承平時,公之真蹟,懸金莫能致,況兵火後乎?冷笋舊氊,誠吾家至寶。此紙爲家書內幅,不過候問彝恭耳。然篤實忠厚,藹然見於情文,自其本求之,孝之所推也。端方嚴重,凜然見於翰墨,由其內觀之,敬之所形也。書法,心法也。心法,家法也。艾軒先生論公父子,嘗媲之萬石君家。一言以蔽之,亦曰孝謹而已。烏乎!後之人其勿替之哉?

《寄軒記》曰:文章宗師曰歐、蘇氏。歐自瀧岡竣事,一迹不至家林,守潁樂其風土,遂爲終焉之計。蘇亦出蜀不復歸,既欲歸嵩洛,又欲居廬山,甚者以蒜山房客自詭,末年,竟歸陽羨以死。委先廬,樂僑寓,捨故鄉,留他國,詎非通人一蔽歟?丁丑寇作,吾族之甍,連棟接者化而爲烟爲埃,族之人往往流徙奔竄,近稍還集。顯伯弟於故居一牛鳴地,得三間墼屋,攜妻子以居,一軒明快,遂以

"寄"名,蓋曰吾先人之廬,吾力未能復而心未嘗忘,寄於此,非敢安於此。昔重耳以晉難,故奔於狄十二年,一朝至齊,即懷其安,不復以反國爲意,向微子犯,悔其可追乎? 茲名所以識也。夫不更宅,左氏所書;能復宇,周公所頌。予聞其言,而有取焉。莊、列之論,以身世爲逆旅,以宅居爲傳舍,此論行,能使人厭檢束而事猖狂,舍真實而崇幻妄。余又慮夫末流之弊,寄而至於喩也,故君子於此,不敢一日廢吾學。伯鸞之於吳,貧而寄者也,春廡之下,禮敬行焉。臺卿之於北海,急而寄者也,複壁之中,訓義出焉。乃若遭世亂離,少陵翁于夔、于襄、于成都,所寄無定。在詩,自夔州以後,鏗鈞蹈厲,端可上媲《風》、《雅》。循其所寄之跡,考其歲月,而論其爲人,學問功夫,誠有不可誣者。今顯伯之寄於斯,非他州異縣也,非傍人籬落也,其視二三子之困厄窮,亦足以爲安矣。人之情,當厭亂之餘,則喜聞放達之論,處幸安之境,則易忘兢畏之心。顯伯勉諸,此學之所以不可已也。顯伯爲余言,將求扁額二大字於石巖方子,予恐未悉其所以名,故爲之記如此,以著其心,而又使覽觀自省焉。

教授徐進齋先生幾學派

按:先生與何文定公基同以布衣被召,其學出自紫陽、西山之傳。宋之末造,宗朱學者儘多,其人往往託跡山長,晦匿海濱,未得與金華四子並傳者亦多矣。尋源溯派,望若晨星,余不能不憮然慨慕。

教授徐進齋先生幾

徐幾,字子與,號進齋,崇安人。嘗與詹琦築靜可書堂於武夷。博通經史,尤精於《易》,自晦翁之後,理學之傳,能臻其奧。景定間,廷臣交薦,與何基同以布衣召對,授崇政説書,上甚器重之。詔補迪功郎,遷建寧府教授兼典建安書院山長。撰經義以訓多士,宇內尊之,稱曰"進齋先生"。其撰《靜可書堂記》曰:余愛武夷佳山水,且有佳友,晚歲徙居焉。詹兄琦景韓,久從余遊,知其爲

人，孝弟忠信，天資近道，聞詩書仁義之名，言躍如也。一日，語余曰："某愛程
子云'性靜可以爲學'，因名讀書之室曰靜可，惟吾子一言以發之，是爲幸。"余
因進而語之曰：學者於道，能於其性之所近以求從入之門，於道可至。子性靜，
有志於學，誰曰不可？今夫利欲鬭進，躁競馳逐者，去道日遠，苟能收斂此心，鞭
逼向裏，勿爲外物所動，則其本立矣。故濂溪、明道二先生發明爲學之要必言靜
者，以大本所當先也。然伊川先生教人，又用敬不用靜者，以敬貫動靜，該體用，
若只用靜，恐都無事了，又失大本當先之意，故曰"敬則自靜虛"，又曰"靜中須
有物，始得必如是，乃可言靜"，謂之"可"者，亦僅可而有所未盡之辭。程伯子
言云："且以開學者從入之門耳。"會其歸要，其至則動靜無端，陰陽無始，聖人
之於天道脗合無間然也。《大學》之經曰："知止而后有定，定而后能靜，靜而后
能安，安而后能慮，慮而后能得。"此古昔聖賢道學相傳之要旨，請以主敬窮理
爲吾子勉。他日隱屏有人曰靜可學者，顧不羨美歟？

詹景韓先生琦

詹琦，字景韓，慕韓魏公爲人，故名琦。宋末隱武夷山南，築靜可書堂，與徐
幾日以聖學相勵。幾稱其"孝弟忠信，金石君子也"。有《滄浪集》。

朝請劉靜齋先生垕學派

按：晦翁没後，門徒高弟次第凋落，其緒言遺論，亦稍墜矣。公接守家學，
獨與蔡九峯、真西山相友善。其子忠簡先生欽又從九峯學，一時師友彙征，爲典
型之望，乾淳之後，稱再盛云。

朝請劉靜齋先生垕

劉垕，字伯醇，晦伯子。寶慶三年，知江寧。爲政愷悌，不擾而辦。制閫以
賢能薦，俾兼幕府。以收李全功，轉朝請大夫，知常州、衡州，移南劍州，辭疾，不

赴。素與蔡九峯、真西山相友善,與學徒熊竹谷輩講道終身。學者尊爲静齋先生。著有《毛詩解》、《家禮集註》。子欽。

王潛軒先生昭學派

按,《南安邑志·吕氏大圭傳》云:"大圭少學於鄉先生潛軒王昭,昭師陳北溪安卿,安卿師朱文公。"又泉郡萬曆間舊志《吕大圭傳》云:"大圭少學於陳北溪門人王昭,已復盡屏詞章,專務理學。"是邑志與郡志名字相符矣。獨《閩書·吕大圭傳》載:"圭叔少嗜學,師事王昭復,昭復之學,得之陳淳,陳淳之學,得之朱文公。"《同安志》亦與《閩書》同。伏考圭叔先生,《南安志》載爲邑之樸兜鄉人。則少時師事王氏昭,亦其鄉之人也。今從《南安志》、郡志爲據,而以《閩書》、《同安志》附考焉。再《閩書》有陳景溫傳,載景溫與同郡王昭復、成之等同時知名。考景溫在淳熙間,時内舍生王氏昭復與之同時,或别有王昭復其人歟? 待再考。

王潛軒先生昭

王昭,號潛軒。按,《南安邑志·吕大圭傳》:"大圭少學於鄉先生潛軒王昭,昭師陳北溪安卿,安卿師朱文公。號爲温陵截派云。"邑志、舊郡志、新郡志俱作王昭,《閩書》、《同安志》作王昭復。《南安邑志》

侍郎吕樸鄉先生大圭學派

按:先生之學,淵源於紫陽文公,世號"温陵截派"者也。宋祚運移,先生大節不奪,門徒丘氏葵贊之詳矣。胡氏一桂稱其《易學管見》,發明多好。所著《春秋或問》,何氏夢申跋後曰:"廣文吕先生,加惠潮士,諸士有以《春秋》請問者,先生出《五論》示之,咸駭未聞,因并求全薰。先生又出《集傳》、《或問》二書,蓋本文公之説而發明之。有《五論》以開其端,有《集説》以詳其義,又有《或問》以極其辨難之指歸,而《春秋》之旨昭白矣。夢申預聞指教,不敢私秘,與朋友謀而鋟諸梓,以廣其傳焉。"今考《春秋或問》二十卷、《五論》一卷、《易學管見》、《論語孟子解》,以傳在學者得存,然《管見》諸書皆不可見,見者又僅此云。詳見《通志堂經解原序》,今節録載之篇端。

侍郎吕樸鄉先生大圭

吕大圭,字圭叔,南安人。少學於鄉先生潛軒王昭,昭師陳北溪安卿,安卿師朱文公,世號温陵截派。居家授徒數百人。登淳祐七年進士,授潮州教授,累遷簡討、崇政殿説書、吏部侍郎。以操南音,出知興化軍,以俸錢代輸中户以下賦,著《莆陽拙政録》。德祐初元,轉知漳州軍、節制左翼屯戍軍馬,未行。屬蒲壽庚率知州田子真降元,捕大圭至,令署降表。大圭不署,將殺之。適門弟子有爲管軍總管者扶出,至家以平生所著書泥封一室,變服逃入海島。壽庚遣兵追之,將授以官,不從,被害,年四十九。其泥封室盡毀于賊,獨其門人所傳《易經集解》、《春秋或問》二十卷、《春秋五論》一卷、《論語孟子集解》、《學易管見》行于世。所居樸兜鄉,人稱樸鄉先生。元孔公俊建大同書院,祠朱文公,以大圭配。門人丘葵贊曰:"泉南名賢,紫陽高弟。造詣既深,踐履復至。致身事君,舍生取義。所學所守,於公奚愧?"按,黄氏《道南統緒辨正》謂:"吕氏大圭爲淳祐間進士,歷官侍郎,出知興化軍。"《南安邑志》、舊郡志、《同安志》、《莆陽志》皆同,獨新郡志本之《閩書》稍異。今從黄氏本改正。《南安邑志》、舊郡志、《道南統緒》、《朱氏經義考》、《閩書》、《泉郡新志薈》

徵士丘釣磯先生學派

按:釣磯先生傳稱,師於吕樸鄉、洪陽巖之門最久,當時師門講授,無從可考。所著諸經説及文篇亦無傳,僅存者惟《周禮補亡》及其詩集耳。《周禮》,泉南尚有遺刻,詩集其家有寫本,同安林氏子濩鈔得之,明季遺老盧牧洲若騰爲之訂正。國朝康熙癸巳歲,潯江施平園世騄重刻之云。按:其本即盧牧洲及子濩所手校者。詩多失次,後與輪山阮氏重訂之云。以五百年沉埋之詩,一旦遂傳于世，然非其家子孫謹于藏弆，諸公前後之勤於搜索，殆不及此云。子漢，名薑，同安人。馥按：詩篇所存酬答諸賢，僅存別號，俱闕其名。今詳詩中所許於斯文者錄出，附之師友中，以備尚論者考訂。其一二有可考者，錄傳附之。并附張氏、林氏《訪釣磯故址記》于後云。

徵士丘釣磯先生葵

丘葵，字吉甫，同安人。家海嶼中，因自號釣磯。蚤有志考亭之學，初從辛介甫，繼從信州吳平甫授《春秋》，親炙呂大圭、洪天錫之門最久。風度端凝，如鶴立振鷺。宋末科舉廢，杜門勵學，不求人知。元世祖聞其名，遣御史馬伯庸與達嚕噶齊奉幣徵聘，不出，賦詩見志。所著有《易解義》、《書解》、《詩口義》、《春秋通義》、《四書日講》、《經世書聲音》、《既濟圖》、《周禮補亡》等書。年八十餘卒。元時，倭寇至其宅，他無所犯，惟取遺書以去，故其著述多無傳，僅存《周禮補亡》及《詩集》四卷行世。《周禮補亡》今存，論者謂其參訂詳確云。其詩尚有八十四歲吟，阮氏旻錫曰：“先生八十四歲猶在，卒之年月不載。”其子孫歲時祭祀必知之，當候考。《周禮》序作於泰定甲子歲，時年八十一。泰定於元世祖，歷五朝矣，則卻聘時，當七十餘歲也。再考徵士與熊勿軒先生禾交善，其贈熊勿軒詩曰：“穆穆朱夫子，於道集大成。嗟予亦私淑，奧義終難明。退翁獨何幸，而乃同鄉生。雖後百餘載，元機若親承。斯文幸未墜，載道來桐城。平生疑惑處，喜得相考訂。秋風吹庭樹，忽作離別聲。吾儕各衰老，何時重合并？願言且少住，勿棄斯文盟。聖賢千萬語，只在知與行。前修何可企，勗哉共修程。”門人呂椿。《閩書》、《熊勿軒集》、新舊郡志、《宏簡錄》

備　　考

滄浯盧氏若騰序《詩集》曰：吾邑丘釣磯先生品著於宋末元初，論定於昭代，既列祀鄉先賢，且配享朱文公祠矣。《八閩通志》列之儒林傳中，以其曾著《四書日講》、《易解疑書直講》、《詩口義》、《春秋通義》、《禮記解》、《經世書聲音》、《既濟圖》、《周禮補亡》等書,爲大有功於經傳。然其書今已無傳,僅存者惟《周禮補亡》及其《詩集》耳,學士家每用惋惜。而要之先生所以取重後世者,不專在是。夫爲學莫急於明理,明理莫大於維倫。先生倫完理愜,行誼堪爲後學楷模,即不著書立言,固足以當學宮之俎豆而無愧,矧其窮究天人,洞徹性命,晚年吟咏篇什,足以見其大槩,又何必以諸書亡失爲先生致惜也。先生一抔土,不立碑碣。萬曆年間,或利其地形之勝,遂指其祖兆而爭之,官爲勘驗,劚地得誌銘,乃加封而表識焉。馬鬣、漁磯,俱歸然後天地老矣。先生不求身後名,而名卒不可掩;無意於徼天之報,而天卒昌厥後。士生亂世,其可不擇所以自處也哉。《周禮補亡》,余曾見梓本。《詩集》則惟其家有寫本,林子濩鈔得之,喜而示予。讀之,苦多亥豕,稍爲訂正,擬俟時平梓行,非徒表彰吾邑人物,亦欲使後學知所興起也夫。庚子春正月下弦日,同邑後學滄浯盧若騰手題於與耕堂。

　　晉江施氏世騄序《詩集》曰:余論經軒中藏有《周禮補亡》梓本,讀其序,即知吾鄉有丘釣磯先生,而海濱耆老及童孺,往往誦先生卻聘詩,所謂"皇帝書徵老秀才,秀才懶下讀書臺"者,即知先生工於詩,必有集,而無從搜訪也。阮輪山爲予言:"先生家小登,其子孫藏有先生詩集,不借人,欲鈔者,具紙筆就其家鈔之。意同邑學士大夫,家必傳有鈔本。"歲乙酉,林君子濩館於予,攜有手訂刪本。予與輪山曷一借閱,適歲暮,子濩即取回。明年子濩復來泉,未幾物故,其殘書多散矣。予亟屬吳君石門馳札就其令嗣借取,久之,絶無回信,倏經三載,而竟茫然。今春,子濩令嗣以事至泉石門,面徵之,云:"鈔本爲人所借,今撿得所存舊本,隨即致上。"余按其本乃盧牧洲先生及子濩所手較者,本極醜惡,詩多失次,字復差訛,兼以敗楮壞爛,更苦蟲蛀,瞪目視之,莫可辨識。然的係全集,如玉在璞,未經剖破,殊可喜也。予即付輪山從新訂定,白峯細閱重鈔,余再加較正而授之梓。噫!以五百年沉埋之詩,一旦遂傳於世,豐城寶劍躍出龍津,豈不稱快?然非其家子孫之謹於藏弆,諸公前後之勤於搜索,殆不及此。因思古來志士仁人,遭時否塞,其胸中鬱勃不平之氣發而爲詩,必有一段光芒,不可磨滅之處。經千百年後,有人焉,曠世相感,爲之表彰而不至湮没,如函之于蓋，不期合而自合，其所遇亦云奇矣。然此非志士仁人所遇之奇，而表彰者之人所遇之奇也。何也？獨行則不離跬步，附驥則一日千里。附前賢以不朽，豈易遘哉！余因歎斯人所遇之奇，心竊嚮往而深媿予固非其人也。康熙癸巳歲二月朔日，後學晉江施世騋謹序。

輪山阮氏旻錫書先生《卻聘》詩辨正曰：考《堯山堂外紀》載，楊鐵崖不赴召，有述詩，中有"商山肯爲秦嬰出"之句。明太祖曰："老蠻子欲吾殺之以成名耳。"遂放回。此乃世俗流傳之誤也。詩係吾鄉丘釣磯作，見本集題云："御史馬伯庸、達嚕噶齊徵幣，不出，有述，至今海邊童叟咸知誦之。"其相傳久矣。按，宋潛溪撰《楊鐵崖墓誌》云："洪武二年，召諸儒纂修禮樂書。上以前朝老文學思，一遣翰林詹同文奉幣詣門，謝不至。明年，又遣松江別駕追趣，賦《老客婦詞》進御。上賜安車詣闕，留百有十日。禮文畢，史統定，即以白衣乞骸骨。上成其志，仍給安車還山。"蓋丘釣磯爲宋秀才，不赴元世祖之徵；楊鐵崖爲元進士，不受明太祖之職。其志節大抵相類，故遂以《卻聘》詩冒入《鐵崖集》中。鐵崖詩名滿東南，而釣磯僻居孤嶼，詩集不傳，人多口誦，遂致字句畧有不同耳。今悉注之，以備覽。《堯山堂》本云："天子來徵老秀才，《鐵崖集》作"皇帝書徵老秀才"。秀才嬾下讀書臺。"嬾下"一作"不下"。商山肯爲秦嬰出，黃石終從孺子來。《鐵崖集》作"子房本爲韓仇出，諸葛應如漢祚開"。一本作"商山本爲儲君出，黃石終期孺子來"。又一作"諸葛應從漢祚來"。太守免勞堂下拜，使臣且向日邊回。《鐵崖集》"免勞"作"枉於"，一作"殷勤承上命"。"且向"，《鐵崖集》作"空向"，一作"繾綣日邊回"。袖中一管春秋筆，不爲傍人取次裁。"《鐵崖集》作"老夫一管春秋筆，留向胸中取次裁"。"袖中"一作"袖藏"。其大畧如此。夫一首之詩甚微，而所關人品則甚重。余故不可以不辨此詩爲鐵崖所久假已經五百年，今釣磯之集出，而趙璧復完，則詩之隨時爲顯晦，其亦有數哉！予固不禁爲之歡顏而破涕也。癸巳仲春上弦，後學八十七叟，輪山阮旻錫書於類村之廻清亭。

林氏霍《訪丘釣磯先生故址記》曰：同邑遵海而南，巨島錯列，小登於諸島若漚浮海上，最渺也，而五百鍾靈，宋丘釣磯先生獨產其上。先生後朱考亭百餘年，而道學獨祖考亭，運當陽九，斂德自全。蓋自讀書論世，知有先生久矣。蔡虛臺公重修邑乘，獨高先生之風，而予居去先生一水，不能詳言其遺宅故墟、予病焉。乃於季夏之八日，戒小舟約王茂才諸君，指小登訪焉。舟行而東，過石虎岩之前，旋及懸崖，崖下白沙數武有泉出沙之三石間，澄徹而甘，即《泉郡志》所載"仙人井"者。於是緣崖西南行，多石，或峭或圓，有方石周幾尺許，鐫爲象馬嬉局，而於中分一道，則鐫"萬機分子路，一著笑顏回"十字，已遭琢没。"萬機分子"四字完明可摹，草甚工，蓋先生手筆云。輸局步漸西，則先生釣石在焉。從此東行半里許，爲鐘山，之南有寺曰"章法"，肇於宋；而北則先生之所宅址，不半畝，黍秀離離。蓋自明高帝以倭故徙登民，一嶼皆虛，成化初乃復舊籍，丘氏俱望鐘山之麓列屋，而先生之舊址竟廢。予與諸君撫景低徊，就先生之裔朝準君別業休焉。君因出所藏先生詩一編，讀之，先生之洞天人、徹性命，觸發皆真，而爲生人明大義，爲天地辨大分，考亭統緒，存以不墜，則先生之功誠大矣。然先生之高蹤逸韻，亦今而後知其詳，則豈非有數也哉？既歸釋楫，遂記之。萬曆四十年壬子季夏望後三日，後學張日益書於雲海館。後六十一年壬子後學林霍再删訂，時仲夏廿日書於欖園。

呂之壽先生椿

呂椿，字之壽，晉江人。幼從丘鈞磯學《書》，過目成誦，作文立就。貧隱授徒。所著有《春秋精義》、《詩書直解》、《禮記解》，所爲詩自成一家。《閩書》

莊容齋先生圭復

莊圭復，字生道，號容齋，思齊之子，晉江青陽人。篤志勵行，以文學名。少從遊於丘葵。值宋季流亂，手未嘗釋卷。誠信孝友，建祠宇、立祭田。入元隱於青陽，吟咏自如。至順間，福建閩海道知事清江范桙，以圭學行聞於朝，詔書屢下，終不起。年九十一，卒於家。何鏡山撰《莊氏族譜序》、新志、節張芳墓誌

教授楊敬在先生相孫

楊相孫，字敬在。其先本董姓，餘杭人。至祖君選爲元從事郎，潮陽縣尹。

幼孤從母,鞠於楊,從楊姓,家於泉,遂爲晉江人。父伯淵爲泉州蒙古字學正。相孫以諸生爲泉庠直學,再補石井書院。能公出納,斥貪鄙,以嚴正自持。陞仙遊教諭,攝縣事,轉長泰教諭。諸政績多可紀,朔望講義,諄乎身心之學。遷莆田學正。上陳參政陳忠肅文龍死事,請旌於朝,鋟莆先正《劉後村文集》。又舉攝德化縣。時邑多盜,躬造其巢,諭降之。授漳州教授。郡再被兵,學廟莾爲儲胥,禮樂之器散壞,相孫請於大將,移兵他所,亟補弊苴缺,稍復舊規。年七十,卒於家。相孫自童年已有文譽,及游丘釣磯之門,盡去凡近,篤志理學,戶屨常滿。爲文平實古雅,務以理勝。天性孝謹質諒,父母喪,哀毀逾禮,廬墓三年。所著文集若干卷。《泉郡新志畧》

處士陳樂所先生必敬

陳必敬,號樂所,同安之陽翟人。少穎悟,通五經、諸子百家。在宋末,一舉不遇,遂不復出。嘗與丘吉甫講明濂、洛遺學。所著有詩、聯、遺文。《同安邑志·隱佚》

教授劉秋圃先生志學

劉志學,字師孔,同安人。少與兄璧齊名。咸淳七年進士。教授台州,以親老歸省。未幾,元兵南下,杜門娛親,下帷講誦,四方學者從之如雲。暮年與同輩論譚,淋漓翰墨。種菊數十本,號秋圃,以陶潛、韓渥自方。蒲壽庚欲羅致門下,固避之。按,先生詩集《贈劉秋圃先生》:"十年江上理絲綸,此日桐城喜見君。造化由來最我輩,俗儒安得與斯文?"餘詳集中。再按:先生咸淳七年辛未與兄璧同上舍釋褐云。《閩書》、《通志》

詹野渡先生

詹先生,名未詳,別字野渡,南劍人。丘先生寄之詩曰:"聖哲已往古,吾儕空自今。六經尋斷脈,千里遇知音。莫笑因緣淺,相期造道深。可憐山海隔,無路盍朋簪?"按:《釣磯先生詩集》云"寄南劍詹野渡先生",考之南劍志乘,未得其人,錄此待考。

矩 齋 先 生

矩齋先生,姓名籍貫未詳。先生輓之詩曰:"蚤悟官爲祟,晚將家付兒。公今返真矣,僕尚是人猗。柿葉收遺墨,梅花憶贈詩。自嫌聞道暮,有淚哭先師。"按:先生詩末語及先師,疑是師友于此公者。再按:莆陽林氏應成,號矩軒,疑先後同時。未知是否,錄出待考。

蘇 仲 質 先 生

蘇仲質,名、籍貫未詳。先生次韻寄之詩曰:"十年前事付流水,清夢悠悠何處尋?老去誰憐三肋足?生來不受四知金。窮途賴有雷陳友,大雅應殊鄭衛音。俗士紛紛敗人意,何時握手再論心?"按:仲質疑應舉未售,而與公同志節,爲宋之遺民,故云當此窮途,尚賴有雷陳之友,共扶大雅之音,俗士紛紛,皆非知心之侶矣。

張 尚 友 先 生

張尚友,名、籍貫未詳。先生呈之詩曰:"秋風匹馬柳江邊,芹泮相逢意浩然。吏部文章懸日月,龍門史記在山川。輸君何啻百籌上?期我曾言千載前。造物無情吾輩老,後生誰可囑遺編?"按:詩中所相期許者,皆欲希風千載之上,與公同輩行也。嘆老囑遺編,皆暮年志事。名、籍貫待考。

陳 萬 石、呂 潛 心 二 先 生

陳萬石、呂潛心,名、籍貫俱未詳。錄集中分韻詩一首,題云:"臘月二十九日,陳萬石、石室、呂潛心三兄相訪,夜坐分韻,得年字賦二首。"今錄一首詩曰:"二十年前舊師友,一燈相對坐談玄。爐香茗椀不須睡,惟有今宵是舊年。"按:詩中有"舊師友"之云,故錄出,待考。

玉 巖 先 生

玉巖,名、姓籍貫俱未詳。按,集中贈詩題云:"懷玉巖先生謫廣州,忽

自古杭有書至。"贈詩曰:"十二年前舊師友,書來欲拆淚成行。幾回相憶人千里,往事追思夢一場。琴劍知辭南國久,干戈尚任北方強。傷心吾道秋容冷,遙憶師門數仞牆。"按:詩末云"遙憶師門數仞牆",疑師門即玉巖也。考丘公本傳,釣磯早志考亭之學,初從辛介甫,繼從信州吳平甫,授《春秋》,親炙呂大圭、洪天錫之門最久。其號"玉巖"者,未知屬誰? 俟考訂增入。以上諸先生與丘公或師或友,皆彼時共扶教道,而非區區以文術相高者。惜志乘殘闕,而詩集中又隱其名,未得猝考。今並錄出,以待博考者訂正。

泉南諸葛氏家世學派

按,何鏡山先生撰《諸葛氏世譜》序云:"諸葛之姓,蓋漢司隸校尉,諱豐,丞相武鄉侯亮之後,其家於泉爲鼻祖者,則宋轉運判諱安節,由浙仕閩,貧不能歸葬,即家於南安。五傳而爲尚書兵部侍郎少保公,以柱史使弔於金人,求丹鞓、墨帶之服往,正色嚴辭,顧盼折爭於刀戟之間,凝然不動。其爲諄諄家訓者,不出忠孝之一言。"諸葛氏之祖所以遺其子孫者如此。清馥三復其譜牒所載者,自少保之後,人物輩生,宋社既屋,一門忠孝,尤著其志,皆欲扶國祚而終臣節,其事皆可揭日月而昭天漢,要皆忠武之遺風餘烈也。今錄自宋以前家學,載於編端,至元、明以後,則有本編可考焉。

諸葛先生季文

諸葛季文,南安人。以行誼文學聞於時。家貧授徒以養。嘗著《六經諸子解》,有益後學。樂道人善,如己有之。子廷瑞。《清源文獻》、傅氏伯成撰《諸葛廷瑞神道碑》

少保諸葛麟之先生廷瑞

諸葛廷瑞,字麟之,南安人。父季文,以行誼文學聞於時。家貧授徒以養,嘗著《六經諸子解》,有益後學。樂道人善,如己有之。廷瑞穎悟,博學,擢紹興二十七年進士,授龍溪尉,改知崇安。時朱文公家食,廷瑞每造詣。以趙清獻嘗爲崇安宰,而胡文定邑人也,訪求遺像,因新學立祠,請文公爲記。歲歉,屬書文公請於郡倅,得粟賑饑。守王淮與轉運使者具以政績聞,擢主管官告院。奏對稱旨,即日擢起居舍人。光宗嗣位,會金人有大喪,命充弔祭使,至敵境,伴使以三節人衣帶服飾爲非,請易之,爭辨甚厲,廷瑞徐折之不爲動,金不能奪,爲之加禮。使還,兼權吏部侍郎,即進起居郎。疏言:“兩淮藩籬不固,乞詔侍從臺諫於文武臣中,各舉所知可爲沿邊監司郡守者,以待選用。”詔付三省施行,拜中書舍人。與留正有連,避改兵部侍郎,歲餘,以疾授朝散大夫,守權兵部侍郎致仕。卒,贈大中大夫,蔭子二人。按:《朱子文集》并傅氏撰行狀,皆未叙及朱子之門,惟《道南統緒》録之,俟再考。《清源文獻》、舊郡志、新郡志、《閩書》

郡守諸葛子嚴先生直清

諸葛直清,字子嚴。以父任歷海口鎮,主管南外睦宗院、知海陽縣、通判廣州。海陽多水患,直清隄之以捍田,民名其田曰“諸葛田”。祠官凡十二任,仕終奉直大夫、知臨安府事。封開國男,食南安縣三百户。子珏、琰。珏知南安軍。

郡守諸葛先生珏

諸葛珏,南安人。祖廷瑞,父直清。直清子二,珏、琰。珏知南安軍。按,李昴英跋北溪陳氏《中庸》、《大學講義》曰:《大學》、《中庸》之微旨,朱夫子發揮備矣。北溪翁從之游久,以所得鳴漳、泉間,泉之士有志者相率延之往教,翁指畫口授,不求工於文采,務切當於義理,諸生隨所聞,筆之成帙。韶州別駕諸葛君,當時席下士之一也,廣其傳梓,嘉與後學,共使之由北溪之流,溯紫陽之源,而窺聖涯,不徒口耳,且必用力於實踐,則曰希聖、希賢工夫,可循循而詣矣。予過曲江,得見所未見,茅塞豁然。尹番禺而始創黌舍者,此諸葛君也,珏其名。朱氏《經義考》

僉判諸葛桂隱先生琰

諸葛琰,字如晦,號桂隱,直清季子。爲李臞庵之壻。宋紹定三年,以任子累官邵武軍、光澤縣尉,閩寇弄兵山谷,州縣騷動,琰提兵轉鬪,以身士卒,不旬日授首,黎庶得安田畝。真西山喜琰忠勤,上其事於朝,進階儒林郎,官至信州令書判官。致政歸。琰賦性豪邁,有學術。在官清貧,與白玉蟾相善。蟾詩中所謂桂隱者,即琰也。再按:譜牒載宋少主南下,琰之羣季韶州公、參政公、進士公倡義,開北城迎駕,闔家同死。蒲壽庚之難,獨琰知宋臘不再,遠識幾先,率其子隱武夷山中得免。後乃屏居於城西之古榕,今所傳者獨琰一派耳。按:《宋詩鈔》石屏戴氏復古詩中有"久寓泉南,待一故人消息,桂隱諸葛如晦,謂客舍不可住,借一園亭安下,即事凡有十首"。讀此諸葛桂隱,似字如晦。

進士諸葛先生寅

諸葛寅,直清第五子,璋之子。嘉定十六年進士。景炎丁丑蒲壽庚拒命閉城,寅首倡義開北門,應張世傑之師。不濟,爲壽庚所害,年六十九。三子俱被害,而史綱逸其事,可嘆也。又按《諸葛譜牒》,同時被難者甚夥,詳見後備考內《諸葛譜牒·事畧》。

備　　考

諸葛宋世入泉州。《譜牒·事畧》:入泉一世,諱安節公,四世諱季文,篤學好古,洞見大原。嘗著《六經諸子解》,接授後學,循循不倦,當時人士多宗之。家貧,晏如也。子三,長曰廷瑞,尚書少保。餘無錄。

五世諱廷瑞,字麟之,季文長子。登紹興二十七年進士,累官兵部侍郎、守尚書。卒于官。贈太子少保。子三,長直清,主管華州雲臺觀。次曰禮,未仕而没。三曰應祥,提舉常平幹辦公事。

六世諱直清,字子嚴,少保長子。以父任歷官知臨安府事,封開國男。子五,長玠,補承事郎。二曰珏,韶州府知府。三曰琰,信州僉書判官。四曰琳。

五曰璋。

七世諱珏，直清次子，歷官至廣東韶州府知府。男一，曰洪。

諱琰，直清第三子，徙家古榕之始祖也。以任子恩，歷官至信州僉書判官。致政歸，卜遷於古榕。與白玉蟾交善，白有贈詩，見本傳。琰知宋臘不再，率其子隱於武夷山中。未幾，公之羣季果以倡義，一門數百口同死蒲氏之難。今之傳者，獨公一派耳。子一，曰巽，兩淮制置司提幹。

諱琳，直清第四子。子一，曰坤。

諱璋，直清第五子。子二：曰震、曰寅。

諱璉，應祥長子。子二：曰甲孫、曰葵孫。

諱璹，應祥次子。授職稅院。男一，曰仲孫。

八世諱觀，承事郎諱玠之子。

諱洪，諱珏之子。授廣東常平司幹。子某，倡義，爲蒲壽庚所害。

諱巽，信州僉判諱琰之子。歷官兩淮制置司提幹。子二，長曰復。次曰元中，松江府同知。

諱坤，琳公之子，年三十四。子一，曰應老。景炎丁丑年倡義，爲蒲壽庚所害。子應老年二十，亦被害。

諱震，璋公之長子。景炎二年倡義，爲蒲壽庚所害。其子亦被害。

諱寅，璋公次子。寧宗嘉定十六年癸未進士。景炎丁丑年，蒲壽庚拒命閉城，寅首倡義舉，開北門，應張世傑之師，不濟，爲壽庚所害，時年六十九。三子俱被害，而史綱逸其事，可嘆也。詳見《諸葛譜牒·忠節孝義篇》。

諱甲孫，璉公次子。補登仕郎。子二，曰湜、曰廉。俱殤，不畧。又云，景炎二年丁丑秋八月，蒲壽庚閉城拒命，公倡義開北門迎張世傑，不克，爲蒲壽庚所害。詳見《譜牒·忠節孝義篇》。

諱葵孫，璉公第三子，官至廣西參知政事。男一曰潛。殤不畧。又云，景炎丁丑，同死蒲壽庚之難。

諱仲孫，璹公之子。景炎丁丑年，倡義迎張世傑，爲蒲壽庚所害，配黃氏，俱盡節。

　　九世諱復,巽公長子。_{註出繼王氏。}

　　諱元中,巽公次子。歷官松江府同知,有傳。子四,長曰泰,明溪巡檢。次曰晉,中書省檢校。三曰謙。諱泰、諱晉二公,見元代《師友淵源考》。

【校記】

　　① "延陵"後缺"氏"字。今補上。

閩中理學淵源考卷三十四

莆陽林氏家世學派

按：林氏九牧著於唐室，至宋季，積仁之後爲矩軒公應成，師友於黃氏績。林貞肅又言矩軒松湖親事潘瓜山、陳復齋，傳考亭之學，與本傳稍異。父子祖孫相繼，衍東湖仰止之傳，歷元代，其孫子泉氏以辨、子木氏以順講明正學不衰。入明，復聯世其美，風雲景從，玉井、子木二派，亦有起者，獨瑞安州慎齋之裔特盛，其詳載明代林氏家學焉。

宗正林矩軒先生應成

林應成，字汝夫，號矩軒，莆田人。唐邵州公蘊之後。宋兩請進士得之公之子。嚴重平粹，嘗受學於黃績，又親事潘柄、陳宓，更友其子仲元循。仰止規約，續講東湖，得文公淵源之懿，遂見卓識，爲一時道學推宗。咸淳中，與子棟同登第，歷官宗正寺簿、宣撫司機宜。宋亡，不仕。年七十二，卒。明裔孫刑部尚書諡貞肅俊贊曰："莆興道學，艾軒始之，復齋繼之。復齋、瓜山，偕事文公。公事二公，獲聞文公。咸淳之間，父子進士。不利于施，乃見其志。東湖講道，戢景逃虛。一時相推，則有四如。文公過吾家，題曰：'門對小壺山，樓接尊經閣。四時趣興清，萬代詩書樂。'斷墨猶存。相傳公逮事焉。"今考文公卒慶元庚申，去公咸淳辛未登第尚六十年，豈題述在公祖貢元父兩請時耶？ 林見素集撰《宗正寺簿公贊》

邑令林松湖先生棟

林棟，字用可，號松湖，應成長子。父子師事潘瓜山、陳復齋，講道東湖。最後棟又事黄氏續,友其子仲元。與父同登咸淳辛未進士,歷知同安縣事,有廉直高古之聲。慨宋社云屋,托興迷途,尋焦光舊隱之處,講明道學,以淑諸人。文公之澤,注東湖,而演迤以盛,棟父子達之也。裔孫俊贊曰:"公事陳潘,又事于黄。父子師友,金玉其章。建水有泚,日遠彌長。潴之東湖,臨視泱泱。孰利于涉,公也其航。載遡之源,載漱之芳,有開道先,永裔之慶。"林見素集撰《同安公贊》

州守林慎齋先生岡孫

林岡孫,字于高,號慎齋,棟仲子。文公講道東湖,復齋、瓜山傳其學,岡孫之祖若父逮事焉。四如與矩軒續東湖之講,岡孫偕伯兄教授于野,又逮事焉。傅介父弟,山長,子泉,同知,子木父子兄弟四進士,退而益修文公之學,型治①所就世林門,文章世林筆。位遇雖不逮關西,而物品殆類。岡孫終瑞安州知州,事狀遺失,所附見與子木並廉名。明裔孫俊贊曰:"漢有荀陳,宋有胡蔡。建陽大成,儒宗允賴。紫氣停焰,脈焉如帶。孰引而長,以滀以大。業維經承,巧乃冥會。三葉弗辰,爰有遺愛。綠槐蔭庭,久而未艾。星流日翔,碑板光怪。"林見素集撰《知州公贊》

山長林玉井先生以辨

林以辨,字子泉,號玉井。父栖,贈曲陶郡伯。以辨通《易》、《書》、《春秋》,尤善説《詩》。皇慶中,詔以科目取士,以辨不苟求合,究心程、朱之學,福泉之士,爭聘爲師云。郡志、《閩書》

黄德遠先生續學派

按:德遠先生從遊朱門高弟,同時學者如長樂趙公以夫諸賢,皆相與上下議論,至其子四如先生,又勵志前修,能衍其家學云。

黄德遠先生續

黄績,字德遠,莆田人。滔之裔。兄績,寶慶二年進士。績少凝重,稍長,慨然有志求道。始游淮、浙,遍參諸老。中年還里,聞陳師復、潘瓜山得朱子之學于黃勉齋,遂師事之。集同志十餘人于陳氏仰止堂,旬日一講。及師復、瓜山繼卒,遂築東湖書堂,請田于官,春秋祀焉。聚講一如平時,向之同門友皆於績質正矣。先是,郡守楊楝即學宮建尊德堂以處劉壽翁彌邵,劉卒,無敢居之者。至是,邦人推績繼之。涵江書院始賜額,又以績兼其山長。晚聞趙以夫作《易通》,與之上下其議論,以夫稱爲益友。年七十一,卒。前夕有星隕于書樓之西,是日又大雷雨,衆皆驚異。蓋績雖布衣,爲鄉先生三十年,門人著錄牒以數十百計,郡邑守令咸加敬禮。兄弟皆與劉克莊善,克莊目兄曰愛友,績曰畏友。績有齋名“獨不懼”,克莊爲記。生平不喜作韻語,偶有感興,亦得風人之趣。著有《四書遺説》等書。子,仲元。《閩書》、《莆陽文獻》、《莆邑志》

推官鄭帝臣先生獻翁

鄭獻翁,字帝臣,莆田人。伯玉裔孫。少從鄉先生黃績學。第咸淳初進士,終漳州推官。宋亡,至元不仕。方是時,前輩舊德多已淪謝,後生頗染習俗。翁獨以所學傳諸人,故家子弟猶賴之不墜其業。顧長卿兄弟皆出其門,復以績之子仲元及其徒林應承倡仰止之學,績東湖之祀,鬻田數十畝,爲春秋釋奠費。年七十餘終。

鄭銕白先生銕

鄭銕,一名少偉,字彝白,號舒堂,莆田人。露裔。咸淳十年特奏名,與黃仲元、郭陞俱閩中之望。陳忠肅公文龍守興化軍,銕其門客也。記忠肅遺事,其言痛憤激烈。至元不仕。嘗與陳子修讎校《通志畧》,盡復夾漈聯比詮次之舊,詳見《陳旅傳》。又著《孔子年譜》,仲元序之謂:“是譜首以陬大夫二事壓卷,前書所未有。謂儀封人請見,爲由魯適衛時;謂魯公問政及答季康子數問,皆歸魯以來事,此見又確。謂夫子未嘗師郯子,謂行乎季孫三月不違斯言,非知夫子者,此論又高。”所著有《雲我文集》,亦仲元爲序。《莆陽文獻》、縣志

黄四如先生仲元

黄仲元,字善甫,號四如,績之子,莆田人。少刻意周、程、張、朱、吕、真、魏及父所傳潘柄、陳宓之書,以其餘力,抄唐宋名文二百餘家,文學爲一時推重。咸淳七年,中省闈第五,廷對,以直言忤時宰,賜同進士出身,調監瑞安府比較務。需次,食貧,陳忠肅文龍延仲元於二劉祠堂,一月兩講,爲學者師。九年,捧檄考類試,歸,過劍州。時江萬頃爲劍州守,留之郡齋。未幾,萬頃兄萬里招致芝山。十年,請假歸省。明年,德祐改元,始之官。守相陳山泉屈致幕下,深喜得人。又明年春,端明陸秀夫至自平江,偶同邸舍,一見褒歟,飲食必俱,炙燭對酌,劇談達曙。及聞杭陷,挑包辭歸,資送仲元,又留行橐。夏,五趣仲元赴行都,充益王府撰述官兼處置使司幹辦公事。景炎元年,改刑、工部架閣,以通直郎陞武學諭,遂轉朝奉郎,國子監簿兼福建路招捕使司都參議官。仲元雖受知諸公,屢膺超擢,然未嘗供一日職,升斗不批券歷,曰:"斯時何時?穀而耻也。"秀夫拜樞使,將有異除,仲元力辭母老。崖山破,秀夫盡驅妻子赴海。仲元爲詩哭之,遂更名淵,字天叟。怡然窮居,深入理奥,學文必《檀弓》、《穀梁》,學詩必《三百篇》、陶、韋、柳州。推廣先志,凡其口講心授,莫非仰止傳習之懿。而尤嚴東湖之祠,晨必謁,朔望必參,二仲釋菜,暇則課守者灑掃,風雨則視其蓋障,雖老不少廢。年八十二,卒。仲元説經間與先儒異同,其爲文亦類艱深,至於奇古處殆不可句云。有《四書講稿》等書藏于家。明宋濂、歐陽德、羅洪先序其集。《閩書》、《莆邑志》、《莆陽文獻》

林淑恭先生立之學派

考仙遊志乘,如林公立之、林公磻、游公彬、王公夢祺,皆一時經生家所頌法者也。原其所立,皆以道德學術,足爲師表。今錄其派系可考者著于篇。

林淑恭先生立之

林立之,字淑恭,仙遊人。通六經,以《禮記》三魁鄉書。聚徒縣庠,如日選、丘獻[②]、林從周、林志之、林灝、李夢龍、蘇國蘭、黃君任、洪天賦諸先達，皆出其門。仙遊經學之盛，自立之始。

司直丘渭夫先生獻

丘獻，字渭夫，仙遊人。少嗜讀書，尤明《周禮》。由鄉舉補太學。寶慶二年進士。調昭慶軍節度掌書，再調江東提刑司幹官。諸公交薦其賢，除太學録，尋除大理寺司直。爲人長厚，與同列無間言，鄉人葉大有尤敬重之。官至奉議郎終。

通判洪先生天賦

洪天賦，仙遊人。祖中，元祐六年進士，歷河南府少尹、國子司業，勇退不仕。天賦幼敏，悟通六經，應童子科。登寶慶二年進士。歷知陽江、古田、連江三縣，通判循州。聽訟，不施鞭朴，諄諭理道，民胥向化，以循良稱。從弟處厚。《閩書》、《仙遊志》

附　缺　傳

林日選，嘉定七年進士。

林從周，磻從姪。寶慶二年進士。

林志之，磻弟。紹定二年進士。

林灝。

李夢龍，嘉定七年進士。《仙遊志》入《儒林傳》。

蘇國蘭，欽之孫。姪孫總龜，寶慶二年進士。

黃君任，端平二年進士。

縣尉林豈歟[③]先生磻學派

按：《仙遊志》列先生在《儒林》，又傳稱其通習五經，然考《藝文》於經術，未見有發明者。所著有《典故鈎元》之書,行于世。

縣尉林豈歟先生磻

林磻,字豈歟。嘉定十三年登進士第。少負雋聲,從遊者衆。王邁嘗師事之。官止海陽縣尉。有《典故鈎元》六十卷行於世。

主簿游④淑文先生彬學派

按:先生本傳稱先生工於詩賦。又朱氏《經義考》載,先生有《讀易四卷》。《興化志》載,端平中特奏名。

主簿游淑文先生彬

游彬,字淑文,仙遊人。家貧苦學,工詞賦,有聲,一時名士如林澧特延爲館賓,葉棠、王邁皆與爲友,陳立伯塤、伯、傅澄皆師事之。端明二年,特奏名。終真陽主簿。《仙遊志》

附　缺　傳

陳立伯,寶慶二年進士。寵之孫。次升曾姪孫。

陳塤伯,次升五世孫。

傅澄。

張紹卿先生應辰學派

按:先生門徒鄭氏起東,在明初尚存,則公亦宋元間遺德也。餘俟考。

張紹卿先生應辰

張應辰,字紹卿,德化人。該通經史,一時名流黄霆發、徐雷開、林汝作、鄭起東皆出其門。有《禮記集解》。

鄭先生起東

鄭起東，字子震，德化人。明初入太學，爲文人。明經鄉校，師範蔚然。

黃先生霆發

黃霆發，德化人。嘉定七年進士。

徐先生雷開

徐雷開，德化人。寶慶二年進士。

林先生汝作

林汝作，德化人。淳祐七年進士。

【校記】

① "治"，應作"冶"。

② "獻"，《閩書》作"歔"，下同。

③ "歔"，《閩書》作"獻"，下同。

④ "游"，《閩書》作"尤"，下同。

閩中理學淵源考卷三十五

三山郭梅西諸先生學派

按：元代去宋季未遠，其時師資講習，此邦淵源，回溯尤近。今讀郭氏梅西、歐陽氏以大、陳氏希説、陳氏奎甫諸先生傳，記述簡册，渺無師資源流可考，只著其略而已。惟時勉齋、瓜山、正卿、子武諸賢，相去百年未遠，故家文獻之餘，豈無一二可推而得其端緒，何至傳中援証，迄無一辭及之，而私淑其一二耶？然考傳中四先生，師道甚立，則彼時傳習之徒，亦必多有可紀，惜載籍浸湮，無從考證耳。今錄四先生著之篇首，存其師範，以待他日考訂增入云。

純德郭梅西先生陞

郭陞，字德基，長樂人。父正子號存齋，宋紹定中進士，教授廉州，著《春秋傳論》十卷。陞幼孤，弱冠已爲人師。至元中，舉遺逸，授泉山書院山長。遷興化路教授，改吳江州，再調興化，未行，卒。學者私謚曰"純德"。先生爲人疏通慷慨，謹直簡易。爲子以孝，爲父以慈，與人交彌久而孚。談經明白統貫，不刻鑿爲異，於《四書》、《易》皆有述概。詩若文，和平而沉深。著有《梅西集》二十卷。《閩書》

按：《福州府·選舉志》，郭正子，字養正。紹定五年壬辰進士，登徐元杰榜。本州解元，廉州教授。《閩書·英舊》、《選舉》目次載亦同。及檢閱朱氏《經義考·春秋彙》載郭氏陞小傳云：《長樂縣志》：郭陞，字德基，宋紹定進士。至元中，泉山書院山長云云。竟遺却父郭正子名字，以紹定進士屬之其子矣。蓋郭正子，宋人也。郭陞，元人也。未知《經義考》引用時傳寫脱落，抑《長樂志》本屬脱誤？因恐讀《經義考》者不詳郭公陞出處大節，謹標出，以待考訂者審之。乾隆戊子四月上澣，清馥謹書。

歐陽以大先生优

歐陽优，字以大，長樂人。隱居著述，動循禮法，學者師焉。著《四書釋疑》、《五經旨要》、《性理字辨》、《格物啓蒙》、《忠孝大訓》、《女範》、《幼學》等書。子潮，舉莆田教諭，通五經，稱五經先生。《道南源委》

陳希説先生有霖

陳有霖，字希説，長樂人。至正中，築鄉約堂於藍田書院之旁，中祀先聖，以朱、呂二先生配。朔、望舉行藍田鄉約，使鄰里子弟講學於中。嘗與歐陽优往來論道。尚書貢師泰爲作《義士記》。《三山新志》

陳奎甫先生仲文

陳仲文，字奎甫，長樂人。隱居山林，性嗜學，敦孝友。與族子潔建書堂于藍橋林壑中，以程、朱正學倡鄉人，課其文行，名爲義學。《閩書》、《通志》

林文敏諸先生學派

余讀林氏清源《大同書院記》，知彼時私淑於考亭者深矣。傳中載與盧氏琦、陳氏旅、林氏以順，稱"閩中文學"。考諸君子，秉道立德，師資可藉，皆互有發明。陳氏旅後從虞公邵菴卒業，晚歲所造，殆未可以文士而輕置之也。元代紀載不備，多失紀録，其於潛德之英，湮没多矣。故今亦就《元史·文學》、《隱逸》中，並採可進於道德者録出，如陳氏旅、楊氏載、鄭氏東起、林氏泉生皆不得而闕遺之也。兹緝其大畧著于篇。

文敏林清源先生泉生

林泉生，字清源，永福人。與盧琦、陳旅、林以順稱"閩中文學"。天曆庚午進士。授福清州同知。適山海寇充斥，以計殲之。轉泉州經歷。民負酒稅，繫者多瘐死，悉破械出之，令船商私釀者代償。歷漳州推官，畬洞相戒勿犯。擢知福清州。會紅巾寇連江，帥府檄泉生禦之，乃創保甲，置屯柵，立誅鹽丁謀亂者七人，捕殺長樂謀内應者三十餘人，先發制之，賊遂驚潰。福清俗好殺孤幼，誣訟求賄，泉生立連逮親鄰法，民不敢犯。除翰林待制，以母老辭。累遷行省郎中。汀寇負固，久不下，往招撫，得渠帥歸。召爲翰林直學士，知制誥，卒，謚文敏。泉生邃於《春秋》，工詩文。多權畧，有將才，屢建武功。然以志略自負，不能下人，以此多得謗者。後稍自晦抑，署其齋曰“謙牧”，晚益折節，更號“覺是軒”。爲文宏健雅肆，詩豪宕遒逸。所著有《春秋論斷》及《覺是集》二十卷。《三山新志》、聞過齋撰墓誌

學諭鄭子經先生杓

鄭杓，字子經，永福人。宋鄭富曾孫。泰定中，辟南安學諭。與陳旅爲文字友，嘗著《春秋解義》、《覽古編次》、《夾漈餘聲樂府》。又有《衍極》五篇、《衍極記載》三篇。其書自蒼頡迄蒙古，凡古文籀隸，以極書法之變，皆有論定，陶鎔歷代之偏駁，會歸一藝之純粹。福建宣撫使齊伯亨採而上之，即城東第宅作衍極堂，以藏其書。吳聘君與弼稱其考論最正。宋端儀又謂其書中若九備、若正邪、若四時餘閏之屬，又其所自得者。《閩書》、《莆陽文獻》

鍾元長先生耆德

鍾耆德，字元長，閩縣人。博極羣書，詩文渾雄嚴整。家貧不娶，授徒養親。晚經至正之亂，舊業蕩盡，恨缺甘旨，親没，哀毀幾滅。處二弟順德、明德，怡怡如也。有《自省録》、《養正集》等書。明德清詞懿行，與兄齊名。《閩書》

林以寧先生清

林清，字以寧，長樂人。經明行修。泰定間，年七十餘，屢辟不就，賜號梅隱處士。又有林清，閩縣人。宋亡不仕，匿跡山寺，變姓名。能詩。孫誌，見明代

學派。《閩書》

鄭先生東起

鄭東起,福清人。舊名震龍。家居教授常百餘人。爲文章有氣魄。元憲使程鉅夫名其集曰"自然機籟"。亦善字書,學者多寶愛之。《閩書》

教授敖君善先生繼公

敖繼公,字君善,長樂人。後寓家吳興,築一小樓,坐卧其中,冬不爐、夏不扇,出入進止,皆有常度。日從事經史,吳下名士多從之游。初仕定成尉,以父任當補京官,讓於弟。尋擢進士,對策忤時相,遂不仕。益精討經學,而尤長於《三禮》。嘗以魯高堂生傳《士禮》十七篇,即今《儀禮》也,生之傳既不存,而王肅、袁準、陳銓、蔡超宗、田僧紹諸家註,亦未流傳於世,鄭康成舊註《儀禮》疵多醇少,學者不察,因復删定,取賈疏及先儒之説,補其闕文,附以己見,名曰《儀禮集説》,凡十七卷。成宗大德中,以浙江平章高彥敬薦擢信州教授,未任,卒。趙孟頫、倪淵皆師事之。《宏簡錄》、《閩書》、《三山志》

鄭叔起先生震子所南。

鄭震,後更名起,字叔起,號菊山,連江人。道學君子。早年場屋不遇,客京師三十餘年。晚爲安定、和靖二書院山長,又開講於平江、無錫。伏闕論史嵩之。淳祐丁未,鄭清之再相,震登其門罵曰:"端平敗相,何堪再壞天下?"被執,與子女俱下獄。京尹趙與籌縱之,鄭罷相乃免。與林獻齋、周伯弱爲行輩。詩有《倦遊藁》,仇山村選四十首,爲清雋。子所南作《家傳》云"得詩十五篇",此蓋流落交遊間者,所南未之見也。《宋詩抄》、《三山志·忠義》

鄭所南,字憶翁,一名思肖。以太學生應博學宏詞。會元兵南下,所南猶叩闕上書。元之人爭物色之,遂變名曰思肖,僑寓吳下,時時望臨安舊都,野哭若狂,終身誓不見朝士。有《鐵函經》,藏蘇州承天寺古井中,以久旱浚井,得一

函,錮之再重,中有書一卷,名曰《心史》。其藏書之日爲德祐元年。明崇禎庚辰始出,人異之。《福州通志》、《蘇州府志》

藍仲晦先生光

藍光,字仲晦,原江西臨川人。受業吳澄,與危素爲同門友。素薦引之,適仲謙參政江西,辟光從事,以功授南安路知事,轉閩照磨,尋陞檢校,綜理閩清邑事,改行省都事。因家於閩。後素復爲明侍從官,薦光,光謝病不起,深衣幅巾,家居教授五十餘載,以節終。年九十九。葬賢沙。《通志》

莆陽劉原範諸先生學派

余讀原範先生《衍極書》,知考道問學者深矣。惟時莆中淵源最正,艾軒之遺榘,紫陽之流徵,正獻忠肅之家學,萃集斯土,故有元一代授學傳經之儒託跡於斯,未易一二數也。再:方氏伯載出陳忠肅公文龍之門,似應附忠肅,宋季遺民,故不及錄云。

劉原範先生有定

劉有定,字能靜,莆田人。其先與夙、朔同出元豐進士佖遠孫。少貧,性剛直,不嗜榮進,沉潛志學。嘗著《衍極書》五篇,又《原範吟》三十七章,司業吳源謂:"其推闡《圖》、《書》之秘,發揮象畫之妙,究極前後體用之所以然,一部全《易》也。"學者稱原範先生。

陳浮丘先生紹叔

陳紹叔,字克甫,莆田人。幼好學,終日危坐一室,俯讀仰思,嘗爲學者講論璣衡,遂揉木爲儀象以示之。既而鑄銅做古制,又別制器象天體,虛其中而綮之,列周天度數,而以鈿螺填之,揭南北二極,凡天河星宿皆列其名,使夜視之,與天象合,圍四尺五寸有奇,名曰小天。至於《河圖》、《洛書》、《太極通書》、律曆制度,靡不研究。有外集百餘卷,題曰《浮丘集》。學者稱浮丘先生。按:黃氏海《道南統緒》入元儒,今從之。

黄潛崗先生方子

黃方子,字潛崗,莆田人。著《論語講義》。按:《道南源委》列之著書目內,其事實待考。

教授顧子元先生長卿

顧長卿,字子元,莆田人。以薦歷福州路教授。嘗移書助教陳旅,責其不作宋、遼、金三史,旅以書示學士虞集,曰:“江南有此秀才,大不易得。”及謁選京師,會開局修三史,長卿即以所自著史藁上中書,得辟史局,以議不合,移疾去。《通志》

總管朱原道先生文霆

朱文霆,字原道,莆田人。泰定中進士。由甌寧縣尹至泉州路總管致仕。博學洽聞,宋文憲濂稱其文言醇而理彰。著有《葵山集》。《宏簡錄》

教諭林先生重器

林重器,莆田人。爲教諭,開明聖賢蘊奧,循循善誘。著《四書典要》、《詩經意說》。見《三山·流寓》。《三山志》

林子泉先生以辨弟以順。

林以辨,字子泉,莆田人。祖應成,見宋潘炳學派。以辨通《易》、《書》、《春秋》,尤善說《詩》。皇慶中,詔以科目取士,以辨不苟求進,究心程、朱之學。弟以順,字子睦,元至治進士,累官同知福州總管府事。

縣丞方遂初先生德至

方德至，字遂初，宋公權之孫。幼能讀先世書，長而求諸三古四聖人及宋程、朱二氏之經之傳，沉潛厭飫，豁然以通。至正間登第，授永嘉丞。家貧，授徒養親。與其婦廖相安羈窮淡苦中，後廖雙盲，德至永嘉代歸，父母堅欲其別娶，德至婉辭，邑人義之。《閩書》

山長林先生善同

林善同，宋福州守枅四世孫。好學工詞賦，授泉山書院長。元亡，不仕。明初，以賢良官召起，以祖母年老辭。既復起之，行至建州，寄所作《顧氏義妾》詩，有“有妾猶知遵禮義，此身那肯負綱常”之句，竟死于道。《閩書》

閩中理學淵源考卷三十六

溫陵傅季謨先生定保學派

按：宋、元間學術派別棻如，惟文公之學遞傳不失。元代趙公仁甫并姚、許、竇、劉諸公，倡明於燕北，何、王、金、許衍派於金華，二胡一桂、炳文。定宇棟、櫟。纂述於新安，熊禾。陳、普。林、以辨。丘葵。傳薪於閩海。外此，若郭公陞、歐陽公侁、傅公定保、盧公琦、黃公清老、丘公富國、鄭公獻翁、鄭公杓、黃公鎮成、練公未、李公學遜、吳公海，亦皆晦跡甌閩，或優游教席，或避世杜門，確守師說，是奮是程。若湖湘之際，真氏常言“淵源最正”。考仁甫趙公，以遺俘北行，餘亦寥寥式微矣。四明之學，南渡後宗陸說者多，其崇朱子之學者，獨黃氏震、史氏蒙卿。迨元，程氏端學、端禮亦篤信朱說，江右之學，如熊氏朋來、熊氏良輔、董氏真卿，亦朱門派的。至草廬先生，早歲謹守朱學，晚年兼通陸說，叙襲朱子舍短集長之論，尚非如近世黨同伐異之爲也。然考公繼魯齋之後，爲國子師，朝議以爲非朱學正的，有沮之者，可見當時持論尤嚴，閑道尤謹也。噫！聖學湮晦，毫釐易差，諸君子天稟皆出乎等夷，而立論稍涉游移者，世猶或譏之，則夫迥然立異鳴高，與前賢顯豎幟敵，又諸君子所爲戒矣。今考元一代，諸儒學術，大抵宗程、朱取舍之意，雖文學、政事各有旨歸，而要皆原本於道德，不謬師承者矣。今錄其著者，載于篇。乾隆戊辰七月望後三日書。四明之學，黃氏潛嘗言祖陸氏而宗楊、袁，其言朱子之學者，自黃氏震、史氏蒙卿始。按，《寧波府志·史蒙卿傳》云：“先淳熙四君子，俱接陸氏象山之傳，故四明後學，皆以陸氏爲宗。自黃文潔力崇考亭之訓，而蒙卿又能遠接其緒，以啓迪後進，由是朱子之學，盛行於四明。”

教授傅季謨先生定保

傅定保，字季謨，號古直，晉江人。宋咸淳中，禮部奏賦第四。知貢舉，方逢辰見之,驚喜曰:"閱試文,意老於文場者,乃英妙若是。"時相賈似道沮抑新進,未令赴廷試。定保歸,益力學,未幾,杭都不守。德祐、景炎間,屢有諷以仕者,皆辭。大德初,提學吳濤薦,授漳州路學正,首以《太極圖》、《西銘》合而講之,聽者悦服。改三山書院山長,閱三月,辭歸,授徒養母。初,環城冢墓皆發於兵,傅氏族最著,定保無論親疏,悉封之。年五十後始得三子。母年九十,見諸孫長大。至治中,以平江路儒學教授致仕。其講解能守先儒成説,爲文温潤典裁。定保神暢氣怡,與物無競,未嘗以非義干人,不爲矯厲奇絶之行。大(天)曆中,開奎章閣,聘用儒雅,學士虞邵菴集將薦之,以老疾,不可强起中止。著有《四書講藥》及詩文若干卷。舊郡志,參新郡志

監丞陳衆仲先生旅

陳旅,字衆仲,莆田人。父子彦、兄震,皆一時名士。旅幼孤,資禀穎異。其外大父趙氏學有源委,旅得所依,於書無所不讀。稍長,負笈至温陵,從鄉先生傅公定保游,聲名日著。用薦爲閩海儒學官。適中丞馬祖常使泉南,一見奇之,謂旅曰:"子館閣器也。"因相勉游京師。既至,學士虞邵菴集見所爲文,慨然曰:"此所謂我老將休,付子斯文者矣。"即延之館中,朝夕相講習,自謂得友。嘗言曰:"自衆仲來,凡問學修己之事有益於愚陋多矣。"諸廷臣力薦,咸以旅博學多聞,宜處師範之選。除國子助教。滿考,諸生爲請於朝,乞再任。元統二年,出爲江淛儒學副提舉。至元四年,入爲翰林應奉文字。至正元年,遷國子監丞。又二年,卒。有《安雅堂集》十三卷,虞集爲序。林泉生稱其學博而通,識高而敏,使之裁繁理劇,有兼人之能,處患制變,有濟時之智云。《閩書》、《道南原委》、《宏簡録》

趙先生必暐

趙必暐,宋宗室,家泉州。與傅公定保爲友。其文章議論,淵懿浩博,爲閩南碩儒。

按:泉郡舊志"趙必暈,字伯暐",傳末云又"有必暐,亦宋宗室,與傅公定保爲友"。今將必暐

錄出,附傅公交友之後。

州守盧希韓先生琦學派

按:先生在元,與一時名彥相切劘,曾師余氏子賢,余稱其經學該貫,爲人簡重,相從十餘年無惰容,其所得者深矣。先生之經術著作未見,《藝文志》載有《圭峰集》,亦未見。余氏子賢疑是三山人,俟再考增入。

州守盧希韓先生琦

盧琦,字希韓,惠安人。至正二年進士,稍遷知永春縣。語具《郡志·宦跡》。琦在元末與陳旅、林以順、林泉生,皆以文學,爲閩中名士。少受學於余子賢。子賢每語其友人三山陳忠曰:“盧希韓經學該貫,爲人簡重,在吾門十餘年,不見其有惰容,真畏友也。”及從子賢試浙省,子賢道病卒,琦不顧試期,與其友陳彥博經營大事以歸。迨得祿,視子賢家如師在時,載其弟之官,與分廩而食。琦僅少忠一歲,每別去,見必納拜曰“是吾師行”,君子稱其厚誼。嘗以事赴京,中道遽還,人問其故,琦歎曰:“中原板蕩矣。”因太息不已。晚以近臣薦,除守平陽州,命下,未至而没。子杲、昺,洪武中舉人材得官。《泉郡志》

訓導蔡先生復初

蔡復初,福清人。舉明經,爲書院訓導。少從龍江林梅所、余大車學《易》受《書》,又從惠安盧公琦學《詩》。孝友力義。琦卒,心喪三年。所著有《詩銘訓集》。子仕實,見《明代科第纂》。《閩書》

陳先生中立

陳中立,字誠中,莆田人。受經於惠安盧公琦,以文學著稱。作廟建學,以教鄉人祀艾軒、晦菴、夾漈三先生,奉盧公主配之。日陳經傳,爲學者剖析。宋文憲濂銘其墓曰:“維古之世不以位,世降俗偷位斯貴。貴而無能冠狗彘,豈若夫君賤爲庶？居家孝友推以義，闢廬建學躬訓迪。鄉髦如雲聆且肄，少長齗齗類洙泗。化嚚爲良暴更懿，醇儒爲功斯小試。"

陳子信諸先生學派

溫陵在元初，忠義道德之英，遭蒲賊之難，澌滅盡矣。然世家舊學，抱所蘊而托處山澤者，尚有可考。自延祐後，科目方行，衣冠襲起，克自振勵者亦多晦迹於山長一席。溯其秉禮守義之規，風流世守，出處進退，皆足以光史册而炳日星。今類次諸賢，如莊氏圭復之在元，諸葛氏晉、王氏彙之在明，誠確乎其不可拔者矣。

貞士陳子信先生士麟

陳士麟，字子信，南安人。性喜學，多所周通，老宿弗逮。每取諸葛武侯"吾心如秤，不能爲人輕重"之言以自儆。所居在縣之烏石山，種稻盈郊，樹桑環宅，市書課兒，釀酒延客。或適意漁獵，放浪藪澤間。病革，囑其子同曰："平生慕古，今且不起，喪事依禮，慎毋用二氏。非親知，不受弔。"踰月而葬。題云"有元貞士烏石陳公之墓"。《閩書》

訓導莊元振先生震孫

莊震孫，字元振，晉江人。莊夏之元孫。元末，薦授郡訓導。《清源文録》

徵士莊容齋先生圭復

莊圭復，字生道，號容齋，思齊之子，晉江青陽人。篤志勵行，以文學名。少從遊於丘葵。值宋季流亂，手未嘗釋卷。誠信孝友，建祠宇，立祭田。宋亡，隱於青陽，吟咏自如。至順間，福建閩海道知事清江范椁以圭學行聞於朝，詔書屢下，終不起。年九十一，卒於家。何鏡山撰《莊氏族譜序》、新志節張廷芳撰墓誌

蒲 先 生 仲 昭

蒲仲昭，晉江人。祖心泉，故梅州守，察宋國危，遂隱身讀書，遺詩若干卷，劉克莊序之。丘鈞磯有《輓心泉蒲處士》詩。仲昭既世其業，而游居于泉，以詩鳴者陳衆仲、阮信道、王元翰，仲昭或師或友，皆兼所長。

參政王先生彙

王彙，邵陽人。曾祖元，爲元翰林學士，卒贈潞公。彙登至正庚辰進士，歷貴州行省參政。順帝時，言天下羣盜蜂起，直諫内廷之非，權臣阿實克布哈譖以忤旨，取譴。入泉，與學士稍講經義，朝野交薦，固辭不往，遂家於泉中。《閩書》

檢校諸葛仲昭先生晉

諸葛晉，字仲昭，晉江人。以明經授福建行省檢校。兵興，省檄分治尤溪縣，鋤艾豪强，有廉能稱，境賴保障。邑有朱子毓秀舊址，後爲書院，年久没入豪家。晉訪復之，既成書院，池中産瑞蓮二、芝草五。明興，徵聘不仕，坐以前代故官謫徙潁上，遂卒於潁。年七十六。子珤，杜門養志，娱心經史。

學正許豹山先生汝翊

許汝翊，號豹山，晉江人。大德十一年鄉舉。經術湛深，文學該貫。授本州學正，士服其教。年八十，致仕。所著有《孝經析義》、《訓辭全書》。《泉郡新志·文苑》

清漳諸先生學派

按：清漳爲閩山川之極南，清淑之氣鍾焉。自朱子過化之後，王東湖、陳北溪親承旨授，講習而丕振之，始焉崇尚佛老，即變爲禮樂之區，故朱子有“五百年逃墨歸儒”之語也。元代，明卿諸賢，一時斌斌儒林之選，其隱身岩穴，或以薦舉而膺師儒之任者比比矣。兹擇其著者載於篇。

經歷林明卿先生廣發

林廣發，字明卿，龍溪人，別號三溪。嘗謂陳安卿號北溪，高彦先號東溪，蔡汝作號南溪，而己號三溪，將兼而匹焉。生平孝友，規言矩行。通貫六籍，融會百氏。郡學三聘爲諸生師，以部使薦，授安溪學職，邑僚師事之。會寇作，奉府檄招降，授以縣主簿，仍謀軍府事。每俘至委訊，輒曰："此平民也。"府帥問："曷辨？"曰："獲於巢穴者爲賊，捕於井里者爲民，此皆自井里得之。"自是俘至多免死。陞福建屯田萬户府經歷。所著有《三溪集》傳世。子唐臣，見明代，後改民弼。《閩書》、《通志》

學正王先生吉才

王吉才，龍溪人。篤志古道，尤明典禮。郡守延爲弟子師，後爲泉州學正。吉才親終皆及期耄，而己老矣，哀慕痛毁，有如早喪。雖在家庭，亦冠衣斂容，人未嘗見其遽言怒色。學者稱爲益齋先生。《閩書》

學正黃君翊先生元淵

黃元淵，字君翊，龍溪人。父進，本縣學諭。元淵至正中薦知漳州路學録，秩滿，陞泉州路學正，卒。郡有朱文公祠，宋守方耒所建。至元，其地爲寺，元淵自出私錢買城東北隅地別建之，作大成殿以祀先聖先賢，作祀堂祀文公，以黃幹、陳淳配。別作講堂齋舍，處師弟子，天曆四年告成。至順三年，國子助教陳旅告學士虞集曰："捐家業以爲浮屠、老子之宫求福利益者，世不勝數。元淵觀鄉邦之寥寂，慨斯文之泯墜，節衣食之資，以成義舉，書院成而家已貧矣。君子其有取於斯乎！公其爲之記。"《閩書》

文學周于一先生祐

周祐，字于一，龍溪人。能古文詞。有僉事左姓者督師漳南，祐作《邊臣近鑑》以獻。左曰："史才也。"薦爲同安文學,進其書于朝,以備國史編録。至正七年,與門人林弼同舉省闈,祐第一。

楊宗璉先生稷

楊稷,字宗璉,長泰人。資性高雅,好古慕學,隱遯不仕。至正間,邑庠缺官,令林幹爾聘攝學事。振文風,變習尚,以義理行誼爲教,士習一新。所著有《田家樂歌》傳于世。歌曰："田家樂,田家樂,樂在堯天事耕鑿。大兒北壠種白雲,小兒南澗飲黄犢。婦姑辛苦課蠶桑,深夜寒機響茅屋。衣食餘饒税早輸,吏不到門犬睡足。有時客至問起居,啄黍雞肥新釀熟。三杯酒後更高歌,盡是田家太平曲。"

延平曹伯大諸先生學派

元代科目至仁宗延祐間始酌舊制行之,諸賢或以科第顯,或以隱佚終,砥行立名,皆有足稱,溯之羅、李前徽,淵源尤可接云。兹録其概著于篇。

判官曹伯大先生道振

曹道振,字伯大,沙縣人。進士第,除福州路判官。博學通經。至正間,嘗編次《羅仲素文集》爲十八卷。《延平府志》

處士郭先生居敬

郭居敬,尤溪人。博學。事親歡順,親没哀毀盡禮。嘗摭虞舜而下二十四人孝行之概,序而繫之以詩,用訓童蒙。時虞集、歐陽玄欲薦于朝,居敬牢讓不起。終身隱于小村,以處士卒。

判官張在中先生本

張本,字在中,將樂人。元統元年,會試以《蒲輪賦》,得高選,登進士第。官至寧都州判官。《延平府志》

虞先生真翁

虞真翁,尤溪人。至正間,隱南溪山,樂道自守,不求聞達,客非其類不與接,遇知書者,相對竟日,參訂所疑。縣尹許惟敬深加禮重。邑志

閩中理學淵源考卷三十七

建寧熊勿軒先生禾學派

　　按：勿軒熊氏禾，史載從浙東輔漢卿先生學，石堂陳氏普又從輔氏門人浙東韓維則學，輔氏則又朱門高弟也。熊氏師於輔氏，年歲按之可疑，另有辨，附後。熊、陳二公爲有元一代大儒，閩海憲使許公序熊集，有"立綱常，關世教，紹統緒"之稱。此許公疑爲魯齋公之後，辨見下。史稱陳氏尊聞紹言，屹然爲朱門嫡派，其出處高風，與劉靜修、文文山、謝疊山、胡庭芳同出一轍也。閩中元代之學，二公爲首倡之。再：熊公勿軒，諸前哲叙述多繫之宋。考邵氏《續宏簡録》補列在元儒，蓋諸老彫謝，而先生如存碩果，且一代風教必有一二師表爲典型倡率，雖宋之遺民，而實元之文獻也，故特表而出之。至丘氏富國亦從學輔氏，同爲宋世之遺民云。再：余輯《閩中元代學派》惟熊、陳、丘氏得輔氏之學，以衍其緒。今續考熊公自述，受業浙中劉敬堂。考劉敬堂即金仁山先生，是熊公亦承金華三子之傳也。莆中林氏以辨父子，亦皆遞承瓜山潘氏、復齋陳氏派別，朱門一綫之傳，賴以不墜。又，泉南有傅定保、盧琦數公，一時師席外，此寥落無聞，何耶？蓋剛正直方之氣，折於僞學黨錮之餘，而秉道抱德之徒，所以長往山林，韜光晦匿，即有授徒講藝，亦荒略姓氏而不著，豈當時操簡叙述者，多缺而不書乎？抑學術升降、盛衰之候，有絶有續，固有時耶！嗟乎！公生季祚，去文公之時百有餘歲矣。老成彫謝，典型獨守，鼎革後抱道空山，脩明六經，毅然以斯文自任。至今仰洪源書堂，巋然與滄洲雲谷蔚峙而長存也。公平生著作，悉稟文公家法，於《易》、《詩》、《書》、《春秋》、小學、四書，皆有集義，又有《三禮通解》。其撰《三山五賢祠記》，確尊五先生位置諸賢而進退之，持論堅卓，不涉游移，尤見閑道之謹。

又論孔庭祀典,至今多行其説。其撰《文公書院記》,致詳於全體大用之學,而推求晚年充養於大本大原之地。追溯延平李氏喜怒哀樂未發前體驗真切功夫,而終之以敬貫動静之旨,以爲聖人復起,不易斯言。嗚呼! 先生叙述文公之學,即先生精詣造道之學也。公師承確有淵源,數十年不求聞達,其扶世立教、繼往表微之功遠矣。嘗讀公《送胡庭芳序》言:"曩遊浙中,因受業於敬堂劉先生,得聞文公晚年所以與勉齋黄先生、潛室陳先生論學之旨,然後乃知文公之學與世之所言者不同也。"觀此,則公於劉公授受之際,淵源卓矣。劉公,已詳考本末,另記附後。再按: 公雅志紹先,不在魯齋、草廬、白雲諸公下,今許、吳、白雲已從祀廟庭,竊撿遺史,如公與胡公一桂、胡公炳文、陳公櫟、熊公朋來、吕公大圭、丘公葵,出處皆有本末,其纂述有關於名教,補苴有功於經學,似皆祀典不可缺之人,尚有待於表章之後賢云。

熊勿軒先生禾

熊禾,字去非,號勿軒、又號退齋,建陽人。雨錢公十六世孫。世居鰲峰之陽,總角能文,志濂、洛、關、閩之學,訪朱子門人輔氏而從遊焉。登宋度宗咸淳十年進士,授寧武州司户參軍。宋亡,不仕,束書入山,築洪源書堂,從學者數百,一時多士若胡庭芳、劉省軒、詹君履皆從之遊。日以周、孔之説相磨礪,於朱子諸書是信是行。後歸故山,復創鰲峰書堂,以周、程、朱、張五賢爲道統正派祀之,以配先師,而邵、馬不與焉。初,謝疊山聞先生名,自江右來訪,及會,共訴宋亡之痛,抱持而哭,因相與講論夫子之道。而胡公庭芳素明《易》學,自江西挾道相訪,相講切者十有七年。嘗謂:"秦、漢以下,天下所以無善治者,儒者無正學也;儒者所以無正學者,六經無全書也。考亭朱子集正學大成,生平精力在《易》、四書,《詩》僅完薁,《書》開端未及竟,雖九峰蔡氏,猶未大暢厥旨。《三禮》雖有《通解》,缺而未補尚多,至勉齋黄氏、信齋楊氏,粗完《喪》、《祭》二書,而授受損益,精意竟無能續。若《春秋》,則不過發其大義而已,豈無所俟於來學乎? 兵難之餘,學徒解散,文集燬亡。早歲成《春秋通解》一書,又厄于火。

兼以齒髮向衰，《易》、《詩》、《書》僅得就緒。《春秋》更加重纂，則皇帝王霸之道亦或粗備。惟《三禮》乃文公與門人三世未了之書，且《周官》六典原不缺，當復其舊。而《儀禮》十七篇，且欲各附《禮記傳義》以爲之兆。庭芳當分任此責，以畢吾志。"其後竟修《儀禮》，未及成書，卒。福寧陳益方足而成之，以爲《禮編》。嘗取朱子諸書擇其至精且要者爲一編，名曰《文公要語》，而以邵氏、張、呂及朱氏門人之説爲附錄。又爲《小學集疏》、《大學尚書口義》凡三十卷。今行于世者，有《春秋通解》、《大學廣義》、《易講義》、《書説》、《四書標題》、《三禮考異》、《經序學解》。先生嘗脩考亭書院而爲之記，及後有求《考亭書院記》於草廬吳公者，因聞先生所作，則以手加額曰："江南有人矣，予奚置喙?"其論孔廟祀典，後世多行其言云。《閩書》、《道南源委》、《歷代名儒傳》、《續宏簡錄》、《家傳》、行狀

熊勿軒先生文

《考亭書院記》曰：周東遷而夫子出，宋南渡而文公生。世運升降之會，天必擬大聖大賢以當之者，三綱五常之道所寄也。道有統，羲軒邈矣，陶唐氏迄今六十二甲辰，孟氏歷叙道統之傳，爲帝爲王者千五百餘歲，則堯、舜、禹之於冀也，湯、尹之於伊亳也，文、武周公之於岐、豐也，自是以下，爲霸爲强者二千餘歲，而所寄僅若此，儒者幾無以藉口於來世。嗚呼！微夫子六經，則五帝三王之道不傳；微文公四書，則夫子之道不著。人心無所以主，利欲持世，庸有極乎？七篇之終，所以近聖人之居，而尚論其世，其獨無所感乎？嗚呼！由文公以來，又百餘歲矣。建考亭視魯闕里，初名竹林精舍，後更滄州。宋理宗表章公學，以公從祀廟庭，始錫書院額，諸生世守其學。重惟文公之學，聖人全體大用之學也。本之身心則爲德行，措之國家天下則爲事業，其體則有健順、仁義、中正之性，其用則有治教、農禮、兵刑之具，其文則有《小學》、《大學》、《語孟》、《中庸》、《易》、《詩》、《書》、《春秋》、《三禮》、《孝經》、《圖書》、《西銘傳義》及《通鑑綱目》、《近思錄》等書，學者學此而已。今但知誦習公之文，而體用之學曾莫之究，其得謂之善學乎？刻曰體其全而用其大者乎？公之在考亭也，門人蔡氏

淵嘗言："其晚年閒居，於大本大原之地，充養敦厚，人有不得窺其際者。蓋其喜怒哀樂之未發，亩聞師說於延平李先生，體驗已熟。雖其語學者非止一端，而敬貫動静之旨，聖人復起不易斯言矣。"嗚呼！此古人授受心法也，世之溺口耳之學，何足以窺其微哉？公之修《三禮》，自家鄉至邦國王朝，大綱小紀，詳法畧則，悉以屬之門人黄氏幹，且曰："如用之，固當盡天地之變，酌古今之宜，而又通乎南北風氣，損文就質，以求其中可也。"使公之志克遂，有王者作，必來取法矣。嗚呼！古人爲治之大經大法，平居既無素習，一旦臨事，惟小功近利是視，生民亦何日蒙至治之澤乎？秦人絶學之後，六經無完書，若井田、若學校，凡古人經理人道之具盡廢。漢猶近古，其大機已失之矣。當今治宇一統，京師首善之地，立胄學、興文教，文公《四書》方爲世大用，此又非世運方升之一機乎？邵氏觀化，所謂善變之，則帝王之道可興者，以時考之可矣。誠能於此推原羲軒以來之統，大明夫子祖述憲章之志，上自辟雍，下逮庠序，祀典教法一惟我文公之訓是式，古人全體大用之學，復行于天下，其不自兹始乎？今公祠以文肅黄氏幹配，舊典也，從以文節蔡氏元定、文簡劉氏爚、文忠真氏德秀，建安武夷例也。我文公體用之學，黄氏其庶幾乎？餘皆守公之道不貳，其侑公也甚宜。公以建炎庚戌生於劍之南溪，父吏部韋齋先生之仕國也。公蘊經世大業，屬權奸相繼用事，鬱鬱不得展，道學爲世大禁。公與門人益務堅苦，泊如也。慶元庚申殁於考亭。後十年庚午，疆場事起。又六十七年丙子，宋亡，公之曾孫浚以死節著。嗚呼！大聖大賢之生，其有關於天地之化、盛衰之運者，豈可以淺言哉？夫子之六經不得行於再世，而公之《四書》乃得彰於當代。公之身雖詘於當時，而公之道卒信於其後者，天也。過江來，中州文獻欲盡，自左丞覃懷許公衡倡明公學，家誦其書，人尊其道，凡所以啓沃君心，栽培相業以開治平之原者，皆公餘澤也。

《三山郡泮五賢祠記》曰：僕於雲谷之陽，鰲峯之下，創小精舍，中爲夫子燕居，配以顏、曾、思、孟，次以周、程、張、朱。或曰："文公竹林精舍，以六君子從祀，先朝取其法，行之太學，達於郡縣。今邵、馬二賢不與，無乃非文公初意邪？"曰："從祀之典，凡先儒之有功德於聖門者咸在。若夫配食先聖，非其道德功言足以得夫聖統之正傳者，不足以與此也。此五先生吾無間然者矣。若夫邵、馬、張、呂諸賢，固已秩在從祀矣，非去之也。文公贊六君子，乃一時景行先哲之盛心，而竹林之祠增延平先生爲七賢，又以致其平生尊敬師傅之意，是固各有攸當，非可以此爲疑也。"歲在癸卯之夏，三山郡泮議創新祠，郡博士東武劉叔敬諗予曰："泮舊有道立堂，按舊碑，蓋取師道立、善人多之義。自濂溪而下，凡十有五人。首六君子，次廣平游氏、龜山楊氏、豫章羅氏、延平李氏，次晦庵朱氏、南軒張氏、東萊呂氏、西山蔡氏、勉齋黃氏。丙子兵戈之後，司文臺典教職者又益以北山陳氏、信齋楊氏、毅齋鄭氏、說齋楊氏、庸齋趙氏凡五人，皆學於文公，亦所以昭是邦文物之懿也。但考之郡志，西山真氏帥三山時，嘗創尊道閣祀文公，但以勉齋配。道立堂舊祠亦止於勉齋。今廉臺之長恪齋嚴公更創新祠，欲復尊道之舊，而議者言人人殊，子其有以教之。"僕曰："是祠若仍'道立'之名，則爲隆師道而設，姑仍其舊可也。但師弟子不應皆北坐南向。勉齋以下，北山、信齋諸賢皆北面受經於文公者，乃侈然並居南面之列，此則有不可不正者。若更尊道之名，則爲隆道統而設，其祠固當止於五先生，他有不得而與焉。邵、馬、張、呂諸賢，自有從祀彝典，廣平、龜山、豫章、延平、西山諸賢，則建、劍鄰郡，各有專祠。稽之《禮經》，國無先師則合於鄰國。勉齋爲朱門道統單傳，又不但三山一邦之望，莫若正西向侑食之位，雖不合於鄰國可也。西山尊道，初意亦正如此。"時盱江德臣李君，亦曰："饒之石洞，亦以夫子居中，配以顏、曾、思、孟、周、程、張、朱五賢，勉齋繼之。"時曲阜孔君申卿，實主其議，遂白之嚴公，首以爲允，於是繪像立祠，更扁"尊道"。又以僕嘗與聞斯義，且屬爲記。適莆陽史侯有刊脩《禮書》之約，遂不得竟其事。繼會莆陽博士永嘉宋蜀翁議創先賢祠，亦以下問。僕援此答之，皆以爲允。但有以程、張坐次爲疑者。蓋橫渠於二程爲表叔，端平從祀之典，張先於程，竹林七賢之祠，與六君子之贊則程先於張，二者不同，議卒靡定。僕曰："橫渠之學，得於二程，皋比之撤，與夫平居，議論歷歷可考，聞道在先，固有所受也。但當以竹林之祠爲正，此乃學校之公，不得與家庭之私例論矣。"於是，莆之新祠位置遂定。會孔君以三山士友之請，屬記於史侯,深言尊道之祠止於五賢,不及邵、馬者,乃萬世道統所係,惟當以此爲定。孔君又言:"曲阜舊有五賢祠,乃祀荀、楊諸賢,今祠已燬,歸當請之衍聖公,更議以此五賢易之。此不惟大明洙泗之正傳,亦以一洗漢、唐之陋習,扶世立教、抑邪崇正之功宏矣。"因其行也,力贊勉之。私竊自謂山中一時綿蕝之禮,或者因莆、福二郡以爲之兆,亦區區之志也。忽三山朋友以書來詰,謂舊祠邵、馬以下,凡十有四人,皆從改撤,公議之戈莫不倒指於首議之人,子當何以解之?且賢牧、鄉賢二祠,亦聞有所建白。若其果然,慎勿復言可也。余蓋深歎世衰道微之餘,學校無公論,迺至於此,自可忘辨。然斯道所關,則亦不可以不直者,輒申其義,或者倘有察焉,亦學校風化之一助也。

《敬齋銘箴跋》曰:按,南軒張子《敬齋銘》,專以"敬"爲宅心之要。蓋心存則衆理具,而萬事之綱舉矣,非心存之外別有所謂敬也。朱子之箴,不過發其未盡之蘊。程子曰:"制於外,所以養其中。"吾未見外貌之肆而中心之存者,故所貴乎動靜弗違,表裏交正也。後之學者見箴不見銘,但有矜持拘迫,而無從容涵養之功,甚者以擎跽曲拳爲敬,看得"敬"字多死而不活。嗟夫!聖賢之學不講,人心失其所爲主,理乖事謬,世道隨之,豈小故哉?《南軒集》中《敬齋記》有曰:"萬事具萬理,萬理在萬事,而其妙著於人心。一物不體則一理息,一理息則一事廢。敬者,貫萬事,統萬理,而爲萬物之主宰者也。致知,所以明是心也。敬者,所以存是心而勿失也。"又曰:"心生生不窮者,道也。敬則生矣,生則惡可已也。怠焉則放,放則死矣。"此千古聖賢傳授心法之妙,學者深體而屢省之哉!

《送胡庭芳序》曰:宋南渡初,武夷文定胡公造行都,有以程氏之學盛行爲言者,公輒愀然曰:"吾方以程氏之學不行爲懼,何謂盛行耶?豈誦習其說者,皆可以言程氏之學耶?"余讀書武夷山中,有胡君庭芳,自新安攜一編書來訪。究其業,蓋自朱氏,而尤粹於《易》。留山中三閱月,相與考訂,推象數之源、極義理之歸。書成,余已爲繫語其後矣。又復相與推究文公所論他經大旨,重惟《詩》、《書》二經訓義已具,獨《三禮通解》猶未完書,而《春秋》則僅發其旨要。

白鹿、臨漳所刊,尚有望於後之人,余知非其任而竊有志焉。《春秋》一經,蓋竭精力者九年,而稿本燼於丙子之厄。俯仰十載,學植荒落。余交遊多矣,論經説理鮮有如君者,何幸得因切磋究之相與纂述以成一家言。胡君言:"諾,歸將考隸一經焉。明年春,當賫糧武夷山中,以畢斯業。"臨行,且求一言爲別。余深有感於文定胡公之言,而告之曰:"前所云,亦誦習其言而已。文公殁且百年,門人傳習,寖益失真。余以爲文公之學不行,文公之道不傳也。曩遊浙中,嘗因受業於敬堂劉先生,得聞文公晚年所以與勉齋黃先生、潛室陳先生論學之要旨,然後乃知文公之學,其體全體,其用大用,與世之所言,第以資誦説者固不同也,蓋必有以出乎其外者乎? 因我同志,輒發其端。君之學源於盤磵董先生,江東文獻風流猶有足證,其以予言參之,殆有合乎否耶? 且以告江東士君子之學,自朱氏者。"

識熊勿軒先生傳後

嘗聞之,治經者必守家法,講學者必歸踐行。要其派別,必本於師傳友授,此古人博習親師,論學取友,其淵源不可誣也。余自壬戌歸里後,蒐輯閩中師友累年考訂,墜緒莫尋。竊念海濱載籍荒落,殘闕湮没者多矣,況欲網羅列代,尚友千載,搜討於離索之餘,抑又難已。因得之名家著作,可補一二者,如宋初莆陽蔡君謨執經於三山周公闢,邵武黃簡肅中早薰炙於舅氏游定夫先生,晉江梁文靖克家實爲永春陳休齊知柔門人,温陵劉叔文爲朱子之高弟,晉江梁壽卿椿選設教於安溪來蘇,建立書院,實友於吕時可中、洪陽巖天錫諸公,俱於《師友考》中詳之矣。獨建陽熊氏勿軒先生未見確然可據者。今讀先生行狀,載友於胡一桂庭芳,其本傳載訪文公之門人輔氏而從焉。行狀爲建寧府訓導天台李讓撰,本傳書前翰林偰處約述,二篇未詳所作年月先後,獨傳中詳載公生於宋理宗淳祐七年丁未,卒於元仁宗皇慶元年十月,葬於鰲峯之橫瀝。今讀熊公文集,師於輔氏未見叙述一語,惟《送胡氏庭芳序》有曰:"曩遊浙中,嘗因受業於敬堂劉先生,得聞文公晚年所以與勉齋黃先生、潛室陳先生論學之要旨,然後乃知文公之學，其體全體，其用大用，與世之所言第以資誦説者固不同也。因我同志，輒發其端。”又云：“吾子之學源於盤磵董先生，江東文獻風流猶有足證，其以余言參之，殆有合乎？”按此，則公之受業於敬堂者，所得必深，而發端於同志，欲兩證其所學，此其師承根柢有在矣。而傳言輔氏者絶無及焉，累年蓄疑莫釋。自戊辰七月，輯公傳藥，無從考證。逮乾隆壬午，往浙歸途，於蘭邑書坊中，購得金氏履祥先生文集鈔本，共三卷。卷一首帙書“後學喻良能香山校”，下列刊刻門人十人，首曰熊鉌、熊瑞、林景熙、方逢辰、汪夢斗、陳淳、鄧虎、張偘、許棐、羅願。捧讀再四，竊疑熊公師於仁山，本集中全無叙及，其疑與師輔氏同。且陳氏淳疑閩中北溪名氏，已是勉齋一輩人，年歲已久，不應在弟子之列。歸里來忽忽六載，於今歲閏七月間，雨窗重閲仁山先生本傳，及張氏祖年《金華正學編》，乃知金公本姓劉，因避錢武肅王嫌，故以“金”易“劉”，遂恍然公所述聞之於師者恐即金公也。且又述勉齋、潛室二公，所以發明文公晚年所造，元元本本，自非金華的傳，其能如此斷制耶？其曰“敬堂”者，考金公字吉甫，晚歲卜築仁山，因以爲號，又號次農，所謂“敬堂”，未有顯證。然考魯齋王氏栢受學於北山何氏基時，北山授以立志居敬之旨，遂著《敬齋箴》，畫出一“敬”字爲日用躬行之則。及讀金仁山祭北山文定公文曰：“甲寅季秋，時始受學。截斷爲人，一語夢覺。謂古聖賢，一敬畏心。曾子終身，臨淵履冰。然所謂敬，匪拘匪懾。常以爲重，則罔或越。”又祭魯齋王文憲公文曰：“卒於北山，師資就正。有的其傳，立志居敬。”讀此，知公於何、王二公反覆授受，於“敬”之一言，實溯洛、閩心法，與程門尹公以“敬”爲入門之要者，一脈實相脗合。縱未得“敬堂”爲仁山稱號確證，然彼時任重詣極、恪佩師訓、用力於敬者，非異人任矣。再按：熊公送胡氏序作於宋端宗景炎丙子，後十年適當元世祖至元乙酉之歲，蓋世祖一統至此已六年矣。公宋代遺民，避榜名未定，書“鉌”字，或稱其師舍改姓而從舊姓，抑亦寓勝國君臣之義云爾。或尚有敬堂其人，亦未可知。惜金華諸名集無從搜訪，尚俟博考者訂正之。再考輔氏漢卿，雖朱子晚歲所得門徒，然考漢卿本傳，初事吕東萊，後卒業於晦翁。即《朱子語録》亦云向在臨安相聚，見伯恭門徒無及之者。伯恭於淳熙八年卒，先朱子卒二十年，則輔氏從學於朱子之門，年亦非壯矣。及考魏氏鶴山《跋朱文公所與輔漢卿帖》云："先友漢卿端方而沉碩，文公深所許與，往來書帖，當不止此云云。"此則漢卿身後鶴山所述之語也。鶴山卒於嘉熙元年，後十一年，勿軒方生，則傁氏叙"勿軒訪文公之門人輔氏而從遊"一語，似無可據矣。傁氏叙述於勿軒音容未遠之初，而余謬訂於勿軒已往四百五十餘年之後，是檢前人之愆，不禁爽然失矣。嗟乎！師友道遠，末世託名標榜、互相依傍者多，然在昔高自位置，恥學於師者亦有之。昔河汾門人多有顯達，迨修隋史而遺其師不立傳，以致千載若明若昧，是師友所係匪淺矣。今考仁山之集，校者喻氏良能著《忠義傳》二十卷，《文集》數十卷，兄弟皆宋季遺民，一時名德，則校訂繫名豈苟哉？至刊刻數公姓氏，亦皆表表千載可以傳信者也。夫金公當日之文，固不藉數公而顯，而數公亦非藉金公之文以傳也。予固感金、熊二公傳習本末，皆關彼時斯道絕續之交，碩果之會也，故不禁娓娓具述焉。乾隆丁亥閏七月望後一日丁未，清馥謹識。

教授李士則先生文

李文，字士則，崇安人。聰敏篤學，遊熊勿軒之門。與杜本友善，談議間一以講學爲事，聲聞四馳，學者羣然取正。皇慶初，舉爲蘇州學教授。

教授虞善繼先生光祖

虞光祖，字善繼，崇安人。幼受學於熊勿軒。博綜經史，爲文有跌宕氣。官邵武學教授。

安子仁先生實

安實，字子仁，崇安人。哀長吉曾孫也。以哀爲嫌，遂易今姓。師事熊勿軒。聚徒講學，其憂憤鬱懣之氣，往往發之文章。及卒，建安翁植誄之曰："子仁氣激乎鯨海，學傳於鰲峯。絕塵險詞，拔神牙而破鬼膽；鈎玄幽思，出月脅而穿天心。”

迪教郎江繼祖先生志

　　江志，字繼祖。事熊勿軒，私淑文公，刻意精詣，士從遊者，隨材質高下，皆有所得。延祐中，歲大侵，至殺人相食，志毀家賑恤，邑令夾谷山壽列薦省劄，授迪教郎。

陳　先　生　蒙　正

　　陳蒙正，未詳其鄉里。考陳公《送熊先生東歸序》有曰：“癸卯之冬，退齋熊先生至，某往就學焉。”亦受業其門者。又曰：“書之可通，足跡之可至。”疑是閩邦之士也。俟再考。

學正詹先生君履

　　詹君履，邵武人。按，熊先生《送詹君履學正序》署云：記甲申歲世祖某年。余始卜居武夷之南，邑里秀俊相與遊從者固不乏人，而穎異成材者指亦未易多屈。當路崇植儒官，獎引士類，惟儒官一途爲捷徑，於是年盛力強欲藉以奮身者胥出焉。隱屏之下曲溪之濱，歲歲作贈語，餞友朋，散出郡邑，蓋不少矣。樵居閩上遊，往往拔其尤一人爲之正，曰劉某；今年拔其尤一人爲之録，曰詹君履，皆武夷舊游也。君履行有日，同舍各致贈言之義，余將何以告子？則謂之曰：“當路遴選儒官一途，非但可資以進身也。涵養德器，脩礪學業，正在此時云。”全文詳著述，後不具録。

劉希泌先生應李以下交友。

　　劉應李，字希泌，初名榮。韜仲孫。謹厚莊重，博習脩潔。舉咸淳十年進士，調建陽簿。宋亡，不仕。與熊勿軒、胡廷芳講道洪源山，居十有二年。後建化龍書院、與莒潭聚徒講授，厚給課試，悉倣州縣法。

林先生若存陳子芳。

林若存,福清人。陳子芳,寧德人。按,熊先生《祀典議》畧曰:遵道之祠,只及周、程、張、朱五先生,而不及司馬邵氏。嘗以此求正於鄉先生福清林若存。謂此論直可質無疑,而俟不惑,且謂康節作《長歷》,書建成、元吉作亂,秦王世民誅之,可與溫公作《通鑑》書諸葛入寇同科,此亦一証。寧德陳子芳謂此説已是。程子亦曰:“堯夫直是不恭。”又曰:“堯夫根本不帖帖地,其不滿溫公處亦多,更以此參之,當益明矣。”觀此則林、陳二公皆當時耆德,與勿軒先生相切劘者。本傳未得,俟再考增入。

魏先生夢斗

魏夢斗,見熊先生《考亭書院記》,與公分教大小學者。未詳籍貫,俟詳考增入。

劉先生邊

劉邊,建安人。與熊勿軒友善。工詩文。所著有《讀史撼言》行世。

閩中理學淵源考卷三十八

丘行可先生富國學派

按：先生登宋淳祐七年進士，後文公數十年，黄氏海辨正之，謂《道南源委》作朱子門人爲非，蓋亦從公之門人輔氏學耳，今從黄氏本。

丘行可先生富國

丘富國，字行可，建安人。受學朱子之門人輔氏漢卿。淳祐七年進士，爲端陽僉判。宋亡，不仕。著《周易輯解》十卷、《經世補遺》三卷、《易學説約》五篇，發明朱氏宗旨。《閩書》

鄭翠屏先生儀孫

鄭儀孫，號翠屏，建安人。從丘氏富國學《易》。咸淳癸酉，應賢良舉。又明年，少帝北行，儀孫退而著《書易圖説解》、《大學中庸章句》、《史學蒙求箋註》、《性理字訓》。郡守吳某率幕屬迎于學師事之。《閩書》

知事張伯陽先生復

張復，字伯陽，建安人。泰定元年進士，仕建寧路知事。師事鄭儀孫學《易》，得丘氏之傳。嘗輯諸儒論議，編《性理遺書》。《閩書》

應奉張子京先生諒弟貢

張諒，字子京，建安人。與弟貢學《易》於丘富國。著《經史事類》并《書

澤》三十卷。後賜秩翰林應奉文字。《閩書》

建安雷氏家世學派

按：雷氏龍濟先生以殉國難，其子志澤先生以遷於《易》傳之，後嗣皆以《易》名家。彥舟先生後亦以殉節著。平昔尤以朱、程爲學的，立論先德行而後文藝。其倡建義士莊以濟士類，信乎一命之士，存心愛物，必有所濟，其貽謀保艾者遠矣。

教授雷志澤先生德潤

雷德潤，字志澤，一名逢辰，建安人。父龍濟，宋鄉貢進士，以殉國難。德潤學邃于《易》，旁通諸子及律曆術數。舉明經，除福州路教授。積學庚之餘，買田三百餘畝以給貧士婚喪老疾者，號義士莊，人爲建祠學宮。調長樂簿，卒。德潤爲學先德行而後文藝，講論必以朱、程爲主，教人必以聖賢爲法。子機、栱、杭。《閩書》

待制雷子樞先生機

雷機，字子樞。延祐進士。授古田丞，遷延平總管府知事，改邵武經歷。邵長官有怙勢撓政者，機每命吏抱案牘與庭辨，不爲屈，郡政以平。調興化尹。察知邑中賦役不均，機令民首實而品第之，日更一吏主牘，賦以大均，民呼爲"雷神"。丁內艱，服闋，轉湖廣儒學副提舉。月書季考，具有成法。擢延平總管府推官。順昌、尤溪、沙溪、南平數縣疑獄，株連累歲，悉得解釋。建義學，延鄉貢進士陳竑願教之。俄，羅天鱗反，汀界上立堡柵，集丁壯，盜不敢犯。陞惠安尹，究心學政，以興禮讓之俗，三歲最諸邑。代還，民立祠樹碑，鄉井幾遍。除汀州總管府推官。築城開濠，以實堡障，申屠駉僉事閩部，行郡至汀，稔知機賢，悉委訟牒。已，不俟引年，遽上休致。朝廷嘉其廉退，陞翰林院待制，階朝散大夫。機軀幹魁梧，方面美髯。居官尤盡心獄事，夜參半孤燈熒熒，繙閱成案不休。曰：
"人命至重。"爲人嚴而不苟，和而不流。所著文辭，森嚴演迆，有《龍津》、《龍
山》、《鄞川》、《環中》、《黃鶴磯》、《梅易齋》、《碧玉環》七稿。子燧、燦。《閩書》

縣尉雷君實先生栱

雷栱，字君實。興化縣尉。以公廉正直稱。壬辰歲，因羅天麟亂，委守海
口，卒于官。亦通於《易》。

州守雷彥舟先生杭

雷杭，字彥舟，建安人。與兄機、栱俱以《易》鳴於時。嘗著《周易註解》行
世，時稱雷氏《易》。舉浙江鄉試第一，登癸酉進士，授浙江儒學提舉，遷武平縣
尹，調潮陽。以死事贈奉化州知州，官其子煜爲同知。《閩書》、《通志》

魏菊莊諸先生學派

元代建安之派，去游、胡、劉、朱之遺未遠也，其流風餘榘，猶有傳人。然考
其時，多潛身草澤，或託儒官一途以自奮，而志業弗究其用者多矣。今搜録數十
家，次其懿行，或承之家學，或得之私淑，或以文學知名，或以附聲大雅。原委所
漸，尚有可稽云。

魏菊莊先生慶之

魏慶之，字醇甫，建陽人。師於王晟，得考亭學。中歲，留情詩賦，種菊盈
籬，詠觴自適，號菊莊翁。手編《詩人玉屑》若干卷，而尤以施捨稱。《閩書》

學正游子善先生應翔[①]

游應翔，字子善，崇安人。酢七世孫也。值宋、元兵革未靖，結屋武夷澄川

之上,耕隱自晦。人稱其操履端方,無愧先世。後繇武夷直學遷學正。

山長陳良材先生楠老

陳楠老,字良材,政和人。至元元年以鄉貢進士,授興化路涵江書院山長,轉建陽雲莊書院山長。至正間,棄官歸。嘗過萬竹菴,題詩曰:"青山迥望合,萬竹净娟娟。寶殿晴光冷,瑶階翠色妍。龍吟明月夜,鶴舞早秋天。坐聽凉風發,軒櫨響澗泉。"《建寧府志·文苑》

江菊隱先生應隆

江應隆,自號菊隱,建安人。求學於謝疊山,疊山字之曰仲龍,蓋取孔明長嘯隆中,而時人以伏龍待之。

周先生震一

周震一,建安人。家在城府,不妄交一人。謝疊山枋得客建寧,震一獨與相厚。疊山稱其忠厚篤敬,言不妄發,行不妄動,翛然出塵埃之外而可與神遊八極之表。子持敬,亦修真慕道,爲謝疊山所稱。

山長朱泳道先生沂

朱沂,字泳道,建陽人。文公三世孫。累薦遺逸不赴。與謝枋得游,枋得稱其"論古今人物高下、國家興廢、善類仕止久速之故,掃盡華葉,獨存根株。文公之後濟其美者,泳道一人耳"。晚歲授考亭書院山長。

趙順之先生若

趙若,字順之,崇安人,號澗邊。蒙古岱丞相入閩,一見重之,薦授同安縣尹,不就。隱於家,有園池亭榭之勝以供嘯咏。高丞相開閩省,三使人來聘之,強爲一見,勸之仕,不從。長于詩。年六十四終。有《澗邊集》二十卷。

蘇明遠先生照

蘇照，字明遠，建安人。工詩文，尚儒術，後進多師之。至正間，以明經薦，至京預纂修事。欲授以官，以親老辭。卒年八十。子伯厚，見《選舉》。

推官楊仲弘先生載

楊載，字仲弘，浦城人，徙家洪州。少孤，博極羣書，年四十不仕，以賈國英薦，召爲國史院編修官，與修《武宗實錄》。延祐初，舉進士，歷寧國路推官。卒。載爲文有跌宕氣，博而敏，直而不肆，自成一家言。而於詩尤有體，嘗語學者曰：“詩當取裁於漢、魏，而音節則以唐爲宗。”自其詩出，一洗宋季之陋，與虞集、范梈、揭俣斯齊名，時號“虞、楊、范、揭”。有詩集行于世。《建寧府志》

彭元亮先生炳

彭炳，字元亮。詩倣陶、柳。游齊、秦、都下，聞昌平隱者何得之，遂往謁之。駙馬烏克遜事以師禮，朝野自是知名。至正中，徵爲端本堂說書，不就。有集一卷。《閩書》

教授鄒文祥先生天瑞

鄒天瑞，字文祥，建安人。任建寧路教授。元季風化凌夷，天瑞首唱文學，諄諄以忠孝廉節開士，士爲振起。《閩書》

司訓鄒季和先生文慧

鄒文慧，字季和，建寧人。任司訓。元末謝職，服柴桑巾服，講明朱學，本郡理學推文慧爲首。郡志

張先生以仁

張以仁，政和人。元季隱築蓮花峯下，與魏伯堅、謝坤、孫蘊、余應相友

善，且夜講論經史，至忘饑渴。後俱以文行知名，而以仁、伯堅，終隱不仕卒。

郡志

【校記】

①"翔"，《閩書》作"祥"。

閩中理學淵源考卷三十九

邵武黃存齋諸先生學派

邵武諸賢,學派源委,卓乎可述,而以經學、詩學專門名家者,尤可尚已。黃氏鎮成之篤志聖學,陳氏士元之隱節,黃氏清老之通經,李氏應龍之師表,李氏學遜之《易》學,黃氏元實之凝重,嗜學、致命遂志,黃氏大昌父子之隱德,危氏德華之不慕榮達,嚴氏儀卿之精深詩學,皆表表爲世羽儀。茲特錄其著者,列之篇端。

貞文黃存齋先生鎮成

黃鎮成,字元鎮,邵武人。年弱冠,即厭棄榮利,慨然以聖賢道學自勵。號存齋,學者稱存齋先生。延祐間,科目行,再試有司不合,遂築室城南,名"南田畊舍",作詩寫懷曰:"白日不停馭,頹波竟東馳。忽忽年歲改,念此將安歸。我欲驅車行,太行路嶮巇。我欲駕方舟,滄海無津涯。豈不顧行邁? 出門慎所之。有田南山下,可以供盛粢。中廬在中田,可以談詩書。上探羲皇際,下及商周時。聖賢尚淪落,微生亦何疑? 懷哉羨門子,千載以爲期。"部使者聞其賢,相繼論薦,不應。後以執政薦,授江西路儒學提舉,命下而卒。集賢定諡曰貞文處士。所著有《尚書通考》、《周易通義》、《中庸章旨》、《性理發蒙》、《秋聲集》。《閩書》、《通志》、《宏簡録》

著　述

先生《尚書通考》叙曰:《書》載二帝、三王之政。政者,心與事之所形也。是故道德仁聖統乎心,制作名物達於事,内外之道合,而帝王之政備矣。然統乎心者,先後古今,脗合無二。達於事者,儀章器物,因革無存。故求帝王之心易,而考帝王之事難。矧後儒稽古,不過以周爲據,而秦人滅學,周典亦多殘缺,迺欲以不完之文,上徵隆古之舊,斯益難矣。昔紫陽之教,每語學者謂如《堯》、《舜典》"曆象日月星辰","律、度、量、衡","五禮"、"六樂",《禹貢》山川,《洪範》九疇之類,須一一理會,令透。蓋讀書窮理,即器會道,乃學者之當務也。余方授兒輩以《書》,間或有問,不容立答,則取關涉考究者會萃抄撮,或不可言曉者,規畫爲圖以示之。至眾家之説有所不通,則間述己見以附於下,如舊圖、舊説已備者,不復贅出。其有未盡,則隨條辨析焉。歲月積累,寖成卷帙,乃次其顚末,以便考尋,名曰《尚書通考》。竊謂學有本末,道無精粗,禮樂官名,聖人猶問,則讀是經者安得不求其故哉?方將就正於博洽君子,然後退授於家,俾爲格致之助,亦庶乎紫陽夫子之教云爾。

陳暘谷先生士元

陳士元,邵武人。與黃鎮成同時,以文爲友,隱居不仕。有《武陽志略》、《武陽耆舊詩宗》。學者號暘谷先生。黃氏鎮成撰《武陽耆舊》,《宗唐詩集序》曰:《宗唐詩》者,武陽耆舊之所作也。詩以唐爲宗,詩至唐而備也。蓋自唐虞賡歌爲雅、頌之正,至《五子之歌》,有風人之旨,《三百篇》源流在是。下至《楚騷》、漢魏而流於六朝,至唐復起,開元、天寶之間極盛矣。一本温柔敦厚、雄渾悲壯,而忠臣孝子之情,傷今懷古之意,隱然見於言外,可以諷誦而得之矣。宋諸大家,務自出機軸,而以辨博迫切爲詩,去《風》、《雅》、《頌》反遠矣。及其弊也,復有一類衰陋破碎之辭,相尚爲奇,豈不爲詩之厄哉?吾鄉自滄浪嚴氏奮臂特起,折衷古今,凡所論辨,有前輩所未及者。一時同志之士,更唱迭和,以唐爲宗,而詩道復昌矣。是時家各有集,惜行世未久,海田換代,六丁取將。暘谷陳君士元,網羅放失,得數十家,大懼湮没,俾鎮成芟取十一,刊刻傳遠,一以見一代詩宗之盛,一以見吾邦文物之懿。陳君是心,可不謂賢者。我朝文治復古,諸名家傑作,齊驅盛唐,是編之行,適其逢也。敢述卷端。

提舉黃子肅先生清老

黃清老,字子肅,邵武人。黃五經之後也。通經博文。元泰定四年進士,累應奉翰林文字,同知制誥國史院編修官,遷奉訓大夫,出爲湖廣行省儒學提舉。學者自遠從之,率多成就,稱樵水先生。著《春秋經旨》、《四書一貫》數十卷,詩存者數千篇,有盛唐之風。蘇天爵爲作碑云。《閩書》、《經義考》

李玉林先生應龍

李應龍,字玉林,光澤人。西山先生郁之後。博學有節操,爲時師表。至元間,薦爲白鹿洞書院山長及漳州路教授,俱不赴。所著有《春秋纂例》、《孝經集註》、《四書講義》。《閩書》

李先生學遜

李學遜,邵武人。忠定公九世孫也。博學洽聞,善天文,尤邃於《易》。爲文典雅有法。所著有《易精解》、《中星儀象》等圖。《閩書》

文學黃延美先生元實

黃元實,字延美,邵武人。少酷嗜學,性凝重寡言,終日危坐,不少傾倚。天曆初,試浙闈中式,授郡文學。以剡薦未授而歸。邑有妖民爲亂,令延元實議討賊,賊奄至,遂遇害。《通志》

黃退圃先生大昌子公紹。

黃大昌,字退圃,邵武人。黃永存之孫。隱德不仕。所著有《兼山語録》。子公紹,字直翁。宋咸淳元年進士。所著有《韻會》。《閩書》、《邵武郡志》、《通志》

危先生德華

危德華,光澤人。博覽經史,不慕榮達。善屬文,精於詩。按志乘,邑令金川姚伯和叙德華詩集畧曰："予來宰是邦，得卓行之士一人，曰危德華者，孤介特立，隱居北溪，以學業教授諸生，不求聞達。值元季喪亂，草竊暴橫，奔走竄伏，靡有寧日。故其發言興懷，未免悲憤激烈。其所以嫉奸邪、崇節義、尊君親上之心，炳然著見於言意之表。噫！先生家貧矣，而其志益貞；年艾矣，而其詩益豪。自非養之有素者，其能若是耶？"《邵武郡藝文志》、《閩書》

嚴儀卿先生羽

嚴羽，字丹丘，一字儀卿，邵武莒溪人。自號滄浪逋客。其爲人粹溫中有奇氣。嘗問學於包克堂。自《風》、《騷》而下，講究深到，即雜出古人之詩，隱其姓名，舉以相試，悉能辨別其世代門户。[①]有《滄浪集》二卷。同族有嚴仁，好古博學；嚴參，號三休居士，俱高尚，世號"三嚴"云。羽詩雖祖唐人，然其體裁勻密，詞調清壯，無一語軼繩尺之外，同時台人戴石屏深加獎重。其子鳳山。鳳山子子野、半山。邑人上官閬風、吳潛夫、朱力菴、吳半山、黃則山，盛傳宗派，殆與黃山谷江西詩派無異。《閩書》、郡志

按：志乘載，與滄浪論詩者，同里有吳陵，字景先，上官偉長，號閬風山人，吳夢易，字潛夫，朱正中，字叔大，號力菴，黃裳，號則山。正中子汝賢，字志學，俱以詩鳴。傳中所謂"盛傳宗派"者，此數人，餘俟考。

【校記】

① 此句下原有"自號滄浪逋客"六字，因與上重而删。

閩中理學淵源考卷四十

福寧陳石堂先生普學派

按《經義考》，閔氏文振作傳曰：石堂先生聞恂齋韓氏倡道浙東，負笈之會稽從之游。韓之學出慶源輔氏，朱門高弟也。淵源所自，屹爲嫡派，故其學甚正。嘗曰：“聆韓先生夜誦四書，如奏《九韶》，令人不知肉味。”故其用功本諸四書，四書通，然後求之六經云。又張清恪公《困學錄》曰：“石堂學求自得其用功，求之六經，不貴文辭，不急利祿，惟真知實踐，求無愧于聖賢。”馥嘗考先生在莆十八年，受徒講學，晚年所造益高，出其門者，皆能衍續其緒餘。讀《字義》諸編，可見源流所本矣。

陳石堂先生普

陳普，字尚德，別號懼齋，寧德之石塘人。所居有石堂山，學者稱石堂先生。初，淳熙間，朱文公過石塘，異其風土曰：“後數十年，此中當出儒者，能讀天下書十八九。”普生，當理宗淳祐甲辰，鷦鴣百數繞屋。稍長，入鄉塾，有大人志。聞韓翼甫倡道浙東，負笈從遊。韓之學出慶源輔氏。輔，朱門高弟也。宋鼎既移，決意卷藏，朝廷三使辟爲本省教授，不起。開門授徒，歸然以斯道自任，四方及門，歲數百人，館里之仁峯僧舍，至不能容。建州劉純父聘主雲莊書院，熊勿軒留講鼇峯。丞相劉文簡屬脩黃、楊二家《喪》、《祭禮》，因并晦庵所纂爲三十卷。尋講饒、廣，在德興初庵書院尤久，嘗與游翁山、范天碧、謝子詳極論太極之旨。晚在莆中十有八年，造就益衆，出其門者如韓信同、楊琬、余載、黃裳輩並以正學爲時所宗。嘗曰：“性命、道德、五常、誠敬等字，在四書、六經中，如斗極列

宿之在天,五嶽四瀆之在地。舍此不求,更學何事?"少壯時,銳然有經世志,謂
"三代之治,莫善井田",作書數千言,欲上於朝,屬不仕而止。著《字義》一卷,
凡百五十三字,出授門人。識者謂:"比之程正思、陳安卿,詳畧適中,而立義措
辭爲尤精。"又有《四書句解鈐鍵》、《學庸旨要》、《孟子纂圖》、《周易解》、《尚書
補微》、《四書六經講義》、《渾天儀論》、《天象賦》、《詠史詩斷》,凡數百卷。元
延祐乙卯,卒於家,年七十二。

論 著

《叙禮論》畧曰:某年十五六,讀《曲禮·少儀》,知愛之,而淪於時俗科舉
之習,三十、四十始脫時文,而患難屢遭,東西奔走,頗聞熊去非自少用心禮樂,
而貧踪賤武,合并良難。丁酉歲,受平山劉純父之招,始見去非於山中。書册填
坐,屢空晏如,覽記浩博。會欲求輔於朋友,備書册,闢室堂,廣談論,取晦翁、
黃、楊之書脩補,以示方來而未就也。顧余雖志求古而未嘗涉晦翁、黃、楊之藩,
輒用去非成規,更爲求要質鬼神,告白知友,共取十七篇注疏,及晦翁所釐三十
五卷,勉齋、信齋《喪》、《祭》二禮及圖,循去非熟路,詳加考訂,重爲比類云。

楊 先 生 琬

楊琬,未詳,待考。

黃 先 生 裳

黃裳,未詳,待考。

丘 先 生 和 仲

丘和仲,按,石堂先生《字義序中》畧云:"乙巳歲,樵丘叔文之仲子和仲,年
十七從余學。每講說遇此等字,必爲之深論而多言之。和仲每聞輒悚然,察其
貌,若有以真契默會而自得於問答之外者。雖蒙其家學源流,端的浹洽,是亦其

所受於天者清厚與等夷異故也。"讀序中，知和仲屬邵武人，其家學源流，待考。餘詳《字義》原文。

余　先　生　載

余載，按，余氏載《石堂字義序識後》云：先師舊學於浙維則韓氏翼甫，韓氏學於朱門之輔氏。蓋問學淵源，厥有自來。嘗語云："疇昔予聆韓先生夜旦莊誦朱子《四書》，如奏九成《簫韶》，令人不知肉味。"又云："性命、道德、五常、誠敬等字，在六經、四書中，如斗極列宿之在天，五嶽四瀆之在地，非深於知道者，未易爲斯言。"又嘗述《字義》一卷，以授學者云。後繫云："泰定乙丑八月戊寅，門人合沙余載謹識。"讀余氏此序，知先生爲三山人，其事跡待考。餘詳余氏載原識後。

韓伯循先生信同學派

宋季老成凋落，一二典型抱道深山，如存碩果，求有教席聲應之雅，不可以多數也。福寧僻在濱海，鼎革之後，絃誦不衰，諸賢猶能公其道，以傳其人，以是知大賢過化之澤，所貽遠矣。

韓伯循先生信同

韓信同，字伯循，福寧州人。幼穎悟，工詩文。既壯，受業陳石堂，遂刊落華藻，究心濂、洛、關、閩之學。陳嘆曰："吾耄矣，得斯人，飲水俟命，復何恨哉！"延祐四年，應江浙舉，不合，歸即杜門不出。自是四方書幣日至，弟子請業者戶外屢滿。著《四書標註》、《書經疏文》、《三禮》、《易經旁註》、《書解》、《集史類纂》及詩文十卷。《閩書》、《道南源委》

鄭　先　生　轄

鄭轄，字子乘，福寧人。總角時，即與林琪受業於韓公信同。韓公嘗稱曰：

"福寧二君,可續吾閩五賢理學。"韓卒,二君俱心喪三年。著有詩文集。《閩書》、
《道南源委》

訓導林仲恭先生珙

林珙,字仲恭,福寧人。少從韓公信同游,篤信力行,爲文以理勝。舉明經,
不受,強補本州訓導。未半載,以疾辭。晚年授生徒,以開來學爲己任。《閩書》、
《道南源委》

黃吉甫諸先生學派

按:吉甫諸賢,或以文學該博,志學精專;或以礪行修名,託志風雅。如謝
氏皋羽父子,鄭氏邦壽皆名教中卓然有立者歟? 欲以詩人嘯咏觀之,殆未可同
年語矣。餘皆出處凜然,可以扶持教道者。今錄其著者載於篇。

黃吉甫先生履翁

黃履翁,字吉甫[1],寧德人。學問該博,以林駉所著《源流至論》未備,復爲
《彙纂別集》一十卷。《閩書》

進士孫先生馱

孫馱,寧德人。少入太學,同舍生俞晰善經學,馱師事之。既登進士,官浙
中,猶造晰廬考業。既老,務學如年少。至正三十年[2],掌本縣教事。《閩書》

進士林景和先生仲節

林仲節,字景和,福寧人。少聰敏,領解浙江,舉泰定進士。有《書經義》、
《四靈賦》行世。

陳貢父先生自新

陳自新,字貢父,號敬齋,福寧州人。通五經,精《易》,本《傳義》而推衍以

《皇極經世》,從遊者甚衆。著有《起興集》等書行世。《道南源委》

靖節鄭邦壽先生君孝

鄭君孝[③],字邦壽,福寧人。年十七舉咸淳進士。朝士交薦,竟不起。家庭孝謹,内外無間言,後進多師之。及卒,學者私諡之曰靖節先生。著《五經解疑》、《梅壑集》。《通志》

黃洵饒先生寬

黃寬,字洵饒,福寧人。力學古文,耿介自重,能怡其親。世亂避兵歸,益貧。父母、兄嫂四喪,不能葬,以憂感卒,無後。袁天禄并其四喪葬之於石潭,宣城貢師泰爲誌銘。所著有《四書附纂》、《時事直紀》。《閩書》

鄭伯直先生忠

鄭忠,字伯直。雅好經術,或勸之仕,曰:“山林、朝市,其趨一也。”著《家訓》,畧曰:“讀書修德,以清白爲世規;力田務農,以勤儉爲家法。”《閩書》

謝君啓先生鑰子翱。

謝鑰,字君啓,福寧人。性至孝,居父母喪,哀毀廬墓,終身不仕。方氏鳳曰:“謝君皋羽,其父鑰,以《春秋》學爲婦翁繆正字烈所器重。”嘗著《春秋衍義》十卷、《左氏辨證》六卷,藏於家。子翱別有傳。《道南源委》、《閩書》、《經義考》

謝翱,字皋羽,福寧之長溪人。後徙建之浦城。父鑰,性至孝,著《春秋衍義》、《左氏辨證》傳於時。翱世其學。咸淳初,試進士不第。慨然求諸古,以文章名家,落魄漳、泉二州間。信公文天祥逾海至閩,開府延平,檄州郡大舉勤王之師。翱傾家貲,率鄉兵數百人赴難,長揖軍門,遂參軍事,聲連梁楚。已,別去。宋亡,天祥被執,翱匿民間,流離久之,間行抵勾越,多閥閱故大族,而王監簿諸人方延致游士,日以賦詠相娛樂。翱時出所長,諸公見者,皆自以爲不及,不知其爲天祥客也。然終不自明，且念久不去，人將虞我矣，乃去而之越之南鄙，依浦陽江方鳳。時永康吳思齊亦依鳳居，三人無變志，又皆高年，遂俱客吳氏里中，得其餘日以自適，一不問當世事。翺嘗上會稽，循山左右，窺祐、思諸陵，西走吳會，東入鄞，過蛟門，臨大海，所至歔欷流涕。晚愛睦州山水，浮七里瀨，登嚴子陵釣臺，設天祥主，北向，舉酒再拜，號哭，以竹如意擊石，歌曰："魂朝往兮何極，暮歸來兮關水黑，化爲朱鳥兮有味焉食。"歌已，竹石俱碎。失聲哭，人莫詰其誰何，惟鳳與思齊深悲之。初，江端友、呂居仁、朱翌辟地白雲源，源故方干所居，在釣臺之南。翺率其徒游焉，願即此爲葬地，作《許劍錄》。及翺居錢唐，至元乙未，病革，語其妻劉曰："我死必以骨歸方鳳，葬我許劍之地。"鳳聞訃，訖如其言。與吳思齊、方幼學、方濤、馮桂芳、翁登、登弟衡葬翺子陵臺南，以文稾殉，伐石表之曰"粵謝翺墓"。方鳳，字韶卿，由太學生授容州教授。治《毛氏詩》。同郡黃溍、柳貫皆出其門。吳思齊，字子善。其學本之外祖陳亮，用蔭補官，攝嘉興丞，數以書干宋臣用事者。遇事不以富移，不以貧屈，自號全歸子。翺素慕屈平，託遠遊自號晞髮子。每執筆時，瞑目遐思，身與天地俱忘。語人曰："用志不分，鬼神將避之。"明胡氏仲申稱其論著之文，辭隱指微，大要類其行事。《閩書》，何氏鏡山撰，稱其詩直遡盛唐以上，卓有風人之餘，文巀拔峭勁，雷電恍惚，出入風雨中。婺、睦人士，翕然從之。至元甲午，去家武林西浙。乙未，卒。年四十七。《閩書》、明胡仲申撰傳、《宋詩抄》

撫漕繆允成先生烈

繆烈，字允成，福安人。嗜学，孝親。上舍省試皆第一，舉進士。添差福州教授，日率子弟講明正學，遷正字，授撫漕侍郎。著《春秋講義》、《仲山集》。《閩書》

林先生天書

林天書，名詔，以字行，福寧人。勵行濟貧。咸淳四年，授晉江尉。思尼父不入危邦之訓，以疾乞歸，後八年宋亡。元初，屢薦不起。《閩書》

【校記】

① "吉甫",《閩書》作"吉父"。

② 元順帝至正僅二十八年,此說有誤。

③ "君孝",《閩書》作"君老"。

閩中理學淵源考卷四十一

三山明初諸先生學派

嘗聞三山前輩言，晉安襟帶列郡，數世枌榆、百年桑梓，流風善政，猶有存者。自李氏椅、常氏袞，而後若蔡忠惠、李忠定、梁文靖諸公，遺教未泯，而一時閩產，遞有碩彥大賢接踵繼起。山川啓運，人傑挺生，章章如是。今考自洪、永以降，風氣初開，諸儒説經考道，尚有典型。《三山舊志》曾言："明初諸子，其學多以濂、洛爲宗。正、嘉間，新進後起，一唱百和。晉安諸先正不敢倍其師説，蓋自鄭氏景初而下，闡明道術，演繹聖真，修己誨人，篤學力行，庶幾升洙泗之堂，尊博約之訓矣。"兹録國初諸儒本傳，其門徒尚待考訂。至正、嘉以後，迄於隆、萬而下，按時世分録之。大抵世道升降消長，學術之淳漓繫之矣。尚論者，溯厥源流，尚有可稽焉。乾隆丙子九月望日。

司訓鄭景初先生旭

鄭旭，字景初，閩縣人。居家孝友，有信義。其學主以五經，旁獵子史。與王偶、林誌友善。以學行辟爲國子掌儀。太祖選德望十人傅東宮，旭名第二。後以蜚語謫吏雲南，餘二十年。建文中薦起，爲高安訓導。所著有《詩經總旨》、《初學提綱》、《咏竹稿》等書。《閩書》、《道南源委》、《分省人物考》

編修陳先生景著

陳景著，名湜，以字行，閩縣人。舉永樂十三年進士第三人，授翰林院編修，預修《五經》、《四書》、《性理大全》。以母老，乞便養，改福州教授，生徒多所造

就。《閩書》

御史游伯方先生義生

游義生[②]，字伯方，連江人。洪武二十一年進士。仕御史，議論慷慨。太祖欲撤亞聖配享，義生極諫忤旨，繫獄死。《道南源委》

參議孫庭秀先生芝

孫芝，字庭秀，連江人。洪武中，以歲貢授慶都知縣，陞沔陽知州。太祖從劉三吾之議，欲削《孟子》書如“視君寇讎”、“聞誅獨夫”等語，共八十五條，不以命題取士。芝上疏極論以爲不可，其議遂息。歷官山西參議，乞歸。《道南源委》、《閩書》

參政鄭先生居貞

鄭居貞，侯官人。洪武中，舉明經，歷河南左參政。與方正學孝孺友善，孝孺教授漢中，居貞作《鳳雛行》贈之。孝孺難作，居貞亦坐死。所著有《閩南》、《關隴》、《歸來》、《檜庭》諸稿。孫坰，亦能詩。《閩書》

學正鄭先生濟

鄭濟，閩縣人。任嘉定教諭、儋州學正。日進諸生與啓廸。所著《四書書經講解》行世。《閩書》

按察洪遵道先生順

洪順，字遵道，懷安人。永樂二年進士。時初選翰林庶吉士二十八人以比二十八宿，順與焉。引見，上勉以立志進學。久之，授刑部主事。有李將軍者，詐取囚金，反誣吏張緣受之。同列畏李之强，皆欲坐緣，順曰：“李固可畏，緣不可憐耶？”竟坐李。仁宗監國，稱其廉潔持法，賜敕褒嘉。未幾，左遷行人，尋命與修《五經》、《四書》、《性理大全》諸書。丁艱，起復，陞山東按察僉事。時山東遭唐賽兒之亂，順至，剗理冤抑，撫循凋瘵。青州有趙訓導，年老無僕妾，諸生爲娶一婦，時時酗酒詈趙。諸生張剛惡婦無禮，殺之，尋逃去。婦家訟趙抵罪，獄已具。順讞獨心疑，召諸生詢之，惟剛三月不至齋舍。退而訊之，剛自伏曰：“公，神人也。諸生娶此婦以事吾師，而背戾若此，恐師老命懸此人，是以殺之。今師存剛死，固所甘心。”順義其所爲，請於朝，趙得釋，而剛亦免死。歲旱蝗，發賑倉儲數萬，不待上報。尋陞按察使，命下而卒。從弟英。《閩書》

遺佚鄧子靜先生定

鄧定，字子靜，閩縣人。洪武初，與兄誠並徵遺佚，誠應聘，定獨不出，削跡東郊，結廬竹嶼。同時名士如王恭、陳亮、鄧誠、陳申相與詠賡。有《畊隱》二卷。《閩書》

侍郎薩廷圭先生琦

薩琦，字廷圭，閩縣人。舉宣德五年進士，選翰林庶吉士，授編修，預修《仁廟實錄》。陞禮部右侍郎、詹事府少詹事。爲人狷潔不苟合，學有源委。《閩書》

主事鄭汝明先生亮

鄭亮，字汝明，閩縣人。宣德八年進士，仕户部主事。有文名，家居學徒造門問業。孫伯和。《閩書》

訓導游汝哲先生宣

游宣，字汝哲，連江人。天順中恩貢，授博羅訓導。成化初，上疏以宋熊禾闡明儒教，表章經旨，宜隨楊、羅諸儒後從祀廟庭。下廷議，大學士彭時言：“禾原籍建陽，立祠致祭爲宜。”從之。以父老，乞歸養。禮部言宣年力未衰，教職修明，乞宣年俸一半，着原籍支領，代養其親，庶臣職、子道兩無虧缺。此特典

也,士林榮之。《通志》

孝廉高秦仲先生淮

高淮,字秦仲,長樂人。永樂丁酉舉人。貫通《三禮》。嘗代邑令作《諭俗文》,爲時所稱。以鄉舉入都。時同里姻舊多居要地,淮自守嚴正,不往謁。居國學數歲,以祖母、父母春秋高,乞歸養。自稱"竹所老人"。著書三十餘卷,解縉、馬鐸爲之序。新《福州府志》

教諭曾先生師孔

曾師孔,懷安人。景泰癸酉鄉薦,初授嘉善諭,再補合肥。師孔宅心嚴正,問學有淵源,勢利聲華,未嘗一涉胸臆。諸生貧者,往往捐常禄助之,兩地弟子交稱爲良師。

【校記】

① "游義生",《道南源委》作"游義"。

閩中理學淵源考卷四十二

吳聞過先生海學派

邵氏銅撰《聞過齋集序》畧曰："閩自陳述古、季慈、鄭閎中、周公闢、劉執中五先生倡道於前,繼而楊龜山、羅仲素、李延平三先生出,至朱夫子集羣賢之大成,益講明於後,道德入人之深,世號'海濱鄒魯'。又如胡文定、致堂、五峯、籍溪、蔡西山父子、劉白水、屏山、黄勉齋、陳北溪、真西山、潘瓜山、熊勿軒諸賢,彬彬輩出,文行表表,皆可師法。故閩之士習,不以浮文勝質爲先,而以躬行寔踐爲急。俗尚之淳,清修苦節,有東漢名賢之風。"又曰:"先生氣質剛明,學識醇正。平日踐履篤實。生元季繹騷之時,邁德於身,自蔽於不耀之地,駸駸乎不知老之將至,此其可惜云。"按:邵公叙述先生,繫於諸儒學派之後,以先生寔元代遺民,維道脉之緒者也。余繫之明者,蓋一代之興,必有耆儒夙學爲邦典型,如存碩果,以繼前修而啓來學,顧守先待後之責寄焉耳。熊氏勿軒之繫於元,吳氏聞過之繫於明,皆一轍也。今考其派系載於篇。乾隆丁丑四月下澣書。

吳聞過先生海

吳海,字朝宗,閩縣人。元季四方盜起,隱居不仕,學周、程、張、朱之學,一時名人,如貢師泰、林泉生、藍晦、王翰皆雅重之。翰嘗仕元,海數勵之。至翰卒,以節著,海教養其子偶,底於成立焉。明初,部使者欲薦於朝,力辭免。既而徵詣史局,復力辭。居家採摭古今孝子順孫、節婦烈女,與兄弟之相友愛、娣姒之能和睦者,附以感應禍福,以教鄉里。又著書言:"楊、墨、佛、老爲六經之賊,管、商、申、韓爲治道之賊,遺事外傳爲史氏之賊,蕪辭荒説爲文章之賊,皆足惑

494

人，欲上之人悉取其書而禁絶之，使天下曉然知正道，慕鄒魯之風。"平生虚懷樂善，有規過者，欣然立改。因顔其齋曰"聞過"。爲文嚴整雅奧，咸有矩程，而一歸諸理，後學咸宗仰之。著《聞過齋集》八卷。學者稱聞過先生。《道南源委》、《明史》、《分省人物考》

簡討王孟敭先生偁

王偁，字孟敭，永福人。父翰，仕元，元亡，棄官匿永福山中，遂家焉。後以節著。偁少孤，其母手疏先人之蹟，與古今豪傑大畧教之。從父友吳海學，於書無所不通。弱冠，領鄉薦。乞歸養母，母没，廬墓六年。永樂初，以薦授翰林院簡討，進講經筵，修《永樂大典》。時内外儒臣及四方韋布麕集閣下，惟偁學博思深。解縉第偁"人品當在蘇子瞻之列，其文亦相類，詩則力追漢、唐"。每擬薦以自代。顧其爲人，氣節英邁，議論爽發，常有壁立千仞、抗舉浮雲之志。遇知己與談吐，凌駕超越，視餘子瑣瑣不啻卧之地下。以此名譽雖彰，謗亦隨之。尋坐事謫交趾，從總兵張輔幕下。時解縉出爲交趾參議，督饟化州，言偁於輔，携以自隨。偁與縉因共往廣東，觀其山川，言其可鑿贛江通南北道，具草入奏。會車駕北征，縉見東宮還，漢庶人怒縉，且欲陷東宮，遂言於上。上怒縉滋事勞民，并偁皆逮獄，相繼死獄中。所著有《虚舟集》。子振，以祖、父死非命，屏跡不仕，有司屢薦不起，亦能詩。《閩書》、新《福州府志》

侍讀林尚默先生誌

林誌，閩縣人。年十四歲從王偁學，日記數千言，時出論辨見鋒鋩，以折長者。偁曰："此非所以求益。"爲字曰尚默，因痛自克治，沉潛學問，涵浸淳蓄，久而益富。永樂中鄉會試皆舉第一，殿試一甲第二名，授翰林院編修，預編《性理》及《四書》、《五經大全》諸書。陞修撰。歷官右諭德兼侍讀。宣德元年，預修兩朝實録。卒。誌於學無不研究，後學多從質問經義，性恬於世利。蚤失父、事母孝。宗族有貧而依異姓者，悉歸而撫之。與人交，必誠必信。每公退，輒閉一室，以詩文自娛。所著有《周易集説》、《蔀齋集》。《通志》、《道南源委》、《分省人物考》

博士林志仁先生慈學派

按：先生在明初，力學稽古，其徒姚氏忠又以篤學稱。餘事實未詳，兹特録其派繫焉。

博士林志仁先生慈

林慈，字志仁，長樂人。力學稽古，嫻於文詞。洪武間，以明經薦，任本縣訓導，歷國子博士。有詩集。《通志》

姚用恕先生忠

姚忠，字用恕，懷安人。師事國子博士林志仁慈，朝夕講誦。久之，明理篤學，深得聖賢之旨。節儉恬淡，雅好山水，不樂仕進。自號耕雲山人。《閩書》

訓導林于野先生同學派

林于野先生以力學稱，後游寓同安，故三山學派無可考者。兹特録之。

訓導林于野先生同

林同，字于野，閩縣人。博學力行，安貧樂道。居家教授，後進日踵其門。洪武中，寓居同安，户部郎李文郁師事之，力薦於朝，授同安訓導。至官二日，卒。所著有《銅魚集》。《閩書》

長樂陳氏家世學派

潘氏稼堂序陳氏《詩系》曰：“閩中詩人陳伯驂示余以先代之詩曰《四朝詩

系》,其稱詩也,自《香草堂集》以下四十餘家;其叙系也,自信州公以下二十餘世。終明之代,成進士及舉於鄉者,百有餘人,凡兩尚書、一侍郎,禁近方面若干人,又多賢而能文,幾於人人有集。考其淵源,則三忠實始基之。所謂'三忠'者,宋景炎中,陳氏之祖曰榮者率子弟起義兵,以行軍司馬知福新縣,與元兵力戰而敗。榮及其子宗傳、姪吉成皆死之,陳氏之族死者一百七十七人,其後多隱居教授,不仕,躬修於家,至有五世同居者。至明初,仲進首膺薦辟,仲完繼入翰林,浸昌浸大。至明季,甲科乃絕,家運與國祚相爲盛衰如此。"按:陳氏二百餘年,科名爵祿,蟬聯弗替,而不知其根本皆由於一門貞忠炳蔚,其後世子孫尤能韜晦潛隱,歷百年而後興。天之所以祚忠孝者如此其遠且大也。今録其著者,載於篇。

縣令陳伯康先生仲進

陳仲進,字伯康,長樂人。耿介尚氣節。洪武六年,以儒士授宜陽丞,攝孟津,最,調韓城。久之,擢令江山。上特旨褒其惠政。後坐勘災忤旨被逮。仲進曰:"吾以一身活萬命,含笑地下矣。"既而釋之,而仲進已卒,歸櫬,經江山,父老泣留衣冠葬之,子孫遂家江山。弟仲完。子登、全。從子洵、仁。《閩書》、《通志》、新郡志

掌坊陳先生仲完

陳仲完,名完,以字行。洪武十八年進士。授延平訓導,改寧國縣。永樂初,用薦擢翰林編修,尋陞左春坊左贊善,奉命授皇孫經,貌恭氣和,詞意懇款,多所補益。其持身恭慎,平居言如不出,至討論古今,據理是非,確不可奪。仁宗在東宮,嘗問其所長,對曰:"職所當爲,不敢苟有畏避。"仁宗甚重之。歷官廿年不遷,怡然自足。仁宗恒言:"春坊如仲完者,不易得也。"及即位,仲完前一年卒。楊文貞士奇爲傳,惜之。《通志》、《閩書》

中書陳思孝先生登

陳登,字思孝。洪武三十年,以儒士授羅田丞。調蘭谿、浮梁,皆有治績。

永樂中，以薦召入翰林，預修國史，授中書舍人。爲人諒直，博涉經史，自三代、秦、漢以降，鐘鼎、金石、剞厥、刻石，靡不默識。既入中書，凡國家有大制作，篆、籀之文，皆出登手。且負直不婼婀，於所交遊，面舉過失，國史《實錄》，稱爲"剛正之士"。《閩書》

侍講陳果之先生全

陳全，字果之。授翰林編修，修《大典》書。召赴行在，與修《四書》、《五經》、《性理大全》。擢侍講，署翰林院事。公勤篤慎。所著有《蒙菴集》。子陵，領鄉薦。本字叔鹵，耿介好古，有詩文若干卷。《閩書》、蔣氏《閩學源流》

羅宗讓先生泰學派

按，黃未軒先生撰羅氏繹墓誌曰："羅繹父泰，以學問文章重一時，雖未嘗仕進，然其弟澤登永樂甲辰進士，爲名御史。繹與兄紋同領永樂丁酉鄉薦，爲名師儒，其他及門之士，躋巍登膴者不可勝數，皆教澤所及。"再考林尚默先生撰羅處士泰《麗澤軒記》，述其師曰林友從，其友曰鄭介叔，意必當時表著者，其詳莫得考矣。然觀黃公未軒所贊、林公尚默所記，其一時師資庭訓，俱可追述。茲錄傳中所及姓氏，并附著其家學，載於篇。

羅宗讓先生泰

羅泰，字宗讓，福清人。少從鄉先生宋瑜受《春秋經》，既卒業，於訓導林友從，潛心《易》旨，故其學精於《易》、《春秋》。一時同遊如進士鄭澄初，主事鄭介叔，知縣鄭彥韜，文學鄭廷玉、鄭希晦、林範伯輩，咸與切磋講明，鄉後學皆師尊之。隱居教授凡四十餘年，與諭德林誌、侍郎薩琦尤友善，勵行至老不衰。宣德壬子，應天尹聘司文衡，泰辭曰："布衣也，以一鄉之善，淑一鄉之人則可，敢去取畿甸士哉？"平生好古遵禮，輕財達生。母喪，家貧，數年不能葬。語及，未嘗不泣下也。年四十,妻死,不娶,曰:“吾有子矣。”有《覺非集》行世。建安楊文敏榮誌其墓。弟澤,舉進士。子紋、繹,俱領鄉薦。《閩書》、《通志》

鄭先生宣學派

按:長樂瀕倚海壖,朱子當日爲學禁時,曾避跡是邦。其高第弟子如黃文肅勉齋、劉履之用之,皆此邦産也。明代名人輩出,陳氏仲進、鄭氏世威,諸公已別録矣。至馬氏鐸、李氏琪,以巍科並著,而馬公本傳稱其“初受《禮》於鄭氏宣,遂旁通《易》、《詩》、《書》、子史百家”,故特録之。

鄭先生宣傳闕。

修撰馬彥聲先生鐸

馬鐸,字彥聲,其先樂平人。宋宰相廷鸞之弟廷龍者,自樂平來徙家。廷龍之後,有弟兄三人,曰隆、曰傑、曰鈞,皆舉進士。鐸初受《禮》於先輩鄭宣,遂旁通《易》、《詩》、《書》、子史百家,爲文援筆立就。永樂十年廷試,與閩縣林誌俱在及第之列。成祖知其同郡,試之對曰:“風吹不響鈴兒草。”鐸應聲:“雨打無聲鼓子花。”見誌對遲成,遂以爲第一。鐸對蓋出夢語,故響答如是。既授翰林修撰,成祖一再幸北京,命獻陵監國,鐸與諸臣侍,勞艱不避,獨任不辭。獻陵屢顧學士楊士奇曰:“馬鐸可謂質實無二。”自是翰林學士、國子祭酒、司業有公務出,皆命鐸署攝。鐸耿介伉直,表裡一致,處事平恕而臨義執言。自奉儉約,與人交盡誠,遇危難急濟之。閒暇,鼓琴、讀書,名其書室曰“梅巖”。《閩書》

閩中理學淵源考卷四十三

副使林廷珍先生玼學派

按：明初學者多屬朱門派緒，其傳習説經猶存宋、元間諸儒家法。三山林氏以《易》學倡教東南，虛齋時弱冠，爲諸生，以僉憲臨江周公虛白命得登其門，卒之經學大明，爲有明一代經師之首，海内宗之。厥後，陳紫峰、林次崖、蘇紫溪遞衍其緒，以《易》學成一家言。於是泉南習《易》者，家絃户誦。虛齋嘗言：“閩中《易》學獨盛於東南，視他經倍蓰，蓋推本先生倡明之功爲多也。”又虛齋撰公墓誌載：“公以進士侍親，家庭昆季七人，一門子姓負經術、名士林者，亦數十人。歸休後，杜門教子孫讀書，告戒使循理安分，不得席勢凌物。故子弟勤約隱忍，無一毫浮艷氣習。”又曰：“先生幼穎敏出羣，而沉篤嗜學，讀書率至夜分，又能以身體之、以心驗之，最得聖賢遺趣。其紬繹造言，襯貼之義，以闡發學者。自閩中及江寧、兩浙之士，及門受業者，殆不可計數焉。”今録學派并著其家學載於篇。

副使林玼廷珍先生玼

林玼，字廷珍，侯官人。天順八年進士。甫釋褐，以親老乞終養。家居十有七年，以《易》學倡教東南，從游者屨滿，蔡文莊清亦往師焉。既終大事，赴京，授刑部主事，陞浙江按察僉事。弘治庚戌，景寧賊嘯聚剽掠，旁及閩中、政和、浦城諸邑。衆議屬玼剿捕，玼發屬縣兵分駐要害，以精鋭千餘人直臨其穴，破之。遁入，據松溪險隘。衆難之，玼曰：“賊勢已蹙，攻之必下。”遂追逐得其渠魁，斬戮數百人。餘黨尚有散匿山谷者，衆請盡殲，玼恐濫及無辜，出示准其投降。又有遂昌、黃岩等賊,聚衆至萬,人聞之膽寒。玭又預爲形勢疑之,皆自解散。陞雲南副使,憫舊俗獉狉,爲別名分、重禮教,風俗一更。以年老乞休,許之。玭行誼政治,本自過人,而文學復優,所至上下翕然歸重。其卒也,自有位以至鄉民,咸痛惜之。《道南源委》、《閩書》

督學林廷玉先生瑭

林瑭,字廷玉,侯官人。貌古冲晦,葆有於無。舉於鄉,十年不赴。後登成化辛丑進士,授行人。遷御史,言慎名器,厚國本七事,爲上所嘉納。後出巡雲南,言:“孟密不當立,安撫階亂,事出萬學士乖違,程尚書依附,馬序班受賕,鎮守所漁利。”十汰八九,狐鼠薰灌殆盡。代者心不樂,然敬憚之曰:“吾閱御史多矣,無如林者。”參將縱麾下私於崖奪印殺人,瑭覈實論罪,降調數官,參將坐落職閒住。安乃者,土官子。土官坐事死獄中,通把利其田,言乃謀叛。普顯者,土官弟。嫂氏虞爭官,誣以通黑脚夷三千入寇。皆繫獄十餘年,被累死者百計。土人懼其出,則飛語讒唊,無敢白者。瑭駁曰:“乃叛,從者何人?寇何鄉?黑脚夷至三千,時當有飛報征調事,豈得自默?”乃、顯得安置四川。轉督學南畿,一時學者相慶得師。卒於官。人稱之曰林道學,南畿以瑭同真西山德秀列祀學宮。《閩書》

陳氏家世學派

按:陳氏叔剛,父仲昌,世家榮繡里。林默齋先生嘗撰其《筠軒記》稱:“仲昌耕讀自樂,不求聞知於人。四子皆玉立鳳成,而長叔剛尤穎異。”再考讀本傳,皆講治經學,卓然有立,故著其家學焉。再按:叔剛先生傳,少從訓導劉氏九疇受《春秋》,從諭德林誌學古文。九疇先生未詳。林氏誌已別見,不另錄云。

陳仲昌先生週

陳週,字仲昌,閩縣人。嗜學問,通《春秋》,好爲詩。所居石潭之上,種竹萬箇,結亭栖隱。嘗倚竹而歌曰:"修竹兮青青,中虛兮外直。素節兮貞姿,寒暑兮一色。泠泠風兮朝夕,余舍之兮焉適。"子叔剛、叔紹,孫煒。

侍讀陳先生叔剛

陳叔剛,名根,以字行,閩縣人。少從訓導劉九疇受《春秋》。永樂十九年舉進士。依親讀書,從諭德林誌學古文。宣德初,召擢監察御史,預修成、仁二廟《實錄》。遷翰林院修撰。篤學勤官守。丁母憂,廬墓終喪,復故職,纂修《宣廟實錄》。上初御經筵,選儒臣充講,叔剛與焉。後陞侍讀。聞父病,乞歸省,居一年,得疾。遭父喪,疾益甚,竟卒,年四十七。叔剛温雅潔愨,出言行事,皆有思裁,爲文亦復如是。見人過,密規而疏覆之。遇良時,飲酒賦詩,襟懷灑如也。與安福劉忠愍球最善。弟叔紹,子煒。《閩書》、《通志》

副使陳先生叔紹

陳叔紹,以字行。精《春秋》學。少無宦情,有司欲以明經辟,弗就也。劉忠愍雅善叔剛,故聞叔紹名,以屬督學者,令補弟子員,時年三十餘矣,於是始有仕進意。舉正統十年進士,選監察御史。景泰初,朝廷多故,臺中建白彈擊,皆叔紹率先。陞湖廣按察副使。卒。叔紹有孝行,母病,嘗糞驗差劇。叔剛没,孤煒甫十歲,叔紹撫成之。《閩書》、《通志》

布政陳文耀先生煒

陳煒,字文耀,閩縣人。天順四年進士。成化初,選監察御史,出按南畿,尋命督北畿學。爲人操履清正,學問該博,所至以表名賢、正風俗爲務。在臺中,號敢言。錦衣衛門達者自英廟時恃寵竊權,屢興大獄,莫誰何,煒疏達諸奸利狀,詔投嶺表,中外快之。南京給事中王徽以疏語稍侵閣臣,外遷。煒復爲申救,由是陳御史直聲震朝廷。遷江西副使,歷按察使,晉右布政使。江右俗素多訟,煒屢折疑獄,善爲鉤距,以得其情。然煒雖號明察,而用意甚厚,惟恐濫。時盜越獄，有欲罪守卒故縱，當死三十七人。煒不可，逸一盜而死者三十七人，非法之平也，竟從減論。弋陽、樂平二邑人爭陂，久不決。煒爲權其利，樂平民得決水溉田萬餘畝，而代弋陽輸賦若干，二邑便之。其知大體、周物情多此類。尚書彭韶嘗稱煒有澄不清、撓不濁之量云。晉浙江左布政使，卒於官。《越章録》

閩中理學淵源考卷四十四

林浦林氏家世學派

國家當元氣毓和之候，耆儒碩德羣出，以茂賛鴻猷，弼成治平之世。若林公者，英彦萃於一門，尤所希有。先公《續語録》中，亦載其家之風流篤厚，可爲師法，與有宋中州呂氏並述，蓋推本於門祚昌明，邦家盛事耳。文安忠清碩德，大節皎然，一時朝端儒舊，如章楓山、王三原、王文恪俱極推許。而康懿、文僖、文恪諸公皆培蘊家聲，史稱其內行修潔，淵源敻乎尚矣。嘗讀蔣氏垣述其先訓曰："林浦林氏文安公一門父子孫兄弟，五登八座尚書，相繼者百有餘年，代稱儒臣。居恒率以《家禮》、《小學》訓誨子弟，故子弟出鮮僕從，衣惟布素，未嘗以門第自視。即槩觀當時先達，皆遵儒教於不墜，其餘風吾猶及見。邇來儒道寖廢，習尚侈肆，爾曹不復見昔時秉禮樸雅之遺，爲可歎耳！"此見於蔣氏《閩學源流》，因并録之，以爲培德修學，鄉國風規云。

文安林亨甫先生瀚

林瀚，字亨甫[①]，閩縣人。父元美，永樂末進士，歷官撫州知府，公廉持大體，吳聘君與弼贈"金井水、玉壺冰"六字以況其清。瀚登成化二年進士，選庶吉士，授編修。太宰王恕薦以學行醇正，累遷至國子祭酒。九年，陞禮部右侍郎，仍掌監事。在國子十年，有恩而嚴。膳金之餘，鬻置署舍。屢與章懋講論，爲懋所重。上疏請開科貢以進人才。十二年，陞吏部右侍郎，再陞南京吏部尚書。鎮定不搖，人倚爲重。會災異，率僚屬陳言，皆切時政。時御史王獻臣被逮，疏乞寬宥，以全風憲之職。儒士孫伯堅等夤緣爲中書舍人，疏乞收回成命，以杜倖進之門。忤旨，自劾，不報。十六年，復疏請培植根本，佑啓皇儲、撫綏百姓、增進賢才數事。時與莆田林俊、金華章懋、浮梁張敷華號“留京四君子”云。正德初，太宰缺，丘俊、石玠等交章薦瀚剛方廉介，改兵部尚書參贊機務。又疏勸武宗割私任公，不改先帝舊人，不易先帝舊政，遠近習，裁貴戚，爲逆瑾所深嫉。會大學士劉健、謝遷致仕，瀚閱報嘆息。御史薄彥徽等上疏請留，兼言上晏朝廢事，日與新進、佞倖遊飲射獵。上大怒，械繫彥徽下鎮撫司獄鞫之。詞連瀚，出爲浙江右參政，致仕。瑾後矯旨，列瀚與健、遷、劉大夏等爲奸黨。瑾誅，御史凌相、汪正等言“瀚德尊望重”，詔復舊銜。時年逾七十，命有司給人夫、月廩，時加存問。瀚年八十，子庭㭊爲雲南參政，請去官侍養。卒年八十六。贈太子太保，謚文安。瀚居家潔修，而賓客過門，必極款洽。里居時，年雖高邁，而泛應周旋，禮意勤懇，簡答題封，皆手自治。爲人內柔外溫，至方若圓，至勇若怯，無卑、賤、愚、不肖，處之若一。獨非意相干者即之，始知其不可犯也。章懋嘗言，瀚有《秦誓》大臣之容，又有柳下惠之介。子九人，五子登科第，諸孫多貴顯，兩世之內，位至尚書者五，世稱“五尚書林氏”。子庭㭊、庭機。

康懿林小泉先生庭㭊

林庭㭊，字利瞻，號小泉，瀚次子。弘治己未進士，授兵部主事。歷郎中，以持正不阿，出守蘇州。陞雲南參政，乞終養。服闋，起江西參政，歷布政使，以都御史巡撫保定。嘉靖初，與張孚敬不合，歸。未幾，起南兵部侍郎，轉工部，尋拜大司空。時世宗方稽古禮文，創九廟，建兩宮，庭㭊規畫盡善。嘗召見，世宗顧左右，奇其狀。明日，庭㭊疏節財用、省營建二事。世宗曰：“朕方顧若，若乃言我，若非林俊子耶？”左右對：“其父亦尚書，非俊子也。”他日，世宗又出御製《憶邊士》七言詩令和以進。明年，廟工成，加太子太保。又明年，以疾乞歸。庭㭊穎悟絶人，儀表竦秀。雅善清談，風流爲一時之冠。歷官內外，厚下愛人。蘇州七邑大水，都御史不肯以聞，庭㭊上疏請蠲其稅。雲南武弁財賦不給，民無所出，庭㭊令牛、馬、布、帛、雜物俱得充，不旬而辦。晚蒙知遇，家食而眷不衰。

卒,贈少保,賜祭葬,謚康懿。《通志》、《分省人物考》

文僖林肖泉先生庭機

林庭機,字利仁,號肖泉,瀚季子,庭㭿弟。嘉靖乙未進士,選庶吉士,授檢討,遷國子司業。嚴嵩用事,士爭附其門庭,機寓與鄰,未嘗私謁。歷南祭酒、太常卿,工、禮二部侍郎。在南十年,銓部每有推轂,嵩輒擠之。嵩罷,始晉南工部尚書。滿考,改禮部。穆宗即位,上疏乞骸骨,得請歸。先是振武營兵變,戕殺兵部侍郎黃懋官,人心洶洶。庭機時爲工侍攝篆,持大體,不苟細,餉以時給,亂遂弭。工部歲供內府費鉅萬計,裁其濫溢,中貴人斂手。庭機廉靜不近名,內行修飭,自奉如寒士。姚江孫文恪嘗曰:"不忮不求,惟吾友爲然。"莆田康司空同在史局,額其齋曰"學林"。其爲賢者所崇仰如是。卒年七十六。贈太子少保,賜祭葬,謚文僖。有《世翰堂稿》若干卷。兄庭㭿,字利高,以蔭入太學,歷官慶遠知府。子燫、烴,俱官尚書。光,官戶部郎中。父子、祖孫並以清忠品節見推於世云。《通志》、《分省人物考》

文恪林對山先生燫

林燫,字貞恒,庭機長子。嘉靖丁未進士,選庶吉士,授檢討。是時庭機尚未選官,父子一時爲檢討,詞林榮之。久之,充景恭王講讀官。時嚴嵩專軸,燫不與通會。景恭王之國,嵩欲改燫長史,遣人諭意,燫弗顧。嵩敗,累擢洗馬,兼侍講,校理《永樂大典》,纂修《承天大志》,陞祭酒。書成,加太常卿,仍管國子事,轉禮部右侍郎兼學士經筵講官。中官奏修九陵,燫奉旨往勘,還奏惟長陵應修,省費數萬。屬邊警,條上強本七事。改吏部右侍郎,仍日講。前後經筵,多所規諷,首相徐階甚倚重之。俄調贊南銓計部,署禮篆,魏國公徐鵬舉昵少子邦寧,欲易嫡,燫不許,竟封其長邦瑞。萬曆改元,進南工部尚書。明年,改禮部。以母喪歸。燫立朝議論,風采傾一時,與張居正同爲上所知。及居正在政府,謝不見,爲居正所擠。衣布蔬食,齋居一室。問業之屨,常滿戶前。卒,贈太子少保,賜祭葬,謚文恪。所著有《學士集》、《經筵講章》。子世言,字天迪,官戶部員外,詩詞清麗,有《叢桂堂集》。世勤,見《通志·孝義部》。《通志》

尚書林貞耀先生烴

林烴,字貞耀,庭機子,燫弟。嘉靖壬戌進士,授戶部主事,轉員外郎。嚴嵩執政,請告里居者數載。隆慶初補駕部員外郎。去烙馬之弊,遷庫部郎。出守盯江,加意撫循,屬邑輸賦,以縣封識,轉文解省,不覓一錢,聽斷敏決,郡中謂之"林一升"。以母艱歸。補蘇州知府。時張居正奪情,迎母之京,道出姑熟,烴不爲禮,入覲未嘗至其門。尋遷粵西臬副,值兄燫訃至,遂棄官歸養。久之,起兵備三衢,轉參粵藩,所至有聲。擢閩貳。因災異極陳礦稅之害,及諸逮繫掩獄千餘言,隨請假回籍。起南閩卿,轉大理,遷刑部侍郎,晉南工部尚書,累疏乞骸歸。烴爲人襟度高曠而持正不阿,有難進易退之節,孝友之行通於神明。家世詞臣,文學冠冕海內而博綜不倦。雖奕葉貴顯,清約不異韋布。年七十七,卒。所著有《覆瓿》諸集。《通志》

王氏家世學派

按:中美先生以文章氣誼一時推重,而立朝汲引士類,懿德可風。其後嗣出處皆能有立,懋復諸公尤講明正學,能振續學派於頹瀾之餘,爲三山先正師表,抑又尚已。

紀善王中美先生褒

王褒,字中美,侯官人。孝友重氣誼,故與林鴻諸人稱詩閩中,號"十才子"。洪武中,鄉薦,歷瑞州、長沙兩學教授,遷永豐知縣。均平徭役,課士親講授。蝗爲灾,禱城隍而殪。永樂中,與修《高廟實錄》。陞翰林修撰,修《永樂大典》,爲總裁官,改漢府紀善。時海內無事,每遇禎祥或令節,輒命從臣賦詩。褒應制,多稱旨。

褒性孝友剛直,好汲引士類,同郡陳仲完、高廷禮、王恭皆因褒以進。所著有《養靜齋集》行世。子肇,以文學屢徵不起。五世孫應鐘。《閩書》、新《福州府志》

王開若先生肇

王肇,字開若,侯官人。父褒。少業於陳郯。學《詩》林鴻,學《書》王偁,學畫高棅。永樂、宣德間,以文學屢徵不起。所著有《蒙齋集》。《閩書》、《通志》

王懋宣先生應山

王應山,字懋宣,侯官人。讀書博覽,以《春秋》教授生徒,烏石、武夷間從者如雲。其詩宗大曆,婉而多致。監司、守令,常式其廬,食貧篤行,無所干謁。林宗伯慊纂修郡志,多所裁定。晚年苦心編摩,著作甚富。有《經術源流》,又有《閩大記》三十三卷,以識閩中文獻之盛。《閩書》、《通志》、《道南源委》、新郡志

參政王懋復先生應鐘

王應鐘,字懋復,侯官人。嘉靖二十年進士,授庶吉士,改浙江道監察御史,巡鹽長蘆。東廠太監馬廣貪而虐,應鐘疏論之。詔切責廣,一時中貴斂跡。按順天,糾郡縣不職者三十餘人。嚴嵩柄國,十監錦衣妄指奸細,誣殺人,應鐘立白其冤。守備昌平,太監王敏,朘削軍士,應鐘數其罪,世宗爲逐敏。河套事起,應鐘以前與議逮詔獄,十監錦衣修前隙,幾斃杖下。按浙江,所至墨吏解綬去。入掌河南道,會大計吏,嵩欲蔽其私人,應鐘弗許。出督學河南,宗室有凌辱諸生者,必繩以法。轉山東參政,竟爲嵩所中,罷歸。環堵蕭然,講明正學,學使者宋儀望爲建書院於道山,從游者雲集。應鐘性端毅,居官以嚴見憚,於鄉黨則謙恭樂易。引掖後進,常若不及。年九十卒。《通志》、《閩書》、新郡志

林氏家世學派

按:叔魯先生後以禮學世其家,故特錄焉,餘俟再考。

教諭林叔魯先生鈍

林鈍，字叔魯，閩縣人。永樂中領鄉薦，會試乙榜，授常山學訓導。端莊嚴重，動遵矩矱，訓廸講論，或至夜分。陞江西興國教諭，亦多所造就。《禮經》有傳，自鈍始。既卒，門人悲慕，祠祀之。所著有《説鈴餘響》等集。三子，曰清源、曰泮、曰濬淵，俱登進士第。《閩書》、《分省人物考》

主事林用清先生清源

林清源，字用清。天順四年進士，官終南京工部主事。耿介有父風。泮、濬淵皆從受學。《閩書》

尚書林用養先生泮

林泮，字用養，閩縣人。父鈍，永樂中舉人，司訓常山，遷興國教諭，所至諸生懷之。泮游太學時，有誣奏祭酒陳鑑者，泮伏闕抗疏直之。成化八年第進士，授南京大理評事，歷寺正。讞獄矜恤，多所平反。遷知廣州府，忠義節烈，多所表章。嘗刻石厓門曰“宋太傅樞密院使張世傑死節於此”。藍糞諸山峒蠻叛服不常，泮親帥兵攻之，擒其渠魁。又豐湖堡賊劉庚作亂，單車造壘，諭降之。擢廣西參政、江西左右布政。自以家世《禮經》，言陳澔所著《禮記集説》已列學宫，而未得與從祀之列，請舉行之，不果用。入尹順天，進户部右侍郎，總儲務，權倖斂手。正德三年，拜南京户部尚書。逆瑾嫉之，矯旨令致仕，復吹求其江西罪，罰米二百石輸邊。泮家貧素，又先被火，既歸，寄寓山寺者數十年，布衣疏食，談經不輟。齒宿望重，謙抑自牧，鄉人敬愛。卒，賜祭葬。《通志》、《閩書》

僉事林用淵先生濬淵

林濬淵，字用淵。成化八年進士。初授刑部主事，持法不阿，官終浙江按察僉事。《閩書》

林氏家世學派

按：德敷先生深邃《禮經》，學者多北面受業，今未得徧考其學派，姑列著其家學，以備參稽。蓋公素游羅整菴、呂涇野二先生之門，其所學所守，綽有本末可考。且壽考康強百年之多，而子孫又眉壽逢吉，信乎得天者厚矣。再按：公與鄭公善夫諸賢相友善，善夫晚歲嗜學勵志，儒宗豈得以詞華置之哉？故特志之，附交友中待考焉。

郡守林德敷先生春澤

林春澤，字德敷，侯官人。登正德九年進士，授戶部主事，司榷臨清。屬武宗南巡，諫者皆廷杖，罰跪午門。春澤抗疏千餘言，救之，得免。邊帥江彬扈從，擅威福，春澤持正不阿，彬爲氣奪。坐謫寧州丞，移倅吉州，遷肇慶府同知。島寇掠高州，檄攝府篆，春澤習知猺兵害民，悉罷遣之，代以土著，諸寇次第就擒。擢南刑部郎，出知程蕃府。擇耆德文學之士，分布諸寨爲童子師。時臥龍、金石二司，暨通州寨，屢年失地，春澤與指揮協謀平復。功未上，爲忌者所中，以候調歸。春澤邃於《禮經》，學者多北面受業。其詩詞宏偉，與鄭善夫、方豪、何景明相倡和。在吉州，與羅太宰欽順講學。其在南曹，復游呂宗伯柟之門，究極旨奧。年百有四歲卒。所著有《禮記筌蹄》二十卷、《瑞集》十餘卷。子應亮，戶部侍郎。孫如楚，工部侍郎。各享眉壽。《道南源委》、《通志》

侍郎林熙載先生應亮

林應亮，字熙載，春澤子。嘉靖壬辰進士。初令穎上，調秀水，皆有廉聲。守常德，榮王官校挾勢爲害，應亮劃梟獷，植善良，縛諸不法者署諸理。值大祲，治廩，賑藥，全活者衆。歷廣西、江西藩臬，晉南戶部右侍郎。請告歸，奉父杖履幾二十年。時父春澤以程番太守家居。子如楚，弱冠登進士。三世萊綵，傳爲盛事。應亮少好稱詩,爲古文詞,與西蜀任少海、溫陵王道思、吳興蔡子木、長洲皇甫子安最相善。徒以雅志經世,不究其業云。《通志》、《閩書》

侍郎林道茂先生如楚

林如楚,字道茂,應亮子。弱冠登嘉靖乙丑進士,歷刑部郎中。善決獄,歲減重辟十二人。由督學任至少司空,時陵寢、宮殿工役併興,如楚殫力供事,以績著。生平好學,有恬退之節,經書皆手録著。有《奏議》六卷、《碧籠堂詩文集》十二卷。《通志》、《閩書》

郎中鄭繼之先生善夫附交友。

鄭善夫,字繼之,閩縣人。弘治十八年進士。連遭内、外艱。正德六年,始爲户部主事,榷税滸墅,以清操聞。時劉瑾雖誅,嬖倖用事。力告歸,築少谷草堂金鰲峰,作遲清亭,曰:"俟天下之清也。"巖居六載,交游寡絶。日晏未炊,欣然自適。有司勸駕奪起,改禮部主事、員外郎。武宗將南狩,善夫約諸曹郎伏闕上疏。上怒,杖之,罰跪闕門。跪時,別作諫草置懷中,囑其僚方豪曰:"死,爲我出之。"幸不死,居頃之,嘆曰:"世道如此,何可爲計哉?"復乞告歸。徘徊越山水,探天台、雁蕩者,久之,入武夷山中,雖尫羸善病,而游覽不廢。嘉靖改元,薦起吏部驗封司郎中。道病卒,年三十九。閩中國初有"十才子",至善夫而始振風雅之道。晚乃厲志聖賢,曰:"任重者,身也。途畏者,口也。致遠者,道也。邪行亡乎體,違言不存口,要諸遠矣。"善夫交遊盡海内名人。其詩規倣少陵,兼目時變,故寓幽憂。雖才韻弗克,古色精言,高映霞表。與山人孫一元、衢州方豪、鳳陽殷雲霄最相善。善夫没後,閩守汪文盛爲營葬,梓其集行世。《閩書》、《明史》、《通志》

【校記】

① "亨甫",《閩書》作"亨大"。

閩中理學淵源考卷四十五

恭敏馬孔養先生森學派

三山學派傳習，源流尚矣。王信伯開洛學之先，林少穎續紫陽之緒，厥後黃勉齋肩紫陽學統，遞有傳人。至今稱朱門派的者，曰何、王、金、許，萃於金華，然而閩之派別，薪傳未艾也。元、明以來，遞相祖述，至成化以後，人材輩出矣。自吳聞過、林尚默、羅宗讓、林德敷而後，如恭敏馬公、恭介鄭公尤篤守師説，典型屹峙。今著其師友派系載於篇。再按：朱氏《經義考》謂恭敏亦守心學之説，與朱、蔡有違言者，而本傳稱其究心程朱之學。今以本傳爲據。

恭敏馬孔養先生森

馬森，字孔養，懷安人。嘉靖十四年進士，授户部主事，榷九江關，以廉能著。歷知太平府，雪冤獄、裁中瑠、減供億，治行甲江南。轉江西副使，進按察使，尋轉左布政使，副都御史，巡撫其地。森久歷江右，多惠政。時創三殿，疏請南糧改折，省民間數萬金。召爲刑部侍郎，尋改户部，坐累，徙大理卿。與刑部尚書鄭曉、左都御史周延得，時稱"貫城三平"。遷右都御史、户部尚書，以疾乞休。穆宗登極，起爲户部。上令太監崔敏取户部銀六萬兩，買金進用，森言："先帝時，買金二千，日積月累，僅能足數。尋詔停止，以此金暫貯太倉。今於數日內得滿一萬，臣知不能也。且祖宗時，御札皆下閣臣轉示各部院，無司禮徑傳者。更望率由舊章。"上乃止。旋以母老乞終養，賜馳驛歸。服除，屢薦不起。初，森爲考官時，夏言壻出其門，欲介之見言，謝不往。嚴嵩聞而悦之，森亦不附，爲徐階所重，遂引用之。居恒講明理學，與歐陽德、鄒守益、羅洪先相質

512

正,要以程、朱爲宗。其爲侍郎歸,值閩卒兩倡亂,森角巾野服出論之,隨解散。臨武劉堯誨撫閩,議復夫甲庫役法,森備陳其害,議遂寢。繼撫閩者南海龐尚鵬欲行條鞭法,森力贊決。其卒也,賜祭葬,贈太子少保,諡恭敏。郡人立報功祠於九仙山祀之。所著有《四書口義》、《書經敷言》、《周易説義》、《春秋伸義辨疑》、《地理正宗》,文集、奏議若干卷。子燊、㷿。燊,字用昭,以父蔭爲南京都督府都事,雅善文辭。㷿,貢士,能詩。《閩書》、《明史》、《通志》

郭建初先生造卿

郭造卿,字建初。父萬程,見《縉紳》,母氏見《閨閣》。造卿爲諸生,器於父友馬恭敏森,令受業羅文恭洪先之門。閩中倭起,客遊吳越,胡少保宗憲、李襄敏遂禮致之。新安汪司馬道昆撫閩,一見奇其文而高其行,禮爲上客,而戚都護繼光,在閩有平寇功,枉車騎於造卿,甚委心焉。大司馬葉夢熊起家爲其邑令,欲延造卿署中,度不能屈,乃館之蕭寺,訂盟莫逆。夢熊去,而夢熊之侄名春及者,爲惠安令,邀定其《政書》。葉氏二公交造卿,惟恐不及也。造卿廩諸生,例尚不及計偕。會徐中行子與攝閩學,强遣計偕,爲儀郎所格。造卿謂:“郎執例固當。”郎亦素聞造卿名,更過從相稱慕。久之,卒業北雍。王文肅錫爵時爲祭酒,臨其舍,遇以博士。或邀造卿試中書,不從,文肅大稱善。居頃之,中行以閩觀察使入覲,而戚繼光鎮薊門,交辟造卿爲客。造卿曰:“徐公於我厚,厚在吾親,蓋俎豆我父,旌表我母,我不可不往。”則之徐。既至,徐不久卒。造卿爲治喪立後,傳其遺文。去之其故所守汀郡,哭徐公祠下,繪像樹碑,復爲請祠於其鄉。乃曰:“吾於徐公盡矣。”束裝見戚於薊門,戚爲造卿督築館漢莊,請草《燕史》,未竟,戚去。造卿曰:“吾不可廢成勞,今後世無復知有戚將軍。”遂留竣事,官廩之,造卿不受也。其時夢熊正分部盧龍塞,從班荊道中,而維揚顧養謙者以中丞鎮薊,爲造卿治其館所樂飲。造卿爲養謙畫海漕,活遼人以十餘萬計。造卿名僅籍太學,所知交盡當世名卿、賢士大夫。摹畫成敗,論古今得失源委,九邊、三輔、列藩阨塞夷險,攻守所宜,如列眉觀火。行不齎書,問以典故疑義及奇事僻語,莫有能難者。久於塞上,人親附之,欲留之不得,晚歸故山,婆娑麟巖、石竺、靈源間,輒命酒叫呼,人莫窺其意。

恭介鄭環浦先生世威

鄭世威,字中孚,號環浦,福建長安①人。幼凝重寡言笑,年十三,即惡流俗紛華,題其齋曰:"志樂顏瓢,貧甘范甑。"弱冠舉於鄉,嘉靖八年成進士,會臺臣闕,詔從諸進士推擇,衆競趨之,世威曰:"纔脫章句,躡司耳目耶?"獨不赴銓,除戶部主事。一日,忽心動,疏請改南以便父養,未得命而訃至。免喪,補刑部,晉員外郎。恤刑秦中,釋冤獄九十六人。擢爲廣西按察僉事,尋改廣東。丁內艱。復除江西。貴溪夏言再召入相,諸司往賀,開角門延入,世威便却退,呼閽者曰:"相國尊,然奈何令邦大夫縮縮旁趨? 還吾刺,去爾。"閽者開中門,乃入。言未子也,巡撫汪元錫偕言有事上清宮,以祝釐爲名,實爲相祈子。世威從諸司往拜,前視祝詞,乃知之,遂不拜,出。轉浙江布政參議。言再相,世威復不與諸司郊迓。轉江西按察副使。時分宜嚴嵩代夏相,勢強甚,族黨蝨橫,莫敢問。世威輒用三尺繩治,有抵重法者,獄具矣,傅巡撫撼於嚴,將改讞,世威持不能奪。熊憲副者,嚴姻也,以輕直占廢寺田千餘畝。世威鬻以賑饑,熊持相手書求救,不得。遷四川參政。念嵩終螫己,投檄歸。歸而薪粲不贍,畊鋤自力,怡然安之。懸車十六年而嵩敗,中外交薦,起湖廣參政、南京右通政。隆慶初,擢都察院右僉都御史、左副都御史。華亭相徐階爲王守仁學,廷議有舉守仁從祀者,世威廼疏言:"王守仁當世豪傑,參之名臣無愧,謂其紹周、程,宗孔、孟,則平生庸德,有不足矣。且其率天下徑趨直行,使聖門講學明理之功屛棄不用,將有毫釐差而千里失者。與守仁同時講學者,泰和羅欽順、惠安張岳,世稱賢大夫,兩嘗指擊其謬,守仁辨不能絀。蓋守仁以名勝,欽順、岳以實勝,實之與名,相去遠矣。"文貞不是也,顧其事亦寢。時新建學方盛行,諸貴人見其疏,弗善也,廼以爲南吏部侍郎,名雖擢而實遠之。歲餘,乃召入刑部。未幾,有詔採合浦珠及滇南珍石,世威疏請上納忠諫,崇節儉,不報。江陵爲政屬威權,以屬禮頤使九卿。

世威行意自若，一無所阿承，時時嘆曰："吾方壯時，连貴溪、分宜，幾陷虎口。今老矣，安能以僅免之身，而便辟唯諾新貴人前哉？"遂堅意乞休，得旨致仕。歸而耕鋤如故，里中不知侍郎云。生平以慎獨爲要，力行爲宗。與人交，久要不忘，一切脂韋緣飾語、籠罩款曲狀，不獨有所恥而不肯爲，亦其性有所執而不能爲者。其學一以濂、洛爲宗，取六籍及儒先語日誦繹之，録其精者，獨證於心，曰："直諒爲友，嚴師爲師，展也。宋儒實獲我私。"年八十二卒。賜祭墓，贈尚書，諡曰恭介。禮官言其"歷官權貴之鄉，媚竈是恥；辭榮寂寞之野，杜門自高"。晉江黄恭肅銘其墓謂："中孚有一介不取之廉，然飲人以和，弗爲谿刻。其學不立門户，而淵源可紹真儒之統。"所著有《四書問答》、《長樂乘》、《岱陽彙稿》，藏於家。《閩書》、《越章録》

<h2 style="text-align:center">通判林世獻先生廷琛</h2>

林廷琛，字世獻，懷安人。嘉靖十四年進士，授户部主事。四奉命督税，大著廉名。朝中爲之語曰："林主事，何稜稜，官理所至一片冰。"歷郎中。監崇文税缺人，部尚書梁材復使綰之曰："必君乃可。"有倚勢觸禁者，廷琛置不顧。會朝正後，諸後至者，率向閹人爲好語，廷琛不能也，坐謫判鎮江，兩院交薦，有南寧之命。會權奸別有所擠，持旨未下。有欲爲廷琛私營畧者，廷琛知而峻止之曰："此豈林世獻平生！"遂棄官歸。原憲懸鶉，子桑濕突，晏如也。司徒馬森曰："余海内知交，稱廉介者，汶上吳嶽、南雄譚太初，吾閩，則鄭世威、林廷琛其最矣。"

【校記】

① "長安"，應作"長樂"。

閩中理學淵源考卷四十六

成化以後諸先生學派

明代成化以後，師席踵起，是時一術專師，家無異說，一代人才，於斯爲盛。嘗讀顧氏《日知錄》論科舉業云："林文恪《福州府志》曰：余好問長老前輩時事，或爲余言，林尚默誌方游鄉序，爲弟子員，即自負其才，當冠海内士云。林誌，永樂壬辰進士，鄉試、會試皆第一，殿試一甲第二。然考其時，試諸生者則楊文貞、金文靖二公也。夫尚默當時所習，特舉子業耳，而楊、金二學士，皆文章宿老，蔚爲儒宗，尚默乃能必之二公，若合符節，何哉？當是時也，學出於一，上以是取之，下以是習之，譬作車者不出門，而知適四方之合轍也。正德末，異說者起，以利誘後生，使從其學，毀儒先，詆傳注，殆不啻弁髦矣。由是學者倀倀然莫知所從，欲從其舊說，則恐或主新說，從其新說，則又不忍遽棄傳注也。已不能自必，況於人乎？嗚呼！士之懷瑾握瑜，範馳驅而不遇者，可勝道哉！是故射無定鵠，則羿不能巧；學無定論，則游、夏不能工。欲道德一，風俗同，其必自大人不倡游言始。"按：此段論科舉之學，實關風氣盛衰。今錄附此，見彼時趨嚮端的，人文向盛，由此道耳。綴其大畧，附之篇端。

郡守許履夫先生坦

許坦，字履夫，閩縣人。宋許將之裔。成化十四年進士。仕大理知府。居官才敏著稱。精《易》學，門下多所造就。有《平齋雜稿》。子繹，溫州教授；繼，南安知府。孫嗣宗，歷官郎中。其先知新建、崇仁二縣，實心實政，百姓德之。
《閩書》、新郡志

縣令鄭德輝先生蘊中

鄭蘊中,字德輝,閩縣人。成化十六年鄉薦,授石首教諭。學邃《春秋》,多所造就。文章德行,後進仰止。擢貴池令,與上司議獄不合,拂衣歸。家居,夫婦織席爲食。有門下以御史按閩,屢候,弗見也。一指揮防海,欲得善地,持厚賄乞關説,嘆曰:"胡爲及我?"再三懇之,蘊中呼里人欲執詣官,指揮跪請曰:"御史念公貧,藉此爲餽耳。"終不納。年九十餘終。《閩書》、《通志》

長史陳先生克震

陳克震,懷安人。少貧,耕於野,以舟載糞艤石橋側,時月夜,諸生方聚講《中庸》,克震戟手傍聽,竊竊笑之。諸生怒曰:"傭也,何知?"克震曰:"嘗學而聞之,異乎諸君之説也。"遂爲講解其義,諸生歎服改容。舉成化七年鄉薦,授慈谿訓導,振作師道,門下以明經舉者甚衆。官終長史。弟坡。子京。《閩書》

同知葉叔理先生性

葉性,字叔理,閩縣人。弘治二年鄉薦,官終慶遠同知。慈祥愛人,以理學誨士,一時翕然宗之。《閩書》

教諭陳時勉先生德懋

陳德懋,字時勉,侯官人。弘治十四年鄉薦,任平陽教諭。善講解,於經書要旨多獨詣,常集諸生於齋舍督課學業,察勤惰,每至丙夜不輟。賑貧却餽,多士相慶得師。《通志》

長史鄭節之先生伯和

鄭伯和,字節之,閩縣人。弘治十四年鄉薦,授無爲州學正,轉國子博士。秩滿當遷,吏部郎薛蕙其門人也,欲援之,伯和固求散地,乃以爲壽府長史。久之,致仕歸。伯和坦夷長厚，未第時，以《禮經》授門下士甚衆。及拜官爲教職，不樂他徙。歸後，猶誨誘後進不倦。聞人之善，若己有之。見人子弟，力學有得，辟舉者，若己子弟得之也。天性至孝，嫡母林，幼撫有恩，遇忌日必哀慕，年逾耳順，祭猶泣下。親黨貧者，隨多寡周給，力雖不足，而意每有餘，鄉人咸敬服其德焉。《萬曆府志》

縣令洪繼明先生晅

洪晅，字繼明，懷安人。弘治十四年鄉薦，知郯城縣。謹厚有文，精《禮經》，多所教授。子世文、世遷。

主事黃叔和先生鏗

黃鏗，字叔和，閩縣人。正德二年鄉薦，歷工部主事。精於《易》學，受業甚衆。孫功懋。

郎中王維周先生希旦

王希旦，字維周，侯官人。正德八年鄉薦。早有文名，以文見知於汪太宰鋐，以爲其部司務。歷禮部郎中。以憂歸，尋卒。希旦在禮曹時，御史請以薛文清瑄從祀，下部會議。時薛學未尊，諸公尚有可有否，獨希旦以爲求士於六經章句之後，則躬行爲急。瑄之學實自敬始，從祀爲宜。希旦甘於貧，其歸也，環堵畝宮，至不能舉火，處之漠然。《閩書》、《通志》

奉常林質夫先生公黼

林公黼，字質夫，號石峰，長樂人。正德十二年進士，授大理評事。時江彬、錢寧導武宗南巡，羣臣有諫者，彬輩每勸武宗杖之。公黼約同官以疏諫，武宗震怒，命鎖項、械手足，暴庭中五日。復繫詔獄，一杖獄中，再杖闕下，舁至旅舍，卒。公黼居常恂恂雅飭，薦紳知者謂其清修善人而已，及其勇於赴義，臨死生而志不懾、氣不餒，浩然有烈丈夫之風。少沉敏力學，閉處一室，端默誦習，飲食不關其家人者三年，故其學精通經傳子史，旁及訓詁、韻切、篆籀諸書。性孝友，居父母喪，哀毀蔬粥三年，跬步未嘗遠几筵。事其二兄甚謹，平生所爲，可質鬼神，敬獄明讞，不以一字喜怒於人。當公黼下獄，而郎黄鞏及行人張岳，並在繫中，鞏與公黼交素淺，比熟其行，乃私謂岳曰：“吾取友幾遍天下，而乃近遺林質夫。”嘉靖初，贈太常丞，予祭，録其子逢春爲太學生。逢春歷推官、通判、榮府長史，所至有廉能聲，以養母疏歸。《通志》、《越章録》、《分省人物考》

少卿謝維盛先生蕡

謝蕡，字維盛，閩縣人。正德十六年進士，選禮科給事中。敢言事。肅皇初御極，虛懷求諫，而楊廷和爲首輔，擁掖言者，每言官上封事，率優詔答之。時有乳媪濫封爵賞，具疏諫，因勸上節恩澤、戢内侍。已，又論救翰林吕柟等。上懼然聽納。嘉靖三年，大禮議起，張璁時方爲主事，與相廷和論不合，蕡同諸給舍力爭，上怒，詔杖闕下。無何，復論璁、桂萼輩憸邪不可用，復奪俸三月。其明年，使粤東西，蕡疾在外諸司刑憯酷，非上好生意，具疏乞戒止。天子感焉，爲下詔，榜諭天下。尋擢太平守，未上，卒於途。蕡在言路，號知大體。隆慶改元，録世廟言事諸臣，贈太常寺少卿。《越章録》

按察李在中先生士文

李士文，字在中，連江人。正德十一年鄉薦，授高明教諭。寡默宏博，本經義以訓諸生，當道薦嶺南師範第一。以父喪，歸。聚徒講學於九龍山之麓。服滿，補嘉魚教諭。登嘉靖己丑進士，除南京工科給事中。會星變，疏陳六事，世宗嘉納之。累官都給事中，終浙江按察使。家居布衣蔬食，徒步里中。按閩使者白蕡憐其貧，欲爲營室，力辭不受。所著有《易明心》、《學庸正義》。新《福州府志》

通判徐汝澤先生灌

徐灌，字汝澤，懷安人。嘉靖元年鄉薦。文學雅邃，深明《易》理。終金華

通判。《閩書》

司訓張伯時先生世宜

張世宜，字伯時，懷安人。祖潛，教諭。父孟敬，安吉州學正，以多聞稱一時。世宜，嘉靖四年鄉薦，司訓祁門。清穆和易，博綜《三禮》，士多質正，贄餼未嘗及其門。一時譽髦之盛，皆其造就。新《福州府志》、《閩書》

通判鄭用行先生守道

鄭守道，字用行，懷安人。嘉靖七年鄉薦。於書無所不窺，而學務窮理，嘗主白鹿洞教事。著《太極圖說意》并《易乾坤上下繫辭解》、《大學講章》。深思精詣，能闡周、程之秘。令夏津，扶弱抑強，風節凜介，復建書院與諸生講晰，一時文學之士，詵詵興起。擢徽州通判，徽人亦服其多聞。《閩書》

學正王汝旦先生應槐

王應槐，字汝旦，閩縣人。嘉靖七年鄉薦，初授高唐州學正。服闋，補太倉。敦尚氣節，一以方正率士。太倉州守廷辱士，應槐叱守，白其冤，即拂衣歸，年三十餘耳。歸以《尚書》教授子弟，家徒四壁，窮約終身。《閩書》

郡守廖師文先生世魁

廖世魁，字師文，懷安人。嘉靖十四年進士。官終瓊州知府。精《易》學，門下教授多所造就。《閩書》

教諭許先生興縣

許興縣[②]，閩縣人。選貢嘉靖中，任奉化教諭。閒居，衣冠不懈。令士子讀書，必反之身心，深以迎合時好爲恥。奉化人稱其範模。《閩書》

州守陳道從先生址

陳址，字道從，連江人。嘉靖十九年舉人。知臨高縣，臨俗婚姻多寒盟，址著《正始編》以矯之，邑於是無婚姻之訟。遷知嘉定州，旋歿於瓊州。海上士民思之，與胡銓並祀二賢祠。所著有《易經摘說》、《春早集》。《通志》

同知林學靜先生資深

林資深，字學靜，福清人。嘉靖二十五年舉人，授羅雄知州，改補崖州。黎蠻雜處，民多失業，乃相地濬溝，引南北水合注平壤，溉田數萬畝。黎寇與多港構難，撫諭有方，境內敉寧，民碑而祀之。遷高州府，同知化州，州多火患，教民易茅以瓦。會讞大獄，與監司牴牾，掛冠歸。所著有《五經精言》。弟資瀾，嘉靖甲子舉人，知孝豐，未任，卒。《通志》

中允陳德言先生謹

陳謹，字德言，閩縣人。為文溫厚平實，指言時事，不激不阿。徐文貞階為考官，深器之。嘉靖三十二年廷對，世宗親擢第一，授翰林修撰。文貞留與語，見其於天理、人欲，君子、小人之際，辯之晰而持甚堅。已，察其所為，自朝謁外，閉門讀書，不輕交接、妄取與，益重之。後三年，遣使册封藩府，以拜命後期，出為惠州推官。居一年，改南京太僕寺丞。尋改尚寶寺丞。又三年，轉南京國子司業，考績入都，留為中允。踰年，丁父憂，守制家居。謹夙有才名，又溫潤醇雅，晉接不倦，士人快覩樂從，造門請業，殆無虛晷。居一載，會其家人與兵卒相毆，謹出解之，要經在身，無威儀，遂為亂梃所傷，臥病月餘，卒。事聞京師，給事中岑用賓劾閩撫汪道昆威令不行於士卒，養成桀悍之氣，白晝大都，賊虐近臣，恬不為怪，宜亟罷道昆，然後按治諸驕卒，以正法紀。疏入，上罷道昆回籍聽調，令巡按御史陳萬言捕首惡把總曹一麒等。萬言以屬監軍副使金湅，湅恐生變，白萬言："待一麒護客兵歸日捕之。"一麒等乘間亡去。萬言以聞，湅坐奪俸一

月。蓋嘉靖之季,閩寇甫定,客兵驕悍,法紀玩愒矣。所著有《内制集》詩文稿,藏於家。子一愚。《閩書》、《通志》

遊擊陳季立先生第

陳第,字季立,連江人。少博極羣書,文名甚著。倜儻自負,喜談兵。嘉靖四十一年,戚繼光征倭至連,第與定平倭策。俞大猷應召,聘與俱隨。以邊事上書大司馬譚綸,奇而薦之。起家京營,守古北口,歷遊擊將軍。屢有戰功,以忤巡撫吳兌,拂衣歸。時年近五十,絕意仕進,惟以著述自任。作《伏羲圖贊》,一筆圓成,不待奇耦離析,而萬千五百二十之策,悉出自然。又作《毛詩古音考》、《尚書疏衍》、《麟經直指》、《屈宋音義》[2],皆考古證今,理解精醇。金陵焦竑老年好學,第聞之,裹糧至白門與相辨析。竑嘆服,自謂弗如。晚出遊五岳,足跡幾遍天下。閩巡撫屢行薦辟,皆不就。卒,年七十七。門人彙集其所著《詞賦漫題》、《松軒講義》、《意言》、《謬言》、《寄心集》、《書札燼存》、《薊門兵事》、《防海事宜》、《東番記》、《塞曲》、《粵草》等書,並刻行世。

【校記】

①"許興縣",《閩書》作"許興"。

②"屈宋音義",應作"屈宋古音義"。

閩中理學淵源考卷四十七

隆、萬以後諸先生學派

前輩嘗言,古人罷黜百家,獨尊孔氏之旨者,欲其道術之一也。明之中葉,喜新立論,詆譏前儒,漸趨詭僻,士習由是多歧。其始,蓋由一二聰明才辯之徒,厭先儒敬義誠明,窮理格物之説,樂簡便而畏繩束。説者謂其端肇於南宋之季,朱子彼時曾痛切言之,謂此事實關世變,明之末造得無類是乎?三山先正如葉氏朝榮、翁氏興賢、盧氏一誠諸公,於波靡俗弊之餘,獨屹然爲師表,指南維持,終不墜,《易》之碩果,《詩》之典型,蓋近之矣。

郡守盧誠之先生一誠

盧一誠,字誠之,福清人。萬曆八年進士,授行人。歷遷南京户部郎。江右守臣爲南昌、新建二邑諸改折,時邑多貴人,莫敢難。一誠曰:"南都根本重地,四方多故,兵食日增,虚廩庾以自弱,非計之得。"力格之。白下士大夫俎豆王新建,招一誠入社講學,謝不往,曰:"吾不能口誦程、朱而心叛之也。"出知潮州,毫無染指。有黠僚笢郡榷,乾没多,以其餘遺一誠,一誠怒斥之。臺使知其廉,欲并屬以榷事,一誠曰:"奈何奪丞倅職無已?請爲稽覈可耳。"凝操峻行,爲守郡僅見。晚歲居道山麓,有朱子石室"清隱齋",杜門謝客。手著《四書講述》,學者奉爲指南云。《通志》《道南源委》

副使鄧汝高先生原岳

鄧原岳,字汝高,閩縣人。萬曆二十年進士。由户部郎出督滇學,陞湖廣參議,晉副使,卒。原岳巖巖岳岳,所至以强直稱。在滇時,稅璫虐焰,縱爪牙笞辱諸生。原岳捕治之,囊以三木,璫遜謝乃解。葉向高銘原岳墓,稱:"閩自國初林子羽、王孟敭輩以詩名,號'十才子',其後則有鄭吏部繼之。吏部歿,絶響矣。年來才士蔚起,復修明其業,而鄧公爲之鼓舞,其間風雅大振云。"《閩書》、《通志》

員外郎王永啓先生宇

王宇,字永啓,閩縣人。萬曆三十八年進士。歷南兵部武選員外郎。嘗有德於南部武弁,衆建祠雨花臺祀之。後擢山東督學參議,又轉北户部員外郎。著有詩文集及《經書説》行世。

王穆仲先生夢箕

王夢箕,字穆仲,古田人。鄉舉不第,試太學補第一。聚徒鄉校,學者師之。《閩書》

貢士李士殷先生仕黼

李仕黼,字士殷,長樂人。表望學校,四方名士多出其門。家貧,却諸生贄禮,教人以孝弟修身爲本。兄弟四人,養葬父母,皆出其手。著《五經纂要》。及貢而卒。《閩書》

陳五雲先生名世

陳名世,字五雲,福清諸生。母林患脾痛,號呼不堪,名世嚙指分痛,至老左手兩甲猶脱。娶王氏,奩厚,名世承母志,分給兄弟之貧者。父母卒,哀毁幾失明,終身孺慕不衰。所著有《雜記》二十四卷、《禮記彙》二百餘卷。卒年七十四。《通志》

推官林穉虚先生茂槐

林茂槐,字穉虚,福清人。萬曆二十三年進士,授梧州推官,治有異蹟。著

有《音韻訂訛》、《字學書考》、《四書經史決疑》等書。《通志》

侍郎董崇相先生應舉

董應舉，字崇相，閩縣人。萬曆二十六年進士，初任廣州教授。稅璫李鳳恃威寵，欲得學宮閒地馳射。應舉率諸生羣斥之，璫氣奪。又禁璫繫馬宮牆。召爲南博士，轉南吏部，改北，敶歷四司，所舉高攀龍、鄭三俊、劉宗周等皆得召用。遷太常少卿，疏請安插流民，開墾屯田。詔拜都察院右副都御史。奉命至天津，買荒蕪地開屯，自涿州、武清、寶坻、保定、青縣、三河延袤千里，所屯種一十八萬畝有奇。募人開河治閘，以便海道，歲兑運四萬八千三百餘石。復請葛佔屯兵，以所入抵餉，無轉輸和糴之費，書數十上，皆得旨。崔魏忌之，目爲黨人，因格其議，以所屯隸州縣，遂無成功。復遷户部侍郎，督理錢法，條陳鑿鑿，爲附璫者誣奏，奪職。居鄉，建築附海城堡，及疏水利，修學校，置社倉義田，議官糴，嚴海禁，論澳課，皆造福桑梓。暇與諸生講學，老而不倦。著有《崇相集》十七卷。卒，年八十三。《通志》

紀事林行甫先生子勉

林子勉，字行甫，閩縣人。萬曆恩貢，選長泰訓導。教士先實行，時廉其貧者，周之。轉泉州府教授。相國李廷機每稱爲"金玉君子"。擢益府紀事。歸，著有《易經説》四卷、《蓬草》五卷、《石溪集》八卷。子應典，字儀廷。以貢選雲和訓導。著有《經史要》二十卷、《古今奇觀》十卷、《宦遊草》二卷、《龍門集》六卷。長孫贊卿，善詩文。有《傳硯堂集》三十卷。季孫榮芬，順治辛卯舉人，翰林待詔，工詞翰。有《如蘭》稿。新《福州府志》①

【校記】

① 徐本缺"新福州府志"五字。

閩中理學淵源考卷四十八

福清葉氏家世學派

福清在宋,王信伯先生開河洛宗派,厥後傳之綱山陳氏亦之、陳氏藻、林氏希逸,是此邦實文獻之區也。明代,葉良時先生以師儒夙學,啓迪後嗣,爲一代元勳碩德。其立論持躬,誘掖後進,蓋祖洛、閩而確守鄉先正之遺者。明季,彼時學術波靡,文忠實負荷其責,其培植善類,扶持正學,與吾郡李文節、何鏡山諸公相往復,實一時中流砥柱矣。

贈公葉良時先生朝榮

葉朝榮,字良時,福清人。應隆慶改元恩貢,授九江通判。潔己卹民,負逋畢登,佐榷關,秋毫不染,免商緡無算。臺使者賢之,令攝瑞昌令,有疏河功。再攝彭澤,有修城功。擢知養利州。築城、建學,鑿塘墾田,暇則與諸生談說經術,州俗一新。卒之日,書卷數函,衣裳數襲而已,士民立祠祀之。生平淡薄勤苦,惟讀書窮理爲務。《四書》、《五經》、《性理》、《綱鑑》,默誦如流,至老無一字遺忘。尤精於《詩》,自言:"吾說《詩》,不在文字,於治亂興衰之故,燦若指掌。《五經》奧義,具在其中。苟有用我,舉此可行也。"四方執經者如雲。所著有《詩經存固》、《四書述訓》、《芝堂藁》行世。子向高。《通志》、《閩書》、《道南源委》

文忠葉進卿先生向高

葉向高,字進卿,福清人。朝榮子。萬曆十一年進士,選庶吉士,授編修。遷南京國子司業,旋領祭酒事,士類咸服。二十六年召爲左庶子,充皇長子侍班官。礦稅橫行，民不堪命，向高上疏，引東漢西邸聚錢事爲鑑，不報。尋擢南京禮部右侍郎，久之，改吏部。再陳礦稅之害，又請罷稅監高淮，語皆切至。妖書獄興，移書沈一貫力諫。一貫不悅，以故滯南京九年。後一貫罷，沈鯉亦去，朱賡獨當國。神宗命增閣臣，三十五年，擢禮部尚書，兼東閣大學士，與王錫爵、于慎行、李廷機並命。十一月，向高入朝，慎行已先卒，錫爵堅辭不出。明年，首輔賡卒，次輔廷機爲人所論劾，久杜門，不入直，向高遂獨相者八年。當是時，神宗在位日久，倦勤，朝事多廢弛，大寮或空署，士大夫推擇遷轉之命，往往不下，上下乖隔，謫籍永錮，邊餉靳發。廷臣部黨勢漸成，而中貴人權稅、開礦四出，大爲民害。向高用宿望居相位，憂國奉公，每事執爭効忠藎。帝心重向高，禮貌優厚，然其言大抵格不用，所救正十二三而已。其大者，鄭貴妃嬖生福王已受封，久不之國，而光宗日在危疑。京師奸人王曰乾，與亡賴人孔學訟刑部，因訐奏孔學受鄭貴妃旨咀咒聖母、皇上，擁戴福王謀害東宮。向高聞之，具密揭言貴妃賢明，福王賢孝，萬萬無此，乃奸人所爲，當靜處之，一爲所動，即中外紛擾，其禍將大。神宗初覽曰乾疏，拍案震怒，沉吟曰："有此大事，如何？"閣臣無一言，左右乃以向高揭進。神宗始寬霽。次日，向高復勸無發此疏，發則上驚聖母，下怖東宮，貴妃、福王皆不自安。須速定福王之國吉期，以息羣喙，又爲宛轉撐拄，承間勸行。久之，福王始之國，皇太子益安，向高力也。向高嘗上疏言："今天下必亂必危之道，蓋有數端，而災傷、寇盜、物怪、人妖不與焉。廊廟空虛，一也。上下否隔，二也。士大夫好勝喜爭，三也。多藏厚積，必有悖出之釁，四也。風聲氣習，日趨日下，莫可挽回，五也。非陛下奮然振作，簡任老成，布列朝署，取積年廢弛政事，一舉新之。恐宗社之憂，即在廟堂之上。"其言痛切。神宗知其忠愛，不能行。向高又言："臣屢求去，輒蒙恩諭留。顧臣不在一身去留，而在國家治亂。今天下所在災傷死亡，畿輔、中州、齊、魯流移載道，加中外空虛，人才俱盡。一旦禍作，天下必不罪他人而專罪臣。臣何可不去？且陛下用臣，則當行其言。今章奏不發，大僚不補，起廢不行，臣微誠不能上達，留何益？誠用臣言，不徒糜臣身，臣溘先朝露，有餘幸矣！"上不省。京師大水，四方多奏水旱。

向高又言："自閣臣至九卿臺省，曹署皆空，南都九卿亦止存其二。天下方面大吏，去秋至今，未嘗用一人。今人心洶洶思亂，特未發耳。陛下萬事俱不理，以爲天下長如此，臣恐一發不可收也。"上亦不省。神宗在位四十年之春，向高以歷代帝王享國四十年以上者，自三代迄今，止十君，勸上力行新政。因復以用人、行政請。亦不報。向高志不行，無月不求去，神宗輒優旨勉留。向高復言："臣進退可置不問，而百僚必不可盡空，臺諫必不可盡廢，諸方巡按必不可不代。中外離心，輦轂肘腋間，怨聲憤盈，禍幾不測。臣方憂陛下孤危，而陛下閉塞愈深，務與臣下隔絕。帷幄不得關其忠，六曹不得舉其職，舉天下無一可信之人，臣恐自古聖帝明王無此法也。"四十二年二月，皇太后崩。向高乞歸益數，章十餘上，神宗勉從之，加少師兼太子太師，遣行人護歸。向高在相位，務調劑羣情，輯和異同。然其時黨論已大起，未幾，又爭李三才之事，黨勢乃成。向高嘗右東林，時目爲黨魁云。向高歸里六年，神宗崩。光宗立，特詔召還。未幾，熹宗立，復賜勅趣之，屢辭，不得命。天啓元年十月，還朝，復爲首輔。熹宗初政，羣賢滿朝，天下欣欣望治。然熹宗不能辨忠佞，魏忠賢、客氏漸竊威福。時左都御史鄒元標、副都御史馮從吾以書院講學，爲兩給事所訐，帝傳諭欲毀書院者屢。向高言："講學之禁，從古未有。言者動謂宗室禍敗，皆由講學。不思有宋盛時，正以濂、洛、關、閩講明學術，比及王淮、韓侂胄、陳、賈輩始立僞學名目，構陷朱熹諸賢，而宋祚遂終。太祖設科取士，一本宋儒。成祖又令儒臣採輯宋儒論學之書，爲《性理大全》，頒行學宮。二百六十餘年，一道同風，一切決裂、防維之事，皆有所忌憚而不敢爲。皇上何輕聽二臣之言，而有道學之禁？臣爲執政，而諸儒臣聯翩去國，天下後世清議謂何？且將與王淮輩同被惡名。乞與元標、從吾同去。"熹宗不許。向高爲人光明忠厚，有德量，好扶植善類。再入相，事冲主。奄人逞煬竊奸，時事日非。向高亦稍刓方爲圓，不能謇直如神宗時，然猶數有匡救。其後，都御史楊漣劾忠賢二十四大罪，向高謂事且決裂，深以爲非。廷臣相繼抗章至數十上，或勸向高下其事，可決勝也。向高念忠賢未易除，閣臣從中挽回，猶冀無大禍。乃具奏稱朝廷寵待忠賢厚，盛滿難居，宜解事權,聽歸私第,保全終始。忠賢不悅,猶以外廷勢盛,未敢加害。其黨有導以興大獄者,意遂決。内竊國柄,日廷杖諸臣,而向高以時事不可爲,求去決矣。上不得已,從之,加恩以行,蓋此時求去之疏又先後六十①餘上也。是爲天啓五年。向高既去,韓爌、朱國禎相繼爲首輔,未久皆罷。居政府者皆小人,清流無所依倚。忠賢首誣殺漣、光斗等,次第戮辱貶削朝士之異己者,善類爲之一空。向高坦直夷易,在朝不以城府待士大夫,所建言無非欲破士大夫黨比之習。家居,布衣徒步,與田夫樵牧相應答。爲文明白條暢,遇佳山水,意興勃生,神韻散朗,一似神仙中人。平生見講學之人,皆空談無實,故絕口不道而心實嚮慕之。嘗與鄒公元標言:"公講學必講孔、孟,而余第講閻羅。"鄒問故。向高曰:"不佞老矣。填溝壑日近,若有欺君傷人害物等事,於閻羅殿前對勘不過,皆不敢爲。"鄒曰:"如此,則何公之非孔、孟也?"天啓六年卒,年六十有九。崇禎初,謚文忠。《明史》、《閩書》、《通志》、《明臣言行録》

翁氏家世學派

　　按:明季三山派系,翁氏懋卿、葉氏良時,皆以正學倡教,啓佑後人,其最表著者。餘俟再考訂續補焉。

運判翁懋卿先生興賢

　　翁興賢,字懋卿侯官人。萬曆初,以貢司訓建陽,歷延平教授,與諸生談經講業,一禀宋儒傳註。遷兩浙運判,乞歸。著有《易經理解》十二卷。《通志·文苑》

文簡翁兆震先生正春

　　翁正春,字兆震,侯官人。父興賢,以貢士起家建陽教諭,歷兩浙運判。粹於《易》學。正春久不得志於會場,已謁授龍溪教諭矣。大比之年,郡太守夢明歲狀元出龍溪,勸駕焉。萬曆壬辰,廷對第一。明代狀元及第,典史則曹公鼐,廣文則正春，無兩也。授翰林修撰。分校會闈，主試京省，得士最多。歷官禮部尚書。會都御史楊漣疏論廠璫魏忠賢，正春率詹事府僚彈治之，辭甚激烈。璫矯旨切責，正春隨乞終養歸。天啓末，起原官，尋卒。崇禎初，諡文簡。正春方毅嚴重，不妄言笑，與人談終日無一狎語。爲人瞻麗典重，朝端式其風采，知其榘律君子也。《閩書》、《通志》

方汝典先生仲夔學派

方汝典先生仲夔

方仲夔，字汝典，侯官人。勤修力學，教授生徒。同時有諸生莊修字治三、葉履春字端卿、鄭大紳字近吾、李時建字行甫、趙鐸字孟覺、何斌字德觀、楊玉樹字承謨、戴穆夫字古度、孝廉鄧壽朋字戒從、學博王叔俊字升之、鄧景卿字叔表，俱閩縣人。諸生洪勳字孟功、郭宗禹字不伐、陳秉誠字心源，俱侯官縣人。皆積學砥行，北面授經，後多貴顯云。《通志》

天啓以後諸先生學派

副使曹能始先生學佺

曹學佺，字能始，侯官人。弱冠舉萬曆二十三年進士，授户部主事。中察典，調南京，添注大理左寺正。居冗散七年，肆力於學，累遷南京户部郎中、四川右參政、按察使。蜀府燬於火，估修資七十萬金，學佺以《宗藩條例》却之。又中察典，議調。天啓二年，起廣西右參議。初，梃擊獄興，劉廷元輩主瘋癲。學佺著《野史紀畧》，直書事本末。至六年秋，學佺遷陝西副使，未行，而廷元附魏忠賢大幸，乃劾學佺私撰野史，淆亂國章，遂削籍，燬所鏤版。巡按御史王政新，以嘗薦學佺，亦勒閒住。廣西大吏揣學佺必得重禍，羈留以待。已，知忠賢無意殺之，乃得釋還。崇禎初，起廣西副使，力辭不就。家居二十年，著書所居石倉園中，

爲《石倉十二代詩選》，盛行於世。子白，字子章，爲經生，以經學名。《明史》

縣令林元圃先生先春

林先春，字元圃，閩縣人。天啓五年進士，令嘉善。狷介自持，無一毫苟取。任三年，撫、按交薦廉能，擢科員。丁艱歸。先是，嘉善民顧朝衡以不孝聞，先春捕治之，朝衡脱身，至京師投權璫。又因籍没魏大中一案，先春多忤權璫意，遂嗾其黨，考功吏以死註册。服闋，赴補，知爲所陷。或勸之自白，先春不辨而歸。先春居家，聚徒講學，布衣蔬食，杜門不出。年八十餘，終。著有《易象參》、《洪範》、《孝經解》、《孟畧》等書。《通志》

縣令黃維章先生文焕

黃文焕，字維章，永福人。天啓五年進士。爲文淹博無涯涘。歷知海陽、番禺、山陽三縣，皆有聲。崇禎召試，擢翰林院編修。時黃道周以論楊嗣昌、陳新甲得罪逮問，詞連文焕，遂與道周同下詔獄。獄中箋註《楚詞聽直》八卷、《陶詩析義》二卷。既釋獄，乞身歸里。著有《四書詩經琅環》、《毛詩箋》、《易釋》、《書繹》、《老莊註》、《陶杜詩註》、《秦漢文評》、《漢詩審索》、《詩經考》。《通志》

齊望子先生莊

齊莊，字望子，閩縣人，居齊坑。嗜學家貧，爲人夜舂，手足操作，而置書其旁注視之，遂通會曉悉無遺。以五經爲諸生。當萬曆末年，閩中文體，漸尚軋苗，天啓初愈甚。莊原本六經，不稍雜縱橫家言，每出筆，根極理要，情文蔚然，衡文者無不以國士相賞。從游嘗數百人，經指示，輒掇科第而去。而莊栖遲窮巷，自甘貧賤者三十年，無幾微無聊不平之況在其意中。著有《史論》、《白湖集》。新《福州府志》

舍人鄭敬生先生羽儀

鄭羽儀，字敬生，閩縣人。崇禎十六年進士，授中書舍人，典試粵中。著有

《戴禮新旨》行世。《通志》

進士嚴白海先生通

嚴通,字白海,福清人。父蚤喪,其母令負布縷帛,行鬻市中。民部鄭廷楫時爲塾師,一見異之,令白其母就學。後登崇禎癸未進士。著有《白漁集》、《藍閣逸纂》、《春秋箋》十餘卷。《通志》

【校記】

① "六十",《明史》作"二十"。

閩中理學淵源考卷四十九

莆陽明初諸先生學派

按：莆陽諸先正，當明代開創之初，吳公即膺選，擢輔導，依日月之光。其抱遺經而晦草澤者，或秉鐸序庠，或師資閭里，各著隱見之跡，其風流及乎苗裔遠矣。茲録其著者，載于篇端。

司業吳性傳先生源

吳源，字性傳，莆田人。源蚤孤，力學通經，尤深於《易》，惇禮好義。洪武三年，授興化府教授。十三年，以林廷綱薦，召赴闕。綱，源門人也。既召見，首以得賢才、敦教化、養黎元爲對。時太祖方立四輔官，兼太子賓客，位列公侯、都府之次。源與杜斅、龔斅、李祐、趙民望同膺其選。太祖遊東苑，命源與斅等應制聯句，恩禮優洽。尋以老乞歸。明年，上念源賢，復賜詔召之曰："朕選公侯子弟，入國子學，司業員缺，卿爲朕一來講道授經，無筋力之勞，而有成就後學之益，亦儒者素志也。"源復赴京，授司業。未幾，卒官。有《文集》二十卷、《莆陽名公事述》二編。《閩書》、《莆陽志》

學正鄭用舟先生濟

鄭濟，字用舟，莆田人。永樂六年鄉薦，爲儋州學正。按，彭惠安公《與郡守岳公書》曰："故學正鄭濟著《書經》、《大學》、《中庸講説》，至今學者遵之。"《彭惠安集》、《莆陽選舉志》

教諭陳廷傑先生賢

陳賢，字廷傑，靖之後。治《春秋》經。結廬西山巖瀑間，以耕以學。洪武末,舉儒士,爲興化訓導。秩滿,遷南康教諭。永樂中,召入館閣,預修《大典》。改任湖口,致仕。賢爲人嚴毅方直,安貧好古。其學以躬行爲先,雅志恤物,勤心職事。及門弟子成就者衆,號爲古道先生。湖人塑像於學,没因以祀之。泰和楊文貞士奇爲表墓,稱其士行可質於神明,蓋實録云。子淮,以孝行稱。《莆陽文獻》、《閩書》

御史陳孔昭先生道潛

陳道潛,字孔昭,莆田人。建文庚辰進士,授給事中。與楊文敏榮同修國史,文敏時稱其學行。又著有《拙齋存稿》。永樂初,謫判夷陵,起監察御史,預修《性理大全》諸書。于時纂修諸儒,即翰林春坊多不得預,道潛行己恭慎,學問該博,故得在選。時閩縣陳景著,長樂陳全,莆田黄約仲、陳用,亦皆預修。《道南源委》

教授曾先生景修

曾景修,名生,以字行,莆田人。學尚躬行,好深沉之思,持辨博之論。永樂間,貢入太學,歷官德安教授。與諸生處,情同家人,答問講解,終日不倦。出其門者,才質高下,各有成立。著《大學》、《中庸詳説》。《道南源委》

布政吳思周先生繹思

吳繹思,字思周,莆田人。天順元年進士。令饒之德興,遷瑞州府同知,俱有惠政。陞惠州知府。屬邑有巨蠹,怙勢虐民,繹思以法繩之。守禦軍政爲上官所更張,卒伍忿其不便,將爲變。繹思諭之禍福,皆羅拜。丁内艱,起復,除潮州。海寇竊發,躬率吏民,激以忠義,遂殲之。陞浙江參政,尋轉右布政使。繹思丰神秀整,孝敬樂易,接鄉鄰子弟,雖困倦未嘗不衣冠。早以經學名,及門多所造就,若户部尚書周經、工部郎張憲都、御史汪奎,皆終身不忘其教云。《莆陽文獻》、《閩書》

教授鄭拙菴先生立

鄭立,字克豫,號拙菴,莆田人。彭惠安公撰墓誌畧曰:"先生少沉潛,穎敏善記過人。長遊翁司訓長、劉僉憲武之門,翁公優於史學,劉公長於經義,先生從之,皆得其所傳。古今事多通,知於《尚書》,講究精微,大有造詣。故製文字,語新理到,名輩讓之。他經諸子,亦時搜覽。方先輩玭期之甚重。正統甲子鄉薦,授易州學正,改六安州,遷饒州教授。所至與諸生共治經史,情同一家。歲丙子,江西聘爲同考官,鑒裁惟謹,若謝大韶、羅應魁二殿元,皆是科所取治《書》士也。後乞老歸,養疴數歲,親朋過從,談論不廢,後學多私淑者。壬寅六月卒。先生氣宇峻整,動止矜嚴,取與不苟。交遊以類,加以學問之充,敦行之實,主學南北,并善舉職。士大夫無識不識,交嘆爲名師儒云。"

郡守王士俊先生偉

王偉,字士俊。第永樂十六年進士,授大理寺評事,陞雲南府知府。以仁厚爲政,夷民悦服。常遇歲旱,禱雨有應。兵部尚書王驥征麓川,道經其郡,美以聯句曰:"三旬亢旱黎民悴,一雨滂沱太守功。"鎮守雲南都督沐昂,尤重其爲人。及卒,民哀慕之。偉邃經學,工文辭。宣德、正統間,莆諸老在翰林者,凋謝已盡,惟偉與陳會元中並以文章擅重一時云。出《景泰志》

檢討黃先生約仲

黃約仲,名守,以字行。少負才名。永樂初,開館徵天下名儒,應詔至京。成祖試《上林曉鶯詩》、《天馬歌》,擢第一。官翰林典籍,預修《永樂大典》、《四書》、《五經》及《性理大全》諸書。書成,進檢討。學士曾棨、胡儼更相引重,珥筆西清,扈從北伐,俱有著述。在翰苑二十年,疏乞終養。約仲精楷法,其詩語意清婉,得唐人門徑。《莆田志》

學士吳汝賢先生希賢

吳希賢，字汝賢，唐屯田員外郎祭之後。希賢幼敏異，精《毛氏經》。天順甲申進士，改庶吉士。時同年李東陽以敏贍稱，希賢與之齊名。授檢討，預修《英宗實錄》。有貴家子寇姓者，密以賄丐希賢致半詞於其父，希賢拒之曰：「苟如此，他日何以見董狐於地下耶？」進修撰，陞左春坊左諭德，南京翰林侍讀學士。卒於官。希賢性豪邁，負奇氣。於人少許可，兩考會試，所得多俊偉士。爲文章，意新語壯，有《聽雨亭稿》四卷。曾孫三畏，字曰寅。嘉靖癸卯鄉薦，授寧海教諭，擢嵊縣令。縣故無城，三畏始建議築之。城成而倭至，竟不能犯。遷廣信同知，歸，以子獻台贈江西左布政使。《莆田志》

侍講陳時顯先生用

陳用，字時顯。永樂癸未鄉試第一。辛卯進士，選庶吉士。時行在開東館，徵天下名儒，纂修《五經》、《四書》及《性理大全》諸書，用預焉，書成，授檢討。歷侍講。卒。用爲人質實醇厚，言動不苟。身歿無嗣，士類傷之。《莆田志》

御史丘恒吉先生天祐

丘天祐，字恒吉，成化辛丑進士，授瑞安知縣，改饒平。下車即訪陳獻章於白沙，究性命之學。縣時遭燬，天祐經營締構，不以擾民。有芝產於輿，人以爲德政所致。秩滿召入，授監察御史。彈劾不避權貴，威寧伯王越附汪直啓釁榆林，已褫爵矣，復附李廣，引復都御史，總制三邊，又綰院篆。天祐率同列抗疏極言之，略曰：「爵賞予奪，人主之操柄也。公則治，私則亂。出於臺閣則爲公出，於近倖則爲私。」忤旨，廷杖六十，下錦衣獄。尋釋，弗問。又連劾廣恃權縱恣，贓賄狼籍。未報，而清寧宮災，廣飲鴆死，遂與給事中華昶共檢廣貲數十百萬疏籍没之。差按廣西，又按南北畿郡。故事，江南葦場歲遣巨璫一人往覈實，多賈怨病民，天祐復疏止之，由是葦場事權盡歸工部矣。居臺凡十三年，以疾乞歸，卒。曾孫憲周,萬曆乙酉舉人。文章行誼,見重於時,而厥施未竟,人咸惜之。
《莆田志》

教授李乾遂先生文利

李文利,字乾遂,元弟。成化庚子鄉薦,授桂陽教諭,陞思南教授。家傳理
學,行己清修。著書有《律呂元聲圖解》,蓋據《呂氏春秋》并《隋志》、劉恕《通
鑑外紀》所載伶倫制律三寸九分爲黃鐘之宮,因而詳加考證,以三寸九分正司
馬遷黃鐘九寸之誤。以太極陰陽五行由一生二,由少及多,見黃鐘數少極清,正
宮聲爲極濁之誤。以左右對待各得一百二十九分,正三分損益上生、下生至仲
呂而窮之誤,以正徵循環無窮,正隔八相生,往而不還之誤。畫圖立説,凡六卷。
楊月湖廉稱其"天授獨見",門人范輅爲序而刻傳之。厥後有蔡于穀者,字虞
璧,由歲貢入太學,授湖廣行都司經歷。修行積學,博通古今。在國子時,禮曹
鄭善夫疏薦其明習理數,請召擢以正司天之謬,不果用。嘗輯《開國事畧》十
卷,有抄其稿者,久而易名曰《龍飛紀畧》刊布,人不知其出於穀也。時論以於
穀之學與文利頡頏云。《莆田志》

參政陳三渠先生仁

陳仁,字子居,號三渠。少從其從父兄翰林庶吉士邦瑞治《書經》,多所通
解。任提學彥常按莆試士,摘史命題,時莆人專治經,通史者尚少,仁援據精博,
議論層出,任公得之,大驚。成化癸卯,發解第一。丁未,第二甲進士,授户部主
事,歷江西司郎中。在部久,明習條格,部堂有大事輒與咨議。洪洞韓公文尤倚
任之,屬陝西邊餉繁急,因奏調仁爲陝西司郎中。未幾,逆瑾劉瑾擅政,深忌韓
公,因摘其屬官細過,仁坐降鈞州同知,轉汝州知州,遷南京兵部員外郎,掌武學
事。瑾誅,擢浙江提學副使。浙俗喜生謗,仁按試,不以吏胥從,手自披閲,去取
惟公,士論大服。轉本省參政,以疾乞休。吏部奏言:"本官久歷中外,學行有
聞,例應加秩。"詔進本司右布政使,准致仕。命未下,而仁卒矣。仁質重沉敏,
議論剛正。嘗疏止給事中林廷玉外謫,追復御史彭程官。闕里及禮部災,條陳

時弊，言多剴切。政暇輒討習文事，晚年造詣益深，文章奧美，有機軸，時譽歸之。陳氏自邦瑞舉進士，以經學擅名。弟邦器亦舉進士，官至雲南副使。仁之子懋，舉鄉薦。

布政黃汝器先生璉

黃璉，字汝器，別號求我，第成化二年進士，授南京戶科給事中。丁外艱，服闋，改南京禮科。滿九載，陞浙江布政司右參議，巡視温、處銀場。弘治五年，上慮各處銀場礦脉或微或絶，歲課未免取盈於民，乃詔所司體究裁豁，凡官爲是設者，俱調別用，璉於是改雲南。其屬衛糧儲多衛僚攬之，輸不以時。巡撫大臣乃以屬璉，因嚴設禁限，桀驁者置之於法，自是七八年逋負悉輸納。轉貴州參政。璉以其地夷獠雜居，鎮以簡静。撫按交章以操履端方、政事修舉薦之，陞本司右布政使，尋轉左屬。普安夷叛，朝命大臣率兵征勦，特委璉總督糧儲。璉處置有方，饋餉賴以不乏。賊平，方將論功，而璉以疾卒于官。璉天性淳實，且有量。在浙時，年勞當遷。適巡按御史張文意不滿於璉，叙考有貶辭，遂不果遷。後璉在貴州，文以他事謫本司照磨，璉不介意，且薦其才於當道，識者多之。所居里東南諸村落土田，歲常苦旱，璉乃白諸郡邑，發民鑿渠，由金墩抵巖沁數里，引木蘭延壽餘水溉之，遂變磽瘠爲膏腴，鄉人德之。居官三十餘年，不以生產爲念，自奉極儉約。死之日，家無餘貲，遺孤奔官所扶柩歸，未免稱貸於人，庶幾清白之遺云。出《府志》

教諭茅常清先生陽

茅陽，字常清，仙遊人。穎敏簡樸。成化中，以貢入京。聞河東閻氏禹錫得薛文清之傳，遂往師之。授新城訓導，陞河源教諭。所至以師道自尊。嘗疏時弊十條，詞旨愷切，皆中旨施行。所著有《勉齋稿》。

閩中理學淵源考卷五十

簡討黃行中先生壽生學派

按：莆中諸名儒碩彥，其問學大都不僅屑屑章句，維時俗，化樸茂，諸公蓋承明初風氣之始者。莆自艾軒先生開派，以質行爲先，至季世，節櫫愈著。宋、元之際，諸儒如存碩果，然公其道以私淑諸人者，所在講席尚多。故明代英才蔚起，士風家法，遞有師授。今錄自黃氏行中先生而下，其派繫可考者著於篇。

簡討黃行中先生壽生

黃壽生，字行中，莆田人。滔十五世孫。壽生洪武末與兄同舉鄉薦，以親老求歸侍養。水南諸賢率從之游，若會元陳中、進士徐資用皆門下士也。親終，入太學。永樂六年，再試京闈第一。九年，登進士，選翰林庶吉士，預修《性理大全》諸書。既成，授簡討。九載，將滿考，試禮闈，得疾卒。壽生莊重孝友，通史百家，尤邃於《詩》。莆之《詩》學以壽生爲初祖。子子嘉，亦以孝聞。子嘉長子深、次子仲昭。見家學。《莆陽文獻》、《閩書》

副郎陳舜用先生中

陳中，字舜用，莆田人。永樂十八年鄉試第二，明年，會試第一。資性簡率，才思豐贍。文章健直，類其爲人。正統初，自南京戶部主事，就留史館，預修文廟《仁宗實錄》。成，陞本部員外郎。滿九載，無意榮宦，遂致仕。幽巷貧居，吟咏自樂，公門關節，終身未嘗及之。卒年八十三。

縣令徐先生資用

徐資用，莆田人。永樂戊戌進士，令揭陽。博洽有才，舉動端謹，興學訓士，有良吏聲。疾作，辭歸。與弟資茹講行禮學，以肅家教。鄉人稱爲"二徐"。

吳時耕先生稔

吳稔，字時耕，水南人。叔告之後。性穎悟，嘗賦《廬山瀑布》詩，有"入雲聲作雨，映地色涵秋"之句。初從黃檢討行中學《詩經》，復從盧縣尹質中學《書經》。講習之下，皆能逆意而解。嘗試鄉闈不利，遂不復應舉。後進延以爲師，舉業詩課，立爲改定，諸生以其學取科第者甚衆。中年，以知者兩薦爲訓導，以母老辭不就。

僉事黃未軒先生仲昭

黃仲昭，名潛，以字行，莆田人。性端謹，年十五六，即有志正學。舉成化二年進士，與羅倫、章懋、賀欽、莊㫤等同榜，以名節相激勵。逾年，以庶吉士除編修，與懋同官，而㫤官除檢討。是冬，命詞臣預撰明歲《元夕烟火花燈》詩，且出舊製，令擬述以進。先生以其詞多鄙俚，近俳優，非儒臣所宜爲，與同官章懋、檢討莊㫤共疏論之。忤旨，廷杖。於是先生調湘潭知縣，懋臨武知縣，㫤桂陽州判官，未行。明年正月，刑科給事中毛弘等言，三臣初出草茅，敢言直諫，實盛世事，乞復其職。特旨，改先生右評事，懋南京大理寺左評事，㫤南京行人司左司副。蓋是時先生除官纔四十日耳。京師稱三君子。而羅倫以編修論學士李賢坐謫，又通稱翰林四諫云。先生氣岸屹立，思致安詳。既改南大理，清守執法。連居父母憂，却去葷酒，不離苦塊者四年，遂辭疾乞休。家居十年，弘治元年，以御史姜浩薦，起爲江西提學僉事。誨士先行檢而後文藝，以身倡率之。宦家子弟，未嘗假借，識拔皆名士，如羅欽順、劉玉、汪偉、陳鳳梧是也。弘治丙辰，再疏乞致仕。先生前後所居官不滿三考，家居之日最久。儒雅蘊藉，爲鄉邦儀表。

嘗與陳獻章、周翠渠往來議論。凡聖賢一言一行，惟求踐履之實。平生刻苦爲學，務究道德性命之原，羽翼程、朱，而精於校閱。嘗辨《易》卦《未濟》，《春秋》褒貶，《雅》、《風》陞降，及編次《或問》、裁定《通鑑証異書法》，咸有發明。又刊布冠、婚、喪、祭之儀，以示後學。所修有《八閩通志》、延平、邵武府、南平縣志，又與周瑛共修《興化府志》。有《未軒集》若干卷。正德戊辰卒，年七十有四。學者稱未軒先生。豐城楊廉採其學行入理學，而子孫多以科第顯。《閩書》、《莆陽文獻》

縣令林先生廷芳學派

按：先生爲宋林氏冲之之裔。彭惠安公稱其負重望，爲學者師。考志乘，柯氏潛、丘氏山，其學徒也。丘之派有朱氏悌、鄭氏繼。今附識之。

縣令林先生廷芳

林廷芳，先世福清人，父震徙居莆之橫塘。廷芳永樂十六年進士。知新會縣，罷歸。敦樸能詩，尤善《選》體。柯殿元潛早從之學。姪棨，天順元年進士，終廣東僉事。子敷，成化二年進士，終韶州知府。

少詹事柯竹巖先生潛

柯潛，字孟時，號竹巖，莆田人。弱冠領正統鄉薦，當赴春試，未忍離親，隨師入蓮峯僧舍，講讀不輟。景泰二年，廷對第一，授翰林修撰。益自淬勵，學行日以進。明年，陞右春坊右中允，兼修撰，預修《歷代君鑑》、《寰宇通志》。既成，陞司經局洗馬，仍兼修撰。英廟復辟，授尚寶少卿，兼職如故。憲廟嗣位，以隨侍恩陞翰林院學士，奉旨教習庶吉士李東陽等一十八人，纂修《英宗實錄》。成化改元，再奉旨教習庶吉士林瀚等二十四人，命掌翰林院印。三年，《實錄》成，陞詹事府少詹事，兼翰林院學士。四年，命日侍經筵講讀。未幾，丁父憂。踰年，復丁母憂。詔起復爲祭酒，疏乞終制。服闋，卒於家。潛質貌俊偉，容止雅飭，文章妥整有法，詩尤清婉。接人外若樂易，而內實狷介。鄰郡有中貴人，寵冠一時，士大夫欲求薦拔者，爭趨其門，潛獨不往。供職之暇，時偕二三知己，覽勝賦詩，襟度豁如，至於遇事感發，言論侃侃。在庶僚時，已繫天下之望，位日通顯，雖嘗以聖賢之學啟沃聖心，平生蘊蓄未及少施於天下，其歿也，士大夫多傷之。潛院中所構亭旁植二柏，後進慕其風采，謂之柯亭、柯柏。所著有《竹巖棄》。玄孫維祺，別見。《閩書》、《莆田志》

副使丘安重先生山

　　丘山，字安重。知瑞安縣，捕治老猾豪，置之法。嚴禁溺女，教以婚嫁之宜，以革奢風。以旌異，擢監察御史，奉勅清理兩廣軍政。遠惡州郡，無不身涉，從容逮踐，根究始卒，親與定奪，軍民交口稱便。巡按應天，被璽書恤刑，並寬嚴得中，獄無冤濫。滿九載，擢雲南按察副使。致仕。山少慕元儒盧齊韓之為人，諷其遺編甚習，有所吟作，類其格調，而興致尤遠。雅妙書法，刻石崖州大忠祠，一時重之。子茂橫，教諭德平。嘗上革弊安民疏，仕淳安知縣。孫茂中，正德進士，至河南右布政使。凝重簡默，蒞事詳慎。曾孫秉文，從姪泰。

閩中理學淵源考卷五十一

九牧林氏家世學派

貞肅林公俊曰："林自矩軒、應成。松湖、棟。于野、慎齋、岡孫。玉井、以辨。子木、以順。三復，圭。世以道學名。敬齋公宗莊重古質，而尤名經學，遠邇及門，往往榮顯，仕天官卿尹公旻尤顯者。"按：貞肅所叙此一派爲九牧邵州公蘊之後，源流最夥。曰三復諱圭者，正學道風爲時推首，所指授弟子數十名輩，皆一時偉望。其餘端州公葦之後，有林氏環、林氏富、林氏文、林氏堯俞、林氏雲同。江陵公藻之後，有林氏廷綱、林氏瀾、林氏岊、林氏大輅。皆卓然鴻碩之彥，典型表著，可爲世法者也。今録其要者，載於篇端。

教授林敬齋先生宗

林宗，字存敬，號敬齋，德齋公子。林自矩軒、松湖、于野、慎齋、玉井、子木、三復，世以道學名，宗莊重古質，而尤名經學，遠邇及門，往往榮顯，仕天官卿尹公旻尤顯者，嘗發解首，爲忌者所落。後鄉薦，授寧海學正，改蘄州，至揚州教授，以養老母。公在官，正身率物，督士成材，風爲之盛，蘄祠之學。主考山東，王察使越尚浮藻，宗務以理勝，榜稱得人。寧海之歸，無力北上。揚歸，始葺先祠故宇，量周其三族。晚得末疾，孝敬不衰，日數數省母，母間不樂，拳踞請過，悦然後起。祠墓之祭，扶拜匍匐，淚油油下。岳閣老蒙泉爲郡守，廉其貧，助以河南關之地，辭焉。孫俊贊曰："于泮之濱，于鳳之趾。一脈東湖，言世孫子。經學垂聞，猶取淵委。師嚴道尊，名無虛士。微禄逮親，厥有繩軌。歸羅轍潤，言活升水。爲周爲辭，義適彼已。後償于天，考祥視履。"林見素集撰《敬齋公贊》

襄敏林澹軒先生文

林文,字恒簡,號澹軒。與環同出九牧葦之後。宣德五年,廷對第三人,授翰林院編修。正統初,預修《宣廟實錄》。成,轉修撰。景泰三年,遷右春坊左諭德,兼翰林院侍讀。四年,修《歷代君鑒》,成。七年,修《寰宇通志》,成,陞庶子,仍兼侍讀。英宗復位,罷景泰中宮僚,改尚寶司卿,仍兼侍讀。時翰林應博學士者七人,上疑其多。兵部尚書陳汝言進曰:"唐有十八學士,是不爲多。"遂拜學士。四年,請老。上諭李文達賢曰:"林文老成忠厚,不可令去,仍留供職。"八年,憲廟登極,褒進舊學,遷太常寺少卿,兼侍讀學士。未幾,復懇辭歸老。學者稱爲上林先生。年八十七,卒。贈禮部左侍郎,謚襄敏。文神觀清爽,酬應安詳。暮年神色安康,賓祭惟謹,大小不慢,人盡服其耆德。黎文僖語彭惠安曰:"翰苑中,古意時流,時時相半,若林先生,醇乎醇者也!"李文達亦稱其"德性堅確而不移,氣質沉靜而不躁。處心平易,操行潔修。矓然若不勝衣,而志不懾、氣不餒"。其爲時推重如此。曾孫渠、希範。元孫焜章。《閩書》、《莆陽文獻》、《莆田志》

簡討林子道先生大猷

林大猷,字子道,莆田人。天順己卯鄉薦,授新建教諭。遷國子學錄,轉監丞,再轉翰林簡討,陞徵仕郎,監丞如故。贍博,善考禮儀。柔獲嚴而內冲晦懇款,館中執經以五六百輩,齋舍至不能容,輪番聽講。又約日通集,謂之普講。所以處諸生,貧者授衣,病者給藥,死者躬詣器殮,或屬其鄉人扶喪歸,或捐俸以葬,力弗能給,又以疏告於好義君子。滿九載,陞翰林簡討,仍掌監丞事。以疾卒官。大猷志行端謹,學問該博,獎與後進。卒之日,六館諸生咸哀悼之。林見素銘其墓,謂其"秩則卑,而其品在彭惠安、陳康懿之間"。子燮,戶部員外郎,有雋才。《閩書》、《莆陽志》

貞肅林見素先生俊

林俊,字待用,福建莆田人。成化十四年進士,授刑部主事,遷員外郎。性侃直，不隨俗浮沉。事屬權貴，尚書林聰輒屬俊治之。陳獻章以薦至京，日與講學，大有所得。時妖僧繼曉挾近倖梁芳以秘術進，得被殊眷，發內帑銀數十萬，營建其寺。俊疏極論之，請斬繼曉而黜梁芳，言甚激烈。憲宗怒，尋下詔獄加刑，對益屬。後府經歷張黻上疏論救，併下獄，謫遠方，俊得姚州判官。時言路久塞，二人直聲振海內。王恕在留都，疏乞還之，以勵忠節。會元日，星變，憲宗感悟，敘復南部。孝宗踐祚，廷臣交薦之，擢雲南按察副使。俗崇釋信鬼，鶴慶元化寺稱有活佛，歲時士女會集動數萬，爭以金泥其面。俊按鶴慶，命焚之，得金數百鎰，悉輸之官，代民償逋。毀邊方諸淫祠三百六十餘區，所在學宮頹敝，撤其材新之。弘治四年，用薦擢按察使，調湖廣。風儀整肅，屬吏斂不敢犯。會境內雨雪災異，上疏觸時忌，引疾乞休歸。已而，言官交薦。十三年，拜南京右僉都御史，操江。正月朔，陝西地震，水涌，上疏謂“變不虛生，必有其應”。述漢、晉以來，宮闈、內寺、柄臣之禍，陳時政八事。又請豫教皇儲，因薦侍郎謝鐸、少卿儲瓘、楊廉、致仕副使曹時中堪居宮僚，處士劉閔可布衣入侍東宮。旋江西盜起，勅俊巡視江西。寧庶人貪謫忮害，倍取祿米，官校侵牟民利。俊悉裁抑，具奏乞斷大義，特垂善處，毋涉吳王几杖之賜，叔段京鄙之求。時濠雖橫，逆萌未著，或以為過，後卒如所言，人服其先見云。武宗即位，起巡撫江西。遭父憂，不果。正德四年改撫四川。時藍鄢之寇方劇，至即宣布聖恩，勦撫並行，屢以捷聞。會誅劉瑾，俊疏賀，且言“瑾雖誅，權又在近倖，安知後無有如瑾者出？請召用先朝舊臣劉健、謝遷、林瀚、王鏊等以修復舊政，并請擇取宗室育之宮中”。用事者滋不悅，屬俊致仕，許之。命下，朝論大駭，科道交留，不果。未幾，而兩川之寇復作矣。世宗在藩邸，久知名，及入繼大統，召起為刑部尚書。未入覲，上疏乞親近儒臣，與商可否，以臻至治。且言：“新詔之革，所謂壞極而不得不革者也。然貴近之臣或稱不便，圖有變更，未宜壞天下公議。”時近倖寖有用事者，故疏及之。既涖任，命侍經筵。會暑，罷講，上疏言：“學貴緝熙、禹惜分陰，不宜輒罷。”屢上親大臣，勤聖學，闢[①]異端疏。太監崔文寵擅一時，其私人李陽鳳犯法，事下刑部。文夤緣內降，改付鎮撫司問理，俊據法執奏不遣。有旨還送鎮撫司。俊又奏言：“奉詔則違法，守法則違詔。臣能違詔，不敢違法。”上怒，雖不罪俊，而陽鳳乞改錦衣獄，俊以不得其職，乃上疏乞致仕。章八上，乃允。詔加太子太保，給驛還鄉。令有司給米輿夫，歲時存問，時嘉靖二年也。俊嘗偕楊廷和數爭大禮，大禮議定，得罪者或杖死。四年秋，俊即家，上書言：“古者鞭撲之刑，辱之而已。非欲糜爛其體膚，而致之死也，又非所以加於士大夫也。成化時，臣及見廷杖二三臣，率容厚綿底衣、重氈疊裹，然且沉卧久乃得痊。正德朝，逆瑾竊權，始令去衣，致末年多杖死。臣又見成化、弘治時，惟叛逆、妖言、劫盜下詔獄，始命打問，他犯但言送問而已。今一槩打問，亦非故事。臣又見自去歲，舊臣斥逐殆盡，朝署爲空。乞聖明留念，既去者禮致，未去者慰留，碩德重望，如羅欽順、王守仁、吕柟、魯鐸輩，宜置左右。臣衰病待盡、無復他望，不勝懸結。”不報。又明年，疾革，復草遺表，勸上懋學隆孝，任賢納諫，保躬導和，且預辭身後卹典。遂卒，年七十六。時嘉靖六年也。後一年，《明倫大典》成，追論俊附和廷和，削其官。其子達，以士禮葬之。俊歷事四朝，抗辭敢諫，以禮進退，始終一節。性簡儉，好讀書，慎交遊。接引後進，惟恐不及。士大夫論當世人物，推俊於韓、范、富、歐間。隆慶初，復官，贈少保，諡貞肅。《理學備考》、《通志》、《明史》、《閩書》

【校記】

①“闥”，《明史》作“辨”。

閩中理學淵源考卷五十二

林三復、林絧齋、顧在軒三先生學派

按：林三復、林絧齋、顧在軒三先生，皆當時宿望，稽經核行，具有師承。澹軒本其家學，又能師資有道，詩禮龐厚之澤之所匯萃，豈非草昧初開，人文一時哉？

教諭林三復先生圭

林圭，字信玉，又號三復，學者稱三復先生。曾祖棟與其父應成同登宋咸淳進士。父師説蔭授縣尉。圭洪武初薦明經，爲莆邑訓導，陞寧國教諭。永樂間，應召修《大典》，以老請，賜冠帶致仕。圭天性孝友。元季兵亂相尋，幼支門戶，治堂從婚嫁。又葬其父族七喪，妻族四喪，修其祖祠，與高、曾而下祖墓。從父家大疫，藥疾殯死無忌畏。路遇疾者，挈共載，或偕舍館而食。一布袍四十年。正學道風，爲時推首。凡六典文衡，所指授殿元林環、探花黃暘、庶吉士楊慈、郎中顧孟喬數十名輩，皆其弟子，有三世門下者。圭治經有師法，工古文詞。達官至莆者，必禮其廬，鄉後進多問業焉。年九十四，卒。所著《三復集》幾百卷，百不存一。宗孫俊贊曰："龍起淮甸，雲風景從。卓彼鴻碩，爲世儒宗。藏聲處下，一教始終。完中粹行，式其章縫。維道其南，維易其東。徂徠明復，我公其逢。"林見素集撰《三復公贊》

侍講林絧齋先生環

林環，字崇璧，莆田人。唐九牧葦之裔。幼聰慧過人，閱書多成誦，尤精伏氏經。方在澤宮時，文章已爲人所重。永樂四年，廷試第一，授翰林修撰。明年，陞侍講，預修《永樂大典》。兩考會試，聲名籍甚。十三年，扈從巡幸，卒於北京，年四十。環負材曉世務，特爲成祖所器，一時儒碩亦厚重之。没，無不悼惜焉。所著有《絅齋集》二十二卷。

教諭顧在軒先生文

顧文，字在中，別號在軒。幼穎敏，日記四五千言。及長，該貫經史，時稱博學，爲文章簡朗秀整。洪武中，以儒士薦爲興化訓導。秩滿，遷教諭，歷任將樂、金華、九江三邑。典文衡於江西、湖廣，皆名得士。宣德初，致仕。正統間，卒。祭酒李時勉爲作小傳。族子孟喬。

參議黃澹軒先生常祖

黃常祖，字邦經，莆田人。父震，號梅東，精《易》學，爲莆士師。常祖少習之，始遊郡庠，又從顧在軒、林三復二先生治《尚書》學，復卒業殿元林絅齋之門。修詞知名，遠出流輩。永樂壬辰進士，授刑部主事、員外。嘗有進天書者，五日不得報，懼而自刎。詔旨疑有他冤，鞫其居停婦，將抵死，常祖原實平反。丁內艱，服闋，工部尚書吳中董營建，奏爲其屬，採木於山西、湖廣。時督促嚴急，常祖爲上爲下，悉心殫智。有周御史者共事不法，人劾，罷之。事竣歸省，以楊文敏薦，陞山西布政參議。招徠流亡，民悉復業。平陽界有盜，聚千人爲害，推誠諭之，皆降附。尋致仕。年八十六，卒。彭韶志常祖墓言：“韶入郡學，獲見前輩風致及其時禮俗，大槩老成樸素，遠浮蕩驕奢之習。時若會元陳公舜用、郡守方公廷訓、鄭公季述及澹軒黃公，皆朝野鉅望。公於居室不增一椽，尤謂舊俗繁重。”澹軒，常祖號也。《閩書》

庶常楊惠叔先生慈

楊慈，字惠叔。少孤，母鄭守節撫之。性穎悟，粹於經學。永樂戊子鄉試第一。明年,會試第二。辛卯廷對二甲第一,選翰林庶吉士。是年七月,卒,年才三十。慈貙幹豐偉,志氣軒昂,恒以科第文詞,爲儒者末事。人惜其早夭。有文集五卷。《莆田志》

郎中顧玉湖先生孟喬學派

按:先生在當時,遠近皆造門受業,志稱其經學得傳,及門多士,今未得編考。惟彭惠安公送先生之子文潛之任廣州序有曰:"某晚從顧先生受學。"則惠安亦曾經問業者,今列之學派焉。

郎中顧玉湖先生孟喬

顧孟喬,莆田人。正統七年進士,引疾告歸。善治經,遠近皆造門受業。七年方赴廷試,意在急流占官錄,增年至十餘歲,授刑部主事,改南京刑部郎致仕。孟喬在官,雖處刑名錢穀,不廢傳習,經其指教,多所成就。若歷城太宰尹公旻,乃侍其先公閩中游宦日受業者,士大夫咸仰其善教云。《閩書》、《彭惠安集》

尚書彭從吾先生韶

彭韶,字鳳儀,莆田人。天順元年進士,授刑部主事。成化初,爲員外郎。疏論僉都御史張岐不稱風紀,請召用王竑、李秉、葉盛。忤旨,下錦衣獄,得釋。尋進郎中。外戚周彧與畿內民爭田,上使韶往勘。韶歸,劾奏之。疏入,詔以田歸民,而責韶等方命,復下詔獄。科道官交章捄,得釋。當是時,韶與何喬新同官,並有重名,一時稱"何彭"。遷四川副使。安岳扈氏焚滅劉姓一家二十一人,定遠曹氏殺其兄一家十有二人,皆以疑獄久淹。韶一訊得實,咸伏辜。十一年,陞本司按察使,鎮守雲南。太監錢能進金燈,擾道路。韶劾之,不報。十四年,陞廣東左布政使。疏薦陳獻章於朝。時朝廷屢遣中官採辦土物,韶屢有陳奏,復以論太監梁芳事忤旨,調貴州。吏部尚書尹旻屢薦韶可大用,尋擢右副都御史,巡撫蘇、松、嘉、湖等處。二十一年,以星變求言。詔應詔陳言,條上漸不見終四事,言:"內臣貢獻皇妃,加於嫡后,陛下褒賞其家,幾與先帝后家等,一也。內臣日增,數至萬計,利源兵柄,盡付其手,作奸犯科,一切不問,二也。四方貢物,通番航海,科擾百姓,驚動四夷,三也。六卿大臣並加師保,諸寺監卿兼領高官,及其休去,月廩歲輿,徧施凡鄙,四也。"時已召為大理卿,及是疏上,道改右副都御史,巡撫順天等處,兼整飭薊北軍務。詔復累有建白。孝宗即位,臣僚交薦詔與王恕等人望所屬,召為刑部右侍郎。元年,嘉興百戶陳輔為亂,陷府城,大掠,遁入太湖。遣詔巡視。詔追敗輔衆,殲其渠魁,因劾罷守臣一人,事遂定。留治浙。詔請鹽課有宿逋者,酌其年歲久近,量蠲與減。復減處州及泰順縣礦課,歲萬八百有奇。事竣,還朝,圖進竈戶窮苦之狀凡八,復條陳六事。戶部覆議,通行為例,從之。明年,轉吏部左侍郎。與尚書王恕甄人才,覈功實,仕路為清。其冬,彗星見。詔問羣臣時政得失,軍民利病。詔復疏言:"宦官太盛,不可不早裁損。"又請午朝無循故事,凡時政得失、軍國重情,乞令臣僚就御前面議取旨。並見嘉納。其年,陞刑部尚書。安遠侯柳景鎮守兩廣,都御史秦紘發其贓以萬計。有旨逮問,詔抵景於法。又皇親張巒塋墳逾制。詔皆抗疏極論,但下所司而已。詔涖部三年,昌言正色,秉節無私,與王恕及喬新稱"三大老",而為貴戚近習所疾,大學士劉吉、徐溥亦不善之。詔志不能盡行,連疏乞休。上勉留再三,乃允,命乘傳歸,有司給月米、歲夫如制。明年,南京地震,御史宗彝等言詔、喬新、張珍、謝鐸、陳獻章、章懋、彭程俱宜召用。不報。又明年,卒。年六十六。溥猶當國,僅予謚惠安,贈太子少保。詔平生孝友誠敬,暮年名德益尊。正德初,林俊為江西都御史,為請謚,因言:"臣聞詔、喬新少隸刑曹,並名時選,積官俱至尚書。詔忠亮懿醇,喬新貞方恭慎,儒術、吏事兩所精究,共學古人之清,同任天下之重。詔没,贈謚備加,仰見聖天子優寵至意。但文正忠節,詔皆足當,不審何取惠安之義,不類詔平生,無以服世信後,乞下議,更謚事。"雖不行,士論當焉。詔所著有《國朝名臣贊》及《莆陽》、《成都志》、《政訓》等書。子濬,舉人。族子甫。《明史》、《通志》、《閩書》、《吾學編》

行人方柳東先生澥學派

莆之名族，如方、如林，英傑踵生，載之志書，傳爲盛事，抑由累世續學敦行爲有本歟？然年代寖遠，即師友所漸遺緒，亦寥寥莫考。方柳東先生以《禮》學著於時，號稱耆宿，溯其家學尚矣。

行人方柳東先生澥

方澥，字源深，莆田人。宋仁岳之後。正統四年進士，授行人。年五十餘矣，隱然老儒，猶執經講説不已，扣問者紛如，酬告罔倦。平生尤邃《禮》學，動止語默不少苟。嘗嘆文公《家禮》雖經諸儒註釋，而去取或晦，朝代遷改，而冠服不同，於是作《家禮旁附》，書首列圖而條析於下，其高弟柯潛嘗序行之。未六十，求致仕歸。抱經固窮，未嘗輕入城府，學者稱爲柳東先生。莆俗自水南徐資茹先生家冠、婚、喪、祭依約《家禮》，至澥又篤是書，鄉人多化之。卒年八十三。孫岳，有文名，以南御史言事，左遷泰州判官，陞常德府同知。柯氏潛祭文畧曰："猗歟先生，吾儒之琛。持行純正，積學宏深。"又曰："考德問業，邦人偕來。時雨所化，罔不爲才。至於遐方，亦沾膏馥。瞻仰斗山，委心而服。年餘八十，進德彌隆。俯仰無怍，以壽考終。"《莆陽文獻》、《閩書》、《柯竹巖集》

朱體光先生煜學派

朱體光先生煜

朱煜，字體光。始育而聾啞，及長，自分不堪世用，乃閉户讀書，以修身行善爲事。年十七，輙爲鄉人師。少保翁世資、學士吴希賢、布政周瑛、參議朱文環、副使丘山、僉事楊琅皆出其門。里嘗有疑獄，太守潘本愚以書請曰："先生盛德厭人心，願得一言而决。"煜陳説無隱情，潘守深然之。繼復有請，竟以疾辭。

後二子,愷、悌俱進士,煜累贈南京户部郎中。《莆田志》

少傅翁資甫先生世資

翁世資,字資甫。父瑛,翰林檢討,掌國子助教事。樂易喜酒,姻黨皆親。[世]資舉進士,授户部主事。政暇輒繙閲舊案,究其利弊,涉獵廣記,因而明習典故,條例因革,悉所諳練,大爲部堂諸卿佐所重。丁外艱,歸。景泰改元,尚書金濂奏起復之。固辭,終制。服闋,復除舊官,遂委典各司章奏。未幾,陞署郎中。適江南水災,屬世資勘驗。因奏免應天、太平、寧國、安慶、廬州等府及建陽、宣城等衛税糧五十萬餘石,芻束倍之,且檄所司賑恤。英宗復位之元年,大臣多罷,上識世資可大用,遂擢工部右侍郎。三年,内織染局言蘇、杭五府織造上供文綺七千疋未就,合别遣督,又賞賜不足,宜加造七千疋。世資謂東南水潦,民苦艱食,朝廷宜撙節之。因與尚書趙榮、左侍郎霍瑄議減其半,榮、瑄皆有難色,世資曰:"倘得罪,某請以父子三人當之。"疏請。上疑其要譽,推主議者,下世資錦衣獄,貶知衡州。至則決疑獄,新廟學,修石鼓書院,立便民倉,百廢具舉。衡衛帥有戾法者,世資稍抑之,遂誣其怨望,逮至京。上不直衛帥,復世資官。成化元年,陞江西布政使。適廣東寇發,王師南下,有議令江西轉餉,計非用十萬人不可。世資令齎銀就廣東糴之,且爲奏蠲民賦百七十餘石。五年,陞都察院右副都御史,巡撫山東。明年秋,東土大饑,發廪勸分,遣官賑恤。八年,遷户部侍郎。十三年,奉勅總督京通等處倉場。明年,進本部尚書。世資久處計司,出入劑量,懸合事宜。以年及請老,加太子少保,給驛歸,有司給月米、歲夫。賜勅曰:"朕聞羲《易》繫終吉之辭,《禮經》明進退之節。卿累疏求去,蓋得節於《禮經》。朕既允而復陞者,亦欲錫卿終吉之福。君臣上下,不各盡與。卿歸,其篤念乎此。優游田里,化導鄉人,俾後賢觀法,風俗淳厚,則足副朕眷遇之懷。"時人榮之。卒,贈太子少傅。世資居官四十餘年,謙約和厚,善兄弟,廣交遊,家無餘貲。兄世用,貴州參議,居官廉慎。世用子溎,令太和,御史有事於縣,溎持不可,坐免歸。《閩書》

僉事楊朝重先生琅

楊琅,字朝重。舉天順鄉試第一,登進士,授監察御史。憲廟登極,詔書停罷鎮守內臣,中外欣悦。既改元,有貢獻希復者,琅極言:"內臣不可預政,倖門不可輕啓。"復與陳恭愍選論劾兵部尚書馬昂、翰林學士倪謙,請起兵部尚書王竑,召還給事中王徽、修撰羅倫等,俱不報。時號"敢言御史"。出按江、浙二藩,静重不苛。擢山東按察僉事,提調學政。適歲歉,癘疫大作,巡撫大臣以地廣民饑,命琅與藩臬分道出賑。琅精心受事,行至東阿,染疾,既革,自起更衣冠,端坐舟中乃卒。諸生哀感,醵賻以歸。琅居家孝友,涖官端介,篤學善文,兼工書法。從子國本。《閩書》

閩中理學淵源考卷五十三

布政周翠渠先生瑛學派

莆中先正綽有典型,考公同時,有彭從吾、黃未軒諸公,論學切磋,皆負一時之望。讀公《題嘉魚李氏大厓義學記》,語夫功夫次第,而箴砭後學共師白沙之失,前輩持守之嚴可見矣。再按:公生漳之鎮海,早歲淵源授受,皆得之布衣陳公,故其所學所守,醇然洛閩派的焉。

布政周翠渠先生瑛

周瑛,字梁石,其先莆人。父洪武間,自莆田調戍於漳浦之鎮海衞,因家焉。惟時衞、所雖建,而學校未興,瑛由邑學生領正統癸酉鄉薦,不第,乃博覽羣籍,鈎深探賾。成化己丑,成進士,知廣德州。興文教,絕淫祠,嚴生女不舉者之禁。陞南禮部郎中,出爲撫州知府,調改鎮遠府。秩滿,歸省。弘治初,王端毅恕爲吏部,即家起四川參政,尋轉右布政使。丁內艱,除服,乞致仕。給事中楊廉、吳世中交薦其學行,起用,竟弗赴。瑛未第時,受學於陳布衣真晟,尊嚮而篤信之。及舉進士,與新會陳白沙、遼左賀克恭上下議論,然瑛以居敬窮理爲鵠,白沙之學,有所不契,寓書李大厓承箕以辨之曰:"某聞人心無外,爲有外者,非也。聖人靜有以立天下之大本,動有以行天下之達道。由體及用,一以貫之。其餘爲學,皆由博以反約。博者,萬殊也;約者,一本也。求諸萬殊而後一本可得,一本既得,則所謂萬殊者亦可推此以貫之矣。某請得以言其功程次第。蓋始學之要,以收放心爲先。務收放心,居敬是也。居敬則心存,聰明睿智,皆由此出,然後可以窮理。所謂窮理者,非謂靜守此心而理自見也。蓋亦推之以極其至焉耳。孟子曰：'萬物皆備於我。'此言人心無外也。不即物以窮理，其能盡此心之體乎？故自性情之微，以及形骸之粗，自食息之末，以及綱常之大，自六經之奧，以及天地萬物之廣，皆不可不求其理。求其理，謂求其自然與其當然，又於自然當然求其所以然。積累既多，自然融會貫通，而於一本者，亦自得之矣。一本固非學者所易言，然聞之《中庸》有曰：'喜、怒、哀、樂之未發，謂之中。'又曰'上天之載，無聲、無臭。至矣。'此譬如穀種雖自塊，然而根苗、花實皆聚於此。又如雞卵雖自渾然，而羽毛觜角皆具於此。及其發見於行事，在聖人體用一貫，在學者未免差互。蓋在己者有所拘蔽，故所發不無偏重之殊，在外者有所搖奪，故所施不無遷就之異。然而既見本源，則於處善亦安，循理亦樂。至於患難事變，雖以死易生，亦甘心爲之。此聖賢之大畧也。今不務此，乃塊然静坐，求畢體用之學。吾見其難矣。"瑛自得第後，歸於莆。所著有《經世管鑰》、《律呂管鑰》、《字書纂要》[①]、《翠渠類藳》、《廣德志》、《蜀志》、《漳志》等編。嘗與黃仲昭同修《府志》，議論間有不合，自謂"莆陽拗史"云。卒，年八十九。學者稱爲翠渠先生。

縣令鄭文坡先生衷

鄭衷，字世和，龍溪人。自幼向上，學務踐履。嘗游周翠渠瑛之門，每見稱許。事父及繼母以孝聞。丁繼母憂，念喪母年幼，追服三年。正德癸酉鄉舉，令南康。作興學校，俸給外一毫不取。以不善事上官，謫廣德州學正。提學顧陽和薦其古行古心與世殊，調轉揚州教授，陞武陵令，致仕歸。晚益嗜學，築精舍於文山之坡，鄉人稱文坡先生。《閩書》、郡志

縣令施近甫先生仁

施仁，字近甫，龍溪人。少以聖賢自期，博洽善屬文，顧舉業非其好也。同邑林魁一見奇之。弱冠，負笈遊莆者三載，於黃未軒、周翠渠諸先生靡不論世尚友。歸而躬行孝弟，父母兄弟間動相規切，期諭諸道。與同時潘鳴時、高則賢、

潘桂芳、周一陽稱五賢,當道如沈寵、周賢宣、姜寶延致書院,以訓多士。嘉靖丙寅,選貢北上,復與貢安國參証異聞。選授紹興司訓。王龍溪幾其邑人也,時過從論説,宗良知之旨。已,轉諭建安,與諸士會水西觀,以實修相砥。所梓有《建安興學録》、《復古議》、《太上感應篇》、《八事圖説》,無非誘翼人心,還古之道。用薦,擢龍門知縣。政尚清簡,懸趙清獻遺像於退食之堂,焚香告之曰:"倘有負心,願公示譴。"暇與諸生講論不輟。自縣治至村落,並開立社學、鄉約,課督曉解。改東莞。以内艱歸,不復出。四壁恬然,坐次左右,經史矻矻。誦讀倦,則正襟危坐,凝神定慮。與友人談道,外無他營。其接引後學,提關啓鑰,心口無留隱焉。年八十九,卒。所著有《修正要語》及諸詩文,多根極理要之言。姪三畏,任教諭。好古力行,家庭間自相師友云。《閩書》、郡志

僉事宋立齋先生端儀

宋端儀,字孔時,莆田人。幼嘗侍父助教公校文江右,時御史天台陳選監場屋,因私試以文,深器之。父爲安州學正,每令預堂試,諸生皆歡服以爲弗如也。舉成化辛丑進士,拜禮部主事,歷主客員外郎。凡四裔朝貢之使,以方物贄見,一毫不苟取,其或有所求請,必條舉典故,辨析開諭,使心服而去。久之,遷廣東提學僉事。既至,嚴立教法,務欲以身表率,而痛抑其浮誕奇險之習。在廣五年,列郡之士,知所嚮方。年甫五十六,卒於官。端儀居家孝友,動循禮法。自其少時,已有志泛濫羣籍,尚友古人。凡鄉之先輩,皆考究而知其邪正賢否。郡守青田潘琴以郡學所祀鄉賢多弗稱典禮,乃發策詢於諸生,惟端儀所對策,考論精審,潘大加歡賞。其在禮部,署清務簡,尤留意正學,而於程、朱微言緒論,無不究極旨歸。平生不作韻語,間有議論,皆根據義理,關涉世教,不規規麗藻之工而已。嘗考正《宋史·道學傳》,進程氏門人吕大臨,謂其深潛縝密,當不在劉、李、尹、謝、游、楊之下。又以程氏師友淵源,朱子已有録以示後學,而朱子門人亦多哲士,尚未有表著之者,因集黄勉齋以下及私淑有得,如真文忠諸公,凡若干人,爲《考亭淵源録》。又嘗修《祠部典故》、《廣東通志畧》、《宋行朝録》,

皆未脱稿。其修《道南三先生遺書》、《朱子事類》、《鄉賢考證》、《莆陽遺事》、《莆陽舊事偶録》、《立齋聞録》、《立齋稿》、《高科考》、《宋代族譜》等書,藏於家。《洛閩源流録》、《莆陽文獻》

忠裕黄後峰先生鞏

黄鞏,字伯固,號後峰,莆田人。弘治十八年進士,推官德安府,陞刑部主事,歷兵部郎中。丁内艱,守制家居,三年不出户庭。鄉前輩如鄭山齋、方松厓、陳時周、周翠渠咸推重之,與爲忘年友。見素林公尤愛之。戊寅春,服除。將赴部,會武宗北巡,人心危疑,或沮鞏行。鞏題書屋曰:"石田茅屋,爲生太拙。鴟夷馬革,自許何愚?"衆不能沮。竟北上,補武選。正德十四年春,上將南巡。時寧庶人久蓄逆謀,蕭敬、朱寧、張鋭在司禮,錦衣東廠與庶人交通,江彬又握勁兵,在上左右,中外爲憂,公卿交疏,不聽。鞏以事由彬而言者怵彬威鮮指及,乃獨疏六事,其畧曰:"陛下臨御以來,祖宗之紀綱法度一壞於逆瑾,再壞於佞倖,又再壞於邊帥。至是,將蕩然無餘矣。天下知有權臣,而不知有陛下,寧忤陛下而不敢忤權臣,亂本已生,禍變將起,竊恐陛下知之晚矣。試舉圖治六事,於今爲最急者陳之。其一曰崇正學。臣聞聖人主静,君子慎動。陛下盤遊無度,流連忘反者,無乃動之過乎?伏望陛下高拱九重,凝神定慮,屏紛華,斥異端,遠佞人,延故老,訪忠良,可以涵養氣質,薰陶德性,而聖學惟新,聖政自舉。其二曰通言路。言路者,國家之命脈也。言路之通塞,國家之治亂係焉。竊見近時臣僚奏牘,間或言及時政,往往匿不以聞。其或事關權臣,則又留中不出,而中傷以他事。由是,雖有安民長策,謀國至計,無因以達。雖有必亂之事、不軌之臣,陛下無由而知之矣,天下烏得而不亂哉?伏望陛下廣開言路,不責以出位,不加以好名。如此則忠言日進,聰明日廣,雖亂臣賊子,亦將有所畏,而不敢肆矣。其三曰正名號。陛下近日以來,無故自稱爲威武大將軍太師鎮國公,遠近傳聞,莫不驚疑。夫陛下自稱爲公,誰則爲陛下者?伏望陛下即日削去諸名號,以昭上下之分,以明示天下之人。庶幾體統以正,而朝廷自尊矣。其四曰戒遊幸。

陛下始時遊戲，不出大庭，馳逐止於南內。既而幸宣府、幸大同、幸太原、幸陝西榆林諸處，所至費財動衆，郡縣騷然，至使民間一夫一婦不能相保。陛下爲民父母，何忍使民至此？近者復有南巡之命。南方之民爭先挈妻子避去者，流離奔踏，敢怨而不敢言。即今江、淮之饑，父子、兄弟相食。天時人事如此，加以休息愛養，尤恐不支，況又重以蹙之，其何不流而爲盜賊也？奸雄窺伺，待時而發。變生在內，則欲歸無路。變生在外，則望救無及。陛下斯時悔之晚矣。彼居位大臣，用事中官，親暱羣小，皆欲陛下遠出，而後得以擅權自恣，乘機爲利也。其不然，則亦袖手旁觀，如秦人視越人，休戚不相涉也。伏望陛下翻然悔悟，下哀痛罪己之詔。罷南巡，撤宣府行宮，示不復出。發內帑以賑江、淮，散邊軍以歸卒伍。雪既往之謬舉，收既失之人心。如是，則尚可爲也。其五曰去小人。自古小人用事，未有不亡國而喪身者也。謹按：今之小人簸弄威權，貪圖富貴者，實繁有徒。至於首開邊事，以兵爲戲，使陛下勞天下之力，竭四海之財，傷百姓之心者，則江彬之爲也。彬本行伍庸流，兇狠傲誕，無人臣禮。臣等但見其有可誅之罪，不見其有可賞之功。今乃賜以國姓，封以伯爵，託以心腹，付以京營之寄，此養亂之道也。天下切齒唾罵，皆欲食彬之肉。陛下亦何惜一彬以謝天下哉？其六曰建儲貳。陛下春秋漸高，前星未耀，祖宗社稷之託懸懸無所寄。方且遠事遊觀，屢犯不測，收置義子，布滿左右，獨不能豫建親賢，以承大業。臣以爲陛下太②倒置也。伏望陛下將近時羣臣建儲章疏付在廷文武大臣，共圖大議，即於宗室中遴選親賢一人養於宮中，以繫四海之望。待他日誕生皇子之後，俾其出就外藩，實宗社無疆之休也。"車駕員外郎陸震見公疏，即碎己疏草，曰："願同署名進。"疏入，上怒甚，下詔獄，鉗校於廷。五日三訊，杖百餘，坐繫逾月，除名。羣體最羸，衆咸謂必死，乃死得甦，震竟死。當是時，海內盛傳其疏。歸後，杜門著述。家素貧，客至留飯，或至日中未舉火，貸米鄰家，恬不屑意。嘉靖改元，召爲南京大理寺丞，疏請稽古正學，敬天勤民，取則堯、舜，保全君子，辨別小人。明年入賀，卒於京師，年只四十三。無子，素翁山齋謀以弟布之子爲其後。行人張净峰岳訟其直節，贈大理少卿。天啟初，謚忠裕。羣嘗曰："人生仕宦,至公卿大都三四十年,惟立身行道,斯千載不朽。世之人顧以彼易此,何耶?"鞏沉敏好學,雖疾病支離,手不釋卷,詩文清粹和婉,自成一家。所著有《後峰文集》,又有《讀書録》、《山居筆記》諸作,皆未成書。《吾學編》

張 先 生 元 紳

張元紳,莆田人。以字行。與吳繹思、魏時敏諸人結社,放情世外。性坦易,自稱坦齋山人。嘗預修《八閩通志》,又與方伯周翠渠、編修黄未軒共修郡志。郡多韋布獨行之士,往林貞肅,以名節高一世,於時雲蒸躍起,不獨冠紳,即如處士張元紳、劉文暘、方在源、陳壽徵輩,咸鞠躬質行。貞肅居恒數招邀此數人,獎引甚至,以故更相淬礪,以成一時之盛。

縣令吳淳夫先生仲珠學派

按:吳公亦留心經學者。

縣令吳淳夫先生仲珠

吳仲珠,字淳夫,莆田人。少精學業,疏於世故。登成化乙未進士,授義烏知縣。以公錢助喪,爲御史所按,嘆曰:"士何往不自得哉?"遂拂衣歸。家居授徒,分晰經傳奧語,以訓後學。著有《四書》、《詩經講説》。《道南源委》

【校記】
① "纂要",《閩書》作"管籥"。
② "太"下似缺"阿"字。"太",《明史》作"殆"。

閩中理學淵源考卷五十四

恭清陳時周先生茂烈學派

按：白沙之學，明代諸公共議之，謂其近於禪學，然其高風素節，亦可追已。時周先生師事白沙，其省身克己之録，未知與師門宗旨如何？考之林公見素誌公墓曰："隱衷粹行，對天地而質鬼神，其人品在黄憲、管寧之右。"當時莆中諸公推許，亦無異詞，其操履可想矣。

恭清陳時周先生茂烈

陳茂烈，字時周，莆田人也。先世瑞安人。曾大父以軍功隸興化衛總旗，於是遂爲莆人。茂烈方髫年，繼父戎役，厲志不與羣兒伍，晝入署，夜歸則讀書。祖母憐其屚弱，亟止之，乃覆燈，默誦不輟。年十八，慨然嘆曰："善學聖人者，莫如顔、曾。顔之克己，曾之省身，夫非學之法歟？"作《省克録》自考。弘治九年第進士。嘗使廣東，一切餽賂悉卻之。是時，新會陳獻章以理學倡東南，茂烈則往執弟子禮，語累日。獻章甚喜，告以學須靜一。於是，退作《靜思録》，佩其言終身。爲吉安理官十餘年。入爲監察御史，袍服樸素，騎一牝馬，身若無官，顧獨繫風紀之重。有尚書佀子受賕，而崔志端者亦爲尚書，故道流也，皆以内援蟠結不能去。茂烈再劾佀，罷之。崔仍留，茂烈意未得，而會其母張年七十有七，老矣，遂疏乞終養去。家居，身自治畦，一奚奴拾薪，服食龐糲。夜卧不能具一帷，短牀敝席，漠如也。太守以其作苦，遣二力助之。三日，白守曰："是使野人多事，且溢口食也。"遣還。茂烈雖不究於仕，然故具經濟才。其在吉安，持大體，開至誠，迪以民彝，上下信服。有婦嫠家富，族人利其貲，誣婦且別適，特爲白之，令終所至。民有嫁妾者，妾娠，緣妻悍，去之，比生子，歸承父業。族羣爭不決，乃驗以女兄特類，爭者遂服。時守張嚴鷙，而茂烈以寬佐之。當道或深文，皆徐爲申釋，明允公恕，既去而有遺思。力耕養母者若而歲，銓部稔其行清苦，奏改晉江教諭，以資養。辭。既而，守臣復上其孝行貧苦狀，武宗嘉之，詔視侍郎潘禮故事，月給米三石。茂烈復辭：“古人行備負米，皆以爲親。臣即貧，應未至此。且母年八十有六，來日無多。願以身力作，報母鞠勞，不願當廩賜。”上不允。間四歲，母卒，茂烈抱疾強起，號泣寢地，疾遂亟，未幾，亦卒。所產惟一女，以身後屬司寇林俊。俊爲治其喪，立族子遠揚爲後。海內大夫士聞而傷之，御史王應鵬以狀聞，謂：“茂烈廉如石守道而所養獨純，孝如徐仲車而所處尤困。”天子悼焉，詔所司表宅里曰“孝廉”，仍恤其家。茂烈嚮道甚篤，比聞新會之教，契悟亦深。安貧樂志，泰然自足。日坐斗室，究極五經、四書之旨，以身體驗，隨得隨録。嘗曰：“儒有向上工夫，詩文特土苴耳。”嘗與友人論學書曰：“承示胡敬齋書，日不釋手，議論精切，用心良苦。假所修如之，當於吾道中求之也，恨生晚而未考其世焉。至於論白沙、一峰二先生，與丘文莊、張東白頗有抑揚，蓋一時之言，而非蓋棺之論也。文莊二公吾不及知，一峰之志節尚矣。白沙之學而疑其禪，非真知白沙者也。人一心也，其用一耳。士以記誦辭章競科名，日趨於下矣，向上將誰主耶？世方以是相率，任道者憂之，故曰‘古人棄糟粕，糟粕非真傳。’又曰：‘莫笑世間無著述，真儒不是鄭康成。’正懼其功倍於小學，而妨此大道也。白沙之初見康齋而歸也，閉户窮盡古今典籍，又築臺静坐，不出闑外者數年。深潛静思，真積力久，心悟理融而自得之妙，非人所能知也。敬齋亦學於康齋同門者也，諒未及面而資麗澤之益，又未知其發言之由，無怪乎其作疑也。自今考之，敬齋懼學者舍下學而躐於上達，若白沙則懼學者逐口耳而忘乎身心也。竊嘗細玩‘尊德性道問學’一章，學聖賢之法備矣。然人之氣稟不一，清者知之勝，淳者行之勝，無偏廢焉。所入異，而所造一矣。安得起敬齋於九原相與細詳？”又曰：“萬物備於我，反而求之於心，身無限欠缺，無限病痛，至於中之欺慊，冷煖自知。若夫愧影愧衾，嚴切之功，無踰於此。烈雖鄙薄,每自檢點,勉循規矩。今事至教先以治病爲急,若病去藥除,則終身之訓也。"其持論如此。林貞肅俊曰:"時周領悟既深,而充養益熟,隱衷粹行,對天地而質鬼神。第其人品,當在黃憲、管寧之右焉。"天啓辛酉,謚恭清。《越章錄》、《莆陽文獻》

教諭郭約之先生克一

郭克一,字約之,惠安人。爲人坦夷有志趣。嘗講學於莆,以弟子禮見如賓陳先生,先生語以"爲學當涵養本原,不在枝葉繁辭"。克一深佩服之。領正德癸酉鄉薦,癸未試春官乙榜,授歸善教諭。歸善學在郭外,殿宇敝壞,諸生徒寄空籍於學,分齋肄業之規弛甚。克一慨然振而興之,倡率諸尚義者,鳩材募功,重新學舍,俾士有歸息,而嚴立條教以約束之。躬爲講説經旨,士心竦然。諸司行部至惠州者,莫不嘆賞。居三年,丁母憂,歸。卒於家。邑志

侍郎鄭山齋先生岳

鄭岳,字汝華,號山齋,莆人。南湖先生露之裔。七歲而孤,賴母林兄嵎食貧而撫教之。踰弱冠,登弘治六年進士,授刑部主事。論囚東市,錦衣千户張福恃勢越坐,岳奏論,語涉中貴,旨下詔獄。堂官疏救,得釋。轉員外郎,湖廣按察僉事。宗藩侵民田,累奏不決,岳竟歸之民。荆、岳歲饑,設法賑活甚衆。常德守刑貨黷濫,捕其左右置之法,守解印綬去。南臺會薦天下方面官十七人,岳與焉。正德初,擢廣西兵備副使。征黑松洞,奏捷。調廣東,尋擢江西按察使。振揚風紀,爲逆濠所忌,連擢其地左、右布政使。濠横奪民田億萬計,民設寨聚守,濠諷總制剿以兵,岳力沮之。副使李夢陽、御史江萬實相訐,奏下藩臬會勘。岳欲平其理,而夢陽務求勝,濠從而嗾之,執岳憲司舊役考掠,誣岳用公堂銀文致送濠禁錮。事聞,下鎮巡勘報,濠左右夾持成獄。臺省暨江西撫臣交疏其枉,遣大理寺卿燕忠、給事中黎奭覆勘,竟爲濠所陷,自誣服,罷。後濠反,伏誅,起四川左布政使,以母喪未終制,不赴。嘉靖初,陞右副都御史,巡撫江西。至則民擁道聚觀,手額相慶。岳奏賑恤受兵郡縣,定討逆功及贈祀死事之臣,皆報可。

甫三月，擢大理寺卿，輔臣以擁立世宗功，議封伯。岳遺書内閣所厚蔣冕，勸其辭避。林俊以司寇召至，協衷守法，一無所假。勘事陝西正總兵官李隆罪，前後凡四上疏，皆切時政。陞兵部侍郎。大同兵變，赦而復叛，岳密令總兵桂勇斬首惡數人，事遂定。已而，勘報及大璫弟姪名，岳駁正之，權倖側目。又以議禮忤旨，奪俸。言官風聞，媒蘗其短，因力請致仕歸。凡十五年，卒於家。岳嚴毅端諒，好禮勤書，老猶不懈，尤喜獎掖後進。事寡母甚孝，念兄鞠哀恩，罄官俸以報。構蒲坂祖祠，益祭田，治先世諸墓。至於開渠、造橋、建社有利於鄉族者，綮不惜費。所著有《山齋淨藁》、《吟藁》、《奏議駁藁》、《莆陽文獻》、《莆陽志畧》等書。享年七十二。子泓，字士流。初爲逆濠所陷謫戍，赦回，蔭授詹事府録事，疏歸，終養。《莆陽縣志》、柯維騏撰本傳、《閩書》

閩中理學淵源考卷五十五

訓導劉子賢先生閩學派

按：劉先生閩在成化、弘治間，一時師友極盛，而與鄭公紀切磋最篤者也。考鄭《東園遺事》，謂鄭公與劉子賢先生隱雲洞山中，玩《易》考《禮》，主静慎動，以求至道，一時名士翕然歸仰。泉南陳剩夫，每來留閱月。自言得見鄭子，方覺荒疏。修撰羅一峰謫官泉州，往返必約鄭氏於風亭僧舍，講論數宿，曰東園學問，心得爲多。又考虛齋蔡文莊，亦寓書子賢，皆企其實踐工夫，儒效修著，非空言者。於時諸公皆一代之英，並世而起。其出也有鳳翔千仞之槩，其處也有潛龍不拔之貞。詳考所立，皆涵養深淳，原本經術，追溯乎乾、淳講學之盛，無媿也。迨後，新説繁興，講席互設，而窮經實踐之意微。嗚嘑！師友傳述盛衰之運可以觀矣。

訓導劉子賢先生閩

劉閩，字子賢，莆田人。幼有至性。少長，知學，即絕意科舉。凡提躬訓家，必以聖賢爲法，祭祀奠獻，一遵《禮經》。以父柩及祖母柩未葬，遂斷酒肉，遠房室。雖授館鄰邑，而朔望必歸哭殯所，如是者三年。鄰族憐之，爲之助葬。婦失愛於母，出之，終身不復娶。温清定省，疾不解衣。母或有怒，則竟夕跪牀下。副使羅璟立社學，延閩爲師。提學周韋菴孟中捐銀助養。太守王弼每遇祭祀，必延致齋所，曰："此人能消鄙吝，豈减黄叔度耶？"亦置田資之。閩并受不却。及母卒，即送田還官，廬墓三年。歲凶，弟婦求分異，闔户自摑，感悟復合。弘治中，林貞肅俊言其恭慎醇粹，孝友高古，德宇道風，自覺難比，願禮致入侍東宮，必能涵煦薰育,有所裨益。不報。正德元年,詔授儒學訓導。所著有《家禮考註》、《昭穆圖》、《宗子説》、《五倫啓蒙》、《孝經刊誤》等書。温陵蔡文莊曾寄書,署曰:"觀先生所自待,斷斷然實地根本工夫,一掃却許多煩冗枝葉。愚意今日大勢如此,匡治之計,須是先生輩出身也。然雖未即出,《易》之《損》九二曰'利貞,弗損益之',蓋言雖未爲時用,然其弗損,所守如此,則所以益於上者,亦既多矣。而況又有所謂子弟從之,則孝弟忠信者乎? 小兒存畏今年九歲矣,家父母留在膝下,去先生纔百餘里,而未能即時遣詣門下,以供灑掃,途中徒爲念之耳。"《道南源委》、《蔡文莊集》

司徒鄭廷綱先生紀

鄭紀,字廷綱,仙遊人。南湖淑之後。舉天順庚辰進士,爲翰林庶吉士,授檢討。與謝一夔、劉健、周經、張元禎諸公,講性理之學,以經濟相許。其爲文章披奇剔怪,瀾立星回,深博蘊藉,益探以有。憲宗登極,上太平十策。以親老引病歸養。父没,哀毀骨立。知府以金助葬,謝不受。喪畢,廬墓讀書,與孝子劉閔、泉南陳剩夫相往來。修撰羅倫謫官泉州,亦時會聚講論。倣《義門家規》、《藍田鄉約》、朱子義倉以濟族睦鄉,家食二十餘年。再起供職,遷浙江提學副使。令諸生兼讀五經白文,行鄉射,革浮屠,毀淫祠。孝宗登極,上疏勸御經筵、近儒臣、論聖學,以正心爲要。言甚切至,有旨嘉納。召爲國子祭酒,監規嚴正,師生凜然。國學有膳餘銀千兩,典簿以常例奉,紀曰:"膳爲監生,何與祭酒?"悉歸官。同官謂紀形其短,銜之,紀固以前輩自處,遇科道官不能折節爲禮,因相與擴摭其事,論劾之。孝宗謂:"紀任未久,何遽有此?"令條析以聞,改南京通政司左通政。七年,陞南京太常卿。武宗在東宮行冠禮,紀采古今帝王嘉言善行凡百條,各繪圖作贊,名曰《聖功圖》,表啓以進。且言皇太子當近正人,聞正言,不可與憸薄内侍遊。上優答之。陞南京户部侍郎。適南畿災,紀以漕米權宜水兌積出餘米二十餘萬石賑濟,又將月糧放支本色,以平米價。奏革京儲冗食、鹽鈔攬納之弊,皆有惠利及人。然竟以前論踵襲,言者不已,紀亦屢疏乞休。十七年,進南户部尚書,致仕。卒年七十六。遺命請劉閔治喪,勿乞葬祭。訃聞,賜葬如故事。有《奏議》四卷,《聖功圖》十卷,《歸田録》八卷,文集前、後、續、別五十卷。子主敬、主忠。主忠,蔭補壽州同知,守官餸簠簋,而歸田好施,祀鄉賢。《閩書》、《莆陽文獻》

主事柯希齋先生維祺學派

主事柯希齋先生維祺①

柯維祺,字奇純,號希齋,莆田人。幼靈穎,希慕古哲,林貞肅、陳孝廉雅重之。弱冠領鄉薦,登嘉靖癸未進士,出黄文裕佐之門,文裕語人曰:"異時無忝鴻儒,柯氏子也。"授南户部主事,時年二十六,即移疾歸烏石山中。聚舊業而紬繹之,別淆亂,訂是非,會萬於一。及門之士,先後至四百餘人,傳授靡倦,要以躬行爲先。慨近世學者,樂徑悟而憚積累,竊禪家之説,以掩孤陋,作《左》、《右》二銘明其意。著《講纂》二卷,以辨心術端趣向爲實志,以存敬畏密操履爲實功,而其極以宰理人物、成能天地爲實用。至於爲學次第,懇懇致意於"誠"之一字。謂心與理一之謂"誠",言與行一之謂"誠",終與始一之謂"誠",蓋允蹈之也。録所答問,釐爲《心解》、《學解》、《經解》、《上下傳解》、《史解》六卷,多儒先所未發。著《宋史新編》共二百卷,閲二十載而成書。作《史記考要》十卷,凡司馬之譏評爽實,班氏之增損乖義,少孫之補綴亂真,諸儒之紀載異同,胥辨正之,而天文曆律發明尤詳。又以《莆陽文獻》自嘉靖以來,屢經兵火,懼其遂湮,乃撰次爲二十卷,以接山齋鄭岳之筆,曰《續莆陽文獻志》,與《宋史新編》俱以三品論人。謂求道德之士,於三代之下,必欲如古聖賢,難矣。但能忠信廉潔,以禮義爲進退,以名節自砥礪,此其根本也。根本既立,雖乏功業文章,不足爲病。根本既喪,即富貴功名,鄙庸人耳,何足取哉?別著詩文集十卷,續集四卷,雜著二卷。居常絶迹不入官府,矢志清修,力耕節用,躬韋布之素,有餘則推以佐親黨。遇倭亂,廬毀於寇,鬻田以築小室,日危坐其中。接人無戲言,無苟笑。聞人之短，蹙然必爲之諱。苟功不與飲燕，口惟蔬食菜羹而已。卒年七十八。學者稱希齋先生。《雒閩源流錄》、《明名臣言行錄》、《閩書》、《興化府志》

主事卓起巖先生居傅學派

考之志乘，林貞肅公獎藉人才最盛。其一時説經諸師席，公皆勤懇而親炙之，爲鄉邦倡率，爲後進典型。其風俗醇篤，有由來已。

主事卓起巖先生居傅

卓居傅，字起巖，莆田人。精於經學，開館鳳山，執經問難者，前後數百人。以鄉薦，授金華訓導。教迪有方，青衿競奮。登正德十二年進士，賜歸省，一時士類競趨其門。林貞肅俊、方簡肅良永，時過講堂，與之談權文義。所著有《書經》、《四書臆説》，學者宗之。終刑部主事。門人太守鄭弼爲之起墳。《道南源委》、《莆陽志》

郡守鄭諧甫先生弼

鄭弼，字諧甫，莆田人。嘉靖癸未進士，歷工部郎中。出賑江南，全活甚衆。榷税蕪湖，廉平有體。遷雲南知府，釋江洋株連之辟，平木邦宣撫之亂。年四十，以親老，致仕。至九十三卒。《莆陽選舉志》

簡肅方壽卿先生良永

方良永，字壽卿，莆田人。弘治三年進士。督逋兩廣，峻却饋遺，爲布政使劉大夏所器。還授刑部主事，進員外郎，擢廣東僉事。瓊州賊符南蛇爲亂，大夏時爲總督，檄攝海南兵備，會師討平之。御史坐良永失利，大夏已入爲本兵，爲白於朝，賚銀幣。正德初，父喪除，待銓闕下。外官朝見畢，必謁劉瑾。鴻臚導良永詣左順門叩頭畢，令東向揖瑾，良永竟出。或勸詣瑾家，良永不可。及吏部除良永河南撫民僉事，中旨勒致仕。既去，瑾怒未已，欲假海南殺人事中之。刑部郎中周敏力持,乃不坐。瑾誅,起湖廣副使,尋擢廣西按察使。發巡按御史朱志榮罪至謫戍,遷山東右布政使。旋調浙江,改左。錢寧以鈔二萬粥於浙,良永上疏曰:"四方甫平,瘡痍未瘳,浙東西雨雹。寧廝養賤流,假義子名,躋公侯之列,賜予無算,納賄不貲,乃敢攫民財,戕邦本。有司奉行,急於詔旨。胥吏緣爲奸,椎膚剝髓,民不堪命。鎮守太監王堂、劉璟畏寧威,受役使。臣何敢愛一死,不以聞?乞陛下下寧詔獄,明正典刑,並治其黨,以謝百姓。"寧懼,留疏不下,謀遣校尉捕假勢粥鈔者,以自飾於帝,而請以鈔直還之民,陰召還前所遣使。寧初欲散鈔徧天下,先行之浙江、山東。山東爲巡撫趙璜所格,而良永白發其奸,寧自是不敢粥鈔矣。寧方得志,公卿、臺諫無敢出一語,而良永以外僚訟言誅之,聞者震悚。良永念母老,恐中禍,三疏乞休去。世宗即位,中外交薦,拜右副都御史,撫治鄖陽。以母老再疏,乞終養。都御史姚鏌請破格褒寵。尚書喬宇、孫交言:"良永家無贏貲,宜用侍郎潘禮、御史陳茂烈故事,賜廩米。"詔月給三石。久之,母卒,詔賜祭葬。皆異數也。服除,以故官巡撫應天,即家賜勑。至衢州疾作,連疏乞致仕,未報,遽歸,卒。卒後有南京刑部尚書之命。暨訃聞,賜卹如制,謚簡肅。良永侍父疾,衣不解帶者三月。母病,良永年六十餘矣,手進湯藥無少怠。居倚廬哀毀,稱純孝焉。素善王守仁,而論學與之異。嘗語人曰:"近世專言心學,自謂超悟獨到,推其説以自附於象山,而上達於孔子。目賢聖教人次第爲小子無用之學,程、朱而下無不受擯,而不知其入於妄。"弟良節,官廣東左布政使,亦有治行。子重杰,舉於鄉,以孝聞。

學正林致之先生學道學派

按:明代莆陽諸前輩多治《尚書》,致之林公精熟是經。嘉靖乙酉,督學邵公銳延請於三山主教,恭敏馬公實師承其説焉。時三山鮮習是經,故邵公特延致之。余考之《經籍考》,馬恭敏之子燉序《尚書敷言》云。再考公從學於蔡、王二先生,其平日爲學大旨,未知如何。至恭敏馬公之學,《閩書》并蔣氏《閩學源

《流》皆以爲宗程、朱之學者。

學正林致之先生學道

林學道,字致之,莆田人。體不勝衣,言不出口,而向道甚勇,義利之辨甚嚴。終日正襟危坐,非寢不脱巾履。初從蔡文莊受學,復之江西從王文成訂良知之説。嘗游吳下,有僉事某者延至其家,既而,聞其居喪宴會,曰:"非吾徒也。"遂去之。督學邵鋭選取閩中,於會城書院分經擇師,學道與焉。司徒馬森其及門士也。徐文貞階謫延平,願請一見,竟不造門。至嘉靖間,以貢授都昌訓導,文貞亦督學江西,喜曰:"吾今得見林致之矣!"爲題像曰:"顔勤閔孝,柴愚參魯。若在聖門,依稀參伍。"終無爲州學正。卒,學者私謚曰"貞修先生"。所著有《原教録》二卷。《道南源委》、《莆田志》

王侃齋先生學派

王侃齋先生闕。

陳碩飛先生鳶

陳鳶,海澄人,字碩飛。幼讀書,與兄英及中表林浩相友,聞莆陽王侃齋以道德淑人,相與負笈從之。既歸,以禮自閑,築室家廟之旁,非弔喪問疾不出。倦時,或散步郊原,悠然自賞。藝圃必正,樹菓木必直而方。對夫婦如嚴賓,延納士流,温和可掬,時以正言格論誘人。所交林克諧夫婦染疫暴卒,無敢至者,鳶奔往經紀其喪。嘉靖丁巳,寇掠月港,焚毀悉盡,惟鳶居無恙。郡丞許鑰聞其名,餽餉,不受。海憲周賢宣至澄訪之,鳶使家人辭曰:"某隸居編民,有公事召,無相見禮,不敢見。"疾革,命弟子以喪禮,危坐而逝。

【校記】

① "柯維祺",《明史》作"柯維騏",下同。

閩中理學淵源考卷五十六

莆陽嘉、隆以後諸先生學派

縣令歐須靜先生志學

歐志學，字須静，莆田人。淹貫經傳，以貢入南雍，海内交重之。吳中諸文學爭延爲師。領嘉靖乙酉鄉薦，知潮陽縣。興學育才，人文遂盛。歲餘，乞歸，當道留之不可。既歸，開五經講席，四方負笈者相踵。所著有《四書淵源》、《毛詩小見》、《衍義補要》等書。《道原源委》、《閩書》

縣令阮先生琳

阮琳，字廷佩，莆田人。嘉靖庚子舉人，除金谿教諭，爲諸生講明正學。擢知恩平。勤撫字，興學校，文學吏治，一時推獎。以老丐歸。結境真會，誘誨後進。所著有《書經講義》、《性理》、《儀禮》、《律曆註解》、《圖書記愚》諸集。《道南源委》

縣令陳立夫先生繼芳

陳繼芳，字立夫。少穎敏勤學，通五經，爲文詞多有理解，同輩咸推讓之。嘉靖丙戌進士，授金華知縣。廉介自持，奸徒屛迹。甫七月，以病疏歸養。家貧，甘旨乏供，乃設帳嘉禾，因而負篋從遊者甚衆。所著有《書經精講》，至今以《尚書》起家者，咸宗焉。

邵守林廷彬先生華

林華，字廷彬。蚤孤，家貧，奮志讀書。嘉靖壬辰進士，授南京户部主事，改北刑部,轉員外郎。皇親張鶴齡繫刑部獄,華坐累,謫六安州同知。巡按及督學檄爲諸生師,建岳麓書院,令主之,著《岳麓口義》十卷。量移長沙同知,尋擢鎮江知府。公暇講學如岳麓時,與徐問、唐順之往還議論。爲守五年,多政績。最大者,平民羣訴豪家擅洲田,久不決,華斷爲公庄,收其租以省民需。富民毆殺人,獄以賄停,華立斷論死。時宰夏言以獄託,華不從,嗾巡按御史誣華激變,逮繫詔獄,發鎮江,哭而送者幾萬人,擁傳車不得行。逮者愕眙且笑曰:“是可以爲激變矣。”華至京,上奏自辨。世宗疑之,而臺省亦多言其枉,於是薄華罪,罷爲民。家居十七載,不入公府。性簡静寡合鮮交,晚年蔬食,不與飲讌。年六十七卒。《莆田志》

參議黃以約先生文炳

黃文炳,字以約。父敬甫,明經修行,里人敬之,稱曰木齋先生。文炳嘉靖乙未進士,授南户曹郎,度支會計惟謹。榷北新關,務除細苛,所入税金下仁、錢兩縣,典出納,關吏不得染指。又以羨餘牒計司助餉,商民感惠。歷江西僉事、參議。文炳在江西久,於分宜相無貪緣,竟以罷免,人稱其有守。《莆田志》

縣令宋斯齋先生效周

宋效周,字肇斯,莆田人。領嘉靖辛酉鄉薦,由海陽教諭陞和平知縣。以德化民,羣盜解散。時制府徵令煩苛,效周移書規諷,遂被論劾,致仕。歸家絕跡公門,教人以經書、小學爲常課,謂:“嚮往須擇中守正,造詣須積漸至精,工夫須循常務實。”所著有《悾悾子》、《踽踽言》、《日格子》、《正俗編》等書。學者稱斯齋先生。

副使陳士仁先生祥麟

陳祥麟,字士仁。嘉靖丙戌進士,授東安知縣。東安地狹鄰邊,時詔徵土兵討田州,所過騷掠。祥麟搜剔弊蠹,犒餉具而民不擾。嘗修學宫,作社學,毀淫祠,改諸佛刹爲書院。以廉能調麻城。足疾,疏改湖州教授。主江西文衡,所得多名士。遷南京刑部主事。常提獄,命人洒濯囹圄,不深錮諸囚,囚甚德之。歷員外、郎中,出守姚安。郡雜夷難治,祥麟約以威信,靡不輯服。母喪,服闋,補南安。或有諷祥麟稍稍爲子孫計者,祥麟艴然曰:"昔人遺後世以安,吾豈欲置之危哉!"嘗自言:"吾自筮仕以來,未嘗置一人於重辟及謫戍者。"其廉慎仁愛類如此。擢山東提學副使。至則崇禮教,作士氣,每閲諸生文義,必爲之芟削改正。以積勞卒於官,士林傷之。同寅檢行橐蕭然,各捐俸爲賻。所著有《四書詩經正蒙》行世。《莆田志》

郎中陳宜昌先生言

陳言,字宜昌。觀七世孫。少敏博,精《尚書》。嘉靖丙午,鄉薦第八人,明年,會試第四人,肄政禮部。時泰和歐陽德爲宗伯,深器重之,屬吏部補其縣令。言悃愊簡易,奉職循理,不喜矯飾逢迎以媚大吏,大吏有索賄不得深嗛之者。遂乞改學職,得湖州教授。二年,遷國子博士,轉禮部儀制司主事,教習駙馬都尉。故事,都尉率驕貴,易其師,師取具員而已。言抗顔臯席,人咸重焉。越明年,太宰李默被讒死,言亦坐鄉故,謫郴州同知。已移守泰州,徵拜南京刑部員外,晉郎中。無何,免歸。言性真率,無他腸,不習巧宦。居家以孝友稱,嘗修葺先世祠塋,恤宗戚貧乏,而撫其孤寡,行敦本原。所著有《尚書講義》六卷、《怡老堂存稿》四卷、《石溪儷語》二卷。以子經邦貴,進階一級,贈吏部左侍郎兼侍讀學士。《莆田志》

郡守林孟鳴先生兆珂

林兆珂,字孟鳴,富孫。嘉靖壬戌,倭陷郡城,與兄兆瓚俱被縶。倭刃磨兄頸,兆珂以身翼蔽,倭義釋之。萬曆甲戌進士,授蒙城知縣。改儀封教授,陞國子監助教,轉博士、監丞。任成均七年,董宗伯其昌、范少卿允臨皆所取士。陞刑部主事,歷員外、郎中,爲大司寇。註《律例》二十卷。出爲廉州太守。丁内外艱。補衡州,又補安慶。十年三典大郡,歸之日,囊無餘貲。先是,祖富總制兩廣,奏罷採珠之令,廉人德之。兆珂至,先以太守行有司祭禮,次日,以諸孫行家人祭禮。廉人榮之,因作《採珠行》以歌祖德。所至禮名宿,拔寒畯,然性諒直,不能婉曲事人。辛丑大計後假歸,遂爲終焉之計。家居二十載,鍵户讀書,丹鉛不輟。所著書《宙合》、《多識》二種,其最著者,又有批點《左傳》、《檀弓》、《考工》、《參同契》、《楚詞》、《李杜王摩詰選詩》諸書,刻林艾軒、楊升菴、陳山人諸集,皆行於世。平生篤友誼,故人有鄭某者老而無嗣,兆珂爲營葬於松嶺之麓,歲時祭掃,必率其子姓,酹酒醊之。所著書成,恒令布衣人撰序,曰:“古云名譽不聞,朋友之過。吾將以樹其名也。”故一時文士多歸之。《莆田志》

布政林仲清先生澄源

林澄源,字仲清。嘉靖己未進士,授户部主事,遷員外、郎中,出爲貴州參議。屬水西安酋亂,當事者方議用兵,而澄源以蠻夷叛服靡常,勸執與撫便,已而出兵殺傷過當,卒用其言撫之,事遂定。逾年,晉按察副使,備兵威清,即用前所撫酋,授以方畧,寇發,輒誘禽之,滇、黔宴然。晉參政,鎮威清如故。鄒進士元標以論劾江陵戍羅施,道由境上,澄源與盤桓彌日。人或危之,澄源曰:“昔徐晦越鄉而別臨賀,后山出境而見子瞻,彼何人哉? 吾分已定,即緣此得罪,吾固安之。”因名其菴曰“定菴”。後以廣西按察使覲畢,轉四川右布政,乞終養歸。歸後,言者復摘其馳傳事中之,則猶江陵之爲也。居家孝友恬静,部使者交章論薦,竟不起。著有《悟往吟》及《經傳講義》。《莆田志》

林懋勛先生兆恩

林兆恩,字懋勛,富孫。生有異質。年十三,好袖金散給貧人,母詰之,曰:“損有餘,補不足,天道也。”既補弟子員,試皆高等。已遂棄去,銳心學道,嘗憂正學榛蕪,世趨二氏,謂:“二氏之粗者,吾儒所不屑,精者不出吾道之範圍。”遂合三教而發明之,著書積數百萬言,大要以三綱、四業爲本,歸儒宗孔爲急。隨在獎勸，凡士農工賈，緇衣道流，人人厭其意而去。時倭薄郡城，會衆募兵却之。又饑旱洊臻，發粟拯濟，賴全活者甚衆。城陷後，埋胔掩骼，不遺餘力，人尤德焉。天下名流耆宿讀其書者，無不降心北面，願爲弟子，書幣之請，殆無虛歲。其教人先從治病始，以此小試，非其極也。學者稱爲三教先生。《莆田志》

參政盧鉉卿先生廷選

盧廷選，字鉉卿。萬曆壬辰進士，知滄州。鋤奸摘伏，獄無滯訟。時方興橫海舟師，大軍出於滄，供億驛騷，少不給，則立糜。廷選馭應有方，無敢譁者。巨璫挾稅柄凌轢州郡，廷選以民艱抗議，詞色從容，璫憝沮而戢。歷工部郎中，出知南昌府。南昌故多才，廷選集士課文，諸生呈藝，與爱書並列几案間，剖決品藻，無不各厭人意者。修東西二湖堤，弛漁利以予民。歷江西參政。議減宗禄，就各宗現在之折額以均惠於待封之子孫，時用其策，諸邸悦從，著爲令。尋以蜚語，解組去。家居數載，復起爲湖廣參政。修城垣，繕干撖，爲固圉計。盜徐賓踰城剽巨室，興議以盜伏城中，當排門大索。廷選獨不謂然，密遣邏遠地跡之，盜果獲。卒於官。方病中，檄武昌嚴察，郡獄多滯囚，勢將有變，歿數日而難作，楚人以爲神云。所著有《四書質義》、《尚書雅言》、《浴碧堂集》。《莆田志》

劉徵仲先生文暘

劉文暘，字徵仲。讀書秉禮，授徒尚義。與姪正隆交相愛敬，即閫内亦無間言。後正隆領鄉薦，官國子博士。歸，冷署無長物可獻，數以爲言，文暘曰：“青氊故物，正獲我心。”郡守王弼高其行，數造廬請見，旌其門曰：“一鄉善士。”卒年八十九。《莆田志》

劉陶九先生堯章

劉堯章，字陶九。讀書百原山中，因以爲號。少便超超，異行輩，爲文沉思入微，幾廢寢食。未幾，閩亂，遂挈家入寒山，僦居何巌之麓，專意聖學，静坐三年。已而入百原，刻意堅苦，理數象緯，靡不推究，而返之躬行。常曰：“涵養工夫全在應事接物上。”簡律一身，不敢自恕。意念間稍有愆違，輒正色危坐終日。會山中寇亂，欲屠兩砦。堯章挺身出見，皆賴以全。衆德之，歸田以謝，堅却之。居家孝友，與兄共爨無間言。時兄有子五人，堯章子二人，及析箸，以所遺產分爲七，五與兄，而自取二焉，曰：“吾不忍令吾兒獨豐也。”人咸義之。性和易近人，及義之所在，毅然爲之。嘗讀《春秋傳註》，頗疑其鑿，後得湛甘泉正傳，曰：“此可以知聖人之心矣！”乃下穀城，與舊友商訂成書。未就而疾作，將革，命取陳白沙《示門人六絕》，吟咏者再，點額而逝。《莆田志》

副使陳鳴周先生騰鳳

陳騰鳳，字鳴周。萬曆丁未會試第二人，授開州知州。州多巨憝，習弓馬，乘突騎，要截行劫，商旅畏途。騰鳳廉其實，以計誘得巨魁，立殺之，自是賊徒屏息。澶淵久困水患，騰鳳設法隄防，民得安堵。丁內艱，服闋，補禹州，復調太倉州。婁有隱糧七千五百餘石，或爲田衝蕩，或爲珊漲混者，民困於輸供。騰鳳不避勞怨，逐一洗刷，遺累洒然。陞兵部員外郎，出爲河南提學僉事。秉公矢慎，首拔者悉皆入彀，有《河洛九十元魁卷》鏤行於世。部覆稱最，加銜再任。轉浙江糧儲副使。勤運輓，部推卓異。離任日，却羨金三千，盡充公儲。乞歸養，冢宰趙南星覆疏云：“人方仰其有守而有爲，本官則已知止而知足。”家居二十載，杜門守靜。所著有《四書講意》、《尚書要言》及《静虛齋集》。卒，年七十二。《莆田志》

孝廉林燕公先生尊賓

林尊賓，字燕公，莆田人。崇禎壬午舉人。肆力於六經、諸史、百家。著《春秋傳》，於《三傳》外，別有發明。又以《禮記》附會成書，乃翻去陳言，著爲評定。復取朱子未成之志，合《三禮》而通之，綴文成類，共得十篇，名曰《古禮當然》。一時倪元璐、張溥、陳子龍、錢肅樂輩，皆折節下之。計偕入都，值闖賊陷京，與從叔說同矢殉國。著有《雁園集》四卷。《莆田志》

林雨可先生承霖

林承霖，字雨可。幼時爲諸生，即以古人自期。入麥斜巖，潛心理學。家貧，妻子藜藿不飽，絕不爲意，山中人皆呼曰"林先生"。與同郡謝天駒同彙次《莆陽四編》行世。天駒，字山子，攜家入山，置書數千卷，吟咏編摩，於名利視之漠如也。《莆田志》

鄭牧仲先生郊

鄭郊，字牧仲。博學能文，幼嗜經史，長以著述自任。家雖困乏，意豁如也。補郡弟子員，爲督學郭之奇、李長倩所賞識，拔置第一。嘗謁銅山黃道周，稱之曰："鄭牧仲一日千里，未易材也！"雲間夏允彝、徐孚遠皆與定交。已，居壺山之南泉，遂號南泉居士，未嘗一至城市。著書甚多，註《易》十七卷，廬陵知縣于藻爲之刊行。尚有《史統》百四十五卷，及《南華十轉》、《冰書》、《折衡》、《偶筆》、《寓騷》、《孝經心箋》及雜詩文若干卷，藏於家。弟郴，邑諸生。好學博識，與郊齊名。督學李長倩首拔食餼。安貧樂道。所著有《皆山集》及《易測詩史》、《和陶廣騷》、《春秋表微》諸書。門人郭鳳喈，字友日，衛庠生。性高潔，工詩。著有《郭子詩草》。《莆田志》

閩中理學淵源考卷五十七

泉南明初諸先生學派

泉自朱子過化之後，人才蔚起。明初諸賢大都抱道守義，恬於仕進，而崇尚經說，範圍禮俗，猶然清源別派遺風也。今志乘可考者，張氏廷芳首著《易說》，陳氏道曾精邃《易學》，趙氏復以禮教倡鄉間，莊氏逢辰以朱學式後進，其餘或隱身明志，或秉節傳經，各著顯晦之遭，祇求立身之的，要皆根柢乎先民矩度，與遺世絕俗者異矣。迨後蔡文莊先生獨倡宗風，而紫峰、淨峰、次崖、紫溪諸公相踵起，紹源濬流，漸摩數世，遂成閩學一代人文之治，回溯當時清源別派，不更昌大而益光乎！語云：山川之秀，有開必先。則國初諸君子皆有啓迪衛道之功，不可無述也。今併錄出，以備考訂焉。

張先生廷芳

張廷芳，晉江人。世家城南方山下。父謙齋，以文學召爲石井書院司糾。廷芳世其業，以講明理學爲己任。冠、婚、喪、祭一遵朱子《家禮》。自號退密翁以見志。嘗著《易經十翼章圖蘊義》十卷，未上，卒於家。《泉郡志》、《雒閩源流錄》

趙莊節先生復

趙復，字無疾，晉江人。隱邑之孤山。博通經史，不求仕進。泉俗冠婚之禮，率敝於侈靡，喪葬之禮多壞於浮屠，無疾惓惓以古禮爲之倡，人多化之。卒年九十五。門人私諡曰莊節先生。《雒閩源流錄》、舊郡志、《閩書》

莊士明先生逢辰

莊逢辰，字士明，晉江人。元季躬耕養母，雖在亂離中，不釋書卷。母卒，喪

葬一據朱子《家禮》。洪武初,或勸之仕,不答。日惟教子讀書,後進多師之,稱靜齋先生。子琛。《泉郡志》、《閩書》

州判劉子中先生嵩

劉嵩,字子中,晉江人。博通經史,所爲詩文清新奇古,不俟思索,人謂其有謫仙才。值元季,不仕。磊落不羈,以詩酒自娛。家無宿儲而處之泰然,有知其貧而餽之者,輒正色以謝。或受所可受,即送酒家及賙親友之乏者。洪武初,以賢良方正薦,授廣西賓州判官。卒於官,旅櫬不能歸,州人葬于州之門外。泉之名士多出其門。所著有《中齋集》。《泉郡志》

學正陳端誠先生道曾

陳道曾,字端誠,晉江人。祖章,應洪武四年進士,以學行聞,歷官禮部主事。道曾性資樸茂,邃於《易》,旁及諸經子史,有文名。操行卓然,不苟徇流俗。登永樂十六年進士,改庶吉士,自陳願授教職。改吳縣教諭,陞瑞州府教授,遷無爲州學正。所至以師道自重,衡文湖廣、浙江、山西,俱以公明稱。卒于官。所著有《吳下集》、《筠陽》、《濡須》等集。《泉郡志》

陳汝納先生亦言

陳亦言,字汝納,晉江人。元至正間,自古田侍父瓊來官本州鹽場,因家焉。刻苦力學,貫穿經傳子史,於詩賦尤工。洪武初,世路清平,猶不樂仕進,日惟與蕭子玉、趙應嘉、趙仕寬輩相往還,講論吟咏。所著有《潛齋集》。《泉郡志》、《閩書》

趙應嘉先生士亨

趙士亨,字應嘉,晉江人。元季隱九峰山,杜門讀書,以求聖賢之學。父早喪明,母復老病,奉養周至,湯藥必親,累歲不少懈。父母相繼没,居喪盡禮,廬墓終喪乃歸。教授于鄉。時山寇呂光甫嘯聚剽掠,所至焚燬,獨戒勿犯趙先生

閭舍。洪武初,由人材薦,授繁昌縣仲窪河泊官,强赴焉。尋引疾告歸。《泉郡志》

徵君陳栢崖先生瓛

陳瓛,字微仲,號栢崖。由福州來家晉江。性孝友,不求聞達。工詩詞。宣德間,累召不起,號爲徵君。

按:徵君爲宣德間隱德,其著述《藝文志》莫考矣。馥於前歲得徵君送先六世祖樸菴府君之官序文一篇於從祖茂夫先生家,附在族譜鈔本後。序末題云:“景泰元年庚午九月吉日,閩郡陳瓛序。”序中自云“與樸菴府君素相知”云。其序文節署載斯編清溪李氏家世學派卷末。乾隆丁丑五月下澣,清馥謹識。

夏西仲先生秦

夏秦,字西仲,晉江人。或云元進士,不知何許人。避亂來泉,先館涵江,後居青陽。授徒自給,文以行重,諸家誌多出其筆。洪武十五年,以儒士召至京師,稱老疾,辭歸。郡守胡器敬重之,每來訪,蔥湯麥飯共温飽,而登高眺遠,念及民間之未炊煙者。胡守行,贈以詩曰:“離筵對芳草,去路遶青山。日暮雙旌遠,邦人拭淚看。”得此而守名益顯,都下傳誦之,以爲二十顆珠也。胡後歷官祭酒,至永樂壬辰,西仲猶稱郡庠正賓九十六翁云。李氏叔元撰《青陽五先生贊》曰:“青陽祭於社者五,夏、李、蔡以德,莊以功,餘不乏通顯,瞠乎後矣。”從西仲者,碩士張德亨,里人始知有詩文之學云。李氏叔元撰《青陽五先生傳》

陳白齋先生

陳白齋,名未詳。按,李氏叔元撰《陳處士約齋公墓誌》云:“陳白齋倡道於石井書院,其弟文齋以行業佐之。”其名并籍貫待考。《李鹿巢先生文集》

吏部楊先生端儀

楊端儀,晉江人。永樂三年,鄉薦第一。四年進士,歷官吏部主事。泉郡學

《科目題名碑記》云:"朱都憲鑑、楊御史智、蔡文莊清、趙提學珏、楊吏部端儀,皆由省元入仕。學識淵源,行檢醇正,有功來學。數君子祠于鄉賢,昭于碑刻,率皆先實後名者,咸可稽焉。"按:楊公事實未詳,今觀碑記,側於蔡、趙諸公之列,共稱"學識淵源"。碑立在明正德十六年,郡守無錫葛氏恒、里人留氏志淑、田氏崑同刻石者。留、田二公皆鄉之望,可見鄉評亦同云。《朱簡齋集》

侍郎楊松軒先生輿

楊輿,字士載,號松軒,晉江人。父曜宗,經學純正,仕至長史。引年家居,屢以忠君孝親爲鄉後輩言之,爲文溫潤典則。輿幼好讀書,未弱冠,能屬文。通五經,尤長於《春秋》,子史百家,莫不通究。嘗言場屋制度過嚴,遂與徵士陳璵、溫良、朱鐸、蔡翼、何祐輩爲友。不求聞達,建塾授徒,門人數百,多有學成,亦不應舉。輿召養於學校者,戒之曰:"爾可比樊籠外者耶!"厥後,如林同、莊諫、丘壁皆以科名顯。宣德乙卯,上命進士黄某纂脩《實錄》,以輿有三長,爲郡總裁。《實錄》成,郡守蔡錫以輿明《春秋經》薦,授惠安訓導。丁内艱,服除,以學行純篤,擢郕[1]府伴讀。王入繼大統,郕臣皆蒙顯秩,獨輿出爲處州知事。值山寇發,巡撫委輿捕治,設方略連破沐溪、方竹賊巢九處。事聞,召見文華殿,問民情苦樂。對曰:"無苦民事則民不苦。"歷陞南京户部右侍郎。天順改元,謫永州。廣西苗賊滋蔓,輿發策備禦,寇不入境,一時政教畢舉。癸未,入覲,引老乞歸,燕賜甚腆,詔有司加禮焉。家居十四年,與朱簡齋鑑相友。訓迪子孫力學,治家嚴肅。非禮行則不入公門,於烝嘗則嚴潔承祀。有問學者,則條陳本末,人樂近之。所著有《松軒集》。朱簡齋誌其墓。《閩書》、《朱簡齋集》、郡志

博士張先生寬

張寬,晉江人。正統丁卯舉人。四擁臯比,以醇誠博雅爲名博士。所至與諸生講《易》,娓娓皆性體心宗。臺使輒署上考,而甘隱乞休。嘗自題曰:"質不美,皆因學而知;貌不莊,唯正道自持。不敢虛天之賦予,而尚敢較位之崇卑。"

有司爲立坊，表曰"翀霄"。《閩書》

州牧楊思明先生智

　　楊智，字思明，晉江人。幼有大志，既領鄉薦，聞臨漳林蒙庵有性理學，往從之游，三年歸。登天順八年進士，擢南京監察御史。成化四年，客星變爲彗星，智上言："妖彗示變，災異迭至。自非君臣恐懼，旁求直言，改革弊政，進君子而退小人，不足以弭天變。宮闈之事，臣不敢言，望陛下深自省察裁處。其在廷大臣，南京守備成國公朱儀、參贊機務兵部尚書李賓並猥瑣無當，不足膺根本重地。吏部尚書章綸則遣子應元冒貫京衛軍餘，欲覬京闈之薦；刑部侍郎王恕則娶指揮妻旻氏爲繼，而甘偶失節之婦。工部侍郎范理外似樸而内姦貪，大理寺少卿金紳喜徇私而多賣法。應天府尹畢亨貪緣擢用，衍聖公孔宏緒之淫欲驕恣。凡此妨國病民，皆足以召致天變。"疏入，遂賈衆怨，朱儀尤惡之。會郊祀，百官赴内府光禄寺點齋，日尚未戾，儀令人早鑰禁門，智不得出，爲内臣邀宿，儀發其事以奏，有旨械京問擬。上以郊祀重事而智不謹，有玷風憲，特降三級，爲廣西布政司照磨。久之，轉化州知州。卒于官。智歷仕未久，其志節已卓然可稱。黄氏仲昭稱："智醇厚恭謹，平居春風襲人。義激於中則如秋霜烈日，凛不可犯。歐陽子所謂氣剛色仁，思明有之。"《泉郡舊志》、《閩書》

縣令鄭戀中先生辭學派

　　按：明初泉南傳習派系多無可考，惟朱簡齋先生年譜載鄭戀中、方從善、高顯宗、周太初諸公，皆受簡齋之學者。數公惟鄭氏有傳，餘亦未詳。維時風尚樸厚，人文方興。觀簡齋平生立身本末，以忠孝承家，退身數十年，如趙氏琚、莊氏恭皆公獎藉在友教之列。論者謂爲一郡風教之倡，不亦宜乎？虛齋先生未發解時，尚及見公，其序簡齋之文，謂公自幼至老，講學弗倦，以明其理，力行匪懈，以踐其實。故能於父子君臣，彝常大義，各盡其道。厥後，王氏宣等爲請祀于鄉。

最後，何鏡山、黃石齋、蔡獻臣諸公，同揭請謚，雖時議未從，然而一代之公論可審矣。謹備列著之於篇。

縣令鄭懋中先生辭

鄭懋中，名辭，以字行，晉江人。洪武丙子，應天鄉薦，授知程鄉。治先禮義，不尚法律，民謠頌之。程鄉民鮮知學，懋中至，首作新學校，親爲生徒講解，自是始有登第者。一日，感疾，戒其子，具湯沐，正衣冠，端坐而逝。民哀慕之，立像於漢令曾芳之祠，合祀焉。朱簡齋祭之文曰："先生懷忠敬以爲徒，蓄詩書以自娛。踐履篤實，確乎不可以爲迁；宅心孝友，誠哉所謂君子之儒。"《泉郡志》、《朱簡齋集》

都憲朱簡齋先生鑑

朱鑑，字用明，晉江人。父則文，以孝著稱。鑑成童，刲股愈父，父竟不愈，哀毀逾常，力貧奉母。常游鄭懋中、高宗顯、周太初諸先生之門。永樂中，以舉人授蒲圻教諭。宣德初，擢監察御史。巡按湖廣，時副使僉事不行分巡，屬吏殃民無憚。鑑請如故事，周巡所屬，以安民察吏，具得施行。梅花峒賊久剿無功，鑑詣諭，皆解散。湖湘風俗，務外貨殖，男女過三十尚無室家。鑑申明洪武禮法，旬月之間，結親者動萬計。考滿代歸。正統初，復命巡按廣東。奉命錄囚，多所平反，招撫逋叛甚衆。禁奸戢暴，所至肅然。代還。朝命成國公朱勇簡都指揮等官三百餘員習《孫吳兵畧》、《歷代臣鑑》等書，擇御史有文武材者董其事。右都御史陳智推鑑，鑑乞開設武學以典武科，奏可，遂爲定制。七年，用薦擢山西布政司左參政。權璫王振擁大駕北征，鑑上疏懇留，極言敵勢猖獗，北情不測，時大駕已出，不可復止。土木之變，景帝以郕王監國，陞右布政使，尋進右副都御史。巡撫山西，保障雁門，鑑垂涕憤恨，以君父之讎不共戴天，上疏言："額森奸詭百端，殺掠無已。復假和親，往來偵伺。蓋以送駕爲由，則必開關迎接。稍示拒抗，彼必有辭。彼謀既深，我慮宜遠。宜急擇將練兵，暫停中貴監軍，假以生殺賞罰。重整散漫之兵，復募壯勇之士，重懸賞格，厚酬爵禄。再徵

勤王之兵，夾攻並進，戮力復讎，庶大駕可還，敵兵自退。又切見太監王振毒亂
天下，震驚神器。自江南草寇生發，皆以誅振爲名。夫事歸朝廷則治，歸宦官則
亂。爲屬之階，莫甚於此。昔高皇帝與羣臣議事，必屏去左右，恐泄事機。伏望
聖母陛下、郕王殿下念祖宗開創之艱，將相披卧之苦，急産儲君，選智勇，託忠
義，早革内侍之權，再造中興之業。庶雪前恥，以圖後功。"疏入，太后讀之至於
泣下。及英宗北還，景帝勅邊將出兵，掩擊北人。鑑上疏言："額森慕義請和，
送還太上。彼以誠來，我以誠報。彼盟未叛，我兵先出，失信啓釁，深爲未便。"
詔嘉納焉。後景帝廢太上皇子，自立其子爲東宫，鑑貽内閣陳循書責之，言：
"前者至尊蒙塵，宗社安危，非得長君，人心未定，姬周輔成，故不得已。今鑾輿
既歸，曆數有在，委裘而治，亦無不可。太子仁孝，天下共知。在廷文武，羣臣共
立，不能夾輔，烏可易置？抑僕復有言，陛下於太上皇，論骨肉則當避位以全手
足，論尊卑則當固讓以盡君臣。乃藉口防微，反爲幽閉，珍羞節其日膳，雉堞增
於宫墻。是可忍也，孰不可忍？"循省書，怒甚。鑑亡何乞致仕歸。英宗復辟，
鑑念君父大恩，詣闕上表賀。時石亨以奪門功荷特眷，銜鑑前劾失機，疑鑑欲復
仕，於上前極力排詆。上以籌邊老臣無所闕，仍賜致仕。鑑歷官中外凡三十年，
諫疏至數十上。歸里，凡二十餘年，年八十八，卒，賜祭葬。所著有《願學藂》行
於世。《明史》、年譜

備　　考

何鏡山先生撰《簡齋朱公年譜序》略曰：某讀史至《司馬溫公傳》，"平生所
爲，未嘗不可對人言"，輒廢書而嘆曰：嗟乎！《詩》稱旦明，《傳》首慎獨，古昔
聖賢，於衾影莫知之地，蓋三致意焉。洎自世降而下，學者樂爲致飾，以相競於
翕訿詭隨之途，義利攸分，不堪自問，豈復播以示人？苟非詣力精深，卓然天定，
鮮有不爲流風習俗所靡者。觀公之自少而長而壯而老，既致身以事父，復力貧
以供母。精勤王事，養退引年，効疆場之孤忠，賦遂初之雅志。若自微而顯者言
之，則刲股和粥，露頂籲天，是可質之神，而何不可以示之民？倡議立儲，移書執

政，是可以孤行於一時，而何不可共白於後世！故其追叙生平也，大書特書，分年別月，周旋語默，細大靡遺。是非道貫心誠，卓然天定，自慎於衾影莫知之地，曷克及此？

《名山藏·臣林傳贊》曰：朱鑑時當佺傯，有守邊功，且其意在上皇，而事不詳士大夫之口。予讀其私傳、家譜，因爲載之。鑑上循書，足振朝議之靡，不見傳說，而疏名賞金者獨著于世，予得不爲之扼腕耶？

黃氏河清曰：詳公之世，有足陰維社稷，動天地而感鬼神者。惜彭惠安錄本朝名臣，於公偶遺之也。余考《吾學編》、《名臣記》、《弇山賞[②]別集·都御史表》亦俱未錄，余故備書以俟補錄者。詳見《清源文獻》

王氏宣序公行實略曰：土木之變，郕王監國，廷臣皆謂宜承大統以安人心，而公獨以邊遠孤臣上疏太后，請立儲君，辨大義於狐疑之秋。越易儲詔頒，公雖矢石疆場間，憤激馳書，切責宰臣，極言廢立之非。且言於上皇，論骨肉則當避位以全手足，論尊卑則當固遜以盡君臣。蹇蹇諤諤，言當時之所莫敢言，亦言當時之所不可不言。知正綱常，罔恤忌諱，知盡臣職，罔顧身家。當事果欲謀擠，而公以懇勤至誠，格於九重，得免于禍云。

縣令李先生紹學派

按：泉自明初永樂間，陳氏道會[③]以《易》學名，而立說則自張氏廷芳著《易經十翼圖蘊義》爲始。志乘載，先生在正統間以歲貢爲合浦令，邃於《易》，餘事實未詳。今考其門徒傅氏凱，亦深於《易》，其侄汝嘉承其家學者，至雁山先生雍，尤以師道自立。林氏龍峰，其門人也。彼時虛齋倡明《易》學，尚未顯著，而諸先生遞相講明如此，可知泉之經術淵源有漸矣。

縣令李先生紹

李紹，晉江人。按：紹在正統間歲貢，後爲合浦縣令，邃於《易》。

主政傅時舉先生凱

傅凱,字時舉。少年材器拔萃,究心《易》學。成化十四年進士,授户部主事,提督天津等八衛。督催南畿、浙、福財賦,以賑西北饑旱,事集而民不擾。謝政歸,日與諸士講習,有文譽,四方求文者踵至。子浚,孫概。《泉郡志》、《清源文獻》

參政李雁山先生雍

李雍,字欽讓,號雁山,晉江人。舉弘治六年進士。未謁選,請告歸養。林龍峰同曾往受學焉。親終,出仕。廷議以雍篤孝清苦,特薦吏部,授驗封主事,時人謂之"赤脚吏部"。轉文選郎,門無私謁。正德初,逆瑾煽禍,時時欲樹置其私人,雍介然抑之,爲附瑾者所忌,出爲南寧太守。時在吏部已九年矣。臨行,蹇驢敝笥而已。至南寧,因俗爲政,不立赫赫名。值歲艱,請于朝,減民租十之四。瑾誅,清聲暢蔚,擢廣東參政。會枹鼓起,巡撫、都御史林廷選手書致之。雍躬履戎行,不遑啓居,遘疾卒電白官舍。南寧人祠雍名宦,載之郡志。《閩書》

參政李菊泉先生汝嘉

李汝嘉,字士美,號菊泉。父松巖,二歲而孤,祖母陳氏苦節鞠育。縉紳大夫若修撰羅一峰先生爲之立傳賦詩。松巖後讀史,知大義,遂爲鄉邦領袖。汝嘉比長就學,乃從叔父合浦令紹日記經傳數百言,爲文下筆立就。舉天順甲申進士,授户部主事。有貴幸侵民田者,朝命覆之,得實,奪以歸民。榷湖湘商舟,清兩廣財賦,搜剔奸蠹,無敢私干。尋陞金華知府。道聞母喪,歸。服闋,改衢州,脩建郡邑二學,均徭役,賑貧乏,葺武備,雪冤滯,建橋梁,衢人頌之。後陞浙江參政,致仕。孫繼芳,以鄉薦授六安州學正,擢乳源令。以平賊功,陞刑部主事。歷官貴州僉事,備兵思石。以參議致仕,壽八十餘。繼芳醇深有度,簡静自守。弟繼華,以鄉薦知始興縣,有政績,始興載之名宦。所著有《四書日講》。《閩書》

【校記】

　　① "邸",《閩書》作"郎"。

　　② "賞",應作"堂"。《弇山堂別集》,明王世貞撰。

　　③ "會",疑爲"曾"之誤。

閩中理學淵源考卷五十八

學憲趙古愚先生琿學派

　　按：古愚趙先生，成化間人物也。爲虛齋先生前輩。其治躬敷政，重名教，尚氣節，洗冤恤患，鞠訊如神。惜遺事湮沒者多，而發明經書諸著作，亦散佚無傳矣。鄉先生每三復致慨，有以哉！今考志乘所載，蒞官粵東時，與陳白沙論學辨難，見於白沙往復之書。其在家鄉，惟羅一峰謫泉之時，相與上下議論。羅公累日過從，一盂一豆，日晏忘食，講究不輟。先生故以經術名，而羅公以直節宿學共相淬礪，一郡風教之開，二公蓋亦有助焉，後之人能無遠遡其典型哉？再考，先生門徒莫詳，惟一曜王氏宣集中《書薛文清讀書録後》曰：“余年二十二，塈吾泉廣東提學僉憲趙先生家，見薛公《讀書録》，若有契於心，遂求於舅而得之以歸云。”考廣東僉憲趙先生，即古愚先生也。王公平日必經側聞講論者，姑附學派之列，待考焉。

學憲趙古愚先生琿

　　趙琿，字德用，晉江人。宋宗室懿王德昭後，丞相趙公汝愚裔孫。生九歲而孤，依女兄適粵人劉簿者，益刻勵爲學，尤尚志節，雖貧窶，不妄納交人。粵有富人介簿求通，先生不應，謂：“不義而厚，行將及矣。”遂自粵歸。亡何而富人果敗，其先識如此。成化元年，領鄉薦第一。明年，成進士，授刑部主事。先生精於鑒文，能知人富貴、貧賤、壽夭，如券合無或爽者。嘗校士禮闈，得餘姚謝遷試牘，詫曰：“宰相才也。大廷之對，必衰然舉首。”遂力薦主者。後俱如所鑒。出爲粵東提學僉事。便道過家，適羅一峰謫官泉州，累日相過從，辨論不厭。每旰設食，一蔬一豆，忻忻如也。在廣時，日以學術提醒士心。校士諸州，每卜其器業於文，而引之所嚮，士賴以成就者甚多。又嘗校文瓊州，士第悉下，無與省闈

587

試者,諸生譁然。有司亦爲之請,先生曰:"若不知也,吾殆以全若。占若等文氣有眚焉,遠涉,其不利乎?"衆不謂然,固以請,乃聽試。當往道海上,漂溺失舟,人始驚歎趙先生神人也。先生故以經術名,顧又精吏治。有粵豪漁食閭里,持吏短長,至姦人婚娶女。吏不敢問,如是者數十年。先生聞,按獄得實而置之法。爲學原於人倫,言論風旨,多足感動人者,尤重禮教。是時,新會陳白沙獻章論道江門,先生嘗訪之,訂以經訓之言。間不合,必移書再四。白沙每論教人禮非所急,先生力正之曰:"昔胡餘干不教人習四禮,論者至今以爲疑。流風易移,何輒開斯路乎?"白沙謂德用之心即一峰不欺之心,復書曰:"一峰死,僕哭之慟,以爲今而後無復有如一峰者,不謂於執事見之。"嘗登厓山,見元張弘範勒石,以詩斥之。親固貧,又復早背,諱日不能知,常祭以己之生辰,必涕泣不自禁。在官,嫁族女者三,娶婦者五,殫貨以給,而宦橐固蕭然也。年方强,卒於官。所著書有《四書管見》、《禮經解疑》、《綱目便覽》、《宋史集要》諸編,悉燬。孫子復零替,華門蓬户而已,獨其遺言逸事,至今人士喜談而樂道之。丁氏自申曰:"某自束髮以來,即知有先生,輒寤寐向往者久之。間訪其遺文,得所謂《椒軒記》讀之,蓋先生初第時作也。其言耿然,有礪名砥行、矜古振俗之志,而先生立身居官,大節槩可想見。至其文字冲雅淵懿,允矣造道之言,惜乎不可多得。聞先生卒官嶺表,飄零以歸,重遭回禄之厄。頃讀其外孫周君所爲傳與某平日所記聞者,尤核且確。自周君之傳出,而學校鳴之,當道旌之,學士大夫羣而和之,先生之潛德,久而彌芳矣。顧采風未逮而曠典尚缺,春秋俎豆邈焉未舉,豈非後生者與有責哉?考吾郡在成化間,前有先生,後有虛齋。二先生里居相望,先後發解登第,又相繼爲督學憲臣。蔡先生試士江西,一舉而登首拔者五十八人,見於交游書問中。首舉士舒梓溪,即許其魁天下,後無不驗。當先生爲考官,得餘姚謝文正試牘,已物色爲殿元、宰輔。其督學廣東也,於校文中預卜人休咎,其鑒識與蔡先生又同。二先生德學造詣無容置論,乃其品題藻鑒,什不爽一,此其故何哉?趙以愚,蔡以虛,明生於愚,靈生於虛,卒是道也。"郡志、《閩書》、《道南源委》、《越章集》、丁氏《三陵集》

備　考

陳白沙先生復公書曰：來教摘諸聖賢垂世之言與僕之事，參而辯之，大抵愛我深而告我盡也。僕用是知執事之心，一峰明白不欺之心也。一峰死，僕哭之慟，以爲自今而後不復有如一峰者，今乃有執事，幸甚！幸甚！執事爲説，本之經訓，與僕所以爲學，所以語人者，同歸而殊途。但僕前簡失之太略，執事見之太明，故疑僕之意異於執事，而實不異也。執事謂浙人以胡先生不教人習四禮爲疑，僕因謂禮文雖不可不講，然非所急，正指四禮言耳，非統論禮也。禮無所不統，有不可須臾離者，克己復禮是也。若横渠以禮教人，蓋亦由事推之，教事事入途轍去，使有所據守耳。若四禮，則行之有時，故其説可講而知之。學者進德脩業，以造於聖人，緊要却不在此也。程子曰："且省外事，但明乎善，惟進誠心。"外事與誠心對言，正指文爲度數。若以其至論之文爲度數，亦道之形見非可少者。但求道者，有先後緩急之序，故以且省爲辭。省之言略也，謂姑略去，不爲害耳。此蓋爲初學未知立心者言之，若以外事爲外物累己，而非此之謂，則當絶去，豈直省之云乎？"不規規於往迹，以干譽目前"，僕之此言亦有爲而發。嘗與胡先生言之矣，非諷執事也。此不欲形於筆札，俟面告。執事於僕謂無間者也，苟事有未當，僕得盡言之，豈假諷哉？僕才不逮人，年二十七始發憤從吳聘君學，其于古聖賢垂訓之書，蓋無所不講。然未知入處，比歸白沙，杜門不出，專求所以用力之方。毁無師友指引，惟日靠書册尋之，忘寢忘食。如是者亦累年，而卒未得焉。所謂未得，謂吾此心與此理未有凑泊脗合處也。於是舍彼之繁，求吾之約，惟在静坐，久之，然後見吾此心之體隱然呈露，常若有物。日用間種種應酬，隨吾所欲，如馬之御衘勒也。體認物理，稽諸聖訓，各有頭緒來歷，如水之有源委也。於是涣然自信，曰："作聖之功，其在兹乎？"有學於僕者，輒教之静坐。蓋以吾所經歷，粗有實效者告之，非務爲高虛以誤人也。執事知我過胡先生，而獨不察此，僕是以盡之。

又

伏讀來論，執事所以進僕者至矣，所以教僕者亦至矣。僕一顓愚人耳，凡百無所通曉，惟知自守而已。曩日至京師，與諸賢士大夫游，日聽其議論天下之事，亦頗有益。惟是愚憒，終不能少變以同乎俗，是以信己者少，疑己者多也。僕之所深與者，皆執事同年，而獨執事之名未聞也。奉附到董給事書，其中稱道盛德不少置。僕私心喜甚，以爲此來當得一見。非子仁，僕無以知執事。然以子仁之言，又未嘗不追恨於京游之日也。承論有爲毀僕者，有曰"自立門戶者，是流於禪學者"，甚者則曰"妄人率人於偏者"。凡於數者之詆，執事皆不信之，以爲毀人者無所不至，自古聖賢未免見毀于人。甚矣，執事之心異於時人之心也，僕又安敢與之强辯？姑以迹之近似者爲執事陳之。孔子教人文行忠信，後之學孔氏者，則曰："一爲要。一者，無欲也。無欲則静，虛而動直，然後聖可學而至矣。"則所謂"自立門戶者"，非此類歟？佛氏教人曰静坐，吾亦曰静坐。曰惺惺，吾亦曰惺惺。調息近於數息，定力有似禪定。所謂"流于禪學者"，非此類歟？僕在京師，適當應魁養病之初，前此克恭亦以病去，二公皆能審於進退者也。其行止初無與於僕，亦非僕所能與也。不幸其迹偶與之同，出京之時又同，是以天下之責不仕者輒涉於僕，其責取証於二公。而僕自己丑得病，五六年間，自汗時發，母氏加老，是以不能出門耳，則凡責僕以不仕者，遂不可解。所謂"妄人率人於偏者"，又非此類歟？僕嘗讀程子之書，有曰："學者當審己何如，不可恤浮議。"僕服膺斯言有年矣，安敢爭天下之口而浪爲憂喜耶？其晦也不久，則其光也不大。其詘也不甚，則其伸也不長。物理固亦有然者矣，僕或不爲此戚戚也。且僕聞投規於矩，雖工師不能使之合。雜宮於羽，雖師曠不能使之一。何則？方圓之體不同，緩急之聲異也。尚何言哉！尚何言哉！惟執事矜其志而略其迹，取之羣咻之中，置之多士之列，則天下之知僕者無如執事矣。幸甚！

何鏡山先生撰《公家藏手澤序》曰：泉前輩趙古愚先生珤，成化中以解元登進士,自比部郎,出爲嶺南學憲,善以文章卜人貴賤、壽夭,無不得者。其爲郎時,充會試內簾官,得謝文正公文,大奇之,手批曰:"狀元拜相,必此子也。"及視學嶺南,考校海南士,所拔科舉多不足先生意者,曰:"是姑錄之,後來受用終不及諸下劣等。"亡何,科舉士過海就大比,盡溺水死,而下劣等者以不就試無害。泉人以此二事,至今好談先生。先生宋室苗裔也,其往弔宋厓海之濱,過奇石碑,謁慈元殿址,祭大忠祠,具有文字。其《過奇石碑詩》,嚴切惋恨,尤膾炙人口。人徒以先生忠義慈孝人也,而今讀先生曾孫大紹所輯手澤編,同有《自歎》詩二首,以寶鑑喻心,大道喻學,乃知先生平日惕於內省,而端於趨向。當時海內名流如陳白沙、羅一峰二公皆與往來切磋,以求斯道真實之境,此則先生所造之精微,自知自進,而歲月之久,著作流落之多,泉人亦未有以窺公之全者也。是編凡十三首,詩居其七,文居其六,而先生遺筆盡在是矣。然皆大紹訪求之四方殘編斷記之中,然後乃能得之。大紹席門窮巷,無旦夕之積。自其少年時,裹糧重繭,絕險以求先生遺文,遍請海內縉紳詠歌先生之德行,以陳告之當道。先生蓋沒百餘年而後,綽楔表於里閭,鄉賢崇于祠祀。今大紹年七十餘矣,朝暮必至先生祠下,低回護視。其委不佞以是編之序,凡五年而未得應,心不加怒而請愈切。爲人子孫如此,不亦克稱先生之後人,可以媿夫世之無廉恥,嗜飲食而忘其先德者哉!

按:泉南明初諸先正多確守宋儒榘範,蔡文莊未起時,如莊氏恭與趙公其最著者。莊公能物色文莊於童年,取師友於莆中,如吳淳夫、周翠渠、黃未軒皆是也。趙公則閑道尤謹,嘗規切白沙先生虛妙之旨。白沙欲號海雲,公力正之,謂其近於禪號。在粵,往來辨難,不苟爲同。近世先正評訂白沙靜友如羅一峰、胡敬齋、羅整菴,人皆知之矣,獨公姓氏稍略。細繹白沙復公二書,其心許相物色,似於羅、胡二公之外,不作第二人觀也。顧年未滿志,著述又復湮沒,灰燼無存,未得與《居業錄》、《困知記》並垂考信,惜哉!吾鄉前輩如丁氏自申、張氏冕、莊氏履豐、何氏鏡山皆汲汲論述,蓋以公實任道之器,流澤桑梓,愾慕無窮也。馥恐載籍日杳,派別愈難尋緒,不禁娓娓詳之,附載白沙二書并何公跋語者,欲以證公所學所守端的。另於《同安志》錄公《大同書院記》一首入遺文內,亦吉光片羽矣。吾鄉鄴架藏書者多,如得公文者,幸借鈔錄續入,諒有同志,曷勝企望。乾隆丁丑臘月八日,書於繞耕舊學家塾。

縣令莊遜菴先生槃學派

按：先生爲松厓公琛之子。松厓趾美先德，官終廣西按察司僉事，以仁恕清靖著聞。故先生仕跡，亦以清白世其家，其源流遠有端緒。郡志稱其蒞官有風槃，未曾立傳。今考之文莊蔡虛齋贈送序言稱，先生學博志高，到官貧約如故，所養益不凡，其表揚師門之節，固信而可徵也。茲特錄其派系，附文莊一人，著於篇端。

縣令莊遜菴先生槃

莊槃，字世平，晉江人。宋少師藻齋公之後。父松厓公琛，廣西僉事。槃，成化間歲貢，尹廣西陸川，以考績改任江西信豐縣。虛齋蔡文莊公送先生尹信豐序稱："受業師遜菴莊先生家素貧用素約，不獨未仕時爲然。前此尹陸川六年，而貧約如故。吾先生之所以爲人者可知。"又曰："先生博學高志，少年聲光馳八閩，閱世益深，抱負益壯，所養益不凡。其所施爲，不以官之崇卑，地之廣狹限者。"《閩書》載其知信豐縣，有節概云。《蔡文莊文集》、《郡志・歲貢》

成化以後諸先生學派

泉自成化後，風氣淳厖，人物挺生，一時經學之茂，海內宗之。如虛齋蔡先生、紫峰陳先生、次崖林先生、凈峰張先生，後先倡明正學，風傳響應，興起者多。外此，若莊公恭、林公啟、傅公凱、李公雍、郭公克一亦皆師傳友授，綽有典型。至黃公河清諸賢，多講切問學，追慕前修，不苟以世儒自命者。其餘豐功碩德，未能遍錄，特舉其師友可溯者，載于編。

副使莊拙齋先生恭

莊恭，字儀甫，號拙齋，晉江人。爲諸生時，從莆吳淳夫仲珠學，而與黃未軒仲昭友。成化五年，登進士第，授刑部主事。給事中韓文等以論兩宮事被拷訊，恭首疏廷救之。陞員外郎，出爲江西按察僉事。風采颷發，雷擊斧斷。行部南安，上猶令望風解去。入與試事[①]，得豐城楊廉於落卷，拔擢之。成化丁未，贛寇大哄，禍延閩、楚、粵三省。朝議知恭負文武才，陞爲本司兵備副使。踰月，巨魁授首。建昌瑞州寇復作，勢張甚。恭出奇殲之，前後俘馘無算，餘悉平定安輯。捷聞，璽書嘉勞，賜金幣、寶鈔。南城張昇、廣昌何喬新爲鄉邦計，咸請即本土超擢爲藩使或觀察使。會丁祖母憂，歸，卒。恭孝友無間，先貲悉讓諸弟，俸餘則推贍戚族，善物色後進，獎掖不倦。識蔡文莊於童年，期以大儒。見李文祥，指爲年家錚錚。所交遊來往，惟周翠渠瑛、張東海弼、雍康僖泰數人。當憲宗時，閹王直、幻術李孜省最用事，而孜省江右人也，屢欲得恭爲重。恭絕不與通。年位不滿，世人惜之。孫如愚，新興令，啓愚，肇慶府教授，並有聲。《閩書》、《清源文獻》

監丞林海峰先生啓

林啓，字仰之，同安人。魁梧軒奕。成化二十二年鄉薦第一，與蔡文莊相次發解，並以《易》學倡於鄉。泉人興《易》學以盛，二門門生也。文莊《易》猶在泉。啓爲安陸州學正，安陸之《易》，啓發之也。倣胡安定法爲教，人士循軌，諸生餽贈無所受，而周其貧者。遷國子監博士，及門如趨。林貞肅俊嘗録啓之名於方石祭酒，謂然。居二年，遷南京國子監監丞。楊吏部攝祭酒，當詣京，或請他攝。楊曰："仰之在，須他攝何爲？"六舍生羣請之，吏部爲宜，遂攝祭酒。卒于官。囊無一金，六館書生爭致襚。林貞肅以所自預深衣、方履殮之，爲撰墓誌曰："仰之介而容，方而不腐，爲文章有奇氣。"又曰："予重得士，既晚得仰之，謂銘仰之耶？"嘉靖中，有孫曰天德者以貢歷廉州推官，路南知州，廉人祀之名宦。其元孫一柱，萬曆庚戌進士，歷官參政。見李衷一學派。《閩書》、張氏《雒閩源流》、林貞肅撰墓誌

教諭莊翠峰先生鵬

莊鵬，字萬里，翠峰其號，惠安人。成化丙午鄉薦，就選，授新寧教諭。議經

術,考古製器,端文字程式,以變易學者習尚,學者始知所嚮方。福州劉御史遜以言事出知武岡州,復爲藩府所擠,人多斂跡,鵬獨與往來。會有中以飛謗者,遂解職事歸。獨肆力學問,延接後進,處鄉里是是非非不苟。淨峰張公撰墓誌云:"某生晚,不及先生壯時也,獨記頃年屢以通家子謁拜先生,一室雅靚,圖書筆硯之外無他物。先生終日整襟端坐,點勘書史,雖分註小字,亦精細不苟,是時年幾六十矣。與人言,縱橫穿貫,舉古今理亂事理物情之變,能使聽者竦然。至聞人有善與義,當勇爲者,必咨嗟稱賞,惟恐人不及知。其好學樂善如此。"

舉人鄭先生賢

鄭賢,晉江人。成化丙午舉人。以《易》經授徒,其年同登鄉榜者五十二人,皆其弟子。曾《答莆陽陳侍御書》曰:"承教以益壯、益堅相策,弟不鄙,敬佩繹之。年有老壯,學無作輟。夫子有假我數年之思,而漢霸抱朝聞以爲願,則一義未解,一理未信,有非可以中道廢者。不鄙治《易》,幸附驥尾。竊計猶在強仕之年,豈以春闈弗售而遽餒耶?君子不患名之不成,而患志之不樹。吾儒許多問業,許多工夫,尋向上去,探討古聖源頭,窮年邁韶,不進不休,則益壯之箴,信可銘心。其於益堅所詔,則古人處一之説也。遇不遇,貞於時;堅不堅,由之己。脩己俟時,有可挫不可使餒者。兄視不鄙,豈靡靡諱窮之夫哉?若小挫而靡,則所謂不愧科名者何人?不愧聖賢者又何人?而甘自汩没之耶?近日,朋友來訪者,時以《羲經》相問難,自愧矙心浮氣,不能闡揚四聖奧義,謂宜當討論理會,使心即《易》,《易》傳心,而後可。若夫名利一場,未嘗掛諸念頭,非直不以窮爲恤,且狂戆不知有窮者。故夫益壯、益堅道理,雖未之逮,然鄙心竊意其當如是耳。茲因教音之及,請益砥礪之,以不負兄教。"《清源文獻》

司訓洪汝言先生昌

洪昌,字汝言,南安人。幼失怙,鞠成于母。攻《禮經》。成化十二年歲貢,授常州司訓。經學純正,議論高古,嘉意作人,月有課,歲有會,士子翕然宗之。

尤長於詩文,善草書,時流咸推重焉。

通政黃蓮峰先生河清

黃河清,字應期,南安人。弘治十五年舉進士,授吏部文選司主事,歷郎中。慨然以進退人才自任,凡所舉錯,甚稱冢宰楊文襄公一清意。首薦劉大夏、韓文、林瀚、熊繡、王宗彝、朱欽、艾璞、陳壽、王質、萬鎧、程文、程温、艾洪、徐昂、葛嵩、張良弼、呂翀、潘鏜、劉演、蕭乾元、黃昭道、張瑋、邢珣、樊禹、朱廷聲等二十五人。又薦恬退之士四人,曰潘甫、盧格、張詡、祝萃,以風天下。又若董玘、萬鎧、楊果、聞淵、姚繼嵩、夏良勝、章拯、唐龍、周廣、顧珀,皆其所舉。士論翕然歸之,稱典選得人者,前有黃天台,後有黃清源。天台者,黃孔昭,清源則河清也。擢太常少卿,提督四夷館。一日,羣立于朝,有一巨璫來,羣揖中惟不識河清。或以姓名示之,璫駭曰:“是彼!是彼!”明日,持雙幣詣謁,河清瞰其亡往返焉。丁父憂,歸。嘉靖初年,遷南京通政。卒于官。所著有《蓮峰稿》。河清好讀書,遍交當世士,與蔡虛齋、王陽明、湛甘泉、董中峰、何大復、鄭少谷諸公相善,而於三衢棠陵方豪尤契。豪稱其嗜學如炙,悅士如姝,其氣充充,其心休休,動履必則古稱先。陳氏道基序公文集曰:“蓮峰先生妙齡舉進士,陟華要,志嶪不羣,尤善著作。閩小泉林公嘗賞其初稿而序之,莆省吾林公攜刻于粵以傳焉。愚嘗受而讀之,仰思國家更造,文章著作至於弘治滋益精醇,猶之淑氣渾噩,品彙涵濡乎其間,莫之遺也。先生於其時,以少年遭際,內承家學,外友天下豪俊,同時若蔡虛齋、王陽明諸公,咸以經術著作有聞於世。先生與之往復議論,道契志乎,故其所得益深,與諸老並稱爲一時之盛。三衢方公固以文名家者,而推崇先生謂所爲文動以先秦爲則,斯非漫語云。”弟淑清、澡清。《閩書》、《清源文獻》

黃先生淑清

黃淑清,河清弟也,自號曉江漁者。爲諸生,棄之去,入山耕讀。邦君賢大夫禮之,不應也。令顏容端與善,以艱歸,與之書曰:“俗以仕宦丁艱曰放假,蓋謂歷官日多，不能肆縱，只一居喪，當爲暇日。利田便舍，肥肉大酒，言出莫違，意逐羣應。入耳驗目，大都如此。昔呂東萊在艱講授，陸象山已議其非。何今古相遠，不啻雲泥，執事學有主腦，定是踏定一步也。”

黃應萃先生溙清

黃溙清，字應萃，別號東水。兩應鄉試不偶，益勵志弗衰。事嫡母，温凊奉養，至老彌篤。莊事諸伯兄，日以經學相質。無何，嫡母没，率先諸姪治窀穸。既襄事，廬墓側者三年。過者莫不曰：“此孝子讀書處也。”溙清念生母葛氏，於父卒後早出，不獲供甘旨，輒陟屺而號，既而嘆曰：“古人有捐二千石，間關徒跣，必覲所生而後即安，我獨非人哉？”遂匍匐之道，寢食俱廢。後訪得之某里，遂爲母子如初，人比之雍州云。溙清嘗謂：“古之學者，由源而派，後之學者，逐派忘源。古之文如大冶肖形，後之文如掌中花耳。”因證《小序》，窮韓申之業而一稟之考亭。爲《韻説》十餘卷，已復考班、馬異同，旁及唐宋諸乘，爲《歷代史評》百餘卷。時而晝有得，夜有書，輒起而識之，爲《觀書目録》十餘卷。其爲文多準東、西二京，諸所應舉陳言，輒嚼蠟眎之耳。手持一卷，撫二子而歌，令二子和之，復于于嘯曰：“若視吾所獲與千畝孰多？”二子有樂登賢書，有及爲諸貢籍首，溙清猶布衣蓬户，日囊故時書，讀之琅然。性故方，不妄色笑。與人語斷斷侃侃，然非公正不發憤。至其雅度汪涵，飲人以和，遇不可意，貌不加遽，詞不加激。門閭諸後進，執經問難，各片言立剖去，令是邦者爭嚴重之。蘇氏濬曰：“憶余初侍先生，乍而望之，機發於踵。久而即之，冲乎若不盈也。殆所稱博學篤行君子耶？”《蘇紫溪先生集》

黃 先 生 希 顔

黃希顔，晉江人。潤之父。其事實未詳。按：何氏《清源文獻》曾登其姓名，兹録之。其著《理氣説》曰：“孔子曰太極生陰陽，邵子曰道生天地，是理生乎氣之説也。朱晦翁曰有此理而後有此氣，蔡季通曰理先而氣後，是理先乎氣之説也。世之學者往往多以此爲疑，惟恐有理、氣之分，判爲二物耳。殊不知理勝乎氣，氣載乎理，雖不相離而亦不相雜也。善乎孔子之論道，必以形而上下言之，則理、氣之辨明矣。蓋理虛也，氣實也。虛者常存，而實者迭有也。是以天地未判之初，陰陽未生之始，必有理以主宰之，然後動静有所分，清濁有所别，不然則成一氣塊耳，何以爲造化之機、生物之本哉？然而伏羲之作《易》，兩儀之上未嘗言太極也，至孔子始言之。仲尼之贊《易》，太極之上未嘗言無極也，至周子始言之。此皆人世之所駭，而聖賢之不得已也。何者？弗烈其聲，而聾者弗聞也。不燭其形，而昧者弗睹也。如孔子不言太極，則以氣爲理者多矣。周子不言無極，則以道爲氣者衆矣。故聖賢不得已而後有是言也，是豈好爲奇怪之論也哉？愚謂《太極》一圖，不出伏羲範圍之外，其曰‘太極動而生陽，静而生陰’，即伏羲初畫之兩儀也。其曰‘陽變陰合，而生水、火、木、金、土’，即伏羲次畫之四象也。其曰‘乾道成男，坤道成女’，即三畫之八卦也。其曰‘萬物化生’，即因重之六爻也。夫豈有二致哉？蓋天地造化之具，不過陰陽五行而已，而萬物生成之理，不過氣化、形化而已。是以伏羲之畫卦，必始於三畫而終於六畫也。《傳》曰‘剛柔相摩，八卦相盪’，此之謂與？若夫邵子‘一每生二’之説，亦以見畫卦自然之妙，而變化之無窮耳，是豈伏羲之本旨哉？愚敢著是説以祛世人之惑，觀者恕其狂妄之罪，則幸甚矣。”《清源文獻》

參政黃以誠先生潤

黃潤，字以誠，晉江人。正德十六年進士，授武進令。值江南大饑，流移數萬，賑活有方。邑賦重，前巡撫周忱奏折布以輕之，疋布抵糧一石，吳廷舉議徵價疋銀五錢。潤曰：“折布固將輕之，若定五錢，是重之也。”乃改徵三錢。擢南刑部主事，改兵部武選。奏立選法。遷車駕郎中，出守松江。丁外艱去。松人舉前兩賢守以配潤，作三清堂祀之。服闋，補東昌守，陞河南副使，備兵信陽。時章華臺等處劇盜盤踞流劫，潤討平之。擢山西左參政，念母老，乞終養歸。先是，潤在吏部，冢宰欲以科道官潤，使李默喻意，固辭。默曰：“有吏部郎登門送

官,而人不受者耶?"潤曰:"有吏部郎登門送人官者耶?"因大笑而去。同年,張
孚敬用事,時不一見。及三去國,三送之。張欲處以文選,堅謝如前。張浄峰岳
嘗稱潤當於古人中求之。曾與書曰:"僻居無朋友之助,幾成惰棄,想令眉宇,
每切夢寐。官曹清暇,日月新功,必有可以見教者,便中千萬不惜。大抵吾輩年
紀漸老大,精力亦無多,切在於要緊處用工,如讀書專治一經,打成片段,儘有受
用。向在南宮讀《易》,已有次第,後來能不間斷否? 此如日用飲食,頃刻不可
放下。今人苦苦要去學詩、學字、學文章聲口,真所謂浪費精神,可嘆也。"潤家
東石時,有"東崖西郭"之號。西郭者,同時同邑清節御史陳蕙也。著有《東石
漫稾》十卷、《經濟備考》四十卷。《泉郡志》、《張浄峰集》

教諭郭約之先生克一

郭克一,字約之,惠安人。正德八年鄉薦。少從莆陳茂烈學。嘉靖中,署歸
善教諭。捐俸新學舍,復分齋肄業之規,申飭條教,講説經旨,士心竦異。《閩書》

【校記】
　①"事",《閩書》作"士"。

閩中理學淵源考卷五十九

東林蔡氏家世學派

按：蔡文莊先生先世家惠安之東林里，至元代，有處士諱惠者始徙晉江，是爲先生始祖。先生嘗自述其高祖大畧，謂高祖世安公諱潤，與朱都憲公爲友。都憲嘗語先生云：“吾及識乃高祖，實一時善士。”曾祖諱輝中，永樂甲午鄉試。祖諱懋德，不仕。諱觀慧，爲允元公。先生爲《佚老會①記》，言在會凡十七人，而允元公爲之長，一時在列，皆鄉之望，文行表表出等夷，而萃爲一會。則允元公爲鉅人長德，以肇基啓後有以哉！泉南自紫陽而後，人文之盛，實倡起於文莊，是文莊先生之家世淵源，尤後學不可不追尋所自焉。

蔡允元先生觀慧

蔡觀慧，字允元，晉江人。文莊公清父也。既受文莊封，與鄉里耆舊爲逸樂會。文莊撰記畧曰：“志書載吾泉風俗淳厚，人樂爲善。宋時人物最盛，其出而樹勳業播聲實於當世者，固已班班可考。其在林泉，意亦當有高人逸士，志節風流之可以表世而範俗者，而未之有紀也。我朝百餘年來，治教休明，人物復熾然以盛矣。然前此之仕而歸休與夫不仕而既老者，率亦多匆匆竟日，擾擾卒歲而已，鮮有能自取樂於分内者，間有之，亦未能倡爲是會以同於衆也。又曰：‘今日逸樂之所以有會，以逸而樂耳。’蓋視九老、耆英之遺意而不敢盡同也。在會凡十七人，以齒序則家君爲之長；爵尊而兼齒者，通政致仕張公也。次則封主事黃公暨、循齋黃先生、怡齋賀先生、三陳先生，史、吳、包、翁、留、顧、董、林、楊列位先生，皆鄉之望也。文行表表出等夷，而悉萃爲一會，嗚呼！亦盛矣。會之言曰:'朋友者,五倫之一;道義者,百行之根。凡我在會之人,有善相勸,有過相規,有疑事則相質,其有憂患亦相與爲力也,豈徒逸樂云乎哉?'又曰:'會之位惟尚齒,會之儀不尚豐。月必再會,不疎不數也。或於所居,或於所游之地,惟其所宜也。蓋始於弘治辛亥四月望,至於今十有一年矣,而未嘗有一日之曠。惟值水旱或凶歉則暫輟,此又與衆庶同其憂而不膠於逸樂也。'又曰:'吾人之會,所以序天倫之樂事,而亦有三益之遺規存焉,不可無以傳之後生輩也。'乃合衆議,請張公記之,時各錄一通,置之座隅,以遺後之人。而張公辭曰:'此正後生輩所宜用心者。'適某以侍養歸自京師,張公乃屬家君命某爲之。家君遂授以其事如此,并列諸公名于左。張公名苗,黃公名齊,黃先生名績,賀先生名騰,三陳先生名政、名襲、名淮,史先生名隦,吳先生名瑤,包先生名晢,翁先生名裕,留先生名昆,顧先生名美,董先生名鳳儀,林先生名澤,楊先生名溥,家君名某,亦封主事。"《閩書》、《蔡文莊公集》

舉人蔡先生存畏

蔡存畏,字思危。文莊公長子。生而聰穎,稍長能文。弘治十一年鄉薦。

舉人蔡先生存微

蔡存微,字□□。嘉靖四年鄉薦。

寺丞蔡先生存遠

蔡存遠,字思毅。嘉靖五年進士。累任吉安、松江二府推官。官至太僕寺丞。按:朱氏《經義考》,嘉靖八年,存遠在松江府推官任,奏獻進士蔡文莊清《易經蒙引》。後發禮部看詳,遂議行福建提學副使,將《易經蒙引》訂証明白,發刊書坊。存遠所著有《周易正説》。

郡守蔡先生如川

蔡如川,字繼之,文莊公曾孫。萬曆元年鄉薦,累官尋甸知府。以礦税抗內監，逮詔獄，廷杖，卒。贈光禄寺少卿。

文莊蔡虛齋先生清學派

　　按：明代盛時，理學大明，前輩言北方之學起自澠池曹氏、河津薛氏，南方
之學發自康齋吳氏，而閩中則虛齋先生實倡之。先文貞公撰《虛齋先生祠記》
曰：“吾閩僻在天末，自朱子以來，道學之正爲海内宗。至明代成化後，虛齋先
生崛起温陵，首以窮經析理爲事，非孔、孟之書不讀，非程、朱之説不講。其於傳
注也，句談而字議，務得朱子當日所以發明之精意。蓋有勉齋、北溪諸君子得之
口授而訛誤者，而先生是評是訂。故前輩遵巖王氏謂自明興以來，盡心于朱子
之學者虛齋先生一人而已。自時厥後，紫峰陳先生、次崖林先生，<small>按：公初薰尚有
净峰張先生。</small>皆以里閈後進受業私淑，泉州經學遂蔚然成一家言。時則姚江之
學，大行于東南，而閩士莫之遵，其掛陽明弟子之録者，閩無一焉。此以知吾閩
學者守師説，踐規矩，而非虛聲浮焰之所能奪。然非虛齋先生，其孰開之哉？今
經學久晦，士大夫好尚趨向龐而不純，浮華之徒轉相夸毗，獨至《蒙引》、《存
疑》、《淺説》、《通典》諸書，則行於海内，家習而人尚之翕如也。故嘗以爲吾閩
之學獨得漢儒遺意。明章句，謹訓詁，專門授業，終身不背其師言者，漢儒之學
也。師心任智，滅裂鹵莽者，近代之學也。是二者孰古孰今？孰醇孰漓？後之
君子必有辨之者矣。”讀先公叙述，閩學源流，起衰救弊，誠今日學者之律令格
式也。兹撮其畧，著於篇端。

文莊蔡虛齋先生清

　　蔡先生諱清，字介夫，晉江人。成化十三年福建鄉試第一。晉江之山鳴如
玉磬者三日。二十年，成進士，即乞假歸，講學水陸僧寺，江南之士多來從遊。
事親、讀書之外，未嘗急求仕進。他日爲其母寫容，母愀然曰：“吾聞母以子貴，
今汝舉進士有年矣，吾猶故巾幗。”先生聞言，大傷之，即赴選，得禮部主事，是

爲弘治初元。吏部尚書王恕重其學行，奏改爲吏部稽勳主事。時與談論諮訪，先生因上管見二劄於恕，言：“今朝廷之患，在紀綱廢弛，以至士風日弊，民力日紬，當大有以振作之，乃可銷境内之憂，静疆場之警。”又薦引名士劉大夏等三十餘人，恕皆納用。庶吉士鄒智論事下獄，罪且不測。先生急白於大司寇何喬新，得疏救，智得謫官嶺南居之。丁内艱。服除，吏部有不悦者，以補禮部祠祭司員外郎，乞便養。陞南吏部文選郎中。一日心動，乞終養。至家兩月，而其父没，人謂孝感。自是家居，授徒不出。每遇親忌，痛哭流涕，終日不御酒肉。宗族内外有貧乏者，恒賙恤之。正德改元，即家起江西提學副使。時宸濠方圖不軌，凡朔望，藩臬官皆先朝宸濠，次日乃謁孔子廟。先生至，力請僚屬同日行禮，先謁廟，後朝王。宸濠生日，令藩臬官着朝服賀。先生曰：“臣子見君則朝服，無見王者。”去靴而入，宸濠大怒。一日宴藩臬官，宸濠嘲先生曰：“公乃不能作詩。”先生對曰：“某平生於人無私。”蓋“私”與“詩”音相近。宸濠益銜之。其後奏求護衛，已得請矣，同官有傾先生者，謂先生獨有後言。宸濠聞之，欲誣以非議詔旨之罪。先生正色對，遂疏乞致仕。宸濠尚陽善挽留之，且欲以女妻其子，先生力辭。歸時劉瑾方專權，駕引名士以掩人心。不數月，復起爲南京國子監祭酒，朝命未至，而先生已卒，時正德三年也，年五十六。先生氣清色和，外簡内辨。始即之，使人忘其鄙吝，及與之久，妄消躁息。與論天下古今，一以禮義折斷，其言剴切精深。嘗曰：“學宜養正性，持正行。”故飭躬約禮，動準古人。以六經爲入門，四子爲標準，四儒爲真派，而反身用力，本之静虛之地。故初時主於静，後主於虛，謂天下之理，以虛而入，亦以虛而應。以格物不外讀書，讀書當以“虛心、涵泳、切己、體察”八字爲要訣，因以“虛”名其齋。其教人也，以看書思索義理爲先，不獨語言文字。蓋謂聖人作經以明道，學者因傳注以求經，實從體驗身心，而洞見道體者。又曰：“宋儒之道，至朱子始集大成。朱子之學不明，則聖賢之道不著。”故與其徒著《四書蒙引》、《易蒙引》諸書，皆推原朱子之意，以歸聖賢本旨。爲《密箴》五十餘條，皆反身自檢之功。友善寧永貞、林俊、孫交、楊廉、丁璣、江朝東，而師事何喬新。其言《易》，則師三山林玭，傳其《易》

者,則同邑陳氏琛,至今言《易》者,皆宗之。弘治間,士大夫理學中輟。永貞、廉、璣、朝東與先生皆起稀曠之後,而先生與廉尤爲獨得。恭肅黃氏光昇曰:"泉自朱子簿同安之後,私淑雖多,而惟先生爲得其宗。泉南一時人物之盛,皆先生所造就也。雖歷仕未盡儒者之用,而有教人數世之澤焉。"萬曆中,僉都御史詹公仰庇請易名,謚文莊。大學士李公廷機復請贈禮部侍郎。國朝雍正二年,從祀孔子廟廷。《明史》、《閩書》、《蔡文莊公集》、《明儒學案》

備　考

羅整菴曰:蔡介夫《中庸蒙引》論鬼神數段極精,其一生做窮理工夫,且能力行所學,蓋儒林中之傑出者。

于氏孔兼曰:宋儒語録,荊川先生業有梓行,不容復贅。我朝先輩遺言尚缺如也。予於中得其人之純正不雜者以列名,因録其言之精實可傳者以垂訓。若關中薛敬軒、玉峯魏莊渠兩先生其最也,外此而吳康齋、陳白沙、蔡虛齋諸公非後先之頡頏者乎? 予身在堂下,而此十先生者,曹月川、薛敬軒、吳康齋、胡敬齋、陳白沙、蔡虛齋、魏莊渠、呂涇野、尤西川、徐養齋。皆堂上人也。愧學未窺斑,而輒敢次第其言如左。緣考其行,則皆屋漏如斯,大廷亦如斯者也。蚤歲如斯,晚節亦如斯者也。斯之謂躬行君子,予之竊有志未逮者也。此外名賢非無見道之語,而或其人尚存者不可徑述,議論未定者不可漫述,言足聽聞,而中多疵累者又不敢輕述,雖有掀揭之勳名,懸河之才辨,予終不敢雷同而附和之。蓋析理有毫釐之差,謬必千里。論學有邊旁之見,義多滲漏。嚴學派者審之。

楊氏廉贊曰:平生所志,惟在儒術。舉業、理學,會萃爲一。《蒙引》之作,藩垣置筆。辯如江河,守則以訥。朱之於呂,嘗誅其妟。酷類成公,詞寡人吉。閩學中興,公多倡率。

司訓黃先生逵弟正。

黃逵,晉江人。爲粵東新興司訓。與弟正皆受《易》於蔡文莊先生之門。

舉一子曰閭,閭之子曰衷,以孝稱。衷之子曰喬鎧。弟正,成化十年鄉薦,官推官。《何鏡山集》

同知張國信先生元璽

張元璽,字國信。其先在宋末屬浦,賊亂,避地於晉江登瀛里。宋亡,隱軒伯玉終身不仕。祖福。父旺,成化中舉人,孝養二母,推財弟舅,未受官,卒。璽痛先志弗遂,少小即知力學。游蔡文莊門,以妙悟見稱。與陳紫峰琛、李筠溪墀、王一矔宣,號稱"四傑"。弘治中,領鄉書,除滄州學正。端軌興文,士習頓化。流賊陷滄州城,閉齋自守,賊相戒勿犯,居民傍學宮者藉以安堵。遷國子監學正。擢建昌同知,未任,卒。元璽學有深造,淡於世味。居官貧薄,沒後,僅負郭田數畝,士大夫以爲難。舊郡志、《閩書》、《李衷一先生集》

郡守王子鋒先生鏌

王鏌,字子鋒,號壁山,晉江深滬人。天資穎敏,遊蔡文莊之門,篤志勵學。登弘治九年進士第。自是,滬海之士彬彬矣。初試宜興令,均徭役,時賦斂,摘奸蠹,臺使者最其等。陞南京大理寺評事,轉寺正,讞獄明慎。晉惠州知府,政聲嘖嘖。未幾,歸脩祠宇,練鄉壯禦賊,以保鄉里,鄉人皆誦其賜云。《顧新山集》

副使黃潛虛先生天爵

黃天爵,字希仁,南安人。少從蔡文莊受業,誼最篤,因自號潛虛。弘治十二年進士,甫觀政,即以親老乞歸省。旋丁外艱。服闋,授戶部主事,歷郎中,陞廣東副使。有滯獄疑於法,爵至,訊服,人稱其神。尤喜獎拔善類,粵人畏而愛之。丁內艱歸。起補湖廣副使,留心學政、水利,士民勒石頌德,乃堅請致仕。營宅西埔,即蔡文莊所授地,其師弟子古誼蓋如此。歲奉祀事甚謹,待異母、兄弟如一。族中老貧幼學咸推橐惠之,愛母家陳尤摯,撫遺孤,嫁女、喪葬、購廬代奉其先焉。性寡言笑,外直內寬。未遇時,嘗同莊恭人歸寧,時襟兄李已貴顯,禮待頗異,莊恭人促歸以激之。及貴,恭人尚留憾,而爵已忘之矣。功姪河清,在銓部時常欲推以督學,爵力辭焉,人益服其品行云。《南安志》

文學黃允靜先生明

黃明,字允靜。晉江諸生也。潛心《易》學。弱冠,游蔡文莊之門,時聶貞襄豹倡學閩中,明從游爲高弟。《閩書》

提舉曾子遜先生大有

曾大有,字子遜,仙遊人。從蔡文莊學。以鄉薦授德州學正,歷廣東市舶提舉。克著廉聲,乞歸田里,產業多歸之兄弟貧族。嘗著《勸學錄》以訓士,又有《資仕》、《蛙見》二錄。《閩書》

同知傅石涯先生浚

傅浚,字汝源,南安人。凱之子。性謹厚。弘治十二年進士,授戶部主事。爲逆瑾矯旨削籍。瑾敗,起工部虞衡員外郎,進郎中,理薊州鐵冶,釐革宿弊。改都水司,出納不徇私請。卿長固位略中官,屢索餘羨,浚不應,爲所排,出爲山東轉運同知,暴卒官舍。其詳見子橒傳。按,陳紫峰祭文畧曰:“先生闇淡訥訥,未嘗修飾表暴以示諸人。蓋虛齋其師、敬齋其父,古意古心,傳受有素。加以天資樸實,與道爲鄰,故能茹苦受辛,必由向上路,必作君子人。不肯以其胸中之耿耿者,而自混於流俗之塵。”又曰:“先生之所以取諸父師而成之者如此,可不謂之能後乎?今行人君橒,又將盡述其得諸先生者,而大發之,可不謂之有後乎?惟是賢哲凋謝,斯道寥落,而在吾黨則不能以不哀也。”《閩書》、《陳紫峰先生文集》

縣令尤見齋先生復

尤復,字純卿,號見齋,晉江人。正德庚午舉人。受業蔡文莊公。官石埭知縣,有惠政。《溫陵先正姓氏爵里》

教諭蕭叔岡先生崑

蕭崑,字叔岡,將樂人。從蔡文莊受《易》。正德丁卯,舉于鄉,授淳安教諭,尋補績溪。己卯,聘粵闈分試,途次爲濠逆所執,欲降之。崑慷慨言曰:"殿下違祖分,干天命,復欲辱義士乎!"竟不屈死。《道南源委》

方伯留朋山先生志淑

留志淑,字克全,晉江人。忠宣正之裔。年十八,受業蔡文莊之門,一見,稱其遠器。未弱冠,領鄉薦。弘治十八年,舉進士,授溫州府推官。折疑獄,快輿論。擢刑部主事,歷郎中。以才望推守杭州。浙有鎮守太監畢真者,故寧庶人宸濠羽翼也。志淑悉其匪測狀,白臺察監司陰制之。真一夕構市人火其居,延燒二千餘家,意欲因而起變,戕殺官吏。志淑閉門不出,第遣地方撲滅,傳報諸衙官,毋往看火。數日,濠反報聞,真將發益急,志淑提民兵伏門外,與諸監司入見。真曰:"知府造我反耶?"志淑曰:"無是也!第府中役從太多,公心跡難白,公宜散遣之。"諸監司競爲言,真倉卒不得已,呼其眾出,民兵盡執而置之獄。奏聞,逮真伏誅。武宗率師親征宸濠,且道徽州。憲臣以志淑有幹濟才,改守徽使,備行在供億。至郡,止候駕丁夫,罷民間諸所措備,惟令人持直前途,隨方隨時僱募供應,公私晏然。時有執檄從府中門入,稱奉旨擒惡人某者。志淑疑其詐,令傳中醉之,潛發其封,白頭而已,論坐如法。徽郡大治。遷湖廣按察副使,尋轉布政司參政。銅盤嶺洞賊起,志淑先察,擒土民爲藏匿若干人。凡報賊者輒弗令返,繇是聲息不通。乃令集兵以待指麾,分道直逼賊壘。月餘,外給不繼;賊困乃降。歲大饑,志淑自請行,所活甚眾。屬有腴田數百頃,爲水所決,志淑按其地,使人疏導之,築堤植柳爲固,民呼曰"留公堤"。歷補江西按察使。逾月,轉浙江右布使。數日,卒。志淑才學兼懋,疑獄剖析如流。公暇會諸生學宮,習禮考樂,建尊經閣庋書教士。所至以學爲政,聲績迥異云。子元復,鄉薦,善繼父志。《閩書》、《通志》、舊郡志、新郡志纂

教諭吳秉衡先生銓

吳銓，字秉衡，晉江人。從蔡文莊學。嘉靖初貢士，授博羅訓導，陽春教諭。平居嗜學，而持身以禮，無惰容，無僞言，無私謁妄求取。爲學官，集士有美質者，親爲講授，夜則挈供具行視，皆翕然勸興。以疾歸，咸思慕之。蔡公元偉稱溫陵人物，謂朱簡庵鑑、李木齋聰、蔡虛齋清、陳紫峰琛、張净峰岳、黃逸所孟偉、林龍峰同、顧新山珀、林六川性之與銓，數公雖名位不同，皆無愧鄉先生也。按，《閩書·洪富傳》：“富爲諸生時，受學蔡文莊之門人若吳銓、林同二公。”今從洪傳，增入文莊學派。

僉事李筠溪先生墀

李墀，字獻忠，晉江人。正德三年進士，官終僉事。王氏慎中祭之文曰：“肆公之學，鈎深探賾。孔孟微言，羲文奧畫。宿師積疑，渙然冰釋。虛齋先正，教人以《易》。公早及門，遂參所得。師承原本，文有法式。師所著書，公廣其刻。傳于西人，施及遐側。肆公之政，善斷能聽。始評棘寺，讞審衡鏡。色詞有稽，徵以法令。陟爲蜀臬，風裁獨正。繩奸摘隱，不事鈎鉅。秉憲持體，與御史諍。坐此失官，既去乃詠。如公之蘊，不究其施。人莫不憤，公善自怡。葆光頤和，林泉娛熙。老而益康，介此純禧。從以孫子，實教書詩。桑榆之景，晏樂且宜。壽豈令終？靡有憾遺。”《王遵巖先生集》

長史楊楓山先生孟洪

楊孟洪，字裕卿，晉江人。少補郡庠弟子員，事虛齋蔡先生講《易》，得其微旨。以《易》經領正德丁卯鄉薦。明年戊辰，會試春官入乙榜，授江西寧州學正。推所聞於師者以授其人，無不信服。丙子，召爲國子助教。甫一年，以懶菴足疾，乞歸。侍四年，而懶菴歿。服闋，復爲國子。又六年，戊子春，由國子奏補德府右長史。王常聽用其言，府事多所釐正。癸巳，轉左長史。時年六十餘矣。屢求歸，王輒留之，至于再三，王度共終不可留，乃聽。始虛齋門下士無慮百十人，顧常愛孟洪言辭容止及論事之長，謂其他日必能爲政。其後所至，皆以溫恭詳款爲人所愛重。事有難處者，爲之剖畫，咸中肯綮，無拂於理而後行。故終其身於事，鮮有敗失。尤仗義，能濟人急。丁卯，赴秋試，漳士有道死而無殯資者，時且鬱熱，人無敢視。孟洪親爲之殯，以己資助而遣之。其在分寧，寧庶人方起獄擠鄭山齋，以南昌教授王某亦莆人也，并擠之，禁絕所與往來。孟洪常使人問視其家，人以是稱孟洪爲長者。晚作別墅於楓山，蓋有終焉之志。嘉靖甲午年卒。按，王遵巖爲雙泉處士墓誌云：“蔡虛齋先生高弟數人，楊孟洪其一也。”張净峰先生撰墓誌

謝先生弘附高鳳崙。

謝弘、高鳳崙，安溪人。受學于蔡文莊。文莊字弘曰汝器，字鳳崙曰瑞周，必其鄉學之士，惜其不名於時。《安溪縣志》

遺佚蔡鶴峰先生烈

蔡烈，字文繼，龍溪人。少廪於庠，往從晉江蔡文莊學。文莊與語，大悦。比歸，授以蔡氏《太極圖解》。既又從莆田陳氏茂烈游，語以心體流行于日用間，要常見得參前倚衡氣象，遂大省悟。即辭廪，隱於鶴鳴山之白雲洞，學者稱爲鶴峰先生，時年三十二。郡守勸之仕，對曰：“昔漆雕子自謂未信，若某豈徒未信已哉？實且未見也。”嘉靖癸巳[②]，以遺佚應薦，力辭母老，不赴。御史李元陽檄府爲建書院，又辭不受。忽所居之山，如雷鳴者三日，而烈卒。烈初性剛方，晚年充養和粹，終日危坐，非劇病，無惰容。其學一宗程、朱，以窮理力行爲實，主敬爲要。嘗游武夷山，寓考亭精舍，數日而歸，曰：“脚根自此定矣！”提學邵鋭聞而訪之，談論終日，蔬食相對。副使柯喬嘗與劇談道體潛天潛地，烈徐應曰：“道固察乎天地，而端則始於夫婦。若屋漏無愧，則天地自位。”邑簿詹道請論心，烈請論事，曰：“孔門求仁，未嘗出事外也。堯、舜之道，孝弟而已矣。夫子之道，忠恕而已矣。”豐學士熙謫戍鎮海，見烈嘆曰：“先生不言躬行，某心醉矣。”朱提學衡稱曰：“力行好學，老而不倦，漳南又一布衣也。”所著有《孝經定本》、《大學格物致傳》、《道南録》、《朱子晚年定論》、《諸儒正論》、《大儒粹言》、

《讀書録》等書。《閩書》、《道南源委》、《漳郡志》

孝廉黄先生鉞

黄鉞，南安人。孝廉也。講學蔡文莊之門，爲東南弟子師。《閩書》

教授蔡體順先生祐

蔡祐，字體順，晉江人。三歲而孤，其母梁氏艱貞守之。梁見《閩書·閨閣志》。祐數歲，哀不見父，掩泣發憤。稍長，讀書敏記深研，抽心繹腑，如絲有緒，循而緝之，丈引尋續。出與人説，証喻參伍，窮極條貫，卒有要倫。從田南山受蔡虛齋《易》學，既盡得田氏《易》，復以新得疑義往質。虛齋曰：“我學如是。”最好朱文公《家禮》，講肄行之，其於作堂寢具、器服、物品，貧不能如志，而意常合，其造次必于禮度。舉鄉貢，一赴禮部不第，就銓養母，得新寧教諭。母艱服除，改海寧，遷湖州學教授，致仕。祐所至教士，皆悦附動變。其諭新寧時，上官檄視邑篆，省文書所宜施行，上聞下施，且行且請，不取邑中一物。會其母病，思笋，有持餽者，遂受之，邑人以爲特事。其自海寧徙湖，士爭畫像，乞留衣帶，去湖亦如之。子克廉。《閩書》

姚德輝先生

姚，闕。字德輝，漳浦人。事實未詳。蔡文莊曾與書曰：“古云三十年前好用工，吾人年且三十矣，將奈何？昔項羽之救趙也，既渡河，沉船破釜，持三日糧，示士卒必死無還心，一戰勝之，由此遂霸天下。夫羽無足言也！然能決志用勇直於死中求生如此，是亦學者所當師其一節，而未可以人廢也。漳浦姚德輝從予游，將歸，求予言以警其惰。予姑爲借粗喻之。會見陳進忠，其亦以是語之也。”《蔡文莊公集》

郭文博先生

郭，闕。字文博，籍貫、事實未詳。蔡文莊曾與書曰：承文博書，拳拳欲得京師中好文字議論,以爲進學之助。吾自到京,一向匆匆,未有可以答來意。惟冢宰王公某,舉朝士大夫皆以爲方今第一等人,吾頗辱其教愛。時召至書軒,賜之談論,間及書史,多有可發吾人志意者,因憶數段録寄。録第九段。曰:公問:“今學者滿天下,何故異才難得?”予對言:“是固有由也。上之人所以養之者,本未盡其道;下之人又幸際時之昇平,而售之急耳。以生所見言之,如生稍知章句訓詁,人便舉而進之於學宮矣。未幾,作經義甫成篇,便得補廩,以爲當然矣。又未幾,作三場文字纔可讀,便迫迫期中舉、中進士矣。一中進士,則官已到手,或無暇於學,或自謂無用學矣。其仕而能學者無幾,且又或有扞格之患。蓋識見既淺,踐履必薄,規爲必粗,非所謂俟其熟而食之者也。況自幼入小學,而其所學者多非學做人之實事。人才之不如古者以此,故雖有異質者亦不能成異才。生等躬坐此病,今日雖知悔前之失,實蹈扞格之患矣。”公曰:“然。吾兒子承裕,今年二十三,丙午年已中舉,然吾未欲其急於仕,且令靜覽羣書,閱閱世務,冀他日得實用耳。”此一段似有益於吾輩,故詳録之。按:文博先生傳文莊《易》學,授之門徒林坦齋文明。林別見郡西林氏家學,不另列學派焉。《蔡文莊公集》、《何鏡山公集》

洪 元 達 先 生

洪,闕。字元達,籍貫、事實未詳。蔡文莊曾與書録其三。曰:《春秋》胡氏傳“夏時冠周月”之説,雖非後學所敢輕議,然每讀之,覺其曲折費力,終未能愜然於心。或意經所書“王正月”者,蓋謂時王之正月,明其非夏時、商時所謂正月耳。謂自夏、商以前,便已有三正迭用之事矣,夏啓聲有扈之罪云“怠棄三正”可見矣。故夫子於《春秋》有“王正”之文歟。想“王正”二字,亦有自來,不必是孔子所立也。録其四。曰“夏時冠周月”之説,朱子當時又嘗疑之。其説見《春秋大全》,註云:文定《春秋》説“夫子‘以夏時冠月’,以周正紀事。謂如‘公即位’,依舊是十一月,只是孔子改作‘春正月’。某便不敢信。據今《周禮》有正月,有正歲,則周實是元改作‘春正月’。夫子所謂‘行夏之時’,只是爲他不順,欲改從建寅耳。愚謂據朱子説,則周時之所謂春非夏時之所春,亦明矣。此説

與今胡傳不同”。《蔡文莊公集》

訓導黃伯馨先生芹

黃芹,字伯馨,龍巖人。喜怒不形,端謹無惰。從學蔡文莊。正德元年,以歲貢授海陽訓導。身教端謹,學者宗之。郡邑有疑事,咸就質焉。以親老,乞歸。所著有《易圖識漏》、《易經口訣》、《史圖纂要》、《家禮易行》等書。《閩書》、《漳郡志》

教授李碩遠先生世浩

李世浩,字碩遠,平和人。敦樸好古,少游蔡文莊門。創家規,正宗法,脩鄉約,建聚賢堂,設義倉,惓惓于和鄉睦族。以歲貢,歷官寧波府教授,士心悅服。子文察,字廷謨。精思力學,究心樂律。嘉靖中,以歲貢倅遼州。廉節自持。奏《樂律解章》數萬言。上大悅,令如議酌行。授太常典簿,終思恩同知。《閩書》

丘省菴先生瓔

丘瓔,晉江人。受《易》蔡文莊。著《易説》、《皇極管鑰》諸書。學者稱省菴先生。子養浩,官終都御史,以風節著。《閩書》

文學李君佐先生仕弼 以下私淑。

李仕弼,字君佐,晉江人。善治經,爲諸生祭酒。遠從伊、洛,近守文莊,體裁自家,淵源往哲,學者師之。

【校記】

① “佚老會”,據下文觀慧傳當作“逸老會”。

② “癸巳”,《道南原委》作“癸未”。

閩中理學淵源考卷六十

涵江陳氏家世學派

按,丁氏《三陵藁》云:"昔在成化以後,迄嘉靖間,泉中人文蓋斌斌然矣。其一門諸父昆弟相爲師友者,則涵江陳氏爲盛。自太守敏菴公以明經起家,時則有微菴先生肩隨衽接,高談周子《太極》之奧。稍後,紫峰出,益昌明其學,爲儒者宗。而侍御見吾與南樓並執經授業,翹然稱高弟。諸先生造詣淵醇,追古學者,仕亦有聞於時。微菴雖少一第,而晚歲學成德尊,以其身爲後進矩矱者,垂八十年。南樓爲之從子,獨以恂恂謹飭,最得其歡。及紫峰辭官侍養,質齋公父兄子姪朝夕相從嘯咏,其一門行義,孚於家庭,而文學推重,無愧鄒魯矣。"再按:陳氏先世家青陽山,元延祐間,碧溪公始遷涵江,今爲涵江陳云。

陳微菴先生洪璧

陳洪璧,號微菴,晉江人。世居涵江之濱。兄洪載公腆,弘治癸丑進士,歷官高州知府。洪璧於腆爲從弟,其文字之雅爲所深器,大司成蔡虛齋先生亦加愛重,蓋其平日刻苦工夫,多在於《易》,而於《太極圖》、《參同契》人所難讀之書,務鑽研而入其奧。勤學到老,而不得行其志,布衣疏食,安於草茅之下,因以"微"名其菴焉。《紫峰先生集》、《閩書》

侍御陳見吾先生讓

陳讓,字源禮[①],號見吾。少從從兄紫峰氏遊,傳其學。紫峰以《易》學名,讓以《春秋》名,一時學者師之。嘉靖十年,鄉試第一。十一年,登進士,授紹興推官。聽獄稱平,暇則進諸生校藝講學。徵爲監察御史。當世宗既立,迎興獻太后入仁壽,張太后仍以藩妃禮遇之,兩宮以此有隙。巨俠劉東山者,睥睨兩宮間,將以奇論取富貴,乃令其黨構誣張鶴齡兄弟有逆謀,左道咒詛,詞連宮禁,逮繫無辜數十百人,都城駭動,諸司不敢出一語。讓方視事東城,遂捕東山下獄,究其罪。東山度不可脫,令其黨告變,且誣讓爲張氏羽翼,併下獄。讓從獄中上疏辨,上意稍解,而西曹鞫東山所奏悉無驗,併其黨坐欺謾伏誅。讓得還職,京師宴然。當是時,微讓,仁壽宮危而人心搖矣。及興獻太后殂,廷議遷興獻帝合葬天壽山,讓以藩王不宜入祔皇陵,乃借言顯陵氣脉不可洩,又重於勞民,請以衮帔交葬便。上初覽奏,怒甚,投疏於地,頃復取視,曰:“此言亦是。”於是定不遷之議。而執政從旁擠讓,竟賜罷歸。里居,日靜坐讀書,孜孜學問,口不及當世事。惟地方利病,則亹亹爲上官陳之,期有濟。讓爲人剛方廉介,見者竦憚,然與之久處,談論慷慨,真意溢出,人信慕之。上自承天還,猶問其姓名。臺使者至閩,輒疏薦,而執政多忌之,竟不用,家食十五年而卒。隆慶改元,録先朝諫者,贈光禄少卿。所著有《見吾文集》二十卷、《邵武府志》若干卷,行于世。讓在臺二年,疏屢上,皆侃侃大計。獨處劉京山及議祔葬二事,尤人所不敢出者,特著之篇。張氏《儒林傳》、曾承芳撰文稿序

陳 南 樓 先 生

陳某某,字某某,南樓,其別號也。少穎敏,融貫經史百氏,爲文嚼理敷詞,操筆立就。時紫峰先生聚徒講學于紫雲寺,授《淺説》、《通典》諸經,南樓默記疾抄,傳誦于人。尤虛懷獎善,見人文義有會于心者,無論名下雖下于己者,必録。在郡庠,取友以文學意氣相感摩,有岱峰、冠山二郭氏伯仲譽髦,南樓引以爲切磋之助。比部郎林六川未第時,所交慎許可,一叩其學,知有淵源,以其子象川使就學焉。于時横經立堂下者,不下數十人。南樓升座肅講,細繹經旨,聲吐洪亮,能使諸生竦然起奮。至評駁文字,一核諸理,必取平易疎暢,不眩奇詭恢張之説,以故及門多所成達。涵江自敏菴以明經起家,微菴肩隨袨接,高談周子《太極》之奥。紫峰出,益昌明其學,爲儒者宗,而見吾與南樓並執經授業。

及紫峰辭官就養,好從杯酒,嘯咏終日。顧獨愛南樓,雅趣與合,然南樓終不以同行,故畧師弟之分,雖頻燕見,不異紫雲聽講時也。卒,時年四十七。初,弘、正、嘉靖間,泉中人文蔚起,其一門父子兄弟相爲師友者,涵江陳氏爲最盛云。

按,《紫峰先生年譜》載:"族弟文學良節與侍御讓同受業紫峯。"據友人徐簡之云,閱涵江《陳氏族譜》,良節即南樓云。丁氏《三陵稿》撰本傳

陳德基先生敦履

陳敦履,字德基,別號静心,紫峰先生子也。生而剛方,嗜學好脩。嘗書先儒主敬窮理之言,貼于座隅以自省。弱冠,從給事史筍江于光學《易》,推高弟,年二十,補郡諸生,再試不利,以紫峯家食,戀戀膝下歡,絕進取念。菽水事親,志不苟取。友人侍御某曰:"德基至孝天成,言不及勢利,動不踰法則,古心古行,可於塵埃中求耶?"紫峰没後,益以讀書課子爲務。其論學大都專主性命,根極理本,不喜爲時尚詞華之習。嘗語其子復曰:"孔、孟而後,惟周、程、張、朱、真、蔡得其宗,國朝自薛敬軒、陳克菴、胡敬齋、陳布衣、蔡虛齋諸賢之外,鮮有及者。近時種種新説爲學大蠹,兒輩無惑也,一切佛、老、莊、列之書屏勿視。"而於《紫峰遺集》謂其源虛齋而述朱、程,窮編累帙,字讎句校,壽于梓,即老不少廢。己未,泉中兵寇後,遷徙靡定。德基恐後世子孫昧其所自,因脩譜爲合族計,尋覓祖墳而追祀之。年八十餘,丰神峻整,無論見賓承祭,雖子弟必正衣冠見之。嚴寒威暑,無少頃惰容。子復又以孝聞,學能世其家云。莊氏履豐爲誌其墓曰:"陳氏潁川,代以益貴,人乃稱公慚卿,卿慚長,然則士君子所不墮其家聲者,固不在區區名位間乎?德基好學不厭,好禮不倦,耄耋稱道不亂,無慚乎紫峰子矣。"莊氏履豐撰墓誌

陳及峰先生敦豫

陳敦豫,別號及峰,紫峰先生季子。資稟沉静,少即知學,步履進退,雅有常度。年十七,補弟子員,從何作菴受業。紫峰下世,敦豫逾弱冠,哀毁骨立,至性絕人。彙聚紫峰著作,旁搜遺軼,並編次《年譜》,梓行于世。與諸弟子員告當

路,請專建紫峰特祠,以發明羽翼斯道之美。其立祀田,脩家譜,撫恤宗黨,水旱荒歉關民疾病者,多方所爲,惟力是視。雖悍夫惡少,望而敬愛之,不義者惟畏其知。晚年充養完粹,春溫襲人。嘗曰:"學顧躬行何如耳,豈必講哉?"既棄去弟子員,堅臥涵江之湄,名賢述作,朝夕几案,手抄《性理全書》,稍增減之,謂:"蔡虛齋所著《易蒙引》,有繭絲牛毛之精,而人病煩。紫峰先生所著《易通典》有渾合未破之天,而人病略。"乃以《通典》爲訓箋,採《蒙引》切要爲主意,合名《典引》,以藏諸家。門無俗賓,論文尊酒,輒爲知己留連。雅有豪興,引觴浮白,不以既醉爽度。鄉先生林象川家與相近,時過從爲快,嘗曰"安得斯人消今世頑懦鄙薄之風"云。何鏡山先生撰本傳

陳爾身先生欲潤

陳欲潤,字爾身,御史讓子也。刻志聖賢之學,正立危坐,矩言法論,不輟於口。《閩書》

督學陳紫峰先生琛學派

張陽和元忭曰:"自考亭朱子倡道閩中,一時及門高弟砥行植節者滿郡邑,故閩中之學在有宋孝、寧之世爲最盛。迨明以來,朱子之書布四方,家傳而人誦之。然時習其説,以獵取科名,影響剽竊,而朱子之宗旨轉晦。夫自蔡虛齋、陳紫峰兩先生相繼出,乃始一洗俗儒之陋習,獨採朱子之精微,而閩中之學,在明正、嘉之間又最盛。再考虛齋之學方顯時,士猶鮮能習其傳,稍後紫峰出,摳衣稱弟子,於是虛齋得紫峰而學益尊。今紫峰《四書淺説》與文莊《蒙引》並傳垂三百年,鄉邦後先遺獻,講明紹述、誦仰師法者,皆二先生餘烈也。然則有志先生之學者,慎毋固陋薄淺,牿其心志,如净峰所謂'務求之身心踐履之實,以進於出處去就之大節',如是,益見先生孝養之誠、勇退之決,其紀綱乎彝常者厚矣。李氏叔元嘗言:前輩有及見文莊者,曰:與虛齋先生坐半晷,則胸中半晷

聖賢也。有及見紫峰者,曰紫峰表裏洞徹,似青出於藍,其氣象可想矣。先生與淨峰、筍江、次崖,並以正德丁丑聯第,其講學論道,皆淵源於蔡子,上溯紫陽,不離其宗云。"再按:曾氏承芳、王氏慎中爲見吾先生門人,見曾氏撰《見吾文集序》及王氏撰《見吾祭文》;林氏一新、丁氏自申爲南樓門人,見丁氏《三陵薰》;莊氏士元爲蔡于省先生門人,見李氏叔元撰《蔡于省傳》,皆附私淑之列焉。

督學陳紫峰先生琛

陳先生琛,字思獻,別號紫峰,晉江人。杜門獨學,不爲苟同。初受業於木齋李聰。一日,蔡文莊得其文于木齋所,嗟異久之曰:"吾得友此人足矣。"先生乃介木齋稟學於文莊。文莊曰:"吾所發憤沉潛辛苦而僅得者,以語人,嘗不解,不意子已自得之,今且盡以付子矣。"督學江右,請與偕行,教其二子。歸而設教學宮之傍與郡城之月臺寺,四方從學甚衆。文莊没將十年,先生舉正德丁丑進士。初考官尹編修襄得其文,以語總考靳公曰:"造詣精深,出舉業谿徑之外。此必陳白沙門人,不則蔡虛齋也。"釋褐,授刑部主事。乞南,得户部,榷淮安舟税。正額既足之後,大開關門,恣商人來往。轉吏部考功郎。會上兩宮徽號,例得封贈,先生曰:"吾持此歸,足以慰吾母矣。"於是,乞終養。嘉靖七年,大臣有薦先生有用之學,不宜在散地,下詔徵用,辭。又一年,即家起貴州僉事,旋改江西提督學校,並以母老力辭不赴。村居,足跡不入城府,不通達官貴人書問。却掃一室,偃仰其中,静觀天地萬物消長之變,古今興衰治亂之跡,與夫世俗炎凉向背之態。或迺然發笑,或喟然太息。時或縱步阡陌,與農叟談俗叙故爲樂。發爲詩歌,往往自在灑脱,超然物表。爲文,層層嶄嶄,發性露光,如危峰蠹石,枯條潤葉。文莊没,道德行誼無愧師門者,先生一人而已。初,弘治間理學中輟,虛齋先生起希曠之後,以深微踐履之學教人,由場屋之業而入於聖賢之道,及門之士,率常數十百人。能得其言語者有矣,未必得其精微,或能并精微之意傳之者,其於反躬踐履未必能如其言。至出處去就大節,其能悉合於義,無愧師門者,鮮矣。先生資稟明邁,其爲學先得大旨,宏闊流轉,初若不由階序。

而其功夫細密,意味悠長,非一經專門之士所能企及,其淵源承授之功,不可誣也。所記述以授弟子,則有《四書》、《易經淺說》二書。其族弟御史讓謂:"文莊《蒙引》得聖學精微,閒有意到而言或未到,及其所獨到,則可以發文公未發。紫峰《淺說》得聖學之光大,意到則言無不到,及其獨到,又可發文莊未發。"而先生猶自謂此訓詁之屬,更欲門徒得夫勵進退大節,破名利兩關。言峻行古,與之遊塵埃之外,而細論夫顏子所謂彌高彌堅者,是以一時從學之士,多有洞視今古,傲睨宇宙之懷。先生歸養若干年,母吳氏以壽考終,先生年幾六十矣。後十一年,先生卒,時嘉靖二十四年。所居後浦,潮汐不至者數日,士大夫聞之,相與嘆息。有司爲祀之學宮。張襄惠岳誌其墓銘曰:"道宗先覺,學異專門。精詣洞觀,貫于本原。鍾鼎非豐,菽水非貧。求仁而得,時哉屈伸。"又祭之文曰:"嗚呼!紫峰一世人豪,有蟠屈萬古之心胸,有瀉落長江之辨論。有避世之深心而非玩世,無道學之門户而有實學。"世論以爲平當。張浄峰撰墓誌、王遵巖撰本傳

備　考

　　王氏遵巖曰:嗚呼!士敝於場屋之業,而固陋浮淺,牿其心腑,專一經以自業,茫然皓首,尚不能通其義以傳於繩尺之文,又烏知所謂聖賢之學哉?宿董末生,相尋以敝,自虛齋蔡先生出,乃始融釋羣疑,張皇新意,推明理性於字析句義之間,以與前儒相統承。夫所謂聖人之學者,其駢拇於條畫,枝指於解訓,要以詳夫場屋之業,而其意則進乎此矣。虛齋之學方顯,士猶鮮能習其傳,而紫峰陳先生生稍後,自以其意爲前儒文公朱氏之學,未嘗聞虛齋之説也。一日,虛齋得其文於故長史李木齋公所,嗟異久之。於是先生乃介李公稟學於虛齋,請爲師弟子。虛齋得先生,而其學益尊。又云:始丁丑榜得士,吾郡最有名。給事史笥江公于光、今僉事林次崖公希元、中丞張浄峰公岳,與先生並以經學爲海內巨工,張公尤號爲閎博而傑於文。給事公淡於仕進,與先生同趨好,滯一官以卒。僉事公喜事功,齟齬於世,迭起迭仆,卒無所就。中丞公方據融顯,事功爲一時絶出。然林公悔其顛躓,張公亦以酬俗成務爲多憂,而恨道之難行,未嘗不高先

生之決，而慕其清也。某生最晚，猶及侍言於給事公，林公、張公皆辱俯與爲友，忘其年輩之後也。謬學乖駁，與二公有所往反，二公不以爲是，予猶謬自信，且不揣而思有以易二公也，獨不及事先生而請其説。然以二公推之，知其不予是，而予亦宜無以易先生也。然而知先生之心而能言者，某則不敢讓也。先生之書，其天趣極詣，神機妙契在於言語文義之外而已。至於言語文義之所存，字謹其訓，句詳其義，頭名一門，粥粥然如恐涉他足而誤塗徑，固與治場屋者設爲如是耳。其超然會心，離去形跡，而遺忘物累，庶幾所謂不枝葉於道而全其真者，由是以推先生之大。然則論先生者，不徒有考於其書，而論其書者，尚當有以求先生也與？

何氏鏡山撰《陳紫峰先生言行略序》曰：紫峰先生既没，其學尊表於世，祀學宫有年矣。其孫復欲推明而大之，以貽諸後，命喬遠次其生平言行及當世學士大夫所尊重先生者，彙爲一帙而爲之序。序曰：聖人之道大矣！包乎天地而不見其元虛，統乎萬物而不見其繁萃。兼言之未嘗不精，微言之未嘗不該。其深入於性命者，常顯於事物。其博散於事物者，常通乎性命。後世名儒君子得其一指一歸，發揮昌明之，可以淑身而善人，何其大哉！後世之儒，所發揮昌明，其一指一歸，以淑身而善人者，非有所擇之也。其性有近焉，其力有入焉。而以至聖人，猶渡津之有筏，適國之有徑，其理未始二也。夫三代之世，人共明一道，士共脩一學，則既無異同矣。異同生於漢。然所謂膏肓墨守者，特以守其師門訓詁之傳，非聖門安身立命之大端也。而後世乃以膏肓墨守乎訓詁之説者，膏肓墨守乎聖門安身立命之道。夫聖人之道之不能不雜於異端也，猶太空之不能不陰翳，大道之不能不荆榛也。所賴名儒君子羽而翼之，使之垂光於中天，廓清乎四達，以盡後死者之責而已，豈可有彼此之間哉？君子之學，動則踐履，静則涵泳。天高地下，萬物散殊，莫非吾心之化工。誠有以盡其廣大高明之量，使之昭暢洞達，其内無纖欲之可留，則其中無一理之不存。仁義禮智以爲徵應，孝弟忠信以爲躬行，皆其必然之效，自至之符。故日用飲食可以盡神化，愚夫愚婦莫不與知能，此聖人之道，所以性命事物顯微精粗，一貫無二，而剖析其同異，較論於毫釐者，雖忘言可也。先生之學，得之蔡虛齋，虛齋之學宗之朱晦菴，而所歸宿獨詣實在於此。先生固不輕以語人，世之尊先生者徒謂其高潔不淬，光明無累，亦未有得其精微者也。至論先生出處之際，則其肥遯不仕，蓋爲太夫人之養，而非以隱爲高者。令太夫人下世之日，先生暮齡未艾，廟堂一日用先生，則又必有爲世道之光者，非但如斯而已也。某生先生之鄉最後，私有志聖人之道，而不敢以語人。間嘗竊取蔡虛齋與先生所著遺書及其平日尚論玩索，蓋亦有年，反躬內鑒，不得其髣髴。而先生之孫，復以此相命，遂擷掇先生所學之大要與其切近精實者如此。嗚呼！論先生之世，豈特可以祀學而已，以躋有宋諸儒、俎豆聖人之廡可也？

又《年譜序》略曰：吾泉鄉先輩，德行、文章、氣節可謂盛矣，最著莫如蔡虛齋、陳紫峰二先生。虛齋謹密精微，涵而揉之而不見其端。紫峰光霽峻潔，融而超之而莫得其跡。蓋虛齋聖門曾、閔之徒，而紫峰琴張、曾晳、牧皮之侶也。聖門而後，其悠然溫厚者，莫如陶元亮，其脫然瀟灑者，莫如邵堯夫，紫峰先生殆欲兼之。先生自其布衣時，則已亢自矯厲。入仕三年，世利矙無磷緇，告滿得恩以榮其母，便掛冠歸養。聲名特達，朝命屢下，堅臥不出。卒奉菽水，終厥天年。林居二十餘載，秕坵塵俗，飲酒賦詩，飄然有物表之致，而卒歸之精義正學，可謂風翬雲停，鴻飛鳳立。嗚呼！先生於古人，真豪傑之士矣。先生冢子敦豫，躬行實踐，無媿先生。嘗有志脩先生年譜而不逮，季嗣敦履屬稿未就，先生冢孫復乃與同志考核論次，又請蘇君民孚、李君叔元重加削訂，復使卒其業。某皓首老大，於虛齋與先生望之不得其津涯，序先生年譜，不覺爽然自失也。

郡守黄孟偉先生偉

黄偉，字孟偉，同安人。性敏而慤，貌古心淳。年二十三，領正德庚午鄉薦。自歉未學，不赴春官，更受業陳紫峰琛之門。甲戌成進士，授南刑部主事。所治獄，情法既得，執不可奪。暇則讀道南四先生書，溯穎昌授受微旨以自勵。嘉靖初，應詔陳九事，皆切中治體。出守南雄，明禮教，去淫祠，罷不給之徵，禁晝遊之女,不以升科困羸民,不以官稅入私帑,不以非禮阿上官。甫三月,遂疏歸,老稚遮留不得。以薦起,改知松江府。時張孚敬當國,霍韜,偉同年也,造謂曰:"兄向者應詔疏語嘗及張公,某私爲解,張公亦自知兄矣。宜一謁之。"偉曰:"昨出墮馬,今方病足,未能也。"即投牒歸。家居,食貧養親,日惟講學正家爲事。丁艱三載,足絕卧內。晨興,率子弟展拜家廟,諸子或晏起,斥跪庭中,須拜畢乃去。冠、昏、喪、祭,盡革舊俗。鄉人顧化,不敢爲不義。值郡歲大饑,臺察請偉尸賑事。偉旦暮區畫,食寢幾廢,及竟,以劇瘁卒。郡守以偉及李源、田崏立坊以旌之。《閩書》、舊郡志、新郡志、《清源文獻》

行人傅廷濟先生櫬

傅櫬,字廷濟,南安人。正德辛未進士。祖父凱,父浚相繼登第。櫬年方冠,有文學,授行人司行人,志尚嶠然。時浚爲山東齪司同知。先是,櫬母没,父繼娶王,從之官,私其二蒼頭,浚未及處分而暴死。訃聞,櫬疑其邊也,奔至,察所由,則二蒼頭先期遁矣。櫬痛憤,秘不言,每哭輒嘔血數升,義不與王共居宅。密求者久之,一人傭匿德化深山巨姓家,微行至其所,謂曰:"聞君家一人力作,可出見之?"奴出。櫬曰:"是也有罪,然不可面數,君幸且入。"則出袖錘破其顙,立殺之。而其一不可迹。喪葬畢,慟而矢曰:"父讎尚在,曷爲人也?"迺狂易,出次于外,裂衣冠,屏妻遠子,晝暴烈風日中,夜則寢地以爲常。垢面穢骸,故不爲訾省,冀或致讎而甘心焉。親戚知友見,以爲真狂者也。而侘傺之懷,時發之詩歌及文辭,黏坊市門壁間,若顛若醒,陰自見志云。其遇迅雷爍電,中夜則興,正衣冠拱立。武宗哀詔至,則具衰杖,朝夕臨,終期始釋服。至其子死,不哭也,或問之,則曰:"吾不能子,而敢爲父乎?"諸父不忍其瘁也,屢請歸舍,竟不可。既而,王氏死,迺歸。又十五歲,卒。蓋自廢、自謫、自創、自罰者三十九年。萬曆己卯,翰林習孔教司理泉州,榜其廬曰"苦節純孝"。《越章錄》

教授蔡于省先生黃卷

蔡黃卷,字于省,晉江人。嘉靖二十年以貢授睢州訓導,擢汝陽教諭。貧士十脡,悉捐之。薄俸所入,又推與貧者共之。約諸生講《易》,期以昧爽,士爭佩習。教汝陽士亦如睢,兩地人文鵲起,南太宰趙賢及吾郡太守孔惟德其最注意者。以唐藩教授歸,爲鄉表正。孔惟德守泉,自答禮外無他謁。孔朔望及門,且語所知曰:"吾師何無隻字見教?"寄聲曰:"但願君侯愛民如子,老夫聞教已深矣。"永寧城陷,將坐指揮王國瑞重辟,則曰:"法無可貸,情有可矜。"孔乃從末減。指揮齎金謝,愕然曰:"吾爲理爾,爲利耶?"峻麾之。當孔踵門時,請以師道前席,而三僚俱隨太守小凳隅坐,貳守即周道光。及周代孔守泉,仍敦請爲正賓,衡門忘人之勢,而郡有司亦自忘其勢若此。初,黃卷受《易》於陳紫峰,精詣其旨,善以妙義教誘後進,莊氏士元亦傳其學云。李鹿巢撰本傳、《閩書》

州守王紫南先生承箕

王承箕,字維肖,別號紫南,南安人。少奇穎。父疇,官廣文。闢小軒,延紫峰陳先生訓督其中。承箕稟學惟謹,授《易》,講解輒了奧義。弱冠,補諸生,讀書以宋箋爲宗,以子史宏覽博極爲詞人冠。嘉靖十九年領鄉薦。久之,授沅州守,時年已五十餘矣。沅州政多可紀。何公鏡山爲誌其墓,稱其約己裕民,庭無暮金。性坦直,不陰附上官意。幾三年,解組歸。家近紫帽之南,故號紫南。壽八十二。子十,有登科目應篤,見何怍菴學派。

御史曾美遇先生承芳以下私淑。

曾承芳,字美遇,惠安人。嘉靖丁未進士,授鄞縣令。時倭擾江南海濱,若岩諸旁邑多被陷,而鄞縣獨完。詔賜金幣,擢爲監察御史,烙馬順天,行裝三夾而已,時呼"夾版御史",以疾歸,卒。

按,《清源文獻》:公撰《陳見吾先生選稿序》云:"吾溫陵陳見吾先生以直道節槩,表重當世,雖厄塞廢退,不盡宣其用,而道業文章歸然,一時學士大夫咸亟稱之。余從游垂十餘年,方欲從公棲遲,相與論文於涵江紫亭山水之間,比余乙卯謝病歸,溫陵公則宛然長往矣。公之子爾身懼其遺緒弗宣,梓其選稿,凡若干卷,委序於余云。"觀此,則公於見吾在師友之間,故附之紫峰先生私淑之列。又按:公之弟偉方,號蒼巖,與李孟誠、何鏡山講德論學,亦以志節文章著。見《泉郡述志彙》,

不另録焉。

郡守丁槐江先生自申

丁自申，字朋嶽，晉江人。嘉靖庚戌進士，授南京工部主事，進郎中，出守順慶。三年，調梧州。性嗜書，南中閒曹無事，多購古文奇書，昕夕繙閲。宦游邸舍，載書自隨，爲文出入歐、曾之間。居官以振救平反爲主。順慶困採木之役，閭里彫敝，緩征寬徭。户有逃亡者，蠲除之。歲饑，富人閉糴，夜數十人劫取其粟，官當之劫盜律，其實姻也，自申曰："是爲親相盜，況閉之糴，固可貰矣。"遂從末減。龍州夷酋争界，相讎殺，奉檄同保寧守訊之。保寧守請具甲冑以從，自申單車抵其壘，酋惶恐，囚服謝罪。及至梧，梧爲督臣開府鎮，百事蝟集，關決於守，應之如流。會大勳猺寇，將領掠平民爲功，俘至，令妻孥自識別，驗實，縱還諸所，全活無算。自申所至以循良稱，而性抗直，恥爲阿嫵態。某僉事子，上舍生，託省覲來順慶，頗通所屬饋遺。自申弗爲禮曰："君子愛人以德耳。"監亭令受賕事發，有力者爲居間，監司亦陰授意指，自申不爲動，竟按致之法，故於上官多迕云。歸而杜門讀書，譔述益富，扁所居曰"希鄴"。所著有《三陵稿》。子日近，孫啓濬，見《科目志》。李文節撰公墓誌云："吾郡中先輩士大夫田居，讀書慕古，以著作自命，遵巖王先生而後，惠安李抑齋愷、同安洪芳洲朝選，而槐江先生相繼起。"再，先生爲《南樓傳》，自言："髫年嘗供洒掃之役，過辱與誨。"今附之南樓學派焉。李文節先生撰墓誌

訓導王聞齋先生疇以下交友。

王疇，字體範，號聞齋，南安人。世耕紫帽之陰。弘治中，以貢授常寧訓導，棄官不仕。與陳紫峰友契。其讀書多實體處，王遵巖目爲今之仁人。自幼至老無惰容，與人推誠無猜。其祭紫峰文曰："大道久荒，正人希闊，談理學者多隱僻而不經，張氣節者每詭異而無實。求純粹無瑕而高明不累如吾先生者，天下鮮矣。先生之未仕也，著書立言，剔髓入神，深而明，微而顯。其既仕也，不爲勢誘，不爲利奪，兩京郎署，各羨清苦之名。再起儒宗，不易終養之孝。論者謂先

生有渾雄之文章,不知先生所以開來學者,有出文章之外。謂先生有恬退之高節,不知先生所以立大本者,不專在恬退之間也。蓋先生平日之心,不求人知,惟求天知。不求同俗,惟求同理。故其功名不必大顯天下,而教澤垂後世;其特立不必盡悦當時,而行誼擬前脩。"又曰:"先生未遇時,讀書予館,著述三年,蔬粥共歡,如兄如弟。既仕之日,往來書問,以陳情共隱爲教。告歸之後,時常携手秀林之麓、紫帽之巔,談吐生平。蓋相知者四十年,而吾兒承箕又荷先生教育云。"

【校記】

① "源禮",一作"原禮"、"子禮"、"以禮"。

閩中理學淵源考卷六十一

通判蔡東洛先生潤宗學派

何氏《名山藏》言:"虛齋與陳布衣、陳紫峰、羅整菴諸公,皆不立門户,不開講堂,卓然聖人之道,躬修君子也。虛齋身自力學,而教人恒循舉業以入,曰:'不如是,法堂前草深一丈矣。'今考諸門徒講説踐履,確循榘度,無軼師門宗旨,其篤信好學者歟?"再按:恭肅黃葵峰諸公,皆經先生指授,爲世名臣,其爲學卓然,儒者準繩。而恭肅於諸經皆有論述,前輩嘗言:"吾鄉自蔡文莊而後,行修學富,必推黃恭肅。"淵源有自來矣。今録其著者載於篇。

通判蔡東洛先生潤宗

蔡潤宗,字克昌,晉江人。好古力學,作止起居,終日嚴肅。受蔡文莊《易》學,轉授生徒,學者師之。尚書黃光昇、蔡克廉、吏部梁懷仁、傅夏器,其最著也。領嘉靖四年鄉薦,除餘杭令,節約里甲,勸民務孝弟力田。刻所著《四書講章》、《易學正言》以教士。左遷寧國教授,擢南國子博士。以父憂歸。服除,補北京,出爲建昌府通判。尋稱老乞歸。杜門養恬,家無擔石,充然自得,不屑求人,足跡未嘗及郡邑。監司、守令往往造廬加禮,間一出接,終不及門報謝,士大夫益以此重之。《閩書》、郡志、新郡志藁

恭肅黃葵峰先生光昇

黃光昇,字明舉,別號葵峰,晉江人。父綬,接蔡文莊學派。光昇登嘉靖八年進士,爲吏部選人,即明法律書數,考論國家掌故。授長興令,理煩治劇,紀綱

肅然。擢刑科給事中,以艱歸。服闋,起兵科。以剛介不阿時相,出爲浙江僉
事,遷參政。修築海塘,以收水利。歷廣東按察使。時海寇爲患,光昇下令能捕
獲者,與所獲財物,寇遂息。安南莫正中與莫浤翼爭立,敗而來歸,其酋范氏、潘
氏以兵攻欽州,索正中殊急。光昇密授主將俞大猷方畧,伏兵挫之。二酋奔,浤
翼斬之以獻,尋率其黨聽命,安南以安。已而復有討定猺黎及俘新會賊功。遷
右副都御史,巡按四川。疏止採辦丹砂、斁金,及勻停水陸郵傳,歲省民財數十
萬。會建三殿需巨木,市鬻有法,不須加派。工成,擢兵部侍郎,總四川、湖廣、
貴州三省,討叛苗,撫降二十八寨。召入工部,尋進南戶部尚書。嚴嵩竊柄,政
以賄成,諸督撫無能徒手保位者。光昇自疏議外,絕不爲私交。時光昇著廉名,
且有督木、撫苗功,嵩亦採輿論,以艱鉅相畀意,不能無望也。嵩敗,華亭徐階雅
相知,遂力推轂焉,自南京入長司寇。時世宗暮年,譴戮不測,階與光昇斡旋調
劑,求生法外,寓生法中,良亦有獨苦者。所讞楊選、嚴世蕃、海瑞三獄,委曲平
停,得從寬減。給事中沈束以言事囚繫十六年,光昇疏乞蠲宥,有旨,放爲編民。
光昇在事久,屢欲告歸,華亭固挽之曰:“藉公清德,以風庶僚。”比華亭爲高拱
擠去,光昇亦請老家居。隆慶四年,召爲南京刑部尚書。高拱以內閣典銓,嗾私
人用稽命論劾,竟罷還里。公賦性剛毅,自縣令至司寇,所至訟獄得平,引大體,
達情事。生平論學,一以考亭爲主,重實踐而擯玄虛,故其提身居官,確有榘矱。
筮仕四十餘載,未嘗以寸楮尺帛濡跡權門。先世田廬之外,無所增拓。食不重
味,衣不襲帛。里居謙退,約飭宗族,屏絕紛囂,日惟焚香著書,矻矻終老弗懈。
卒年八十一,贈太子少保,謚恭肅。著有《四書紀聞》、《讀易私記》、《讀書愚
卷》、《讀詩蠡測》、《春秋采義》、《歷代紀要》、《昭代典則》、《陶集杜律註解》數
百卷,藏于家。而《讀易私記》學者尤尚之。子喬棟,事父至孝,以蔭授臨安知
府,有廉名。著《十二經傳習錄》、《讀書管見》。按:公爲司寇時所讞三獄,當時眾論未
允,而擬海剛峰“子罵父律”,尤貽物議。今細閱《閩書》公本傳云:“海瑞爲戶部主事,嘉靖末上疏,
直攻上身。上怒甚,讀之至手顫,已感其忠,留中月餘。尋疾甚,逮繫之,下旨內閣,罵瑞詈君不絕
口。光昇擬‘子罵父律’以進,留中未下。會上崩,得釋。蓋上,天也,而又聖躬疾甚,當其怒時,至
不可忍,孰謂先臣而後君? 不擬重律進者,上怒瑞,瑞立死矣。寧少安上意,俾就長繫,寬解或有

日,蓋其用心之微如此。當光昇之爲刑部也,世廟在位久,雄斷淵衷,羣臣無能測奧鱗之僇,其時三尺未易直伸,而衆喙復難盡置。光昇委曲平停,求生法外,寓生法中,良亦有獨苦者。"此段《閩書》叙述獨詳,可見恭肅之出脫剛峰處在此。傳云:"父有争子,以子原有諫親之義也。"引此以斷,其亦前輩委曲之苦衷乎! 論世者自有所考云。舊郡志、《閩書》、黃文簡撰行狀、《道南源委》、新郡志、《通志》

吏部梁宅之先生懷仁

梁懷仁,字宅之,號學泉,晉江人。宋文靖公克家之裔。九歲而孤。嘉靖四年,年十六舉鄉試。八年,登進士。懷仁有異質,敏慧絶羣。周歲識字,三歲誦書,四歲善草書、吟詩,至子、史、經、傳,無不能讀,時翕然稱曰"神童"。既登名禮部,人視其文章翰墨如璠璵、結綠,一時希覯,片言隻字,必争取珍藏之。初授南京吏部驗封主事,方鍵户讀書,鋭志慕古,閲三月卒,士大夫莫不嗟痛之。所著有《國朝功臣年表》、《讀史日抄》,詩文數百首。舊郡志、《清源文獻》

吏部傅廷璜先生夏器

傅夏器,字廷璜,南安人。年二十三,登嘉靖辛卯亞魁。不第久之,發憤爲舉業之文,歲置甕几下,投所作文,歲終展視,甕爲滿矣。嘉靖庚戌會試,擢名第一。廷對抗直,指切權要,嚴嵩覽而惡之,尋遣人招致門下,拒不可,以此不得入史館。除儀制司主事,徙光禄丞,改吏部稽勳郎中。與其長不合,拂衣歸。即所居坂田之野,灌田以自給,絶跡有司之門,郡人高之。少專心《易》學,既登賢書,沉酣於六籍百家二十年,制科之文,傳誦海内。卒年八十六。著有《文集》四卷。新郡志,參墓誌

提舉黃仰槐先生廷楫

黃廷楫,字才遠,號仰槐,晉江人。少受《易》學於蔡東洛、易愧虛二先生。丙午鄉薦,授浙江處州推官,在郡精心讞獄。歷湖廣均州守。時嘉靖末年,禱祈祀事,薦幣設場無虛日,廷楫虔躬應之,禮有叙而民不擾。旋左遷貴州斷事,至

則兼署郡邑篆，聲績復自表然。擢雲南提舉。甫及期，遂掛冠。廷楫歷官五邑，以名義自持。性孝友，甫七歲，父槐東公沒於齊，聞訃哀踊，識者異之。性好書，晚慕趙特峰家學，假所纂之書錄之，至忘年云。《何鏡山集》

運判林龍峰先生同學派

陳氏儲秀撰公傳畧曰："東山林公龍峰，余少慕其學，而公已登仕矣。壬辰始得會公京邸，見其于于然，矍矍然，若無足甚異于人。及叩其論吐，領其緒餘，則皆於虛齋《易》學爲獨得其深。三爲儒官，而志不懈。一任鹽職，輒以沙城之事乞歸。甘心寒氈之薄，而不能一日苟安於利賄之地，公之志，誠有所不爲也。而其不能以大有所爲者，非固薄夫富貴功名而不爲也，蓋欲以道德處於富貴功名之間。故其進也無所求進而知有所重也，其退也無所利退而不忘於所守也。顧未能大有作爲而竟其所學，然以身而不失乎出處禮義之中，而足以興頑起懦于時，進無所媚以求用，退而不失義於其鄉，公之學，誠爲有臻于實用矣。"

運判林龍峰先生同

林同，字宜正，晉江人。自言初受學李雁山雍，方知趨向，既隸鄉校，從蔡虛齋學，始知本原。鄉後進若洪新齋、陳訒菴、林六川、陳見吾皆師之。弘治十四年，領鄉薦，授樂陵教諭。丁外艱。服除，補丹徒。復丁內艱。服除，補萬載，擢金華教授。所至以平生所傳習者爲諸生講明，午前生員，午後俊秀，早晚有常，寒暑不倦。其于廟廡神案，必致清潔，祭祀必極其誠。巡按唐龍、學使邵銳，大加嘆賞。邵出視學，同率諸生迎見，長揖不跪，邵甚喜之。召諸生進講，則文義敷暢，知其勤于訓誨。既遷教授，臨別嘆曰："如公真德浮于位也。"典試湖廣、陝西，所得悉知名士。陞兩浙運判。清公自守，不刻不濫，商竈皆悅。嘗解鹽稅至太倉，除兌邊外，積羨千餘，吏謂例屬解官，同不納，盡白貯部帑。內閣張孚敬家處海上，亦竈籍也，海上士大夫懼海賊時至，共言孚敬，議即瀕海一帶，築沙城二十里，駕言灶丁沙地摧崩，宜築城爲衛者。張以告浙省當事諸公，莫不唯唯。運使問同，同曰："築沙城，士大夫欲之，若灶丁者未嘗欲也。費且不貲，奈何專之？"於是立案堂下，案具二紙，或願或否，令各畫紙。已而，無一畫願者，遂報罷于御史。會張亦罷相，御史如同言。居兩月，張復召入，御史大悔，遂劾落同官，乃張竟不行御史言，而同乞歸矣。同弱不勝衣，而内養充完，節概健勁，吶不出口，而講論道德性命，極中肯綮。里居，薄田自給，課兒孫讀書，約以義方。構祠堂、脩譜牒。間閭有鬭者，質以一言而解。時與野老相聚，談民風農事。卒年八十六。所著有《正學蒙引》、《龍峰遺集》。龍峰，其別號也。舊郡志、新郡志、《道南源委》、《閩書》

推官易愧虛先生時中學派

按：愧虛先生之學，確守文莊榘矱，誠奉一先生之言者。及門王公遵巖，時稱高弟。世有疵議者，謂公亦雜於"良知"之旨。考公去虛齋先生未遠，如净峰、次崖諸先正，公皆與往復辨論，其撰《紫峰行狀》，叙述蔡氏淵源，亦無軼師門宗旨。至同時如吕涇野、魏莊渠諸賢，公俱與造膝相從，致書願見，皆欲證其平昔所聞以爲端的。曾與莊渠書曰："自得見君子以來，廓若發矇，始知正學之有所在，而此生之幾於虛過。奉以周旋，時有警省，不敢喪己於流俗之中，溺志於技藝之末耳。"夫涇野、莊渠，皆彼時論學所與爲正宗者也，公之心折如此，豈如龍溪諸賢專言超躐徑悟者，大決藩籬而不返者哉？附先生於易氏之門者，見鄉邦典型未遠，緒言派別，尚有可稽云。

推官易愧虛先生時中

易時中，字嘉會，號愧虛，晉江人。初從蔡文莊學，厠於末席。文莊方講"知言養氣"之章，時中舉以詰質，酬應有條理，文莊首頷之。年四十舉鄉試，已蔚然爲碩儒。授東流縣教諭，隨材導接，爲諸生開説諄悉。邑人御史宋邦輔强直廢居，條"十二美"贈之，自謂無愧辭。陞夏津知縣。邑故寡訟，時中曰："吾至將多。"日坐堂上，屏隸偃扑，民有事具來吐實，還以曲直，鞭贖都弛，重者撻遣而已。皆爭來言，訟遂多矣。齊東故習，州縣吏事中丞、御史、監司，奔伏如輿臺。時中雍容跪起，用下士事上大夫禮。有御史作威，輒忿訴曰："易某侮我！"或以謂時中，時中曰："以禮事上爲恭。非禮，侮也。御史自倒其恭侮，吾不誤也。"吏部召試臺諫，以年自實，不就，除順天府推官。都御史胡守中不法下獄，有旨推勘，時中窮竟之。有爲胡釋憾者，謀中以他事，時中方念母，遂乞終養歸。夏津人繪像祠之。林比部瓊實書其石，以宋仙居令陳襄爲比。既終養，道出山東夏津，人聞舊邑公還，牽攜數舍，迎舟曳挽，羣持棗栗、脩脯以獻，歡聲載兩浹。至別，有哭失聲者。時金陵王公以旃以中丞赴留臺，聯舟河中，爲之嗟嘆，賦詩有"斯民信是同三代，循吏元非拂衆情"之句。至家，築室奉母。母年九十一而終，時中七十矣，毀不勝喪，宗黨稱孝焉。時中形癯神清，溫恭而莊和，氣溢於面目，語不華蔓。無悅人之容，而有浸漸醉人之益；無驚世之論，而有篤近扶世之憂，一見知其有道君子也。時中學專一家，不務該泛。間語王慎中曰："某以羸疾，不得致力於書，甚恨孤陋。"時中誠多疾，其不務博，要以修質反約爲功，殆以微辭訓其徒歟？《閩書》、王遵巖撰行狀

主事尤見洲先生麒

尤麒，字國楨，別號見洲，晉江人。少有大志，篤學力行。初受業易愧虛先生之門。領鄉薦，就選山東武城縣尹。治當孔道，流移轉徙，幾不可爲。麒至，問民疾苦，條罷不經之費，與民休息。抑豪強，治巨猾，一時善良賴以保全。折獄多平反，每事惟存大體，不務苛細，與今所稱能吏善逢迎上官意者不侔矣。以治行優異，行取北上，圖書數篋。選授户部四川司主事，赴官卒。《清源文獻》、《閩書》

郡守田南山先生學派

按：何公鏡山爲《田氏族譜序》，慨採輯志乘者多湮没俊彦，特標出數公，冀

後之考論者,有所據依,田南山先生其一也。今尋訪學派附後,并錄何公撰《譜序》入備考內,使後人知公闡潛表幽之微旨云。

郡守田南山先生嵓

田嵓,字景瞻,號南山,晉江人。生而俊穎不凡,嘗與顧新山讀書城南精舍,精思默契,深造獨詣,人多有不能及者。時蔡虛齋倡道東南,嵓授《易》最早。成化丙午領鄉薦,明年上春官落第,卒業成均,司業劉震邃於《易》者,試其文,驚曰:"學有淵源,文以理勝,《易》其深乎!"命諸子弟師事之。一時聞人如徐翰林穆、宋都憲晃相與切劘,學益宏肆,名重京師。登弘治六年進士第,得賜告歸省,與弟均州君崑講學於資壽寺。正以率物,因材施教,凡及門者,皆有造,泉士多爭師之。初試南京戶部主事,榷揚州北關,以廉謹著。擢南京吏部驗封郎中,尋陞湖廣寶慶知府。岷藩校卒獷悍,嵓馭之以法,戢戢斂畏。歲大饑,發廩施粥,全活者衆。楚地多閒曠,嵓發金糴郡,糴麥數千斛,教民樹藝。麥秋至,民相語曰:"生我者田父也。"以親老,乞歸養,事父母愉婉篤至。晚復不喜紛華,築室城北,與歐陽石室相望。鑿池植柳,靜坐終日,息機養氣,如禪定者。鄭司馬山齋嘗謂巡按聶君曰:"吾榜中求道德文章,正氣人物,如田南山,何可多得?"其爲名流推服如此。在林下二十八載,徐給事文溥等咸疏其行義於朝,屢徵不起。嘉靖戊午,奉詔進階亞中大夫。江南王郡守士俊,豎"善俗華表",以風鄉人云。《顧新山集》

郡守林羅峰先生珹

林珹,字時獻,號羅峰,晉江人。世家陳江之塢。爲人重厚樸茂,言若不能出口,而敏慧內通,於《書》獨善悟。初從虛齋高弟田南山受《易》學,有聲儒林。虛齋器之,曰:"吾泉後進,其在斯乎!"登弘治丙辰進士,試政兵部,乞歸侍養。後就銓,授寧國府推官,政稱平恕。一日,忽心動,已而果得父坦夷翁訃,人謂誠孝所感。服除,作堂居第之東,扁曰"萱室",意終事母。母不悅,曰:"人子之孝親,顯親揚名而已。若父未封而没,奚孝?"城乃赴銓,補温州推官。旋丁内艱。服除,銓部,以寧國之民思之也,復予寧國。政成,入爲户部主事,轉員外郎。時有宗戚奪民田,構訟二十年不決,部使者莫任。城奉命即訊,歸其田於民。還奏稱旨,晉陝西司郎中,出知江西饒州府。適姚源兵戈之後,生理凋悴,公私廢弛。城曰:"今日之治,在德不在刑。"去煩苛,崇寬大,恤疲困,日夜拊循其民而噢休之。加意學校,時以德業課諸生,差其賢否,而施勸懲,士益勵進。正德己卯,宸濠叛,宣言過饒,士民洶洶,欲遁去。城曰:"彼以虚聲喝我也,無恐。"戒所部團練、義勇嚴備。時僞檄交至,間諜踵於郡邑,弗爲動。已而,賊竟向九江、南京,不犯饒陽。會御史王守仁檄至郡,提兵赴難,克復藩城,奏捷,有金綺之賞。旋有達官干以私,弗可,遂爲中傷去官,無慍色。至家,杜門不入城市。晚移家郡城之東南,作羅峰書舍於宅第之東,以圖書、杖屨侍老。城深沉有度,喜愠不形,端坐竟日無惰容。親朋羣聚,不聞嘲謔之語。性孝友,奉身甚薄,樂周人之急。歷宦二十年,所至留澤惠,去有遺愛,無赫赫之名,去後民常見思。獨立無朋,任真自遂,或以此取尤,置之不校。惟相知久處者,乃知其忠厚正直,可方古君子云。林次崖先生撰本傳

閩中理學淵源考卷六十二

孝廉王一瞿先生宣、趙本學先生建郁、林雲衢先生福學派

按：一瞿先生爲古愚趙先生壻，而虛齋蔡先生門人也。考本傳并林氏次崖撰文集序，皆載其高明之資，能發明師旨，其所心許往復者，林貞肅、黃蓮峰、顧新山、聶雙江，一時名德也。曾爲一峰書院山長，所造士亦多。今考門徒，僅見月洲兄弟，餘寥落矣。李氏杜爲俞虛江都督行紀載："先生與趙氏建郁、林氏福，皆得虛齋《易》學之蘊，而俞氏大猷爲三先生門下士，雖以武畧顯著，實儒林中之傑然者也。"今錄附之。

孝廉王一瞿先生宣

王宣，字子鍾，晉江人。生而廓落豪邁，薄於勢利。受業蔡文莊之門，持論正大，確守師說，間有所發明。嘗論："學者合朱、陸爲一，便非真知。蘇子瞻之文，精神氣骨剛而無餒，其極詆新法，爲小人所忌惡，瀕死不悔，合於孟子養浩然之氣。朱子以蘇、張擬之，未爲確論。"領弘治十七年鄉舉，會試不第，遂養親爲志，終身不復應舉。郡守顧可久建羅一峰書院，特延主教事。林次崖稱其"自得之學，不滯於章句，絕俗之行，不混於塵俗"。薦之於朝，不赴。卒。《道南源委》、舊郡志

趙本學先生建郁

趙建郁，字本學，別號虛舟。本宋宗裔，世居晉江。爲蔡文莊高弟。結廬鍵戶，悉心著述。著有《周易學庸說》、《杜詩註》、《參同契釋》。且謂昇平日久，

人罕知兵，因即《易》演爲陣法，彙集《韜鈐内外篇》，凡七册，《解引孫子書》，凡三册。藁就，封識，以俟其人。都督俞大猷往受學焉。《閩書》

林雲衢先生福

林福，字雲衢，晉江人。事實未詳。按，王氏慎中祭雲衢文曰："披褐而玉在懷，尚絅而錦爲衣。含真蘊以内足，胡外物之可希。偉哲人之高尚，豈世網之能羈？藏道德以阨窮，厥心亨而志違。抱遺經以俯仰，每朝哦而夕披。鑽有堅而必入，探無賾之不窺。時發揮於口頰，飄玉屑而泉霏。愚入由之智出，虛往莫不實歸。邁年齡猶不倦，獨懷此其何之？嗟及門之吾黨，辱刮視而提攜。遵所聞之不及，力歲冉冉以漸馳。恨儀型之一失，將日遠而日非。"李氏杜爲《虛江行紀》曰："泉中一臞王先生宣、雲衢林先生福、虛舟趙先生本學，俱一時名師，博雅方正，受《易》蔡虛齋先生者也。王先生常即《易》以論古今，治亂興衰之迹。林先生常即《易》以明心性，忠孝、仁義之奧。趙先生常即《易》以衍兵家奇正、虛實之權。俞虛江皆師之云。"《王遵巖集》、《清源文獻》

武襄俞虛江先生大猷

俞大猷，字志輔，別號虛江，晉江人。大猷貌樸辭蹇，忠誠自許，動擬古人。少好讀書，爲諸生時，從王宣、林福、趙本學，授《易》，得虛齋之傳。而本學能即《易》衍兵，嘗謂："兵法之數起五，猶人身有五體。雖將百萬之兵，可使合爲一人也。"已，又從李良欽學劍。家貧屢空，意常豁如。父歿，棄諸生，嗣世職。舉嘉靖十四年武會闈第五人，時毛伯溫征安南，上書陳方略請從軍。擢正千户，守禦金門，用儒飭治。二十一年，會敵入山西，詔天下舉武勇士。御史上其名兵部，會伯溫爲尚書，送之宣大總督翟鵬所。召見論兵事，大猷屢折鵬，謝曰："吾不當以武人待子。"下堂禮之，驚一軍，然亦不能大用。大猷辭歸，伯溫復爲請，授汀漳守備。涖武平，作讀易軒，與秀士講《易》論文，而日教武士擊劍。連破海寇康老等，俘斬三百餘人。陞廣東都司僉書，平新興、陽春、恩平、陽江四縣峝寇。二十八年，閩海寇張甚，巡按朱紈奏遷福建爲備倭都指揮。會安南叛將范子儀入寇，欽、廉、兩廣巡撫歐陽必進奏留廣東。臨行，新興人扯衣遮擁，奪肩輿，不得發者累日，乃單騎夜半從間去。用舟師邀擊，俘斬千餘級，子儀遁還，檄莫浤翼捕之，函首以獻。事平，嚴嵩抑其功不叙，但賚銀五十兩而已。是年，瓊州五指山諸黎共反。必進復檄大猷討，而朝議設參將於崖州，即以大猷任之，擒斬賊五千三百有奇，招降者三千七百。大猷言於必進曰："黎亦人也，率數年一反一征，豈上天生人意？宜建城設市，用漢法雜治之。"必進納其言。大猷乃單騎入峒，與黎定要約，海南遂安。三十一年，倭寇浙中，諸郡急，遂改浙東參將。提督王忬議招撫，大猷曰："明公督師滅賊，當堂堂正正爲天下先，大猷請用閩中樓船，爲明公破之。"遂與參將湯克寬入海擊賊，敗之。乃議逐倭當用樓船出海與戰，整掤河船，防賊入港，計數年之費爲一大舉，勢可盡絶。忬用樓船屢破倭，而整掤河船之議竟不行。三十四年，陞南京副總兵。時松江柘林賊盈二萬，連年不能討。總督張經欲急戰，大猷謂："急擊必不勝，宜調楚、粵兵勦之。"兵未至，朝命侍郎趙文華監軍，怒經不戰，劾其翫寇。頃之，兵集，大猷大破賊王江涇。經亦用河船計，多獲賊，復敗賊陸金壩。奏捷未上，文華劾先至，世宗大怒，論經死，大猷奪職。會倭至日熾，公卿、臺諫皆薦大猷可用。明年，起爲浙直總兵，連破賊於吳淞江口、營前、沙茶山諸處。移鎮定海，乘雪焚舟山賊巢。進署都督僉事，復署都督同知。海上無警者二年，而世宗怒王直爲倭嚮導，必欲得而殺之。總督胡宗憲使人誘直，直有歸意，求貢市。副總兵盧鏜請許之，兵部郎唐順之主其説，大猷不可。宗憲竟使鏜迎直，既至，下之獄，俟命。倭怒宗憲紿之，其黨焚舟走柯梅，人殊死戰。夜乘船入閩，閩巡按將劾宗憲，宗憲委罪於大猷，旨逮詔獄，軍民大譁。大猷笑曰："吾自處在《中庸》之十四章矣。"至京都，御史周用避正堂館之，諸御史皆來會，曰："公之功高，我輩當爲上言之。"徐相階亦爲保持，得發大同立功。大猷謂："倭，東南小醜耳。北敵乃不決之隄。"欲自見生平而勢位未可爲，乃陳於總督李文進，製獨輪兵車，止可營，行可陣，推挽上下，强弩、神銃能擊堅及遠，而簠篨龍盾，敵弓矢弗能加也。文進試之，用車數十輛,步騎數百人,挫敵數萬於安銀堡,遂以其制聞於朝,京師置兵車營自此始也。會湖廣巡按黃光昇言:"大猷用兵如神,不宜置之散地,乞補臣所部裨將。"詔授鎮筭參將。四十年,劇盜張璉聚衆數萬攻陷江、閩諸州,詔江、閩、廣三省會征之。用師二十萬,復以爲南贛參將,督兵進剿。時三省尚屬胡宗憲節制,悔前失,一聽大猷之所爲。連戰皆捷,璉就擒,諭散其黨,不戮一人。乘勝攻林朝義,殺賊二千級,論功賜金,陞副總兵,鎮守南贛、汀、漳、惠、潮。尋進總兵、都督同知。大猷請置縣五嶺,間以善後,朝議增置平遠一縣。四十一年,閩山海寇無慮數十萬,巡撫游震得請以大猷控制全閩、廣、江、湖數道,命未下,其冬,倭陷興化城。明年春,大猷馳至,與劉顯、戚繼光滅之。移鎮惠、潮,時海寇吳平與倭通,諸山寇亦起。詔使閩、廣會征,久之,廣兵不至,平遁去。御史論罷大猷,總督吳桂芳疏言:"大猷可以將別將,別將不能將大猷。"遂得留,乃分兵五道征之,俘斬萬餘。會古田酋韋銀豹、黃朝猛入廣西省城劫藩庫,殺參政。桂芳復請用大猷,詔復都督同知,佩廣西征蠻將軍印,是爲隆慶二年。時總督兩廣譚綸移鎮薊、遼,上書乞大猷與同練軍破敵,而繼綸者張瀚,復疏留經略海寇,大猷謂:"當造舟、募兵於閩。"瀚曰:"舟成賊遁,奈何?"大猷曰:"其勢擁腫,遁將何之?"明年舟成,旬日三捷,賊首曾大①本就擒。兩省論功皆居首,乃移征古田,以十萬人分七哨,誅朝猛,擒銀豹,破堅巢百餘。上功於朝,改縣爲州,陞南京都督僉書,旋移鎮福建。會副使鄧之屏撤禦倭兵以討彭湖,倭突入烽火寨,殺把總。御史論大猷,坐免官,大猷終不言之屏。時綸入爲兵部尚書,大猷貽書曰:"某生平志在塞北,而見用江南,乖違本素。今年七十餘,老矣。公許我大受,此其時也。"綸疏,起爲後軍都督僉書,以大同制車法上之朝,曰:"禦北之法,非車不足以戰。古人制字曰軍、曰陣、曰輦之類,無不用車者。馬隆依八陣,作偏廂車。偏,扁也。《詩》曰'小戎俴收',即車之扁小者俴而收之也。蓋取其任載不多,而得便旋之用,火器、衣糧之屬皆可具焉。"時王崇古協理戎政,請專委大猷。訓練三年有成,方欲推之九邊,適綸卒,歎曰:"無同吾志者矣。"亦乞歸,尋卒。賜祭葬,贈左都督。大猷在軍,風角、占候、遁甲皆所不信。潛心學問,起基

635

卑邇，以爲實脩，當世士大夫深於道者，莫及也。至其雅量鎮俗，東晉風流或亦
讓焉。輕財好施，同郡待以舉火者數十家。平生推獎歐陽深、鄧城、湯克寬、陳
第有國士之風，薦輓不遺餘力。李氏杜曰：“公爲將，未事之先，則必周萬全之
算，既事之後，則每垂悠久之慮。其周萬全之算，以底事成績，則古之名將，蓋多
有之。其垂悠久之慮，以勘亂興治，則其用心非儒者不能也。公，儒者也，於安
南、瓊黎、東倭、北敵、三苗、五嶺，皆有善後之策，可百世因之。蓋得《易》‘先
庚’、‘後庚’之意，文王之所以治蠱者也。固守宋儒傳註，不爲他説所易，聞佛
老之論，疾之如仇，不與原讕，非若於他無大利害得失者，心雖非之，而口不諍
也。直截簡易，洒落快闊。不爲町畦畔岸，卑己而尊人，有容而善忍。視死生若
寄，興替若環，橫逆不能干，憂患不能入也。重忠信，篤親親，功則稱人，罪則稱
己。寧人負己，無己負人。力以忠孝自任，老而彌篤。”譚氏綸嘗與書曰：“節制
精明，公不如綸。信賞必罰，公不如戚。精悍馳騁，公不如劉。然此皆小知，而
公則堪大受。”又嘗疏薦於朝，曰：“大①猷秉仁懷義，篤信好學，老成持重。口不
談功，心惟在國。衆言並起，順受不辭。事勢難爲，慷慨獨任。吉甫、方叔、趙充
國、郭子儀之流亞也。”世以爲知言。所著有《正氣堂集》及《劍經》行世。子咨
臯，官福建總兵。《明史》、《清源文獻》、《閩書》、新郡志藁

【校記】

① “大”，一作“一”。

閩中理學淵源考卷六十三

僉事林次崖先生學派

按：先生未及蔡文莊之門，所學皆文莊之學也。正、嘉間，王學紛披，專講"良知"之旨，先生與淨峰諸公獨守師說，所著朱、陸異同之論，可爲後學折衷，至批摘王學，誠不遺餘力矣。其時溫陵尚有王氏用汲、三山鄭氏世威、江右羅氏欽順，皆與餘姚枘鑿，而羅公尤與先生往復稱同志。先生之徒，其著者洪氏朝選、張氏應星，而洪爲先生之壻，鄭汝德謂其得先生之教爲多云。

僉事林次崖先生希元

林希元，字茂貞，號次崖，同安人。正德十二年進士，授南京大理寺評事。世廟登極，條上新政八要，大略言："君道急務，在勤正學，親正人，而朝廷大政在息中官機務，罷中官鎮守。所以清政本，塞亂源。"通政司辦事接本進士周祚言："頃來章奏紛紜，莫有如希元所陳者，乞省覽施行，下所司議。"上優詔嘉納之。其後，天下鎮守、內臣悉罷，先生啓之也。遷寺正，與堂官陳琳執議刑獄，降泗州判。泗大饑，朝廷發內帑賑濟，先生悉心推行，有嘯聚五百人，單車往諭，皆解散。適巡按劉御史醉，而待先生稍倨，即棄官歸。後方獻夫、霍韜薦之，起爲寺正。陞廣東按察僉事，奏《屯鹽款要》及《荒政叢言》，上可之，通行天下。改提督學校，申明學政，訓士務在闡繹經傳。劇寇王基作亂，時先生署按察篆，督率府衛兵，指授方畧，討平之。陞南大理寺丞，世廟特簡用之。上《王政疏》，爲目二十有一。三載，改北京。十三年，大同軍叛，殺主帥、閉城。先生上疏請誅之，朝議竟從撫。明年，遼東兵變，窘辱巡撫，先生復抗疏極言往者大同姑息，以

637

生輕侮之弊。上責其妄，謫知欽州。欽接壤安南，土荒民寡。先生悉心經畫，拊循之。會安南不貢，朝廷方議征討，擢先生海北兵備道，而先生上六疏，主必征之策，與當事所議不合，罷歸。然其後安南惴惴歸命，盡復四峒舊地，論者謂："先生之議，足以奪其魄焉。"先生慷慨鯁直，讀書遲鈍，而刻苦不懈，研理釋文，極其精專。束髮以來，慨然有志當世。一入仕路，執其所學，用之經濟，直以唐、虞、三代可追。晚年退歸，無日不以讀書解經爲事。其學專主程、朱，嘗恨不得及虛齋先生之門，於"良知"新說，尤所不喜。晚復參訂諸儒所定《大學》格物致知之説，附以己見，曰《更正大學經傳定本》，并所著四書、《易經》二《存疑》，疏上之，且乞敕改正頒行，竟以此削籍。然至今《存疑》二書，學者宗尚不廢焉。行狀、舊郡志、新郡志、蔡氏獻臣撰本傳、《閩書》、《道南源委》

巡撫洪芳洲先生朝選

洪朝選，字舜臣，一作汝尹。同安人。嘉靖二十年進士，除南京戶部主事，出榷稅北新關。課額既足，便開通津梁，恣往來不復問。事竣，督放倉儲。諸所規畫，皆爲後式。一日，思所學未足，上疏引疾，客毘陵，就唐荊川順之講學，一年始歸。又就王遵巖慎中上下議論，久之，充然有得。起爲南吏部郎，出督學四川。以公嚴校士，素不爲嚴嵩所喜，而徐文貞階深與之。嵩敗，遂以山西參政召入，爲太僕少卿。尋進僉都御史，提督操江。旋加副都御史，巡撫山東。隆慶戊辰，入爲刑部侍郎。遼王憲㸅者，居國中荒淫亡度，其摧折士類無縷綏貴顯。張居正祖父故爲遼府觱戶，嘗被王杖，居正心恨之。及秉政，因私憾，指遼藩有叛，謀議奪其國，屬朝選往勘。朝選還報："王貪暴淫虐，事事有之，實未嘗叛。"大拂居正意，嗾言者劾朝選歸。朝選性剛介，不能容人過失，好言有司短長，人多憚之者。會中丞耿定向撫閩，素善朝選，每咨以時政，朝選傾心答之，亦無所諱。答中偶及藩司支放邊戍月餉事，左布政勞堪知而深銜之。勞，刻深人也，耿以憂去，勞代之，思洩己憤，以逢權相意。而邑中子某更摭其無情事以報，遂具疏聞。居正從中擬旨，削籍逮訊之，命旋下，勞堪得密報，遂馳戎卒，逮朝選下皋獄。不二日，斃之獄中，親屬莫得一跡。晉江士趙日榮排獄門而入，撫屍大慟，收殮之。

萬曆壬午春也。堪下興化守某,偕諸司理煆煉獄,誣以通夷接濟諸事。報上,居正大喜,擢堪左副都御史,協理院事。朝選子兢訟冤于朝,居正矯旨杖之八十,仍奪蔭。其夏,居正暴卒,朝紳稍稍誦朝選冤,都諫李廷儀更條上冤狀。部議堪回籍,奪職繼之。甲申歲,兢再訟父冤及堪諸酷虐狀。南安人黃御史師顏從中從臾,方有旨下堪部獄,僅謫戍定海,而里中子亦戍邊矣。未幾,詔復朝選官,致仕,兢補蔭如故。一時阿堪意煆獄相繼竄逐,士論稍伸,猶以堪戍未盡辜,宜正之典型,以謝朝選,奈時宰實不問也。朝選居官廉潔,以名節自砥礪,平生學行政事卓然可稱,其不能含章免禍,亦所短歟?《閩書》、舊郡志、新郡志

郡守鄭汝德先生普

鄭普,字汝德,南安人。舉嘉靖十一年進士,授無錫知縣。無錫,大邑也,普初銓時,倉皇周章,若無措置,日惟自檢,不敢有毫髮詭偽。其後,民與官相信,縣門恒虛,遂不覺作縣之苦。秩滿,遷南戶部主事,榷舟維揚,用度以節,待商以寬。擢雲南府知府,未赴,以父喪歸。免喪,侍母不忍去,居歲餘,母病卒。服除,赴銓,卒于都下。無錫人聞之,皆相弔。普嘗與林希元論《易》,蓋君子體《易》,只取其意,不必執定卦義何如。如"常德行,習教事",何與於《坎》,只取一"重"字意。"獨立不懼,遯世無悶",何與於《大過》,只取一"過"字意。"裒多益寡,稱物平施",分明是均平天下之道,只取過而當損,有《謙》之意耳。理氣道器之論,如尊劄所言,更何改評。整菴公尚未肯釋然相從,甚矣,舍己從人之難也。然其說破陽明數語,真痛快可喜。但陽明之學固有偏處,今人動輒排之,亦未爲是。蓋人之爲學,隨其所見,皆足適道,如象山、晦翁二子,學本不同,自今觀之,孰是孰非?而二先生亦未嘗明目相擊如今人也。孔門諸子,有侃侃者,有誾誾者,有行行者,有狂者,有狷者,有文學者,有政事者,隨所長而各造其成。今人無諸子毫末,輒昂昂然以聖賢自任,擇古之有名於世者,極力攻排,謂是足以驚人而竣己。就使立論皆是,於性分有何干涉?此今世講學者所以重得罪於世教而自取禍往往不少,説來説去,只是成得箇"惟口起羞"四字耳。其持

論如此。《閩書》

楊敬孚先生朝幹

楊朝幹，別號時齋。弱冠，知力學，慎擇師友。其折衷諸説，率自心得。引進後學，講議文字，往往必求古人精意。作爲文章，務在理到切實，不騖浮靡。其事直叟公，愛慕不衰，孝心純篤，且刻苦奮勵，不以貧撓志。寬仁恭恕，不修邊幅，不言而接人以敬，凡四方賢哲，與同邑鄉賢，次峰謝崑、逸所黄偉，咸相與爲友，又與次崖林公，麗澤有年。其餘榮耀儒名者，多所禮於其廬。卒後，友人教諭檢吾楊復謚之曰敬孚先生。所著有《四書》、《詩經集覽》。林次崖撰本傳

閩中理學淵源考卷六十四

惠安張氏家世學派

　　按：淨峰張襄惠公家世，馥曾考其本末，淵源遠矣。稽之志乘弗詳，而詳公之自述，爲足徵也。公嘗撰《鎮海衛記》，自言先世有學於周翠渠之門，而得布衣之言論風旨。今集中亦多不詳其事，惟撰《清介叟集序》謂："叟別號清介，即公曾大父桐廬府君。自明初以儒術顯，初治《禮記》，復治《毛詩》，其後萍鄉公、英德公並以《詩》學世其家，厥後，惠安一邑，黨塾庠序，亦多習於《詩》學。"蓋自元末盧希韓先生以《詩》學起家，而公之家學繼之，其振興作養，殆有所本而然耳。公後嗣累葉登第仕宦，並以清謹守其家法，茲不具錄，特述其家世淵源所自云。

縣丞張敏實先生茂

　　張茂，字敏實，惠安人。茂自少莊重，舉動如老成人。游邑庠，初治《小戴禮》，辨析考證，具有成說。復專治《毛詩》，本經標傳，參諸儒議論，而精去取之，能得其肯綮，視《禮記》有過無不及焉。常以二經教授學徒。天順壬午，應貢入內廷，辭教職不就，卒業太學。成化二十一年，謁選桐廬縣丞。初抵任，自爲文誓告城隍，述所以居官之意，慷慨激烈，聞者悚然。在官嚴謹，常以興學作人、明教化、敦禮讓爲務。民有訟至庭，先以禮義諭之，俟其不服，然後斷之以刑，民俗服從。時有猛虎白額，當晝噬人，茂曰："吾豈有苛政而致若是乎？"即移文告城隍，痛自刻責，虎自遁去。中貴人入閩，陵轢沿道州縣，民懼以告。茂曰："吾在此，無傷。"及其至，陳義秉法以折之，貴人瘖不敢出聲，上下交稱其有守。巡按荆茂,按部至縣,聞茂名,召之講論經學,曰:"君儒者也,奈何屈于此?"是歲,檄與秋闈,得閱外簾文字。戊申,以年滿六十,懇乞致仕,遂歸。晚年盡斂平生,而歸諸芳社緑野之間,方且拳拳集古書,立家範。嘗以文公《家禮》教家,是時丘氏《儀節》未出,茂參據《禮經》,酌以土俗,擇其節文易行者,著爲書,子孫至今守之。茂爲人清介嚴毅,脩容山立,吐音如洪鐘。自少至老,坐立未嘗跛倚。治家嚴整,諸子有過,一毫不假貸,至今聞其風者尚肅然也。卒年七十九。長子綸。縣志、《張净峰先生集》

縣令張仁伯先生綸

張綸,字仁伯。弘治五年鄉薦。事父孝謹,每得父書,必拱手正讀,珍重寶藏如新。平生苦學,達旦不寐,無他嗜好。先世治《詩》,實傳其家學焉。天性孝友篤實,與物無競,而器宇沉静,人莫測其際,容色粹然,望之知爲鉅人長者。有弟六人,出自三母,綸撫愛諸弟均一。與人交,重信義,不苟然諾。至朋友死生急難之際,尤急周旋。雅甘澹泊,雖甚貧窶,閉門端坐,非其人不見。世故多所經練,自朝廷典章至律令、算曆皆留心講究,務爲有用。授萍鄉令,未上,卒。《張净峰先生集》

縣令張公謹先生慎

張慎,字公謹。亦傳《毛詩》學。弘治十七年鄉薦,知英德縣。至誠惻怛,視民之疾苦,如疾痛在身,思有以振恤之。尤以興文教、正禮俗爲先。建龍山書院,以祠唐文蕭公介,前開講堂,旁列齋舍,擇諸生肄業其中。政暇,爲講論經旨及古人行誼。卒于官。縣人即龍山書院祠之。子岳峰。《張净峰先生集》

襄惠張净峰先生岳學派

公之學,私淑于蔡文莊,友于紫峰、次崖,而與王文成枘鑿不相入者也。時"良知"之學滿天下,而獨公弗是也。嘗渡江與陽明論學三日,不合,退而輯《聖學正傳》、《載道集》諸編以見志。嘗言："心該動靜，靜其本體也。至靜而動之理具焉，所謂體用一原也。"又曰："虛靈知覺，心也。性即心之理也。學先識性，然後可言盡心。若只守箇昭昭虛靈之識，而諱言窮理，安知無誤？人心爲道心，氣質爲天性也。"又曰："程子'整齊嚴肅'一語，最喫緊於此。信得及，做得是，久久自覺心體明净，德性純固，發揮事業亦自有餘。"又曰："仁，人心也。吾夫子論爲仁，曰視聽言動，曰出門使民，曰居處執事，與人則皆就日用親切處指示下手工夫。故曰勿視、勿聽、勿言、勿動，曰見賓承祭，曰恭，曰敬，曰忠，曰認真，如漢法畫一，的有依據。就此安頓身心，行著習察自然非心，情氣日銷月化，心存理得而不自知，不在別尋一個渾淪之體爲可玩弄，乃名心學也。"又編《草堂學則》，首以存養之要，繼以動作威儀之節，而求端未發以爲之本。曰："心纔靜，即覺清明，學須靜多於動，至動而未始不靜庶矣。"其持論精實切近類此。同時，如鄭恭介世威、林文恪燫皆奏之廟堂，評之鄉國，謂公與羅文莊皆以實勝者，殆確論歟！又按，耿司馬定力祠記署曰："公之學以戒慎立本而不恃知覺以窮理，居要而不事籠罩，以實踐爲歸宿而不侈講論，本末次第，較然不疑焉。"

襄惠張净峰先生岳

張岳，字維喬，號净峰，惠安人。自結髮讀書，即慨然以大儒自期。少善黃氏鞏，每誦鞏警語"誠自不妄語始，學從求放心來"，曰："此吾終身符也。"正德八年，鄉薦第一。時省會皆有中官鎮守，舉子例合參謁，先生長揖而已。十二年，第進士，與同郡陳琛、林希元偶居佛寺，閉户講《易》，一時並以經學名。始授官行人。武宗寢疾豹房，獨宦者侍。先生即上疏："古天子有疾，大臣嘗藥，百官輪直起居，不宜委之宦寺。且上儲宮未備，宜防意外之虞。"中外韙之。車駕南巡，同諸司疏諫，下獄，廷杖，謫南京國子監學正。世宗嗣位，復行人。吏部欲選爲科道官，不應。丁父憂。服闋，吏部復欲取選如前，又不應。陞右司副。念母老，乞便養，改南京武選員外，復轉祠祭郎中。俄承重祖母及母憂，居家結草堂於縣之净峰，名山心精舍，益讀書其中。服闋，補主客郎中。時世宗方定大禘禮，求始祖所自出。宰相張璁欲遷合當之，先生語侍郎李時曰："國姓，德祖而上，高皇帝所不能詳也。獨以皇初祖設位，毋實以人爲是。"璁竟以初議上。上不聽，令題皇初祖主，如先生言。璁大駭，亟欲致先生以館職，先生謝不應。出爲廣西提學僉事，行部柳州，軍缺餉大譁，城閉五日。先生令守城啓門，召詰譁者予餉去，尋以計禽首惡，置之理。十一年，入賀聖壽，改提學江西，又不謁璁謝。是時江西人正崇尚王氏學，先生約士守程、朱書，毋得談"良知"。居一年，卒用廣西選貢事，謫廣東鹽課司提舉，轉守廉州。先生省禁令，減縣役，督民種棄地，教以桔橰運水。堂上無事，坐讀書，與諸生爲師友，而廉士皆知學。時安南殺其主自立，久不貢。朝議將討而郡縣之，遣使勘狀。先生言於總督張經，曰："遠夷相攻殺，無煩出師，勞敝中國，請留勘使毋前。"經不可。知欽州林希元亦上書請決討莫氏，先生貽書止之。後條上不可討六事，爲書貽執政，執政得書不能決。已，毛伯溫來視師，先生以撫處之策語伯溫，伯溫曰："交事屬子矣。"交人莫登庸，亦信向先生。會擢浙江提學副使，尋轉參政。莫福海入款關言："往張廉州安在？是欲以恩信撫我，何可忘？"於是參贊毛伯溫馳奏留先生，乃改廣東參政，爲畫所以受降之策甚備。登庸乃使其孫福海叩關望闕，稽首獻地。奏上，罷安南爲都統司，以登庸爲都統使。詔賜先生銀幣，陞俸一級。尋以征瓊州叛黎功，陞賜如前。塞上多事，廷臣交章薦先生，伯溫言於朝曰："吾於粵得二臣，張岳可南，翁萬達可北也。"遂擢先生右僉都御史，撫治鄖陽。旋移巡撫江西，特疏稱羅欽順得道學正傳，請遣官以時存問。貴溪相夏言治生塚，分宜相嚴嵩奉賜建第，皆飭有司裁抑之。其年，陞右副都御史，總督兩廣軍務兼巡撫，是爲嘉靖二十三年。兩廣督撫故饒供億，先生素儉不取用，又不以通遺權貴，檄州縣吏非召不得至轅門，至，不得手一物，入門內。明年，討封川及馬平諸蠻，平之。進兵部右侍郎，兼僉都御史。召爲刑部右侍郎，以御史徐南金奏留不果行。又明年，合兵討連山賊，賊渠授首。蒞鎮四年，積年巨寇悉平。召入，爲兵部左侍郎。七月，受代過家。尋陞右都御史，入掌院事。未幾，湖、廣苗亂。初設總督，嚴氏以先生當之。先生單車入楚，熟計苗情，至則斬捕畧盡，累奏奇功，皆爲嚴氏所抑。宣慰冉元陰爲苗主，苗平，懼誅，乃嗾龍許保、吳黑苗掠恩州，行金嚴世蕃使罷先生。華亭執不可，止降兵部侍郎。已而生擒龍許保，而吳黑苗尚匿元所。先生劾元，發其通賄事。世蕃愈怒，日傾先生。先生不一貶，復擒黑苗以獻，三省底寧。兵部力請召先生，嚴氏不可。或語先生：“何不稍屈？”先生笑指其髮曰：“種種矣。吾昔少年，張相屢招，不得我一見。今入錢買官乎？”其冬，卒於沅州督府，喪歸，沅人迎哭不絕。已，敘功，復右都御史，贈太子少保，諡襄惠。李氏愷曰：“先生沉默，不苟言笑，禮法自將。其行事磊落光明，當官不計危阻，一意爲國家。讀書不事章句，博通墳典，語古今人物事，貫穿有條理，而筆力雄渾，新意疊現。凡論心性義理，一以程、朱爲宗，而遵信傳注。爲行人時，過浙渡江謁王文成，講明德親民之旨。文成曰：‘明德之功，只在親民，後人分爲兩事，非也。’先生矍然曰：‘戒懼、謹獨，皆是未與親民時工夫，如公言，又須立一親民之本以補之乎？’文成不能屈，先生揖而去之。歸，立學則二十餘條，自勵曰：‘居敬窮理，蓋聖賢所指以教人者。王氏諱窮理，任良知，安知非指人心爲道心，認氣質爲天性乎？’其《答尚書聶雙江書》，辨王氏渾淪籠絡之非，而欲其逐一體認於孔門求仁之訓，知行體用，持敬分殊合一之理。證據真的，使人聽之感悟。是時初仕，未有宦責，志欲著書皋比，北面其徒，倡正道於東南。迨入廉州，值安南之役，迺慨然以身當其責，故志爲所掩。嘗論先生四十歲以前，欲爲程、朱之事，以蓋生平。四十歲以後，累膺閫寄，馳驅征伐，鞠躬盡瘁，竟以范、韓勳業終焉。”先生狀貌峭聳，高奇有威，撼之如山。凡所措注，中有一定之見，不言而酌於衆論，振衣於千仞之岡，動不趨時，故不爲柄臣所喜。終先生仕，相者張璁、嚴嵩、夏言皆秉權得勢，先生頡頏不爲下，獨徐文貞階知而交好之。當嘉靖朝，一時邊臣爲自全計，餽遺相屬。先生獨不通一書，故用兵有功，常薄其賞，微失利，輒被譴。賴上之明，以功名終，故瀕險不危，卒行其志。徐文貞謂先生子曰：“嚴氏擅政二十年，邊督臣不入一錢而身名俱全者，惟尊公一人而已。”生平淡於利欲，事親孝，友於兄弟。好積書，囊無餘積。不事生産作業，既貴，猶茹糲衣素如寒士，然其至行足式里閭者衆也。所著有《小山類藥》、《聖學正傳》、《載道集》、《名儒文類》、《更定禮記》、《恭敬大訓》、《惠安志》藏於家，姪宇編梓以傳。弟峰，庚戌進士，有志行，官四川僉事。子宓，慶遠知府，廉正有守；寓，領鄉薦。孫迎，萬曆乙未進士。《明儒學案》、《浄峰全集》、《閩書》、《清源文獻》、《福建通志》、《明史》

備　　考

前輩事業，類有根本。浄峰初第在京邸，每夕必偕陳紫峰講《易》一卦。凛烈抗疏，三黜不移。不佞邇過柳，謁公像，八拜北面事之，見柳州有傲色，豈非以節邪？　曾職方偉芳《西行漫草》

浄峰兩任提學，所至以道帥諸生，不爲空言之教。其在廣右選貢之法方嚴，不貶心以殉時好。在江右，易簡之説方熾，能正辭以禁時誕。林大理丞希元見《皇明文粹》

朝議討安南，廉州守張岳獨言用兵之害。督府蔡經問岳曰：“空言罷兵，亡以塞明詔，子能保無用兵降莫登庸乎？”岳曰：“欲降之，必令納地，令貶號，令匍伏，獻國中圖籍，聽上處分，夫國體不可褻也！”督府曰：“如此能令登庸聽乎？”岳曰：“祇岳一檄足矣！”於是，督府兵事調度一屬之岳，而岳具有成畫。司馬毛伯溫至，岳以所論列者告之，輒當伯温意。伯温密謂岳曰：“交事屬子矣。”登庸密輸情於岳，岳初絕而後要之，登庸惟命。會岳遷浙江督學，尋轉參政。登庸復首鼠兩端。伯温、經奏乞還岳廣東。登庸密覘曰：“廉州守安在？”岳至，登庸乃尺帛束頸候于南關。《廣西通志》

嚴相當國，賜第，名其閣爲“延恩閣”。所司請估費，公曰：“千金可乎？”所司相顧。公曰：“江右民困矣，諸君誠畏嚴，吾不以累諸君，吾自當之。”批牘予千金。請益，復五百金。又請益，却之。會有行人使江右，嚴相附五百金來言：“上所賜閣費大，吾出上所賜金佐之。”子世蕃迺私囑行人毋發封。行人兩傳嚴氏父子意，所司疑莫敢決，公曰：“豈有没其父之善而從其子者？以予主者用之。”會其大奴將入京，乞公批關。公謂“元相家奴，無主命而私請關”，叱走之。世蕃愈怒，出惡言。有密友告公，公曰：“稜稜寒骨，止少馬革裹尸耳。它吾自

分定，毋容念也。"李文節廷機輯《國朝名臣録》

湖、貴苗猖獗，初設總督，衆顧望莫肯行。嚴氏請岳當之，徐宗伯階報岳曰："士君子於禍福雖無所擇，然危機在前，冥不知避，亦不可爲智也。"蓋指嚴氏云。岳言："備國大臣，雖危無所避也。"單車入楚。出焦太史竑《獻徵録》

征苗一節，撫臣有不智之譏，宰臣有不必征之辨。憶昔見公奏疏，大意謂往年以賊討賊，故征無功。以賞賂賊，故撫益亂。今日機宜必征之而後撫可定，守可固也。於是，動調軍兵，分哨以搗穴，開誠以受降。元惡則懸重賞以擒之，脅從則開生路以散之。蓋自公即世，繼之者，不煩注措，而湖、貴乂如。往之征撫，師未退，盟未乾，而地方已叛。今之經畧，擒其酋，散其黨，而地方底寧。昔處之而愈亂，今討之而畢安。是非得失，較然明甚，此可爲智者道。王職方《尚學紉畧》

士大夫有名節易，保終節難。張襄惠公以兩廣總督召入總大中丞，嚴相忌之，出公總督湖、蜀及討平叛苗，猶不内召。或勸公稍通書幣，公曰："吾三十年守吾志，今老矣，旦暮入地，乃舉平生所守而盡棄之，惡用内召爲哉？"卒于官。見明養定，豈不誠大丈夫哉？《游海夢譚》

净峰他事且不論，自入楚以來，不通京師一帕，雖遭詬怒，毅然如初。其自守之節，眼前士大夫真不能到。徐文貞階《與胡巡按宗憲書》，見徐本集。

襄惠公正氣勁節，易名未稱，士大夫迄今歎惋，謂柄臣忌公者實爲之。黄宗伯《鳳翔集》

公長身玉立，隆準高顴，深目廣顙，眉骨稜稜，望之嶽聳。其德器弘毅淵默，忠信厚重。平居寡言笑，天性孝友，篤於人倫。《泉州府志》

正德以前，逆閹肆虐。嘉靖中，權奸柄政，詖行淫辭，游揚其間。吾閩若林文安、彭惠安、林貞肅、方簡肅、朱都憲、欽。張襄惠、林端簡數君子者，不怵于暴行，不惑于邪説，卓然有立。狂瀾砥柱，蓋數公謂邪。《全閩大記》輯畧

公爲文章，根據義理，體尚歐陽，卓然成一家言。自負正、嘉二朝文第一，第不以文士自命也。《閩書》并《惠安邑志》

泰和羅欽順、惠安張岳，世稱賢士大夫，皆與王守仁同時講學，兩人嘗指擊其説，蓋守仁以名勝，欽順、岳以實勝。《困知記》、《小山類藁》可考也。鄭恭介世

威奏議

　　贊曰：其神凝焉而若有跂想，其身飭焉而若有盤桓。其文非不能躋歐、曾之閫奧，而慮其分吾德性、學問之功夫。其學非不能趨超悟之時流，而慮其失吾窮理居敬之籬樊。其愛國忠君，雖顛沛流離而有所不顧；其立身行道，遺死生禍福而有以自全。秩雖峻夫正卿，而時浮沉于散吏。身雖列于內臺，而終不得一望夫國門。信孚裔酋，威神苗蠻。德完行鉅，身詘道尊。所謂公家之利，知無不爲，鞠躬盡瘁，死而後已。上世之所謂大臣，聖門之所謂君子歟？何鏡山喬遠撰像贊

藩伯朱于田先生一龍

　　朱一龍，字于田，惠安人。以鄭姓登嘉靖二十九年進士。初令溧陽，以經術爲政，累薦治行第一。入覲，徒手謁嚴氏父子。遷南刑部郎中，陞廣西僉事。作《撫夷通論》，勦寇有功，遷廣東參議。時柘林叛兵突薄會城下，藩臬官分門守禦，拒避賊者不納。一龍守小南門，曰：“賊近而啓扄以待，示強。民急而開門以納，示仁。閉之何爲？”傳令大開門，日入男、婦以萬計，以此存活數萬。遷按察副使。丁艱歸。隆慶元年，復除廣西，分部右江。右江諸蠻自張岳征勦後，久已帖服，至是復叛出劫。一龍登鎮粵樓，酹酒襄惠祠下，謂：“不能滅此朝食，如師承何？”即白制府，建大征、鸝勦二策，分兵四出，因巢爲糧，擒斬八百餘級。又委征右田、七哨，皆平之。捷聞，賜金幣，晉秩，且將大用，爲憾者所阻。遷陝西苑馬卿。丁內艱，歸。先在右江，東行過飛來寺，遇風舟覆，浮沉浪中三十餘里，乃得蜒船援出，傍人見其青蛇繞身云。服除，補遼東，轉江西左布政。以直忤巡撫，被劾，歸。一龍少受學張襄惠岳，東官寡交接，慎取與，不肯濡足權門，皆服膺襄惠之教。退居林下，著書考義，無少休廢。邑人稱先正者，皆歸焉。著有《一統輿圖畧》、《敳歷餘藁》、《遊海夢談》。舊郡志、新郡志

參議張莊甫先生冕

　　張冕，字莊甫，晉江人。元璽之姪。爲兒時即知嚮慕善。嘗讀張淨峰所作

《羅一峰書院記》"推本於不欲不爲,爲得其本心",輒嘆曰:"此正學也。"嘉靖十九年登鄉薦,念父老,所給坊金悉治具供養,不詣公車。二十六年,成進士,知烏程縣。躬履清素,平賦均役。吏不能欺,聽斷,情僞立得。值倭寇傍邑,冕脩城垣,募民兵,分技習之,訓練既久,兵氣大振。會倭賊犯北新關,設伏桑柯林邀擊之,擒斬無數。又蹶戰于鸎脰湖,敗之。丙辰夏,以兵千五百人敗賊衆萬餘于烏鎮。備兵使者慮城守單弱,檄冕還,冕曰:"戰即守也。"蓋分兵捕斬其出掠者。賊留四日遁去,湖州人盡頌其功,爲權貴所嫉,遷桂林府。二劇賊張璉焚劫廣東,朝廷以冕有偉畧,擢廣東兵備僉事。至不三月,連縛潮陽、惠安[①]二酋,搗其巢。總督張臬檄冕兼二哨攻璉,破其丁坑營,璉遂敗。癸亥,倭圍潮,冕引兵入守。賊百計力攻,冕隨機應之,所當無不摧折。閱五十餘日,有奸人謀應賊,爲鄰居首發,按實立誅之,賊旋遁去。潮人謂百萬生靈,藉冕全活。擢湖廣參議。前忌者遂以擅殺劾冕,落職,知化州。兩廣寇發復,自化州薦爲廣西撫夷僉事,駐節桂林。明賞罰,肅部伍,編甲授藝,令關自爲守,終任不復有賊警。遷廣西參議,分巡右江。尋報罷。冕通籍二十餘年,名節自砥,視權門若洗,視汙吏如仇。所至養老存孤,設木鐸,行鄉飲酒禮,凡古人教民之具,皆實意推行之。考功注,冕一介不取,百折不回。司空劉麟每貽書,必稱孝廉,目爲鐵漢。蓋生平仰止净峰,故其行事亦畧與相類。居家不踐公門,而遇災警,祈籲有司,如身癃痛。泉屢被倭,田荒米貴。先在粵時,勸諭商人運粟踵至,泉頼以甦,以勒碑通衢紀德焉。孫穣,登河南鄉薦。舊郡志、新郡志、《閩書》

副使李抑齋先生愷

李愷,字克諧,號抑齋,惠安人。宋太師邴之後。嘉靖十一年進士,授番禺令。入爲吏部主事,以稽勳調武部郎,出爲湖廣按察副使。愷治番禺,廉有材名。上官委掣夷税,安静不涅。夷酋驪呼,奉千金爲壽,愷却還之。既晉銓曹,杜私謁,植善類,時周户部天佐上疏,被廷杖,斃獄中。屍出,愷悲壯揮淚,出資而殮之。憲楚六月,罷歸。愷性倜儻扶義。嘉靖三十七年,倭陷福清,乘勝直走惠安。今方有違言,閉閤不出,署邑者移庫獄於郡城。愷率士民跪泣,擁令出,登陴誓衆,親立矢石,禦賊七晝夜,更爲行金以攜其黨。會郡中援兵至,賊乃解去,惠人德之。愷没,邑送葬者千餘人。愷少以豪傑自命,每讀古忠義傳,感慨歔歟,如將從之。既貴,無所紛華,獨葬親繕祠、置田供祀,則不辭費。自諸生時即貧甚,氣嶽嶽不下人,嘗曰:"今卿大夫亢不下士,士當以清風明月、遲日紅花勝之。"所論著,蒼然有西京氣骨。有《介山集》行世。其《贈徐履素分教遂昌序》署曰:今上壬寅,鄉先生徐履素計偕至京。明年夏五月,司教遂昌,介山李氏愷贈以言曰:履素君古之經師也,經之不明於天下久矣。國朝懲唐、宋之敝,特罷詩賦,專用經義。成祖繼統,命集儒臣開局纂脩五經、四子,不用古疏箋,翼以濂、洛、關、閩諸説。學校選舉之實,皆以明經不背傳注爲主。及行之既久,入耳浹心,經生學士,老師宿儒,爭辨橫議,死守不貳。其所沈潛訂證者,豈但宏旨微詞乎? 朱晦翁平生勤苦,精髓在《學》、《庸》、《語》、《孟》,自謂無遺憾者,在《詩》與《易》。解《詩》,先爲箋註,多用毛氏,後言樂歌正意,署增減一二字咏嘆之。其味深長,躍然以興。假使卜商、曾申、根牟子而今生也,亦不能爲異同。孝廟以前,士人一意本領之學,科目人才皆敦厚正直,寧執滯而少浮華,服習其藝,因以約束其身。《書》云"歸其有極"是矣。後來倡爲一切道學之名,動欲體驗未發之中,而不及於明審篤慎之教。其流幾以六經爲龐贅,傳註爲芻狗,排新安爲支離,取鵝湖爲超卓。肆其奇變,紛然雜出其下,飾以雕繪,構以軋茁,畔經失傳,不識注中何解,《或問》何辨。主者且眩惑,無以勸沮,風俗下矣。惠安小邑也,介於莆、泉衣冠禮樂之澤,不絕如綫。惟《毛詩》一派,近執其藝以歌鹿鳴、刊文以獻者,恒不乏人,後生、秀士,得魚忘筌,以爲聰明體裁之效。愚謂前輩曾、林、徐、謝四君子,講義訓詁,功實倍之。林、謝之門,愷幸竊其緒餘。徐氏之門,鄉人顯者多濡其化。曾體元氏之學,雖净峰公詔自父師,一變至道,少年亦麗澤其間。予嘗見履素與吾二師友也,發憤鑽研,餐寢俱廢。《集注》、《大全》猶日用飲食,然其所操行修辭一詭於經,則惕然曰非孔、朱法也。今晦於時,老將至矣。自《關雎》以至《殷武》,問之皆能舉其辭,隨大小叩之,咸得其益。遂昌幸獲聆其謦欬，辨難問疑，其所成就，不亦休與？伏生九十歲背《尚書》二十九篇，口授之掌故矗錯。董仲舒以《春秋》爲博士，災異郊禘盡據經以答。漢時，潁門之學貫徹精熟，言行以之，故漢治最近古。今日一道德之制，胡爲改其舊乎？予嘗有感於履素之不遇，而因有感於世變也。於是乎贈。舊郡志、《清源文獻》

給諫史中裕先生于光學派

　　余讀《越章録》載史公與古愚趙先生琚列傳同論，蓋二公德學大抵相同也。趙公，成化初登第，爲虚齋前輩，亦當時開風教之先者。惜乎門徒莫考，余於一峯交友中詳之矣。公與净峰爲同年友，其殁也，净峰祭之文曰："先生氣寂而顓，貌和而肅，言不妄發，行必擇義。其思湛静而不浮，其守確實而不貳。至于談理必究指歸，論事必引大體，責人不録瑕疵。固有道者也。今觀其廷議大禮，侃侃直言，引證《禮經》，確有依據，一時明禮者趨之，非有道而執德不回者能之乎？"王氏遵嚴嘗言："正德丁丑榜得士，吾泉最有名，紫峯陳公、净峰張公、次崖林公及先生四人，並以經學爲海内巨工云。"所著有《易説》、《四書説》、《正蒙解》諸篇已散佚，惜哉！

給諫史中裕先生于光

　　史于光，字中裕，晉江人。正德十二年進士，選爲庶吉士，讀中秘書。于光少甚貧，而有志操，恬於榮利。當鄉舉時，二親已殁，嘆曰："仕不逮親，又奚亟爲？"遂不赴公車三載。郡大夫勸駕，乃起，即以是年登第。在中秘未幾，疏疾歸。益閉户讀書，謝絶外事，有終焉之志。凡五載，親知勸之，迺出，受吏科給事中。尋又乞歸，屏居復四載。蓋通籍者十年，什九居家，其真在給舍者，可二年耳。然任職侃侃自稱，凡五上疏，論事剴切動京師，人爭傳之。世宗以藩邸入承大統，意欲考獻皇未決。進士張璁進説，上心嚮焉。是時禮官議上獻皇稱號之禮，上久持未下，于光迺上疏曰："邇者禮臣議上興獻王稱號，候命至今，未蒙俞允，羣臣惑之。陛下聖明，豈復如此重思未決，是張璁之説中也。夫正統私親，天秩之禮，萬世不可易也。璁之言曰：'羣臣盡拘執成説，不可用也。'是謂禮之出於天者，不必執矣。然則欲人何執哉？且立後之説死生無二，寧有預養則當爲後，非預養則不當爲後。而妄謂今日典禮，與漢哀帝、宋英宗不同，臣不知璁之言出何典記也。即宋程頤有'長子不得爲人後'之説，又獨不曰'禮無明言'乎？夫武宗以所承孝宗之大統，特付之陛下，此爲天下得人之意，天下之大公也。陛下以興獻王長子，不得已而入承大統，此順天應人之心，天下之大順也。以兹典禮，實出尋常擬議之外，而猥稱臣民宗子之法，謂長子不得爲人後，不亦拘乎？其曰'統與嗣不同，非必父死子立'者亦非通論。夫嗣，正所以嗣其統也。漢孝宣承昭帝之後，時於父行無所承之君，理宜以兄孫繼。孝文，承惠帝之後，以弟無後兄之誼，故上而繼高祖。陛下今承武宗，亦以弟不後兄而嗣孝廟，則正與漢文嗣統相類也。安得藉彼祖孫之禮，而奪今日父子之禮乎？又欲陛下別立興獻王廟于京師，大小二宗並事，此決不可。昔魯宮災，孔子聞之曰：'其桓僖乎？'以其非正也。若獻廟果立，在今日則坐朱熹兩廟爭較之嫌，在他日則有《春秋》魯僖躋閔之失。又況人情所注，此重則彼輕，大宗之與小宗必不兩存之重也。夫孝宗皇帝深仁厚澤，洽于天下，天下臣民哀慕至今。武宗不祿，陛下入嗣，雖販夫走卒，無不鼓舞懽呼，舉手加額，謂吾皇有子矣。何者？誠仁結於心，而天理之不可滅也。璁迺昌言曰'孝廟之嗣，其不可延天也'，公然廢絶，稱天以臨之，賊仁棄誼，非人理不可。讀昔漢光武身復漢祀，猶然上繼元帝所生之親，止曰南頓君立廟鉅鹿，但其稱考，猶有遺憾。今陛下以親則孝宗猶子也，與光武之疏遠不同；以位則親承武宗全盛之業也，與光武之收拾芬亂不同。而璁欲陛下特考獻王，立廟京師，若與光武相提而論，又有得失矣。惟陛下嚴大宗之事，察正統之承，仰欽孝廟在天之心，亟下前疏，昭示天下，毋爲憸佞所惑。"奏入，中外韙焉。他論建多類此。曾一分較禮闈，稱得士。以夕郎終。性厭紛囂，自適恬寂，未嘗一造請。有司屬脩郡志，必斷之典型，不輕狥貴人指。閒居教授生徒，以書義相劘切，當有得，夜榻寒燈，欣欣然忘食寢也。生計蕭然，無異袒

褐。比没,妻子不免饑寒。所著有《易經解》、《四書解》、《正蒙解》行于世。史
氏《越章録》、梁宅之撰墓誌

教諭張子翼先生應星

張應星,字子翼,號菊水,同安人。應星自幼開敏,喜讀書。晉江史氏于光,
以翰林吉士請告還里,設教生徒於輪山,從學者五十人,應星年十五爲最少。史
公課其文,獨喜。繼又事其邑先輩林氏希元學,盡契所蘊蓄。嘉靖戊午,以貢授
會昌訓導,揭《白鹿洞規》教士。督學使者徐以德行求士,諸廣文入試,分授片
紙,令書無德行之尤者。應星獨不書,學使怪問之,曰:"諸生性質不齊,然皆可
自改,苛求之,恐累終身。"學使大喜,因試以《世變江河》詩,又與講學諄切,數
日乃别去。都御史周公某以"敏而好學,清不求知"獎之。轉清江教諭,道卒。
應星爲官,懿行脩潔,俸入外毫髮無所染緇。重道輕勢,信理信心,不談道學,而
事事依道,曰:"日用天則,豈在多言?"平生孝思切至,事兄如父,視兄弟子如
子。與人交,無二口,善解人過。所作詩有二章,其一章曰:"實勝未爲恥,名勝
不惡而。良賈戒深藏,所貴知者稀。務實不務名,聖賢是階梯。"其一章曰:"公
孫儒者爲最下,猶必强起始發駕。古人自重今自輕,我亦胡爲乎營營?"所著有
《四書大畧》、《易經管窺》、《易經燈影》、詩文若干篇,藏於家。子曰益。《閩書》、
何司徒撰墓誌

【校記】

① "惠安",應作"惠來"。

閩中理學淵源考卷六十五

訓導諸葛文敏先生駿學派

按：泉南成化以後，師席踵起，其潛身草澤者，豈碌碌隨世以就講肄之業哉？考文敏先生論文必傅經義，以理勝。其立教也，以德行爲本，舉業爲用。如此，則豈有昔人荒功奪志之患耶？師道之立，人才之樹，宜已。

訓導諸葛文敏先生駿

諸葛駿，字文敏，晉江人。究心經史，爲文傅經義，以理勝，泉士宗之，陳琛、李源、詹源、顧珀諸公，皆出其門。以鄉薦，授永嘉訓導。教人以德行爲體，舉業爲用。朝夕程課，鑄冶不懈。永嘉學祠之名宦。駿居家孝友，周窮恤匱，冠婚喪祭一依古禮。所著有《易經集說》、《家訓彙編》。《閩書》

侍郎顧新山先生珀

顧珀，字載祥，晉江人。少而忠信好義。弘治十二年進士，除知虹縣。丁父憂，服除，正德元年補旌德令，擢守知州。歲大饑，不俟申詳，發倉庫賑恤。時巡按奉檄督逋甚亟，珀計民貧無措，召富商諭以大義，悉代輸貨，秋成還之，商民兩無所累。坐忤劉瑾，被逮廷杖四十。瑾敗，乃以治行旌擢南吏部考功郎。丁母憂，服闋，除兵部武庫司。當正德頹綱之日，事多因循，珀秉正執法，凡兵器出納，京衛勾解，極意振刷，宿蠹一清。陞湖廣布政參議。行部至蘄，有妖僧詐稱奉勑往名山掛牓，所在恣橫，密發其奸，寘之法。寧藩反南昌，珀扼黃梅，爲池、皖援。會武宗親征，民爭逃竄，榜諭安輯之。事平，乞休，不允。世宗入承大統，以護送聖母勞，賜銀幣。復上疏乞休，遂陞湖廣按察副使，予致仕。都御史秦金、吳廷舉、席書，御史何鰲、唐符、馬紀前後薦聞。而桂文襄公萼爲縣時，爲珀所知，文襄當國，欲大用之。嘉靖五年，起四川按察副使，整飭威、茂二州。既至，脩理城堞、墩臺，召募武勇，彈壓羌夷，核歷年賞番虛糜，歲省萬金。土酋入貢，令釋刀易馬乃入，遂爲定規。踰年，陞河南右參政，以薦陞江西左布政。尋擢南京太僕寺卿，陞南京太常寺卿，尋陞南户部右侍郎署篆，疏上便宜十二事，悉蒙嘉納施行。在部五年，清望一時推重。屢行乞休，乃許致仕。年八十六卒。撫按表聞，賜祭葬，贈都察院右都御史。珀清坦簡諒，恬澹寡欲，歷官未嘗以家累自隨，室中絶媵侍之奉，聲樂之娛。比休官，晚節益堅，罔犯在得之戒。平居燕處如齋，端坐如塑。遇二親諱，素食悲悼，老如一日。教子姪以守法循義。窮民有喪葬不能舉者，竭力周恤。居常絶意干謁，至一方利病則不憚肫切，上説下教，力可爲者即自任之。其於息爭諭善，常以懿言代鈇鉞，和色當醴醪。不義者忌珀之知，而衣冠後進望以爲楷。陳琛稱珀：“歷仕中外，如凝冰出壑，素月懸秋。”張氏天叙序公《教劄》曰：“公之宦績，收之誌傳，勒之碑板，采之實録，天下所共知也。至於鄉行家範，非其鄉人後學受教而知德者，則未易知也。遡公之貴，幾五十年。自少至耄，氣静神閒，筋强骨竦，望之儼然如泰山喬嶽，即之温然如霽月光風。少讀書泰嘉巖，每朔望月考，或值煙雨，衣巾靴屐，自山而下。事竣，即還山。讀《易》每三百遍，如是者十年。其資深邃養，發爲文章，措諸事業，以當大任者，夫豈偶然哉！”《閩書》、舊郡志、《清源文獻》

少卿李竹坡先生源

李源，字士達，别號竹坡，晉江人。弘治十八年進士，初仕户部主事，差監臨清倉儲。倉故置中貴人一人董視之，中貴人數治酒饌爲好會，源每會舉杯濡唇而已。中貴人患不得恣所欲，則構兵備趙副使侵撓倉事、擾吏徒。源疏以聞，并劾中貴人罪狀。事下户部，尚書孫九峯交歡爲得職，數稱源於曹中。時逆瑾用事，以源嘗劾中貴人，記其名。遣轉餉遼左，故縮其期，陰欲中以失期。源晝夜行風雪中，日二百里，竣事以報，瑾不能中也。是時相楊文襄一清知源，無緣一見，心尤器之。楊與孫並一時名臣，將殊用源，爲逆瑾憾沮，而源亦乞歸養矣。其後，言者屢薦于朝，就家起南京文選司郎中。久之，遷尚寶司少卿，竟不起。源爲文法左氏，其所獨到，斸破規矩，亦自爲方圓。一時銘幽記遠之文，非出源手，皆以爲不得所託。學行爲時師表，尤不自標特，謙冲下接，好獎誘人材，汲引後進如恐不及。清約自將，自幼學至壯以老，無燕僻之朋。好義遠利，篤於天稟，而脩之以不倦。先是，卒業成均，故相楊廷和在翰林，以禮來聘爲其子慎師，曰：“吾求士於都下，非先生莫可屬以此子。”源感其意，終以濡跡貴門爲不樂，辭以疾。自其未遇，不近於榮利已如此。家居前後薦者凡七章，雖知源有詳畧，大指皆以爲廉孝人也。後宅燬於火，貧不能建，郡守王士俊捐貲助之，爲立善俗坊於四達之衢。《閩書》、新郡志、王遵巖撰行狀

參政洪新齋先生富學派

按：《閩書》，先生受學蔡虛齋之門人吳氏銓、林氏同，苦心學《易》，因以所得著爲《淺說》，與文莊《蒙引》並行于世。泉中學士多尊師之，蔡松莊其一也。再青陽莊氏，受其業者三人，石山氏一俊、璧崖氏思寬、方塘氏用賓。茲錄方塘一人附焉。

參政洪新齋先生富

洪富，字國充，晉江人。嘉靖八年進士。富寬凝簡重默守，稱長者。初授刑部郎，人謂法律非其任，乃執法求情，侃然不狥阿。有巡按劾某憲副，憲副爲時相私人，時相摭巡按一事，欲抵以重法者。富言於尚書，如法而止，相不能奪。以次受提牢役，冬月囚多凍死，日製薑湯分給之，囚羣號爲“彌陀佛”。出守雷州，興學訓士，築海捍潮。有憲司牙卒以賭殺人，富廉知，悉真之法。憲司以情請，不聽。憲司怒，易他官治之，富以獄成否爲去留，竟論卒抵罪。陞兩浙轉運

使。有巡鹽御史示以私意，富不從。或勸之。富曰："汙身以媚人，吾不能也。"
御史怒，陰撼其短，無所得。丁內艱。服除，補兩淮運使。半載，陞四川參政。
蜀人樂其廉恕，又呼爲"洪佛"焉。會張襄惠岳以督師征蠻，徵餉於雲、貴、湖、
川。川撫李香有違議，富與之爭。岳又欲調土兵萬人應役，香欲以先年調征之
兵應之，富曰："年遷人易，奈何以紙上虛名應軍前實用乎？"屢與巡撫違忤，遂
乞歸。歸十餘年，卒，年七十餘。富爲諸生時，受學蔡文莊之門人若吳銓、林同
二公，苦心《易》學，因以所得著爲《淺說》，與文莊《蒙引》並行於世，而泉中學
士多尊事之。既登鄉薦，讀書國子。時嚴相嵩方爲祭酒，知其深於《易》，延爲
其子世蕃師。及嵩爲相，絕不與通，時論重之。孫澄源，從子猷，別見。《閩書》、
《通志》、新郡志

縣令張南溪先生文應學派

　　按：先生師事林誠齋治《春秋》，義據通深，治《三傳》者多師之。今考門人
只浯溪黎氏一人，餘待考。再，先生子天衢、天叙學行爲一時推重，曾切磋于王
一瀼、朱荒山二先生，今附家學焉。

縣令張南溪先生文應

　　張文應，字廷鳳，晉江人。師事林誠齋數輩治《春秋》學，義據通深，讀《三
傳》者多師之。門人如浯溪輩，錚錚有聲。正德二年，舉鄉試第二人，乞瑞安教
諭。鄰邑諸生聞其文質競爽，皆來就學。遷樂平知縣。縣當姚源寇甫定之後，
民疲兵燹。文應撫摩綏輯，以寬徭息衆爲務。宸濠稱亂，執戈從勤王師。王文
成奏功之日，獎賞有加。去官，士民書石紀政。去之七年，百姓復裹糧赴闕乞
留。子天衢、天叙。

長史徐浯溪先生榮

　　徐榮，字仁卿，晉江人。幼篤孝。登嘉靖十一年進士，授嘉善令。丁內艱。

服闋,補束明,遷南戶部主事。故爲夏文愍所知,及分宜爲相,遂左遷趙府長史,卒。爲人恢宏蕭給,磊落開敏。以《春秋》起家,三山王應鐘、郡中王慎中,皆事焉。子用賓,孫縉芳。《閩書》

司訓張月洲先生天衢 弟天叙。

張天衢,號月洲,晉江人。文應子。仕訓導,以學行見重於時。弟天叙,嘉靖十年鄉薦,官至遂溪縣。政尚廉平,以好學稱。其祭王氏一矓文曰:"叙偕兄衢,亦惟匪肖。濫分半席於退省,披拂數月之春風。先生高揭德行道藝之條,發明《大易》、《學》、《庸》之旨,凌晨而集,蕭爾傾聽。薄暮而退,充然容與云。"《清源文獻》、新郡志《藝文》、《閩書》

閩中理學淵源考卷六十六

童含山先生學派

按：先生爲紫峰陳氏高弟，當時以《易》學鳴。考志乘，未見本傳。僅見何作菴祭先生文，惓惓於師授之旨，而稱述其踐履精純，蓋先正之卓然者。茲錄基祭文，著之篇端，尚待補傳焉。

童含山先生

童，闕。字，闕。號含山，温陵人。何作菴祭之文曰："恭惟夫子，天生木鐸。昔在紫雲，脱屨盈幄。嘗升講座，抽關啓鑰。朗然高論，聽者聳服。隨才高下，藝文商榷。所經識取，靡不騰躍。某時在列，年方總丱。莫知端倪，但仰山嶽。言雖諄諄，未嘗領畧。高乎堅乎，至今踧踖。追數舊遊，後先彫落。爰有蔡生，立雪游酢。手書頌德，如寫衷膜。使其尚存，必有制作。以表丹青，以昭宿昔。眇予小子，自慚寡弱。伏自宦歸，時侍几屬。是歲之春，忽蒙枉泊。示我歌吟，若有所托。夫子逝矣，今何可復？惟是夫子，學問淵澤。授自紫峰，以溯伊洛。短檠對静，圓木示覺。踐履精純，孝弟有綽。病叟載歌，吁嗟命薄。敬此誄章，以懷械樸。"

朱荒山先生軺學派

按：泉自明初，諸先正多治《易》，至先生專治《毛詩》，泉人業《詩》者多宗之。維時庠塾間篤尚經學，諄諄講明，轉相付受，猶不失傳習家法爾。

朱荒山先生軫

朱軫，字朝矩，號荒山，晉江人。祖伯父都憲簡菴公占其命書，喜曰："兒當
大吾宗。"比壯，長身玉立，言笑不苟，動止有容儀，補邑庠弟子員，治《詩經》。
是時，蔡虛齋《易》學盛行于泉，《詩》道幾絕，軫獨與其師友三五人，潛心講究，
久之有所自得。不爲時文窘束，而於詩人性情及文公傳註融會通貫，自成一派，
泉人業《詩》者多從之。屢困場屋，晚年猶不廢講究。軫襟懷坦夷，與人無城
府。居家孝友，燕居必以禮，雖對妻子、僮僕，亦無惰容。尤留心世務，非止於經
學專門者。門人張天衢狀其行。張净峰先生撰墓誌

翁比軒、徐泗涯、易愧虛、丘潛軒諸先生學派

按：四先生一時師表也。翁、徐未詳。易氏爲蔡文莊高弟，已別見。丘氏
潛軒壽民，住儒林里，與李坦齋鄰而相友善，故一泉稟學焉。

丘潛軒先生壽民

丘壽民，別號潛軒，晉江人。有嵩之父。壽民家故貧，而深於經術，四方爭
致爲弟子師。設席安平，安平距郡城再舍而遥。按，衷一李氏曰："正德中，贈
光禄丘潛軒先生家吾儒林里，與先大父贈公坦菴鄰而相友善。先考主政一泉公
稟學於先生之門，先生設皋比安平，先考負笈從之，於師門爲高足云。"節錄李衷
一先生撰《丘兗泉有嵩行狀》

推官李一泉先生仁

李仁，字静甫，號一泉。夙慧，七歲日誦百餘言。長習《易》，旁及諸經。貧
不能購書，借輒成誦。有欲試其才者，與經幾百，期以片晷歸。仁如期歸之，隨
叩隨應，無隻字遺，其善强識如此。仁先受業於翁比軒、易愧虛、徐泗崖、丘潛軒
諸公，最後稟學於從父實渠公。時易愧虛倡明蔡虛齋《易》學，士從遊者無慮百

數,而獨器仁,趐少可教。年二十,補文學掌故。與石江莊公、葦亭徐公、小洛何公結社東湖之濱,諸公皆一時知名士,獨嚴重仁,每一牘成,人人灑然異也。仁爲文根極於理,不以怪迂相高。戊子,上賢書,久之謁選,授惠州府推官。悉捐宿業,與兄弟無所間①。在職嚴刑憲,洗冤獄,却餽遺。三歲,奏最,擢司農郎。值邊急,轉餉如流。一切按法,不可干以私。卒時,撿囊中僅書數十卷而已。蘇氏潽曰:“余聞之長老曰,世廟初年,士風未彫,其人類多峭直自遂,純而不緇,蹈必擇地,事不避難。遇權貴人,直藐視之,不與俱上下。先生其人哉！潽不及侍先生,然與若子光縉游,即之穆穆,叩之泠泠,至臨大事,屹然如山,則猶之乎見先生也。”蘇紫溪撰墓誌、《閩書》

【校記】

①　“間”,《閩書》作“問”。

閩中理學淵源考卷六十七

參政王遵巖先生慎中學派

按：先生受學于易愧虛，而淵源於蔡文莊者。維時"良知"之説方行，先生宦遊南服，與龍溪、雙江相講切，亦契會其宗旨。迨退歸，年甫逾壯耳。後祭愧虛先生文曰："知向道而不力，顛垂白而悾侗。慨滅質以溺心，誤師傳之正宗。"蓋愧虛於嘉靖戊午年卒，先生時年亦及艾矣，故曰"顛垂白"也。其曰"滅質"、"溺心"、"誤師傳"者，或於王學悔遁，而遡厥師承所自乎？前輩造詣，與年俱進，未知所至何如。今觀其出處去就，大節確乎不移。李氏愷祭文云："先生爲學，力削浮夸，鞭辟近裏，隱然成德，而所以自期待者甚不凡。當桂洲柄用，恥爲朱穆，孤真之節，寧爲所嘆，而不入其黨，其操履可想矣。嘗自言其講學教士，以文法悟諸生最多。又自言其文非但以文字觀。又自憾平生學問不足，而文字有餘，正枝葉勝本根之弊。"又與弟道原書云："當使治經之功多于辭華之事，予舊亦誤，至二十七八，而始知反。"凡此，皆晚歲有造於道之言也。文節李公嘗曰："吾鄉虛齋、古愚、净峯、遵巖、紫溪諸先正師道甚立。"於嘑！先生之學，固亦因文而有補於道者哉！

參政王遵巖先生慎中

王慎中，字道思，晉江人。幼稟異質，日誦數千言。年十八，舉嘉靖五年進士，授户部主事。尋改禮部祠祭司。時四方名士唐順之、陳束、李開先、趙時春、任瀚、熊過、屠應峻、華察、陸銓、江以達、曾汴輩，咸在部曹，慎中與之講習，學大進。十二年，詔簡部郎爲翰林，衆首擬慎中。大學士張孚敬欲一見，辭不赴。乃稍移吏部，爲考功員外郎，進驗封郎中。忌者讒之孚敬，因覆議眞人張衍慶請封疏，謫常州通判。稍遷户部主事、禮部員外郎，並在南京。久之，擢山東提學僉事。以古風教爲己任，校文秉公，不狥舊案，得之片牘，券之終身。殷士儋、李攀龍皆所首拔也。年餘，改江西參議，進河南參政。侍郎王杲奉命振荒，以其事委慎中，還朝，薦慎中可重用。會二十年大計，吏部註慎中不及，而大學士夏言先嘗爲禮部尚書，慎中其屬吏也，與相忤，遂内批不謹，落其職，士論駭之。慎中學博才俊，自視亦高，爲文初主秦、漢，謂東京下無要取，已悟歐、曾作文之法，乃盡焚舊作，一意師倣，尤得力於南豐。唐順之初不服，久亦變而從之。壯年廢棄，益肆力古文，演迤詳贍，卓然成家，與順之齊名。順之稱其文二百年來當爲中興。李攀龍、王世貞後起，力排之，卒莫能及。居家孝友，好誘進士類，後輩一經品隲，旋即知名。問業者相踵，言文辭者多宗之。年五十一而終。慎中初號遵巖居士，所著《遵巖集》行於世。《明史》、舊郡志、新郡志

縣丞詹洧仕潤先生洧

詹洧，字仕潤，安溪人。嘉靖間，任高要縣丞，與王遵巖慎中講學。晚歲造詣，有得於天機流動，無入不自得之趣。嘗爲何怍菴炯作《洗心精舍》詩：“高人已把塵心洗，精舍乾坤儘廓開。唯有一眞含泰宇，更無二念擾靈臺。碧空雲散青天净，銀漢夜深寶月來。浩浩淵淵神莫測，冰清玉潔絶纖埃。”讀其詩，知其有得於道也。《閩書》

縣丞黄端叔先生大本

黄大本，字端叔，安溪人。少補弟子員，受學于詹洧，因詹洧以師王慎中，既又與晉江參議尤烈、知縣朱梧、山人江一鯉講學譚詩，皆其父行而名爲長者者也。既入莆中，師事林兆恩，稱高弟，深會脩身繕性之旨。兆恩欲詣闕陳疏，意在婚娶二氏，使各行其教。時朝廷方好方術之士，方術之士上書言事輒得旨。大本即移書止兆恩，謂：“言即得行，甚善。顧此時詣闕上書者皆黄緇、符篆者

流，吾師欲以婚娶二氏易天下，不惟不足以明三教之道，適使人疑夫子。"兆恩因此中輟，而其道益尊。凡郡中學兆恩者多師大本，稱爲極齋先生。平生與人言，必推本孝弟，或時有所叩，不終言之，第曰："力行何如耳。"仕鴻臚寺序班，終靖江丞、趙府典寶正。所著有《紫雲詩集》。

將軍鄧寒松先生城

鄧城，字藩國，別號寒松。嘉靖甲子武闈解元。襲父爵，以功授中軍指揮，累官提督、狼山總兵，召拜閩遊擊將軍。未幾，卒。城狀貌魁傑，有古將帥略。事母孝謹，家貧力學，喜賓客。所著有詩集數卷。少事王參政遵巖講學，與薛南塘、田燕山、史方齋兄弟相從筆研。既長，就明經試，嘆曰："吾固將種也，此舉何足發吾志哉？"因習弓馬韜畧，與俞虛江訂交，其氣畧亦相類云。子鑴，己丑進士，官南陽太守。餘詳志乘。史方齋撰墓誌畧、舊郡志

李思質先生杜

李杜，字思質，晉江人。棄諸生業，自號雲臺山人。從王遵巖遊，爲文一稟其矩矱，又跌宕，喜談兵。俞虛江器之，揚譽於司馬譚綸，禮爲記室。嘗爲大猷作集序，稱其言學莫非兵，言兵莫非《易》，可謂知言。後因避地粵西，家陽朔以終焉。嘗爲周氏微撰《明經會記》畧曰："周衰學廢，士始以學文爲先。及孔子教於洙泗，則皆篤於自脩，雖《詩》、《禮》亦有棄而不習者，故孔子教伯魚惓惓于不學之弊，推本《詩》之爲用，其歸在於事父事君。而孟子言禮樂之實，亦以節文夫孝弟而已。自是學者始知夫《六經》之旨揮發夫事物，事物之繁通貫乎性命。苟有志于復古者，皆可因其言以求其義，由其義以明其教，則豈有義高而猶淺于聞，知深而或失其守之過乎？今周君麗峰建堂於家，以祀先聖，題其扁曰'明經'。聚鄉之碩髦，以講於其間，而惓惓忠孝儉慎之數言，是亦不越乎致慎於興居、視聽、俯仰、語默、服食之間，以求當乎父子、君臣、兄弟、朋友、夫婦之倫者也，蓋有得於家塾黨庠之意。誠使長治此邦者，率喬家望族而大昌明其教，家

建而人習之,如三代建學之隆,則孔、孟之經于以復明,顧不易耶? 余蹇且拙,不足以當幹局之任,而率先教化以求明聖人之道者,不敢不汲汲也,故於是會也,樂爲之記。然余又有懼焉,蓋道之不明,非不講者之過也。講之而不行,行之而不力,徒攘竊於外以爲高,而好名之士又侈然爲欺以和之。敦實之意微,矯飾之俗盛,則反爲是經之障,不若不講之愈也。劉屏山有云:'學有三,上焉汲汲然,其次懵懵然,其次悠悠然。'周君蓋汲汲然,非徒講者也,是經之明也可冀矣。"又撰《沈氏崇正書院記》,論周子無欲之旨通乎一貫,以爲崇正之論,而併舉二氏之無欲所以異於聖人者反覆其說,其論亦皆不詭於正焉。新郡志、《清源文獻》

教授徐希孔先生孟學派

　　按,文簡黃公撰先生本傳云:"先生業程、朱《易傳》義,得蔡文莊之傳,爲郡人士所宗,蓋一時鉅宿也。小洛何公爲及門高弟,平生至行亦相類,當時並以孝德著稱。先生去虛齋先生未遠,彼時風教篤茂,鄉後進講習淬勵,未嘗沾沾以沽世眩俗。故一經之士皆能守師儒繩尺,綽有漢、宋風流,迄今猶可溯先民榘矱云。"

教授徐希孔先生孟

　　徐孟,字希孔,晉江人。嘉靖中爲郡邑博士,業程、朱《易傳》義,得蔡文莊正傳,邑人士翕然宗之,稱之曰徐先生。初授袁州府學訓導,尋遷曲陽教諭,最後教授黃州。不沿例問諸生贄餽,與諸生談經講藝,訓迪不倦。黃故材藪,薰陶造就者甚衆,士亦多顯者,當時上官有古學、古辭、古貌、古心之譽。事繼母孝,篤愛異母弟,自諸生餼以逮俸入,悉分給之,宦歸食貧,僅免凍餒,猶損饔飧以濟焉。平生長厚,豐推予而自治極嚴。何小洛元述,孟高弟子也。同省試掇科,推宴金爲贐,孟堅弗納,曰:"初發軔,何得急此爲?"蓋自爲諸生時,其廉潔已如此。里居,鍵户寡接,惟諄諄課諸孫學,獨坐竟日。親友宴閒,未嘗有夷踞傾欹態,至耄猶然。年八十八卒。邑人黃公鳳翔景慕先生,采摭厥行實爲之傳,而致

慨輓近世賢人君子蠖屈下位，泥蟠巖穴，不能標不朽之聞，施于後世云。_{黃文簡}
_{撰本傳}

副使何小洛先生元述

何元述，字元孝，別號小洛，晉江人。自幼從父學，年稍長，受業於孫東溪
某、從兄孝廉何洛江某，二公并名士，俱器之。一日，張淨峯先生見元述於洛江
精舍，試其文，大奇之，語洛江曰："君家有千里駒矣。"時年十三歲。嘉靖四年，
學使者邵公試"立志論"，元述分晰道德、富貴、功名之義，而原本於寧靜澹泊，
學使者異之。十一年，舉進士，疏乞教授惠州，以便迎養。甲午，分校浙闈，得陳
善、茅坤、潘季馴諸公，皆爲浙中聞人。擢國子博士，歷監丞，擢南戶部主事，出
爲廣東僉事，遷湖廣參議。時世宗脩顯陵，以分任勞賜金幣。中貴人使楚，諸大
吏折節爲恭，元述獨行敵禮。鎮守廖斌者傾御史包節，被逮謫戍，其部曲席勢驕
恣，元述即捕治之如法，斌無以中。陞廣東按察副使，治海道事。積案累千，株
連數千百人，請撫按檢閱，可問問之，久遠不可問者，請決除之，於是宿牘一清。
御史行部不至瓊，皆推皁僚代，人憚浮海，莫應者。元述獨請往。還抵化州，次
白沙驛，遇黎寇猝至，持刀擬己，知爲河海道，相率羅拜而去。獨以戇直執法，繩
兩勢家，責其豪子弟，後爲所擠，罷歸。元述孝友甚至，官俸之餘，敬上二親，悉
均諸弟，自無厚殖。性寬洪坦直，無城府，不知人間有機械，知亦不較。拯人於
難，如疴在身。聞有善事，喜動眉宇，見有招失，咨嗟竟日。其自奉淡約，脱粟而
食。入里門，必下車，縉紳士類，倒屣出迎。雖下隸，必衣冠乃見。林居四十餘
年，正家規，廣祠宇，脩祖墳。至耄年，遇歲時禮節拜揖，酬酢不衰。卒年九十。
子居魯，舉人，官至承天知府。_{李文節撰墓誌、李衷一撰行狀、新舊郡志、《閩書》}

林允德先生鴻儒學派

清溪之學，在宋時紫陽私淑弟子如鄭氏思忱、思永，已具學派矣。至余氏克
濟、陳氏子木、陳氏椿壽、黃氏商楫諸公，亦以經學著顯。元、明以後，潛德自脩

者,志乘頗畧。至中明時,師席有起,文獻可稽,如林公允德,其較著者也。然及門之士,亦多載郡國,而深山樸茂者無聞焉。意彼時長材秀民長往山林而不返也耶？馥嘗考余家譜牒,九世祖羅峯府君,在弘治間以明經終老,孝著里閭,其詳已附周公孟中學派矣。其以經學授徒者,則自仍樸先生仕亨以《易》學教授宗黨,族弟栻實師事之,皆有《易說》存焉。迨後在明先生光龍老於諸生者數十年,至崇禎癸未登第,秉節山中,從遊不乏,而先伯曾祖葆甫公、先曾祖惟念公實受其學焉。顧鄉邦門徒姓氏,亦多佚而無傳矣。夫荒陬退邑,譜籍殘缺,即志乘亦無可尋。一邑如此,然則巖栖潛隱之彥,湮沒而不稱者豈少哉？因述林氏學派而并書之。

林允德先生鴻儒

林鴻儒,字允德,安溪人。溫恭孝友,博學能文。精治《尚書》,有《書經日錄》行世。何氏鏡山撰先生傳畧曰："吾鄉先輩林先生,居駟馬山中,沈精極思,博暢旁會,爲《尚書日錄》一書,大抵如宋季夏僎解《書》之意。每篇撮其大義冠於講首,中則採用諸家,參以己意。没既有年,尚未出於人間,有竊其說者,已先大行於世。今而後士之習舉子業者,知爲先生說也。吾鄉涉《尚書》顯者多本先生,則有林公雲程、李公載贄、紀公廷譽,皆其門下知名士云。"何司徒撰本傳、《安溪邑志》

郡守林登卿先生雲程

林雲程,字登卿,晉江人。嘉靖乙丑進士。時王弇州方與李歷下諸公握三尺管,馳驅中原,海內翕然景附,閩中寂無人。雲程自其少年則留意詞賦之業,既紆組綬,交游諸公間。所從游詞客,則吳中張伯起、勾章沈明臣、里中黃克晦及諸名流勝選,率以風雅推讓之。好蓄法書名畫,窮其源委,而筆翰大有名於世。人但見其登高作賦,臨池洗墨。雲程一片真誠自將,尤善蒞政以便民,自以爲無瑕釁于人,坐是浮沉州郡郎署間。家居厚德載物,古意宅心,爲鄉邦模楷者五十餘年,壽九十六而終。雲程所歷官,兩爲通、宿知州,兩爲南、北曹郎,兩爲

九江、汝寧郡太守。從姪欲厦、肇開。闕

同知蔡松莊先生元偉學派

余嘗過泉南之郊，接紫帽山麓，有所謂松莊故里者，其長松蟠鬱，根幹數十圍，至今仰喬木，并想先生之高風偉度也。及觀《考德錄》諸篇，愈詳求志之篤，余又爽然自失矣。觀其馳書于黃恭肅司寇，論大臣去就之正，道德功名之辨，并往治周蹟山身後事，何其大節不可奪也。先生陰膺程、朱之學，其持躬踐履，可謂克承前烈者矣。平昔論學于本原、心性、工夫，卓有特識，殊非淺學小生所能窺測。嗚呼，賢哉！

同知蔡松莊先生元偉

蔡元偉，字伯瞻，晉江人。宋忠惠襄後。襄兩守泉州，其三世孫楠再莅是邦，四世怛因移家焉。元偉總角受學，則已有孝弟稱。嘗受《易》於童含山、徐泗涯、洪新齋之門。既爲諸生，浙人憲副方豪求《易》師於泉，新山顧珀、朋山留志淑二公以元偉應聘，方延致家塾，爲其子師，夙興夜寐，已自嚴矣。久之，見程端禮《家塾日程》皆宗晦翁教人之法，嘆曰：“學當如是。”即手抄服行，慨然有求道之志。領嘉靖辛卯鄉薦，不干有司，舌耕爲養於漳、泉間者凡十年，始就授羅田教諭。所以教士，即舉業之中默誘之聖賢之域。擢德安令。一以節愛爲本，每退食，取《小學》、《近思錄》、《伊洛淵源錄》，本朝薛、胡二子《粹言》，揭觀成誦。一時政事真有得於學道愛人之遺，士大夫交口稱之。遷杭州府通判。入覲，事竣，乞終養。冢宰李默知元偉，命考功懇留。歸署錢塘印一月，民甚稱平。擢撫州同知。下車數日，巡按御史委督樂安逋糧。樂安素稱刁邑，元偉寬命令，去鞭笞，皆相繼輸納。復還府治，耆民送者盈路，謂：“自鬓穉至今，目見徵糧官莫如蔡公。”無何，樂安復有劫庫之變，再被委往。忽流賊數千焚掠南豐等鄰邑，縣故無城，元偉召鄉民精銳者設險扼隘，自著戎衣，演武教場，賊聞不敢近。

縣獄久壞，風寒莫蔽，蒸爲癘疫。元偉欲作新獄居之，縱囚歸，命獄成乃至。獄成，囚並如期至。復委署崇仁。崇亦無城，不數日，報賊突至。元偉督兵渡河，殺賊數十人，餘皆遁散。丁外艱。喪葬畢，以泉中倭棘，慕建寧有考亭遺風，遂移居之。元偉學尚程、朱，而重躬行。與紫峯同時講學，其所實力惟在飲食、起居，動靜語默，辭受取與之際。其待次詮部時，適同鄉主政周天佐陳言申救楊侍御爵，疏入，上震怒，下詔獄，竟斃杖下。時權奸遣人偵其所以，縉紳嗟噤，莫敢收視。元偉獨慨然往治其殯，且奮筆爲文祭之，復著《七難論》以悲傷其意，人服其勇。黃恭肅爲司寇日，偉貽書勸歸，與言大臣去就之正、道德功名之辨。恭肅深納之，語人曰：“非秉道德、崇風節者不能出此言，讀其書可想見其人矣。”其自治之勤，或至提撕少懈，過失復生，輒撫膺泣下，長跪自罰。作日曆自識生平，名《考德錄》，而自序曰：“松莊子少不自揣量，非聖賢書不觀，非孝弟之志不存，非天地古今之運化、英雄豪傑之作用無以入吾思也。氣拘物蔽，鞭策不前，悠悠作輟，出入是懼，於是有是書之所作云。考德有二：一則時常省克而時識之，以自稽其理欲分數之多少。一則隨其學之有得、心之有開，即便劄記，以驗器識之高下淺深，以爲進德之助。居常服膺晦翁之言，以爲世間事須臾變滅，皆不足實胸懷，惟有窮理、修身爲究竟法。賴天之靈，幸有所知。好學性生，至老彌篤。歷官雖久，此心淡然，中屢遭家難，備嘗變故，每自嘆所遭之窮，而此志終顛撲不破。晚年閒靜之中，咀嚼益旨行，以不息之功加于未死之年。不有得于今，必有得于古；不有合于人，必有合于天。則所謂不知不慍之地，或可幾萬一焉。”又著有《四書折衷》、《易經聚正》各若干卷。其云“松莊”者，其先祖怛家郡城外十里許，遶宅皆松，王梅溪守泉時，題爲“萬松莊”，元偉取自號也。《閩書》、舊郡志、張天叙撰本傳

備　考

黃恭肅公光昇《書蔡公傳後》云：蔡君元偉居家時，余尚忝秋官卿，方有歸志，君以書招余隱，其畧云：昔向敏中遷僕射，門前寂然，絕無賀客。真宗嘆羨，以爲大臣所難。公每歸家，寂靜無車馬之喧，不讓于敏中，亦今世所希見者。張

忠定公初及第時,以詩遺逸人傅霖云:"當年失足下漁磯,苦戀明時未得歸。寄語巢由莫相笑,此心不是愛輕肥。"後果未老告歸。錢若水之急流勇退,至今爲美談。今高壽耳順,與偉同庚。偉精力寖衰,計前途遙遠,而公爲造物所獨厚,必壽登期頤可卜也。但老杜亦有古稀之懼,人生亦當優游林下二十年,方享真樂。不然,再侵幾年,似與鐘鳴漏盡而夜行不休者無異矣。四時之序,成功者去。若宦成名立,不蚤休退,匪惟有違於大臣之義,不知者僅以爲功名之士。平生之所辛勤以自立者,亦只成就一箇功名,而未能深於道德之域,亦輸人一頭地矣。此非相愛之深,欲期公作天下一完人,不敢出此言,亦非公不敢以此言進。惟恕其狂,矜其愚而不加罪,幸甚!偉碌碌無足爲道,惟日求新得,以益舊聞,日攻新惡,以贖舊愆。脩身俟死,別無外念。特孤立無助,以兹怏怏。伏望進而教之,使不終爲棄物,恩當如何報也。余讀其書而歸志愈決,三疏得旨,則蔡君没矣。於乎!滔滔時世,疇不以功名相勸勉,非秉道義、崇風節者,誰肯出此?余故録其書於傳後,觀者亦可以想見其爲人。

僉事王賓之先生宗會

王宗會,字賓之。起家大理評事,轉寺副、寺正。明恕詳讞,每多平反。自其未遇,受知于郡守程秀民。及入仕,秀民身後爲里豪所齮齕,宗會爲直枉。衢有柑橘之饒,宗會捐百金買柑園一區,供程祀,程人名曰"王氏柑"。有權相欲羅致門下,宗會不就,遭回冷署者十餘載,始轉廣東僉憲。尋卒官。《閩書》

王未齋先生國輔

王國輔,字忠甫,號未齋,晉江人。當嘉靖間,蔡松莊與何怍菴同時講《易》,國輔尊之爲師。松莊知之尤深,妻以女。國輔事繼母至孝,畜異母弟至友。蔡松莊久居建州,臨殁無子,作訣書,割田遺國輔,而國輔不受。每朔望,具衣冠作禮祖先於寢門之内。誘子弟讀書,作譜垂訓,常欲做古禮,如河東義門,須有力行之,而皆不果。讀書寒熱不廢,爲詞章刻苦沈涵。十入棘闈,主司擬中選而卒不與。嘗一遊鄧州，其守滕公請國輔爲鄧中弟子開講，從者百餘人。開封守聞之，即延爲其子師。不久倦遊，遂歸。孫有棟，又從鏡山先生受業焉。何司徒撰本傳

教諭沈潛吾先生亨學派

　　按：聖學傳人，惟澹泊明志、寧靜致遠者可克負荷，《中庸》"闇然日章"之君子似之。觀先生恬澹著書，不樹聲譽，雖寂寞一時，而異世考論德業者推焉，可見此學在篤實功夫。

教諭沈潛吾先生亨

　　沈亨，字體敬，一字潛吾，晉江人。少惇篤，言動不苟。潛心《易》學，深契蔡文莊之旨。每讀《孝經》、《小學》，輒掩卷靜思，求所以不愧古人者。教人以孝弟忠信爲先，時方尚講學，亨曰："學在躬行而已。"嘉靖乙卯，以貢授新會訓導。諄諄以人倫日用爲諸生訓勉，其貧者，捐俸周之，新會士子頌其有師之尊，有父之親。陞宜山教諭，其教一如新會。未幾，致仕。諸生懇留，不忍釋。歸家數年，卒。亨自做秀才時即以古有道自待。孝事二親，與弟友愛備至。嗜學安貧，屢空晏如。其門人張冕嘗讀書一峯書院，朝夕侍側，見其潛心性道，闇然自脩，其所學孜孜汲汲，求情質之偏是務，嘗曰："學莫貴于爲己，志于爲己者，則必求身心性命之益。情質上有一偏曲，即爲心累。本原之地不能主持，欲其入道也難矣。故學必先定其志，志必務去其偏，以合於道。"其所聞切要語，則云："心術上要致其光明，氣質上要矯其偏邪。"雖一事之微，必指而示曰："此吾心之有係累處，不遏其端，則邪心從此滋矣。凡傲惰忌嫉，飾觀逢迎，一切墜于情質之偏者，必諄諄規而正焉。其用心本原之地，不惟自攻其慝，而相與以責其善者，一毫必示底止，務得其本心而後已，其庶幾於切問近思之學者歟！"所著有《周易說》、《論孟辨》、《太極解》、《啓蒙疏》，皆心得所發，有功先哲者。舊郡志、《清源文獻》遺文序

閩中理學淵源考卷六十八

長史李木齋先生家世學派

李氏源曰："成化之盛,有節概文章,曰木齋李先生。精華煒煒,摩盪雲霄,比郡諸生多歸之,如山之岱焉。"蓋先生熟復六經、《性理》諸書,又爲虛齋先生所獎許,其淵源之正可想矣。再按:先生家學遞傳,皆能善承不墜。叔元先生嘗言曰:"閩理學濬發自蔡文莊,而紫峰陳先生翼之。叔元竊聞於家嚴曰:'吾祖木齋於文莊友也,紫峰師也。木齋以史官在告,紫峰稟學焉,時年二十矣。文莊以銓曹在告,紫峰稟學焉,時年二十五矣。前輩不立講學門户,而淵源師友,非偶然也。紫峰贈文莊詩則諷以孤舟野渡,贈木齋詩則期以黃花秋色。而兩先生出處大節若合符然,前輩師弟子相與氣味何如也。小子謹識之。'"再按,叔元先生謂:"青陽祭於社者五先生,木齋、維徵二公及夏西仲、蔡于省、莊方塘,餘不乏通顯,曠乎後矣。"又按:李氏先世,自元季由府城東改築青陽,至公數世矣。公以《易》爲泉南推重,而陳氏琛爲其高弟,迨後姪孫逢期又以《易》授之蘇氏紫溪。至元孫叔元昆仲踵起,而叔元鹿巢氏論著,諸先正尤多所發明。至孫儕,並彬彬文學,以科名顯。其所從來者遠矣,吾郡共稱典型舊獻不亦宜乎!

長史李木齋先生聰

李聰,字敏德,別號木齋,晉江人。器宇巖巖,意遠語核,雖燕處不聞俚語惰容焉。平生恥言人過,有蹈諸道者,輒首肯之,又從而揚之。讀《易》之外,《詩》、《書》、《大小戴》、胡《傳》、《綱目》、《性理》諸書甚習。微醺景静,琅然楚騷數章,時步其體,跌宕淒切。聞言官抗疏不屈,輒中宵起舞,凌寒賦詩。所著有《易經外義》、《發凡》、《剔要》、《鑑斷》若干篇。友人蔡虛齋手標之曰："大眼目也。"虛齋嘗以精敏之識，信謹之行，堅苦正大之志推之。領鄉薦，尋肄國子業。丘文莊濬爲大司成，曰："可秀才。"《世史正綱》初落藁，遂手授之。登弘治三年進士，賜禮部宴。主司楊守阯特名而賀曰："場屋中，如公是有數文章。"賜歸省，授翰林檢討，備雍王府書堂。尋出府拜長史。丁外艱。畢改吉府。前後啓王以講學、法祖、進賢、遠佞。既以母老乞歸，章凡七上。正德初，劉瑾搜尋家居違限，率罷之，聰亦在罷中。尋有詔起用，竟不起。鄉人稱曰古李先生。孫逢祥，曾孫芳，元孫伯元、叔元，從孫逢期。

文學李翠臺先生芳

李芳，字孟收，號翠臺，晉江青陽人。木齋先生曾孫。少從世父晉峰逢期爲潛心躬行之學。其治經史，有摘要手抄字，結撰必端音叶律，比旁及《詩》、《騷》。補弟子員，所師事則蔡東洛，所長事則留朋山、王塏齋、莊方塘、林象川、張月洲諸公，皆一時鉅人長者，無不器重之。偃蹇青衿二十餘載，志逾壯，自標署逾高。爲詩若文，結語務益峻。諸子次第受經，舉所手録付之，誨敕如所受世父時，曰："伯而其紹明先人《易》學，仲可繼予《尚書》，謂《春秋》聖人經世大業，叔而穎可學也。"於是三子各占一經。芳爲人篤於根本大節，而周旋造次必以度，际直履莊，自舞勺時習於王父所則然，長乃堅定之，老而彌篤。事王父母如父母，送終追遠，尤愗其心力。切友于之誼，於危難彌篤。營構必先家廟，產業先祭田，首高祖父以及父各若干畝。諸墳完葺一新，凡三十年而一息弗忘。雅負人倫鑒，左司徒郭惟賢未遇時，竂特甚，芳器賞其文，命伯子與友，韲糜共之，卒爲世名卿。與人交，傾洞肺腑，人有過，輒面折不爲隱，然事已輒忘。他如倡新文公祠，疏決渠淤，里人頌之。嘗自題畫像云："律身如口，出口如肝。三經教子，遺後以安。"子伯元、叔元。晚以叔元主政刑部，封如其官。史文簡撰墓誌

知州李端統先生伯元

李伯元，字端統，晉江人。聰元孫。萬曆戊子舉人，歷官房、真、景三州，皆

以循良著績。而在房,抑採榷中官不得擾民。在景飛蝗為災,督捕必盡,尤其卓卓可紀者。居鄉允洽衆望。殁祀鄉社。著有《青陽志》。雍正間志

侍郎李鹿巢先生叔元

李叔元,字端和,號鹿巢,晉江人。木齋古先生元孫。萬曆壬辰登進士第,授刑部主事。洗冤辨誣,不輕動拷訊。轉禮部儀曹,建儲國本,持議先冊立、後冠婚,疏凡二十上,得俞旨,又存心校正潢牒婚封典禮。撰有《南宮備考》,簡飭明要,又撰《鼎湖識周》,詳大喪服制。時值分遣中使採榷關防,持不鑄,觸上意。後鑄給,封識牢密,力奏不許沿途私拆,傳諭諸璫俱遵守,地方賴以肅然。又兩疏乞罷礦税,忤旨,罰俸。甲辰春,在籍起山東按察司督學副使,培植學校,每以身心性命,忠孝廉讓之學為勸誡,雅意作養人才,一時人士争自濯磨,文體還淳,所取士稱得人焉。丙午冬,聞父病,即乞致仕,在途聞訃。丙辰春,起補浙江分守溫處道參議。歷參政,陞江西臬使。端風俗,黜奧援,彰癉明允。遷湖廣左布政。時滇、蜀、黔三省,羽檄旁午,轉輸騷動,楚中幾變。叔元馳疏十三日至京,得旨豁免派夫,事乃定。會直指興大獄,羅織無辜,叔元曰:“納溝恥若己推,從井智窮救人。”遂毅然力争,掛冠歸。崇禎初,起爲光禄寺卿,管太僕少卿事。己巳赴補,奉旨禮部議諡,禮部咨訪叔元,惟表章正學,疏舉實才,爲公論砥柱。旋以方正不合,賜閒住歸里。叔元歷任四朝,授職無瘝曠,宦橐蕭然。自登第後,便以世道爲己任。在浙、在楚,積俸餘買學田,優待儒生。歸田後,屏跡郡邑,動履遵先正。生平簡略,一切浮文不問。時俗羔雁,惟念族黨親朋,置義粟百石,賙邮貧乏。又爲里閭捍患興利,清溝塘,疏灌注,鄉民戴德。幼時從兄伯元習《尚書》,又改習《春秋》,後遂爲海内《麟經》指南,亦嘗從叔祖維徵先生説《易》。平昔論學,扶樹正論,以紫陽爲宗,爲明季鄉邦楷式。所撰述皆有淵源。卒年七十四。後贈刑部侍郎。所著有《四書》①、《春秋傳薰》、《雞肋删》、《三餘存》、《萍踪》、《萍根》諸集。子正培,孫璜,曾孫一鳴,皆鄉薦。其序《紫峰年譜》略曰:“叔元自稍知章句,家君授以陳氏《淺説》諸書,且命之曰:‘紫峰先生

之學,得於吾祖木齋公及蔡虚齋先生,而仰溯乎紫陽,是閩學正派也。'小子臆而問曰:'夫學,天下萬世之學也,奈何系以閩哉?'家君笑而不答。稍長,從學士大夫游,見當世所稱理學者,大率尸祝姚江,土苴紫陽,若對壘然。夫六籍之訓,要使人思而得之,思之愈深,則其得之也愈固。故有由、賜所不聞,而閔、冉聞之矣。閔、冉所不聞,而顔、曾聞之矣。又有終日與回言,而不筆於書者矣。今不揣學力之淺深,不分根器之鈍利,而概哆之以知天知性之學,就使妙契畫前,神游帝先,總爲翫弄光景而無益乎身心性情之實,矧愈講而愈失其真哉。《淺説》、《通典》諸書具在,繇其淺者而深思之,繇其通者而潛思之,乃知學士大夫果無以加於紫陽,而周禮之果在魯也。即系學以閩,不可哉?"

教授李維徵先生逢期學派

按:維徵爲木齋先生之從孫,其學以不欺爲本,以整齊嚴肅爲行,出其門者亦皆英傑名儒。一門窮經學古,綽有先正風流。其派别如紫溪、文節諸公,以淡泊刻勵相切劘。文莊而後,蘇、李二公所以主持風教者不少。考論先輩典型之懿者,於今尤誦法不衰云。

教授李維徵先生逢期

李逢期,字維徵,晉江人。聰姪孫。其學以不欺爲標領,以孝弟爲粟帛,整齊嚴肅爲終日步趨。門人蘇濬嘗持《乾》、《坤》二卦質之,逢期曰:"《乾》之學,約之誠;《坤》之學,約之敬。誠無不敬,敬即思誠。乾道、坤道,一而已。"繇貢士授龍水訓導,擢九江德化教諭、寧波府教授。以禮讓風士,士胥化之。轉鎮海衞學,寧波人奔送百餘里,數日不絶。終吉藩紀善。祀四明名宦。所著有《四書》、《易經隨筆》。其從孫叔元撰《易經隨筆初藁序》云:"晉峰先生之於《易》學深矣。門弟子得其傳者,莫若君禹濬。凡君禹所著書,淺爲《兒説》,約爲《微言》,精爲《生生篇》,大抵推明師説也。先生游宦在外,叔元始生,迨歸田,而總角矣。每見先生焚香兀坐，手一編，雖寒暑不輟。丙戌冬，乃進叔元而談《易》。自伏羲畫卦之源，方圓圖之次序位置、陰陽之消長進退，人事之吉凶趨避，一一口授之。而虧盈益謙，變盈流謙，數語尤爲猛省，曰：'凡《易》所垂戒者，不在衰而在盛，小子識之爾。'最後呼問曰：'《序卦》、《雜卦》，孰有味乎？'叔元臆對曰：'《雜卦》乃天地自然之理，《序卦》斷章取義，其理似未圓全也。'先生喜形于色曰：'稚子可教矣。'先生之書名爲《隨筆》，其初卷帙頗瀚，晚乃删舊蘗更定。先生卒，君禹攜以入粵，將梓之，屬君禹卒，而此書失傳矣。歲壬子，督學馮公索遺書，乃遍搜蠹簏及諸弟子所記者，伯兄手輯之，而叔元稍加詮定。凡丙戌冬所口授者，書中或載或不載，即君禹行狀所稱，濬持《乾》、《坤》二卦質先生數語，而今皆不載也。則此書已不盡先生矣，況足以盡《易》乎？因僭題曰《隨筆初蘗》云。"萬曆志、《閩書》、《鹿巢集》

處士李集山先生逢祥學派

按：集山爲古先生文孫，亦一時師席模楷，衷一昆仲受其業焉。今錄其高弟著于篇。

處士李集山先生逢祥

李逢祥，字仕熙，別號集山。古先生聰之孫。終身力學不倦，表衿教授里中，户外屨滿。衷一兄弟，其高弟也。終日整衣冠危坐，無媟褻容。諄諄誨人不倦，明講解，正句讀，往往從洒掃應對間，教人以精義妙道，及隨行隅坐之節，出告反面之儀，終不令童子速成。晚年就北城隈棲安一室，安貧樂道，不涅不緇。等世態於浮雲，優游以老，及門之士相與尊曰"集山先生"。李衷一撰墓誌

副郎李心符先生光綏

李光綏，字宗英，別號心符。少受《易》於父奉直公貞。從兄光縉幼孤，貞

撫而教之如己出。自勝衣、舞象以至成人，二子無日不相朝夕。光緒資性敏，而光綬則倍苦篤。貞循循施誨，各竭其方。業成，諸執經問業，如呂天池納言、李莪明郡伯，咸出其門。壬午，補弟子員。乙酉，鄉薦。越辛丑，前後凡六上公車，皆不遇。二親年益高，迺就銓補長垣邑諭。二載，以御史疏薦，擢國子學正，遂晉禮部司務。歷戶部員外郎。卒於官。光綬性廓落，與人交傾洞肺腑，然不能奔走周容。自筮仕以至曹郎，清節介操，囊無一絲之積焉。史文簡撰墓誌

林蒲石先生忠兄弟學派

按：蒲石先生爲紫溪蘇公受業師也。清隱高懷，一時及門殊多英彥。故特錄焉。

　　　　林從政先生忠弟太。

林忠，字從政，號蒲石。弟太，字從禮，號見潮。晉江人。蘇氏濬撰本傳曰："二公俱被服四子，沉浸六籍，不能俯仰世資逐射策之技，則推其餘訓里中子，里中子爭以爲名師，余兄弟卒業焉。二公規規摹古，最能抗小學之法。第長公以訓詁勝，每指類罕譬，令蒙者心開。次公以音律勝，屬詞比偶，往往有詩人意。嘗自署云：'甕牖窺光，大塊日高浮野馬；衡門守拙，清宵人靜樂梅花。'其幽雅疏越如此。二公與人交，披肝露愫，不作脂澤語，而風神峻潔，不可溷以私，家君子尤嚴重之。每公暇，輒造語移夕，出斗酒相勞，嘲風弄月。時誦經籍詩詞，以佐諧笑。至談及時事，刺刺然，諤諤然，微言隱諷，家君子未嘗不開顏受也。"

西山林氏家世學派

按：何鏡山先生撰林氏《三世存歿篤行傳》，諄諄獎善，誠足以勸世勵俗。其家學自秋江公肇端啓迪，戶部、方伯世爲廉吏，三公皆祀於學宮之賢祠，淵源

信有本矣。兹著其家世載于篇,以何公所撰諸傳節略附之備考焉。

明經林秋江先生堯

林堯,號秋江,晉江貢士。與李木齋聰論《易》有得,去之三山從鄧焌講《禮記》,盡得藴奥。以授泉士,發爲箴砭,言皆藥石。布衣襜整澣浣,垂敝辟積如新。同堂子姓,人人垂白,皆愛德不惰。所與游,盡正直可欽之士,遇田夫野叟,亦端拱酬對。嚴毅方正,以不仕終。子性之,見林龍峰學派。孫一新,見陳南樓學派。皆慈祥敦謹,世爲廉吏。孫尚新,曾孫可宗、豫宗,元孫茂先,學行俱可紀。《閩書》、《何司徒集》

郎中林六川先生性之

林性之,字帥吾,晉江人。嘉靖八年進士,授麗水知縣。麗水民俗樸淳,而性之古心質行,施于有政,以哀矜聽獄訟,以撫字理催科,民信愛而謳頌之。歷官户部主事、員外、郎中。過家,卒。性之少而精思篤學,要於自得,不以世儒自期待。仕宦十餘年,清素澹約,不異寒士。家居惇睦,割田十畝,以給族人不能婚葬者。其存心慈而待物恕以讓,一毫非義之事不屑爲,亦不忍爲。爲弟子員時,以《易》著名,所著有《易經説》、《中庸口義》,家傳而人誦之,有所疑,輒舉性之之説以證云。按《清源文獻》,黄偉序陳氏《四書淺説》謂:"《論語》下部爲人所湊補,偉取而校正之,别取今户部郎林六川《論語》下部説以足之,命工梓以傳焉。"則公尚有《論語説》,志乘皆未之及。六川,性之别號也。子一新。《泉州郡志》、《清源文獻》

方伯林象川先生一新

林一新,字震起,號象川,晉江人。性之子也。性之未第時,所交慎許可,知南樓陳氏學有淵源,使一新就學焉。嘉靖丁未進士,授户部主事,筦通州、天津倉。咸寧侯仇鸞提大兵拒北,恃寵自尊重,督餉郎官稍不如期,多危中之。一新戒諸分屬爲期會,走間道,身趣之,餉悉如期至,竟不見咸寧返,咸寧反亟稱之。

轉員外郎，旋陞江西僉事。分宜相當事，家僮犯法，一新直杖繫之。轉雲南參議。東川土官爲梗，開府兵征之，與直指相左，一新獨右開府，直指怒糾開府，誣及一新，事竟白，坐降級。家居七年，起湖廣僉事，累轉江西副使，復以忤虔撫論調。後調雲南，轉參政。歷廉使，進右布政，皆滇、蜀邊徼地。丁內艱。服除，適江陵秉國，其同年也，素無通問，至則逐隊晉謁，不私詣。江陵惡其遠己，由是以年老被論罷歸。家居蕭然，守先世田廬，饘粥幾不具，蓋林氏世爲清白吏子孫云。子可宗，爲諸生，淹洽史書，事一新最孝。舊郡志、新郡志、《閩書》

文學林特起先生尚新

林尚新，字特起。篤志學問，自號猛省子、懷畏子。兄一新仕在外，常推父兄睦族之愛，拊畜族人。父舊有恤族義田，田所不贍，尚新別爲區處。凡衣食塋葬及流徙失所者，皆爲籌畫。至修葺祠廟，身當其勞。嘉靖之季，寇警，挈家避城，而身守先人廬，倡其鄉人築堡禦寇。平生與人處有終始，自奉蔬食布衣而已。嘗曰：“人生有姻戚之愛、鄉鄰之好、朋友之交，皆與吾身接也。忽漫不親切，是自輕其身。”弱冠，隸文學諸生，年未五十棄之。郡太守聞之，稱爲茂才異等。鄉大夫丁公自申，文學長者也，作誄誄之，敘其孝友恭讓之行，謂之曰：“君子子豫宗，字和仲。孝友敦摯，念祖戶部之宦也，先置族義田，其後欲爲秋江貢士公祭田，力不逮。貢士公竟無祭田，於是別圖堎田海蕩充之，終以田薄爲歉。後使其子茂先走真州，請於從兄八柳，割俸以資之，以竟其志。子茂先亦有至性，以父命請置貢士公祭田，客死儀真，父豫宗作文誄之。”柯司徒撰《三世篤行傳畧》

【校記】

①“《四書》”，應作“《四書説》”。

閩中理學淵源考卷六十九

嘉、隆以後諸先生學派

余錄明代泉南派系,自洪、永、成化以後,約數十家,其無師友可據者,總列以待考訂,外此,遺錄者不少。然此數十家者,多正、嘉以前守一先生之說者。嘉、隆以後,大抵風氣一變,多與程、朱有違言者矣。如遵巖王公與荊川、雙江諸公切劘其學,亦多"良知"之餘,然其任心廢學之弊,未甚紕繆也。先公嘗曰:"宋、元以來,何、王、金、許也,二胡也,雲峯、雙湖。蔡、陳、林也,皆家承師授,經學一時也。蔡、陳、林其寡過矣乎,謂其規規於師說而不敢背也。"馥按:姚江王氏之學盛行,學者多趨簡便,宗而和之,惟閩掛弟子之錄者甚少。隆、萬以降,風氣漸染,其所趨異矣。然其碩德雅望,在吾郡如蘇紫溪、黃文簡、李文節、王恭質、何鏡山、李衷一諸公,亦尚先民是程,著言立說,猶述舊規,可知一代風氣。自虛齋先生師弟講明倡起,流風數十世未艾,仁賢之遺教遠矣哉!《明史》載閩中一代學術,多宗虛齋之學,其來固有漸矣。乾隆戊寅三月望日。

忠愍周蹟山先生天佐

周天佐,字宇弼,號蹟山,晉江人。嘉靖十四年進士,奉旨賜歸娶。家居,菲衣糲食,挾冊吟誦,思通達當世務,孜孜如不及,於餘事漠如也。戊戌拜戶部主事,分督草場。已,又督儲德州,經理嚴密。辛丑,九廟災,有詔諸臣條時政闕失。初,御史楊爵疏陳五事,詔繫獄,數月無敢言者。佐謂此乃時政闕失之大因,上疏曰:"求言之道,示人以言,不若示人以政。陛下令諸司條奏闕失,此特示人以言耳。御史楊爵之獄未釋,是未示人以政也。夫國家置言官以言為職,楊爵所犯在於過直，情則可矜。古者帝王求諫，嘗立毀謗之木，毀謗非事君之義矣，然而帝王不諱者，慮下無直言，則上所不聞過也。漢至文帝時已治安，而賈誼方奮其痛哭流涕、長太息之譚，彼豈好爲不祥哉？天子之尊，所少者不在唯諾稱頌之滿庭，而在憂治危明之一士。在庭諸臣不負此義者，獨爵耳。聖怒之下，一則曰小人，一則曰囚犯。夫以盡言極諫爲小人，則爲逢迎之君子不難也。以抗疏納諫爲囚犯，又孰不爲容悦寡過之臣哉？言行，君子所以動天地也。人君一喜一怒，上帝臨之。陛下試一思焉，其所以怒爵而罪之者，果合天心否耶？臣願察爵之言，原爵之心，亟從寬釋，仍不吝採行，旌其忠讜，以勸來者。如是而人心悦喜，天道降康。此求言弭炎第一義也。”疏聞，詔廷杖，與楊爵同繫獄。越三日，斃獄中。隆慶紀元，贈光禄寺少卿，廕一子，入監讀書。按，先生《送林次崖知欽州序》曰：嘉靖歲乙未，大理寺丞林次崖公以論遼東事觸忌諱，謫欽州。時吾泉士大夫秩於官者惟次崖爲尊，及其出也，或相與語曰：“吾泉其衰乎？列卿獨一次崖，兹且不能容於朝矣。”予歎曰：“不然也。夫人才盛衰，誠不於其秩之崇卑，與其分之疏與戚也。吾泉仕者與朝廷疏遠，天子寵光所不及，天下之所知也。至其爲國家忠謀，不爲爵禄牽繫，而直言以報天子，乃於泉得一人焉，亦天下之所知也。且予聞次崖公奏議方上，雖中官輩有願一見而相語者，曰不識林公何狀。夫人如中官且知慕次崖，則天下之仰慕次崖公者當何如耶？然則泉其盛乎？”或默而退。予乃戒從策馬造次崖公之廬而謁焉。公適檢點行裝，古書浩瀚，一見而戲予曰：“書其能誤人耶？”予曰：“不然。惟次崖能多讀古書，故能爲今日事。次崖公其不負於書，書其不誤次崖矣。”公欣然而笑，乃告予以必去之意，曰：“平生所學爲何？使今而默默居棘寺，指日可得大中丞，吾本心幾壞盡矣。予不肖，方由秀才被舉，到都下居數月，見士風與時勢相趨，波蕩風靡，鮮有存其初志者，則嘗竊歎曰：今世之官皆壞人心術之具也，不如吾秀才輩，其好惡與人相近也者幾希。”予聞次崖公言甚喜，次崖公能不以官害其心也。古所謂“國有道，不變塞焉，强哉矯”，次崖公其人也歟？公卜日啓行，祖道郊門者皆賢公、卿大夫、名士，行色甚壯。予亦蒙恩賜歸娶，方與公同歸。是歸也，即欲効次崖公之多讀古書,他日即欲効次崖公之敢爲直言,不壞本心。兹予志也,并述以請教次崖公,非敢言贈也,惟公以爲何如。舊郡志、《清源文獻》

按察王塏齋先生春復

王春復,字學樂,號塏齋,晉江人。嘉靖十七年進士,初令泰和,有惠政。歷南工、戶二部郎中,出守贛州。會有大木之役,贛當上游,春復條上數事,視他府費爲省。閩流賊覘督木官積貲鼓行,出石城,越會昌,寖迫雩都,執二指揮以逞。春復提兵出郭,去四十里,民皆來集。賊聞春復出,不敢前,釋二指揮遁去,贛下流諸郡率保無事。擢雲南按察副使,駐劄永昌,慎固關梁,禁民無私入于崖、隴川、南甸三夷地牟利激怨,民夷並安。擢廣西布政參政,駐劄賓州,出繫囚,編保甲,立獞市期。民方賴爲安,春復遽寖疾,迨貴州按察使報至,則不起矣。春復持重老成,言如不出口,臨事設議,則侃侃擘畫。爲治持大體,不屑屑簿書期會,留心教化,素不立道學之名。遇有講者,與剖析微義,開關啓鑰,聞者詘之。令泰和時,曾質學於羅整菴、歐陽南野二公。所著有《四書》、《周易疑晷》,自序曰:"儒者誦法孔門,質聖道爲依歸,而言人人殊,莫得一也。夫子之門,聰明莫若子貢,篤實莫若子夏。子貢則以多聞見爲高,子夏則以篤志力行爲實,而皆不若顏、曾獨得其宗。夫其親受業於聖人,所見若斯殊也。道者著於所感,學者止於所知,故雖多聞篤行,而莫見其多聞篤行之迹焉。此顏之所謂愚,曾之所謂魯也。至一之機見乎感,故不待於牽合。戒懼之要止於内,故未嘗見其在外也。"按,丁氏《三陵藁》云:"塏齋先生之爲是書也,折衷朱説,而反覆義理之所安。不敢於背朱,未嘗徇人之所同信;不必於異朱,未嘗諱己之所獨得。蓋更數載而後就藁,翻數藁而始成書云。"《閩書》、萬曆志、丁氏《三陵藁·疑晷序》

布政薛君恪先生天華

薛天華,字君恪,晉江人。嘉靖二十九年進士。以南刑部郎考滿入京,會楊忠愍繼盛以論劾嚴嵩死,天華招同志楊豫孫、董傳策,與漳浦朱天球往哭甚哀,治具如禮，一時有“四君子”之稱。竟以此取懟，七年餘，始出爲重慶守。重慶當彫瘵後，民多流移，爲申請蠲稅，安集之。擢雲南提學副使，晉浙江參政，廣東按察使。隆慶戊辰，舉卓異，晉本省右布政使，卒。天華講學勵行，所治經術，務究大原。讀《大學》，獨信孔穎達古本。讀《易》，玩先天諸圖。讀《春秋》四傳，常以己意推尋，當日事即合註疏與否弗論也。居官所至，以清白稱。其文學歐、曾，有《居鄉左戒》、《守官右箴》，尤爲學者所誦。其《左戒》之詞曰：“毋通要路書，以務養節，則俯仰不瀆。毋預塵紛事，以務養寂，則外内不擾。毋循末俗態，以務養高，則志行不羞。毋受非禮餽，以務養廉，則彼己不失。毋妄結賓從，以務養交，則戚黨不棄而善彙集。毋苟出言語，以務養德，則静躁不爽而口過息。毋逐戀嗜好，以務養神，則天倪不伐而和氣全。毋厭薄遲鈍，以務養重[①]，則機心不熾而真性得。毋譏訕世短，以務養福，則不忮人以見直而鬼責消。毋虛邀時譽，以務養誠，則不怨己以見賢而潛德進。毋妬嫉儁能，以務養才，則不設阱以誣善而有獎藉之功。毋歆羡汰靡，以務養嗇，則不競侈以蠧俗而有由禮之漸。”其《右箴》之詞曰：“遇暴上，思以禮事之，則不可辱[②]。臨頑民，思以仁悟之，則不爲仇。御羣小，思以嚴遠之，則不啓[③]侮。統列屬，思以正率之，則不傷威。寮友有過，思隱規而公掩之，則忠不失厚。庶民有議，思静修而密弭之，則微不悛惡。受纖介之私，思以欺君則懼，則勤公愈至。叨一命[④]之禄，思以報主爲心，則舉職益謹。怨者，人所易怵[⑤]，思精白以任之，則廷有分謗之士。難者，人所易避，思委質以殉之，則朝有仗義之臣。即有偏喜，思畏天以奉之，則無溢[⑥]實之賞。如有暴怒，思觀理以忘之，則無淫法之罰。”子應鍾，令桂平，有惠政。《閩書》、萬曆志

主政李東明先生春芳

李春芳，字實夫，號東明，同安人。嘉靖二十九年進士。性警敏，年十二食餼，十六領鄉薦。聞羅達夫倡教，師事之。居官清苦，初試户部，奉命犒大同軍。故事，凡遇部使至，輒具豐儀爲餽。春芳一無所持而去。授刑部主事，執法不

阿。卹理江西，有懷金至者，春芳正色拒之。守潮，省訟牒，躅贖鍰。適有倭患，軍務旁午，春芳峙糗糧，繕器械，募敢死士，激以大義，明紀律，冒矢石，潮得無恙，至今祀之。以母喪歸。著《白鶴遺集》。與郡弟子論道講學。年四十二卒。《同安縣志》

少參尤思所先生烈

尤烈，字子偉，號思所，晉江人。嘉靖二十九年進士，初授祁門令。治尚純約，耿介自持。擢南京都察院經歷，晉戶曹員外，尋郎禮曹，出爲江西僉事。連遭喪，服除，仍補江西。居頃之，自投傳歸。起雲南參議，竟辭不出。烈居官廉，歸益貧甚。然性甘淡薄，不問田宅，飄飄鶴氅，棲遲巖岫間。最後寄傲東禪，蓬牆蒿牀，糲餐裂縷，人爲不堪，初亦有病其矯者，久知其廉立，始終不渝。當道守令高其風，多枉驂過之。初，烈令祁門時，有遺愛，民爲立祠。後不當祠者，去輒遭毀，惟尤公祠久尚存云。所著有《三時私識》。萬曆志、雍正間志、《溫陵·藝文》

參政李序齋先生熙

李熙，字穆之，號序齋，晉江人。隆慶二年進士，選翰林庶吉士。丁外艱。服除，授兵科給事中，上疏乞錄世廟時言事諸臣，請蔡虛齋清從祀孔廟，糾中官馮保巨奸當斥逐，旁及戎政互市、振卹阜財，諸疏皆有建白。世廟升遐，高新鄭相，欲令臺省掊擊諸閹，盡逐先朝舊時左右同列。有受新鄭指者以語熙，熙不可。已，新鄭竟去相，幾陷不測，同列始服。新鄭去，則江陵居正代之，偵熙與新鄭忤，諷爲排不附己者，熙復不應。久之，疏論譚司馬、沐黔國、劉都護不法事。司馬，張私人也，爲所擠，謫南豐丞，怡然就道。既至，直指橄脩《江右通志》，棲白鹿洞，召諸青衿與談論名理，一時士子彬彬向風焉。量移寧國令，擢南刑部主事，出守高州，擢廣西備兵副使。所至詢民疾苦，剖斷疑獄，籌畫戎務，風化肅然，遂引疾致仕。道陞雲南參政。舟次惠州，卒。熙孝友道義，有古人風，一落清華，棲遲海服，爲政以恩信蒞人，精勤任事。每言：“士大夫立身行己爲要，至於窮通得喪，蓋有命焉。”所著有《私警錄》、《八戒》及詩文藏于家。《閩書》

恭質王麟泉先生用汲

王用汲，字明受，號麟泉，晉江人。隆慶二年進士，授淮安推官，陞常德同知。萬曆丁丑，入爲户部員外郎。時江陵張相奪情柄國，假歸治葬，楚中督撫、藩臬千里外奔赴，獨巡按御史趙應元稱疾不會，馳疏乞休。長臺者希張相旨，以飾疾規避，劾罷之。用汲發憤上疏，大畧謂御史用不會葬忤柄臣，而御史大夫阿意借事糾彈，竊恐憑社煬竈之奸復見今日，謂宜別白忠邪，永戒朋比。疏入，黜爲民，於是直聲大震。癸未，張相没，專恣狀露得重譴。用汲自田中拜刑部員外郎，尋遷廣東按察僉事，遷尚寶卿、大理少卿，不二歲，躋九列。所至一意孤行，絕不與時上下，如爭王文成學術偏詖，不稱廉祀，都御史胡某銜諸生吳仕期書詆江陵奪情，唻屬吏捕斃之，宜正辟，不止謫戍，皆與時議異同。疏雖不行，朝議凛焉。丙戌，晉順天府尹。丁亥，晉南京副都御史，總督操江。會剿太湖劇盜，殲其魁。捷聞，賜金幣。己丑，晉南京兵部侍郎，改吏部。商丘宋太宰某推轂天下，賢士大夫多所咨詢。辛卯，晉尚書南刑部，以脾疾乞歸。用汲鯁直廉介，本於天性。爲諸生時，郡困島夷，客兵飽饟餉，不發一矢，即陳書直指言狀。郡守嗔以非書生事，輒抗聲曰：“范希文做秀才時便以天下爲己任，矧鄉井事耶？”佐淮安、常德二郡，囊無長物。當削籍時，僑居郡中，鶉衣藜食，教授生徒自給。乃致尚書事歸，蔬布無改。卒年六十六。贈太子少保、謚恭質。舊郡志

太僕王尹卿先生任重

王任重，字尹卿，晉江人。隆慶二年進士，授廣州推官。州守與舶司交構，事連任重，竟不自明。陞柳州同知。久之事白，擢守其府。持法方嚴，豪家忌之。調貴陽，以馳傳左遷維揚同知。年餘，遷雲南曲靖守，按察副使。移陝西行太僕寺卿，復遷雲南參政，山東按察使，專董漕儲。事竣，遷雲南右布政使，以疾乞歸，予太僕寺卿致仕。任重自幼愨淳，浮沉邊徼，悉心官理。滇中先後削平逆

酉,任重勖勤爲多。爲諸生時,慨然欲紹濂、洛、關、閩之學,常粘《太極圖》、《西銘》于座壁。及守曲靖,值江右李中丞材分憲金騰,遂以學往復相質。顧任重功專實踐,非第於唇吻尋求也。持身重,循禮法,終日正襟危坐,誡子孫以孝弟勤儉。夜將就枕,必誦《孝經》、《小學》二章,雖耄不輟。曰:"惟義理可頤性,詩書可陶情。"年七十八,卒。任重與王恭質俱南鄉人,爲書生出入相隨,其質行又相類,里人並稱焉。舊郡志、新郡志、《閩書》

按察張洞齋先生治具

張治具,字明遇,號洞齋,晉江人。隆慶五年進士,授永淳令。即詢民瘼,爲豁浮賦三百石。有賈人子略當道請鑿鑛,爭之不得,設重稅困之,立報罷。移臨海,作追徵全法考,民稱便。擢爲御史,巡視倉庫兼河道。持重舉大體,事事治辦。丁内艱。服闋,赴補。扈從神宗謁陵,還過老子宮,具疏請罷逸遊以光盛典,上嘉納之。命按南畿,復按湖廣,旌廉汰貪,鋤豪強,慎聽訟。在臺十一載,三按大都,所至皆有建竪。轉江西副使,遷參政,陞四川按察使。播州民苦楊酉殘暴,避入内地,時議驅之,治具謂:"播人即吾人,方離穽而復納之,非情。"爲設法安戢。會江西巡撫追訾計吏事,請量移,不赴調,歸卒。治具篤行長者,外坦中嚴,於倫情甚厚。嘗自言:"平生所爲惟此念不欺。"人咸信之,以爲愷悌君子。所著有《尚書會解》、《四書初說》、《諸儒辨旨》、《初東集》等書。葉文忠銘其墓,李衷一撰行狀云:"公嘗謂平生惟好賢,一念不能自已。解組歸,或坐竟日。語移時,無疾言遽色。非禮義不以道,非國家事不以及。終日,無褻媟之容,一動一止,光緝目擊之,而道存云。"子國裳,己卯鄉薦。萬曆志、雍正間志、李氏《景壁集》、葉相國《蒼霞草》

長史李南藜先生文纘

李文纘,別字南藜,南安人。嘉靖辛酉鄉薦,銓易州知州,陞常德府同知,轉岷府長史。林下餘三十載,壽八十餘。稽古博文,期以羽翼經傳,下至星卜律曆,亦所窮究。篝燈讀誦,至老不衰。所著有《易解》、《禮記庭說》、《書經大指》、《四書口授》旁及子史、算法、律曆凡若干卷。又嘗定冠婚喪祭諸禮，而鄉飲儀節參考尤詳，邑人士多就之學。《閩書》、《南安邑志》

文學王次山先生宗澄

王宗澄，字志濂，晉江人。爲郡學生。天性孝友，操履純固，動有矩度，言恥及利。與兄宗源、宗潘俱以學行重當時。著《易經兒説》，爲世指南。一時名德如蘇氏濬、黄氏一龍、張氏冕並游其門。按：公有《易經兒説》，門人蘇紫溪亦有《易經兒説》，豈師弟相授不嫌其同耶？闕疑待考。張氏冕撰墓誌、王氏《恥躬堂先世乞言》

同知黄昭卿先生潛

黄潛，字昭卿，晉江人。父泰，令武康。潛爲諸生時，以學廩讓兄。當起貢，辭同廩者貼貢資，同學高其誼。讀書太學，授嵩明州同知。會州守缺，潛署州篆，易土城爲石，可捍卻夷酋。徙學宮，以興文事。壩普沙河於張家山，時其蓄洩，潤溉田疇，州人永利之。潛在州二載，盡心民事，次第舉行多此類，州人相與祠之。潛刻屬書史，題讀書處曰："静養一心之神，動觀萬物之變。"又有《四難》、《四要箴》以自警。《四難》曰："急躁之心難攝，虛浮之心難馭，誇大之言難收，匆遽之事難理。"其《四要》曰："心要寬綽，氣要和平，言要簡寡，事要尋思。"平昔言動取與，影衾不愧，學者宗之。孫國鼎。《閩書》、舊郡志

通判洪鳳明先生受

洪受，字鳳明，同安人。潛心力學，於經傳多所發明。在庠教授，稱大師。所著有《易經從正録》、《滄海紀》十卷。嘉靖乙丑，以貢歷國子助教、襄州通判。卒于官。縣志、《閩書》

行人孫先生振宗

孫振宗，晉江人。嘉靖四十一年進士，仕行人。卒。深於《易》，有《易學説

約》行世。《閩書》

周命申先生祐

周祐，字命申，同安人。學問該博，隱居教授。傳《易説》於漳郡，漳之《易》學至今宗之。《閩書》

李先生如玉

李如玉，同安人。纂集《周禮會註》十五卷。嘉靖八年，令其子詣闕進，詔嘉之。如玉究心《禮書》，有司以禮獎勸，給冠帶榮之。《閩書》

蘇通宏先生鼎實

蘇鼎實，字通宏，晉江人。性警悟，絕意仕進，究心伊洛之學。著《尚書明説》、《四書註補》、《性理約言》、《人物傳評》、《古今鑒畧》。《閩書》

黃參陵先生道煥

黃文煥，後改道煥，字孔成，號參陵。生平博極羣書，爲文不落時蹊。教子嚴肅。著有《尚書遺簒集解》。雍正間郡志

文學劉廷純先生録

劉録，字廷純，惠安人。爲文學諸生。纂述疏義，教授生徒。所著有《學庸口義》、《詩經直解》、《讀詩記》，至《易》、《春秋》、《大小戴》諸篇，各爲輯畧。孝事父母，宗戚鄉里處之得宜，人稱型範。《閩書》

【校記】

① "重"，《閩書》作"量"。

② "辱"，《閩書》作"犯"。

③ "啓"，《閩書》作"起"。

④ "命",《閩書》作"分"。

⑤ "怵",《閩書》作"恤"。

⑥ "溢",《閩書》作"佚"。

閩中理學淵源考卷七十

按察蘇紫溪先生濬學派

吾郡自蔡文莊、陳紫峰而後，崇獎後學，開發經旨者，必推先生。其《韋編微言》、《雞鳴偶記》，前輩謂可與虛齋《密箴》並傳，信不誣也。其解《易》《生生篇》諸解自謂"補程、朱、蔡、陳之遺"。善乎文節李公之言曰："先生學宗虛齋，節侔紫峰，其出處相類，其講解足相發明云。"再按：先生自述先世之著於泉者，自宋司空忠勇公緘始，其後或居清溝，或徙龜湖，又徙郡郭，具在家乘。又叙留耕公自宋鼎革後，長懷高隱，子隱德公砥行匿名，大致相類焉。

按察蘇紫溪先生濬

蘇濬，字君禹，晉江人。宋忠勇緘之後。萬曆元年鄉試時，大司馬郭子章爲建州司理，與試事，夢蔡虛齋出其門，既得濬卷，大奇之，薦爲第一。五年，成進士。會榜制舉之文，出經入史，大變衰薾之習，海內翕然宗之。授南刑部主事。丁外艱。服除，補工部。江陵相張居正有疾，九列爲祝釐，部尚書以青詞命濬，濬不屬也。癸未，禮闈分校，得士爲多，會元李文節廷機其最著者。尋改禮部，出爲浙江提學僉事。開門試士，士卷未竟，濬閱已遍。冰鑑獨操，剗除常調，士始怪駭，久益信服。遷陝西參議，領商洛道。衙齋無事，與秦士談經講藝。時屏騶從，行邨落，或登臨山水，悠然自適。父老具園蔬、斗酒來餉，濬酌而嚼之，若親父兄。秦中苦役，白兩臺用條鞭法，民困以蘇。商洛有礦盜數百，列栅拒守，移檄諭之，皆解去。遷廣西按察副使，備兵蒼梧。尋轉參政，領桂林道。政尚簡易，興文化俗。岑溪猺變，起廢將陳遜，以吳廣爲先鋒，身自督戰，平之。擢貴州按察使,辭病歸,有彊留者,曰:"用世如虛舟,存而不繫,過而不留,不以天下爲己有;出世如游魚,游乎江湖,忘乎江湖,不以己爲天下有。"亡何卒。門人文節李公廷機曰:"君子之道,始於淡而不厭。淡則欲寡,外不足而內乃有餘。余嘗持是以觀世之士大夫,賢者必淡,未有爽者,而於吾鄉得紫溪先生。先生才高而學博,科巍而名章,環海之人讀先生制舉之文,與所爲《兒說》、《生生篇》諸書,莫不知有紫溪先生者。先生泊然介然,視世之腆膴紛華,一切不以入其靈府。故其視學兩浙,惟知興古學,樹真才,盡謝諸干請,即有謠諑之者,不顧也。其副粵憲、參粵藩時,有門下士爲政,先生移書語某寄語之,第曰'某賢未遷'、'某賢未起',語不及私也。其致政也,銓部更推擇爲貴州觀察,先生益堅卧不起。蓋先是黃州耿公嘗對某談先生,某曰:'先生忠信孝友,仕不擇官,不擇地,家不求田,不問舍,是其爲人耳。'吾郡有虛齋、紫峰二先生祠,皆特祀,至先生而三。先生學宗虛齋,節侔紫峰,其進退相類,其講解足相發明,而其文詞風雅,抑亦軼而上之,乃其味之淡一也。當斯世頹靡,而祀先生以媲紹前脩,激勵後死,維持風教,砥柱波流,所關鉅矣。"所著《四書解醒》、《易冥冥篇》,在粵脩《廣西通志》、《三餘集》等書,又有《雞鳴偶記》,則躬行心得之言,讀者謂與虛齋《密箴》相表裏。學者稱紫溪先生。按: 近代先生所傳書有《易經兒說》、《生生篇》、《韋編微言》、《四書兒說》,著《解醒篇》、《雞鳴偶記》、《綱鑑紀要》、《三餘集》等書。《閩書》、舊郡志、新郡志

按察王當世先生道顯

王道顯,字當世,同安人。從蘇紫溪瀋游,邃於《易》。萬曆十一年進士,任台州司理,慮囚多平反。署台州府及天台、黃巖、太平三邑,所到常例盡却之。擢御史,疏核兵部尚書王鶚失兵備,請以王遴代。出爲青州僉事,設法擒治響馬賊甚多。遷雲南參議。丁內艱。服闋,補浙東兵備。整肅衛伍,倭不敢犯。陞湖廣按察使,尋歸,杜門著書,卒。舊郡志

少司寇蔡體國先生獻臣

蔡獻臣,字體國,同安人。萬曆十七年進士,授刑曹。時上久不际朝,獻臣

抗疏定國儲，忠愛懇切，言人所不敢言。凡所讞理，一歸明允。司寇王元美歎爲
"用世才"。調主職方，推補將弁惟才。遷主客郎，四方朝貢，一依典制。再調
儀司郎。冬至習儀，臺省爭班，獻臣力執舊典。後爲楚藩假子一案忤右宗伯意，
宗伯遽罷，深憾獻臣。已，又疏請福藩之國，鄭貴妃恚甚，夜令内使執之，聞者
震慄，獻臣不稍屈。及旦，以舊典争於上前，上深嘉其直，遣出轉參政，旋知湖
廣按察使。有爲宗伯脩憾者借楚事劾獻臣，罷歸，百姓遮留。獻臣歸，讀書東
山，脩邑乘。尋起浙江寧海道，陞浙省督學，擢光禄少卿。所著有《清白堂
稿》、《仕學》、《潛學》、講義、筆記等稿行世。年七十九卒，贈少司寇。按，獻
臣爲紫溪先生門徒，其撰紫溪《易經生生篇序》曰："蘇君禹先生以《羲經》冠
鄉書，魁海内，既行其《兒説》，爲經生嚆矢矣。然《兒説》猶帖括家言耳。先
生藩臬粤西時，冥思韋編，時發其所獨得至再三，削牘名《冥冥》，更名《生
生》。即先生亦自謂抉羲、文、周、孔之秘，而補程、朱、蔡、陳之遺在兹篇矣。
獻臣初受是經，已，去而受《詩》。然自角卯即承下風，不意其終茫然也。今
讀兹篇，始覺了了，如象非'潛龍'、'見龍'之謂，變非'損來'、'既濟來'之
謂，繫則'勿用'亦詞，占則'潛龍'亦占，斯言也，使考亭復生，亦必首肯云。"
《同安邑志》、蔡體國撰《生生篇序》

省元李衷一先生光縉學派

按：衷一先生師事蘇紫溪，又與黄文簡、何鏡山諸公交好，同時誘掖後進，
其持論一以紫陽爲宗。時"良知"之説朋興，先生於文莊、紫峰、紫溪屢述淵源，
以闡明師旨於不墜，亦一時師表云。

省元李衷一先生光縉

李光縉，字宗謙，號衷一[①]，晉江人。父仁舉。光縉四歲而見背。稍長，受
業外傅，寓目輒誦，舉筆成章。爲諸生，厭薄舉子業，閎覽博物，爲古文辭。師事

蘇紫溪先生濬，每嘉歎異日必爲閩大儒。萬曆十三年鄉薦第一，偕計後不問家人生產，不溷有司，日研經史，及朝章民隱，以備經濟。尤喜叙述節烈忠義事，其文章悉嘔心而出，不輕下一語。又痛士之爲制藝者竄入二氏，擯棄紫陽，爲文毂、文則以示之的。家居及北上時，就正者盈函席，歸益潛心大業，著書授徒以終，學者稱衷一先生。所著有《易經潛解》、《四書要旨》、新志作《臆說》。《中庸臆說》及《景璧集》二十餘卷。平生行實，詳所作《獨照醒言》中。卒年七十五。卒之前十日，爲銘授其子曰："文之不用，道之不行。不處不去，總以成仁。"京山李氏維楨撰墓誌、新郡志、《道南原委》

參政林璞所先生一柱

林一柱，字廷郢，號璞所，同安人。啓五代孫。萬曆三十八年進士，授揚州司理。歷署三篆，分校南闈。天啓五年，御史卓邁薦，擢御史。疏奏切直，請臨朝，振紀綱。歷陳賣士餉卒，名存實亡之弊。雪幽忠，明功罪，至有"世運當阨，舉國若狂"之句。留都東宮火，請復建文廟號。劾織造監李實制官虐民，必亂天下，閹黨側目。因請告例，轉廣東參政，拂袖歸隱東山。以仁孝稱。爲李衷一先生門人，曾序衷一《易經潛解》云。《同安邑志》

縣令蘇子介先生懋祉

蘇懋祉，字子介，晉江人。萬曆三十五年進士。由南召令移寧陵②，丁內艱。服除，補歙縣。卒于官。囊橐蕭然，無忝清白。鄭三俊督福建，檄祀懋祉于學宮。懋祺，亦篤于學問。何鏡山撰本傳、李衷一撰墓誌、《閩書》

陳千仞先生

陳，闕。字千仞，三山人。按，聊城鄧秉恒撰三山陳氏夢璧《蔬園小牘序》云："陳子尊甫千仞先生，爲李衷一先生高弟，淵源澄邃云。"餘名字、事實未詳，待考增入。再按：夢璧曾爲莆陽教職，著有《全史比事》。

文學梁吸泉先生朝挺

梁朝挺,字吸泉,安溪人。廩生。受業李衷一先生之門,博涉經史,讀書求奧義,晚益大進。襟懷灑脱,有所觸輒形諸歌咏間。著有《剪江靈應集》。《安溪邑志》

縣令蘇阜山先生希栻學派

余乾隆乙亥秋九月到郡,從山人徐簡之家借觀鹿巢李氏叔元集,得鹿巢撰蘇阜山先生本傳并《賓席詞言》,因撮其畧,爲叙其學派焉。按:鹿巢爲阜山之甥,在明季派別不雜他岐,以紫陽爲宗,閩集中表章諸先正緒言甚悉。今考之《南安邑志》,謂前壬申《志》竟遺阜山之傳,即族黨張間亦不得聞其詳,後得之故老私傳,爲增其傳云。夫晉南耳目之近,阜山又耄年碩德,爲時望人,鹿巢之集亦流布當時,而其鄉其族尚搜羅缺遺如此,則深山崇邑湮没不傳者多矣,非賴有道能文,發潛表述,焉得信而有徵哉? 兹撮其本傳大畧,并附《賓席文》于後。

縣令蘇阜山先生希栻

蘇希栻,字于欽,號阜山,南安人。初試有司,督學朱衡拔首泉士,所登答子書策,有老宿未經見聞者。萬曆二年成進士,上公車,朱督學時爲大司空,御史大夫葛端肅皆遣子受業。希栻雅明經術,先是以諸生設帳,蔣氏時馨從于漳平,楊氏道賓從于紫雲,後所造皆聞人也。初仕許昌,甫數月,清節大著。會直指按部,繩以拜跪之節,遂拂衣歸,時年四十五。後田居之年恰如之。歸田後,與里中黃文簡、詹司寇諸耆英結社賦詩。老年治菟裘阜陽山之阿,遂斷城市而專山林。脩族譜,清理義倉,建始祖祠宇墓寮,葺治梅隴阡、履濡橋。此爲政于宗者。脩霞舒里社,築月半泮水壩,溉田五十頃。栽植苦叢,以障曲溪水患。重新雪峰寺名勝,築太湖民堡以豫不虞。此爲政于鄉者。凡所心畫,制樸而詳,費鉅而省,興利除害而可久。于兒曹,則土室衡門,八口不能三餬食。平生克耐堅苦,老眼昏花,而對書瞭然。自著《管斑存質註》、《莊子註》、《離騷》諸書,又選《詩集解》、《杜詩選註》二部,尤時所傳誦。其根本則在族譜、義倉,設圖立格,條理整然。嘗手簡子姪曰:"凡幹公事如己事,則事無不濟。惜公錢如己錢,則費無不省。吾半生任勞任怨,惟仰不愧祖,俯不愧心而已。爾曹慎之。"卒年九十。

　　附　李氏叔元撰《賓席文》曰:"先生誠心爲質,直道而行。夙抱時名,濟南葛端肅曾遣子受業,雅明經術,宗伯楊文恪曾執贄及門。晚登甲第,出守輿州。骨鯁忤上官,彭澤之腰不折;芰荷返初服,衡宇之賦遂成。扃户著書,茹蔬課子。丘園四十載,突煙時斷時續,而建家廟、築墓庭,拳拳以木本水源爲先。宗族五百人,食指如櫛如星,而脩譜牒、揭規條,諄諄以孝友睦媚爲重云。"《南安邑志》、《李虎巢集》

【校記】

　　① "號衷一",《道南源委》作"字衷一"。

　　② "由南召令移寧陵",《閩書》作"初授寧陵令,繼移南召"。

閩中理學淵源考卷七十一

文節李九我先生廷機學派

孟子言:"君子之澤,五世而斬。"後世率以此而論鄉國汙隆盛衰之運,溯其流風餘澤以究人物終始,其大致無或爽者。明代成化後,蔡文莊獨倡宗風。隆、萬以降,學術分判,遺澤寖微矣。文節私淑鄉先生之教,以禮律身,以儉範俗,其砥礪廉隅,猶可以風世也。前輩嘗言公和氣盎然,無復黠刻,一切科名勳業之盛,澹若高禪,蕭然數椽中,角巾布履,不異儒素。談及平生事,自授徒至直閣,進退出處之論詳哉!其言之余,讀《燕居錄》、《名臣錄》、《家訓》諸書,仰見典型風節,學問源流,非僅以茹藥見長。世有謂公刻而隘者,豈爲確論耶?平昔諄諄於薛文清一人,其所志所學可想矣。余因考彼時風尚波靡,而吾郡故老尚有典型也,故不禁娓娓述之。按:公集中與往復相砥勉者,有楊氏貫齋、文恪、黄氏九石諸公,爲後進楷模。貫齋二公已另見,餘附交友中待考焉。

文節李九我先生廷機

李廷機,字爾張,號九我,晉江人。幼稟氣薄,就塾後猶夜啼,筋浮睛露,鄉父老謂非壽相,父母亦憂之。然沉静寡言,永日不思睡。十歲,從黄默堂先生。一日,以狀元、宰相命題,破曰:"名魁天下之選,身近天子之光。"先生喜甚,命同學北面揖之。隆慶四年,順天鄉薦第一。歸,讀書永春山中。再詣公車,張居正延教子,不赴。戊寅,移家授經於毘陵,就館座師申時行者二年。萬曆十一年,會試第一,殿試第二人,授編修。十四年夏,持節封趙藩,過家,置義田,贍族人,葺先塋,葬族人并友人不能葬者。累官宮坊,侍皇太子講學,每四鼓入長安門,寒暑風雨不輟。二十四年,陞祭酒。以整齊嚴肅約士,曰:“此高皇帝之訓,今人不守高皇帝訓,輒遠引‘敷教在寬’之文。夫所謂寬者,乃多方勞來輔翼,欲其自得之謂,豈以縱弛哉?”陞南京吏部右侍郎,署部事。二十七年,典京察,無偏私。嘗兼攝户、工二部事,綜理精密。奏行軫恤行户四事,商困大蘇。外城陵垣,多所繕葺。他如皇城、公署、廟祠、牌坊、橋梁,一一脩治,費皆取節縮公帑奇羨,不以煩民。或諷以儒臣不宜親俗事,曰:“有俗人,無俗事。天下國家事,何可言俗也?”時浙人李文政結交近侍,廷機告御史實之法。改北禮部左侍郎。在禮部時,妖书事起,捕治甚嚴。時歸德沈鯉、四明沈一貫二相不協,會有言楚王假王者,江夏郭正域爲禮部右侍郎,所見復與四明相左,江夏訐四明,遂成郤。江夏引疾去,四明之人因借江夏以傾歸德。上謂妖書實出江夏手,逮訊江夏從人、乳媼下多官廷訊,五日不決。上怒甚,詔責會問官,有“朋友情深,君臣義薄”之語。多官計無所出,江夏危甚。廷機獨以身保任江夏,爲之翼護。會緹騎緝得暾生光者,即以坐之。眾在疑信間,猶豫未決,御史沈裕言於廠璫曰:“事不決,縉紳荼毒矣。”廷機是御史言,生光亦慨然承伏,獄上其事後乃決,而江夏保無恙。署禮部四年,立簡易之條以便宗室;減外貢入京人數,以省邊傳;飭殿試之規以閑進士,定殿試之期以便歲貢。創屋以居官,施衲以活凍。宗藩有所訴請,立爲明白,遂不至賄求胥吏、請托中官,諸宗德之,爲立生祠四區。上雅重廷機,三十二年,朝覲之期,上於禁中謂左右曰:“此時京官不忙,惟趙世卿、李廷機不與外吏相接也。”襃以忠慎恭勤。三十五年,以禮部尚書兼東閣大學士,入參機務,廷機三辭始受命。謝恩疏言:“人臣惟知有主,苟可自致於主者無不盡,有益於主者無不爲。不知有身,不知有家,不知有交遊往來,不知有毀譽得喪,必無一念不可與主知,必無一事不可對主言。以是内省有不可,則止之,訓焉在事。”九月,言者蠭涌,遂決意求退。上屢詔勉留,且遣鴻臚卿及同官宣諭趣出,堅卧不起。待命首尾五年,乃屏處荒廟,廷臣猶有繁言。至四十年九月,疏已百二十餘上,乃陛辭,出都待命。同官葉向高言廷機已行,不可再挽,乃加太子太保,賜道里費,乘傳,以行人護歸。四十四年卒,年七十五。贈少保,諡文節。廷機繫閣籍六年，秉政止九月，無大過。平生遇事有執，尤廉潔。自授徒至直閣，蕭然數椽中，角巾布履，不異儒素。平居言論，動稱古人。在詞林，惟禮節事體咨前輩。至行己居官則曰："擇善而從可也。"秀才時，館於何憲副元述家，何自道居官朝參之勤，心志之，故仕宦三十年，不敢以憚勞養安、失禮怠事。交游、餽餉，一切辭却，第以節約當治生，曰："《羔羊》之詩，誦大夫節儉正直。夫惟節儉，正直出焉。"雅慕清净畫一之理，欲朝列之間遵令甲、守職掌、省議論，以奉法循理爲先。其時士大夫重氣誼、尚建白，時時軼越所守官，而廷機不喜之，以此攻之者衆且急，卒之，清節皦然，不可得而誣也。自言曰："予在政府九閱月，惟主張四川撤兵，全活黔、蜀生靈，省饟運，俾安疆臣，兄弟不至爲播州之續，此一事差足報國耳。"所著有《四書臆説》、《春秋講章》、《通鑑性理删》、《宋賢事略編》、《大明國史》、《國朝名臣言行録》、《燕居録》、文集二十八卷。學者稱九我先生。九我者，廷機早失父母，取《蓼莪》之章以自號也。《明名臣言行録》、《明史》、新舊郡志、《閩書》、蔣八公撰《燕居稿序》

備　　考

蔣氏德璟撰《燕居録序》曰：某少時嘗一再見文節李公於家，蕭然數椽中，角巾布履，不異儒素，而談平生事，自授徒至直閣，進退出處之詳及議代藩安邊撫酋諸大政，若以璟爲可教者。已，出《燕居録》、《性理纂》、《家訓》、《家禮》授之，最後以《宋賢事彙》見遺，曰："此宋前輩事，可師法。"璟心識之。而先君子亦數言公爲南少宰時，署户、工諸曹，勤於吏職，諸曹郎敬畏之。核倉庫，繕城工，歲省金錢數萬計。南公卿嘗語公曰："公詞林，且晚且相，此俗事不足問。"公曰："有俗人，無俗事。天下國家事，何言俗也？"世或疑公清而隘，及余以諸生見，則和氣盎然，無復谿刻，一切科名勳業之盛，淡若高禪。其署柱間，用前輩語曰："見故人而一笑自有餘歡，念平生之百爲亦無可恨。晏裘幾敝，白頭辭天子歸與；陶徑就荒，黃菊待主人久矣。"蓋璟一再見而怳然得公之深也。比璟踵入詞林，叨貳春官，見公所釐次《宗藩條例》，後人奉若蓍龜。所購官房十八座，可萬餘金，皆節裁部羨蠹爲之。在辟雍，亦各購有官房，其意欲使官各有居以養其廉,而公家數椽,即中人產,猶不如也。身爲廉吏,而又能節縮浮費以養人之廉,其非徒清可知。今諸子貧不能供饘粥,而耳視者,猶以隘疑之,不亦異乎?公入直纔數月,自擬薛文清嘗抗疏云:"臣學瑄足矣。"及公没,而葉公文忠馳數百里拜墓下,省其家,無一物,歎曰:"真不愧文清也。"嗟乎! 令公而盡其用,與文忠相左右,當必有不可量者。環既與同鄉刻公集,而二雲曾使君復刻公《燕居録》以授公子計部百菴君。環與計部兄弟遊,見其廉靖有公風,因序所受知於公者,以見前輩下士之誼。而凡讀是録者,時以一通置之座右,其於學亦思過半矣。

縣令王在雲先生雍

王雍,字在雲,德化人。受業李文節,以明經宰浙之雲和。冰蘗著聞,調富沙。歸田二十餘年,爲鄉先生,正直不阿,邑有利病,輒爲別白,邑侯亦箸蔡奉之,甚爲時推重。置義租以供宗族祭祀。《德化邑志》

郡守李大堂先生雲階

李雲階,字大堂,德化人。初負篋從王都《易》學,繼師李文節。萬曆二十五年舉北闈,授華容令。建劉忠宣大夏祠,恤黎淳之後,各置祀田若干頃。剖決冤獄,裁抑勢豪,無所回撓。歷四薦,已署部職,竟被多口,量遷吉安同知。郭青螺、鄒南皋兩公,皆器重之。數攝府篆,復代榷湖關,却例金五千餘,爲窮民償逋賦。兩臺交薦,以忤當事致仕歸。家居課讀,立社論文,指示不倦。有書數種藏于家。新郡志、邑志

通判單巖泉先生輔

單輔,字巖泉,德化人。年少力學,從李文節游。由恩貢任廣東廉州合浦縣。清介,執法不阿。任六年,不取合浦一珠。遷通判。解綬居鄉,家無臧獲,妻自炊,子自傳茶飯供客。李文節高之,爲舉鄉賢。邑志

庶子黃九石先生國鼎

黃國鼎，字敦柱，號九石，潛之孫。萬曆二十六年進士，選庶常，授編修。使封楚藩，毫不受遺。會島夷謀互市，璫高寀受賄，國鼎移書撫軍逐之。李文節病臥荒廟中，平昔相善之人多引去，甚至有排擊自明非黨者。國鼎間一日一視，或再，卒以此中蜚語。國鼎不致辨，上疏求去。歷右春坊、右庶子兼侍讀。辭歸，後六年再召，不起，卒。國鼎溫良雅度，外若易與，中實難犯。好人之善，不能庇人之過，喜行善事。著有《易經初進》、《四書質問》。

郡佐黃谷谿先生懋中

黃懋中，字有及，南安人。河清之姪。萬曆丁丑選貢，入成均。積資出令粵之封川，革除舊規，遷學廟，復學塘魚租，歲給師生。秩滿，擢判瓊。念親老，不欲渡海，移檄歸養。未幾，父訃至。服闋，補蘇州判，掌織造監局。一切常例，毫不苟取。署吳縣，釋久繫冤獄。三載報政，堅意乞休。兩臺登之薦剡，不爲少挽。歸家鍵戶著書，有司至厚者弗干以私，自號谷谿子。初年與蘇紫溪、李文節、溫晦吾、柯立臺、劉國徵爲文字交，氣意相勵。年九十三卒。封川士民祀之名宦焉。李文節先生序其《文徵私志》曰：“黃君有及與余爲文字交有年，辛亥，余自內閣賜歸，君時過余山莊，相與談往事。嘗欲借《國朝實錄》觀之，予謂：‘君且負良史才，何不取郡邑志雌黃之，以憲今啓後，《實錄》不必觀可也。’越數時，君書來謂有所脩南安《文徵私志》。蓋邑志久廢，姑脩之，以備野史。以其副投余觀之，屬余爲序云。”《南安邑志》、《文徵私志序》

閩中理學淵源考卷七十二

趙氏家世學派

按：吾郡有明以來，傳習諸經，惟《易》獨多。净峰張氏嘗言：“彼時蔡虛齋《易》學盛行于泉，《詩》道幾絕，惟朱氏軫獨與師友潛心講究，由是泉人業《詩》者多從之。《春秋》之學，獨推趙氏家學爲最著。”考宗伯文簡每述海内學士，知吾邑有特峰著《春秋錄疑》，與蔡文莊《四書》、《易經蒙引》並爲後學指南，可與漢、唐儒林相頡頏。至《尚書》尚有數家，如林氏鴻儒、黄氏光昇、蘇氏鼎實、黄氏道焕、莊氏奇顯，皆著其説。至《三禮》，自元丘氏鈞磯之後，成絶學矣。明初，如趙氏琚有《禮經解疑》之書，厥後楊氏道會有《周禮詳節》，鄭氏維嶽有《禮記解》，李氏如玉有《周禮會註》，亦多散佚莫考。竊窺鄉先正叙述經訓，每勤懇備書，可知彼時崇尚實學，有兩漢儒林傳經遺意。蓋欲以一經之士，入于繩墨，其學術途轍必出于一，其所以移易耳目、開拓心志以造就黨塾之士者，非無謂也。前哲維持學術，惓惓如此，謹備書之。遺漏尚多，偶舉記憶所及者録焉。

郎中趙惟德先生瑞

趙瑞，字惟德，晉江人。少通《春秋》，不務俗學，而得聖人之意。成化丙午，領鄉薦。弘治元年進士，授户部主事。歷員外，陞郎中，監薊州、太倉、黄土諸倉、壩上御馬諸厩，臨清鈔關，皆秉正執法，常禄外錙銖不染。在官，手不釋卷。榷關歸，事親盡孝，撫寡姊孤姪甚有恩。環堵蕭然，獨以行誼經術遺訓子孫。著有《春秋管見》。孫恒。

主事趙用甫先生日新

趙日新，字用甫，恒子。隆慶五年進士。好讀奇書，署其齋曰"潛"，所以矯也。筮仕分宜令，有賢聲。中讒，改教旌德，遷國子博士，歷户部主事。性介特，不屑爲阿匼以媚上官，視貴勢漠如，以故仕路沉淪。後乞歸終養，卒。弟日榮。黃文簡撰墓誌

郎中趙因甫先生日崇

趙日崇，字因甫，恒子。萬曆丙子舉人，授南康令。治民如家，疾苦纖細，皆爲區理。遷應天司李，積年滯牘，剖決無餘，請托不行。轉南刑部郎。忌者中之，謫新城令。未幾，以母老告歸。圖書四壁，蕭然自樂。而贖宗女，撫孤甥，義行尤爲鄉里所矜式。新郡志

郡守趙特峰先生恒學派

馥嘗讀鏡山司徒文，稱怍菴公之景慕先生，若趨父兄而奉蓍蔡。而鏡山數過先生問業，實亦以師禮事之爾。及讀《田亭草》，又知文簡黃公亦私淑之列也。觀文簡之言曰："某自曩受經時，從學士先生訂繹疑義，剖析異同，必曰特峰趙先生云何。"即未及門，實私淑焉。今代遠風微，所著曰《春秋錄疑》者，聞郡友人尤氏際坦家有其書，其餘亦多散佚，即當日門徒亦寥寥莫考。謹將文簡并鏡山二先生錄附焉，儻後續考有人，再備列之。夫前輩流風師表，日久寖湮，而稽經考傳之事，派別益難尋緒矣。先生以經學貽謀，一時多聞蓄德之士多宗之。而文簡、鏡山二公尤爲隆、萬間儒林典則，傾心景慕，豈僅獻老乞言哉？文簡、鏡山二公之學，另於家世學派叙述，此不具論。

郡守趙特峰先生恒

趙恒，字志正，號特峰，晉江人。祖瑞，弘治元年進士，歷官皆有清望，著

《春秋管見》。恒警穎負奇,十三充弟子員。家傳《春秋》學,謂《胡氏春秋》闡素王心法,功令標以録士,而末學穿求崖穴,繁綴枝條,如捕風射影,奮然以推明經術爲己任,著《春秋録疑》。讀書武夷山中,建州士多就問業。嘉靖十七年成進士,乞就教職,得教授袁州。督學使者延主白鹿洞,集諸郡儁乂而師之。遷國子監丞,尋改南都。南中辟雍士,請所著《録疑》梓之。居二載,遷南戶部主事,尋進郎中。是時承平久,四方漕餉,率重北而輕南,歲押運一二縣簿領之,所積負以百萬計。恒謂:“留都根本地,廥庾虛竭,何以應猝?”請之司農陳儒,疏部運之,規令諸省分漕以郡佐總漕,以藩司各詣部庭稽覈,如輦下例。疏上,得請,後遂載令甲。恒居部署,聲籍甚。第以鯁介無援,遷浙江鹽運司同知。未幾,擢守姚安。姚安俗狃淫僻,恒爲定婚娶之禮,土酋歙然。又嚴鑄銅之禁。居九月,乞養親歸,士民祠之名宦。里居杜門寡接,邦君式閭存訪,悉引疾避之。交遊中以道義相期許者,莫如同安洪司寇朝選。朝選爲權奸所穽,逮繫會城獄,瀕發訣於恒曰:“兹行也,吾必死之。嵇紹不孤,無煩多囑。”恒呼其仲子日榮,命之曰:“若受洪先生國士知,勉旃以報,毋令魏邵、郭亮千載笑人。”日榮方馳謀橐饘,則虎冠吏已毒斃朝選,諸親故無得近者,日榮撞突而前,殮其尸以歸。人咸稱日榮義士,實稟前訓也。蒞家儆勅,雖燕閒,必整冠危坐。對子孫,終日無惰容,或有軼越,譴訶立至。諸子孫聯翩仕路,顧多躓困,又皆不屑營私。恒每談及,津津喜曰:“吾道如是。”晚歲築精廬於茂趣山中,足跡不窺城市。覃思著述,秉燭讀書,其文一以歐陽文忠爲宗,近述鄉先生王遵巖之遺論,醇然先正典型。年九十四卒。所著有《莊子涉筆》、《史記涉筆》與《春秋録疑》,並行于世。其《忠愛堂稿》、《經濟録抄》及文集若干卷,藏于家。子日榮、日崇,孫世典、世徵、世效等,俱見《科目志》。<small>舊郡志、新郡志、黃文簡撰墓誌</small>

青陽莊氏家世學派

先文正公撰方塘先生傳曰:“泉郡之南,聳起而特秀者爲紫帽山,山之下村落繡錯,巨宗名人輩出相望,往往爲吾郡冠,而青陽莊氏尤擅科甲人物之盛,非諸族所及也。"馥按:莊之先系出永春桃源。自宋少師藻齋公賜第郡城,因家焉。其姪孫古山復自郡城遷青陽。青陽之有莊,自古山始,傳至方塘十一世矣。考方塘先生用賓,其後爲官詹際昌羹若氏、奇峰先生偁,其後爲侍郎國楨、陽山氏,石山先生一俊,其後爲修撰履豐梅谷氏。餘派系俱未及詳考。其家世抑由內行修潔,隱德弗耀,累功積厚而致然歟?其收名蘊發于後,有以哉?今錄其表著者載於篇。

太僕莊方塘先生用賓

莊用賓,字君采,號方塘,晉江人。生而卓犖聰穎,邑先達陳紫峰琛聞其名,召試庭,草《交翠論》,嗟異久之。與后峰氏壬春、石山氏一俊同登嘉靖七年進士第,初授行人。使蜀,盡却藩國供餽。給事中劉侃當使琉球,以母老且未子相持泣,用賓奮然曰:"古有以柳易播者,何人哉?願得身代。"未幾,陞司副,遷刑部員外郎。出爲浙江僉事。用賓爲人木強,又少戆,嘗稱:"士爲知己者用,當昂首伸眉,論列天下事,奚取局促效轅下駒爲?"每遇權貴人,直睨之,不能刓方爲圓。而於嫉惡尤甚,不中意,輒面頳怒目,甚或發憤呵叱之,故卒爲時所中。太宰汪鋐生貴甚,嘗以事怒其屬,長跪不解。賓爲不平,愬之永嘉張相所,汪適從直房見之,恚甚,用是出之浙。浙所轄寧、紹、台三郡,多權貴人,一繩以法,無敢輒居請者。仕中不廢學,多記覽,益精於文藝。臨歲比,時缺督學,用賓署事,校寧波郡,揭以袁元峰煒爲第一。時煒久困,未知名,即許其文首天下。已而,果如其言。餘姚令顧存仁以不阿權貴得謗,用賓廉知其賢,特誇獎之,遂得擢黃門,以直諫顯。視事纔八月,理冤獄,靜譁伍,獎拔廉吏,所部肅然。有屬官倚勢貪橫,用賓執法治之,拂巡鹽御史意,疏劾用賓。值汪脩前憾,遂從中覆罷用賓,時年方三十一。如是家食四十餘載,絶意仕進,宦囊蕭然。居鄉一介取予不苟,孝親睦族,行鄉約,開水利,邑人愛敬,鄉評至今重之。自嘉靖三十八年,倭寇犯閩中,連歲猖獗,攻入興化府,戕殺民人無數,沿海衞、所相繼告陷,而泉之劇賊黄元爵等因機交煽，自郡之内外，所在皇皇，勢且不保。用賓爲當事畫策，浚城濠，部署城中守卒，使各爲營伍，民心遂定，城賴以安。當倭賊突犯時，遠近村民爭入城逃生，勢甚急。城門晝閉，避寇者不得入，幾相擁入水中。用賓力請當事，願身守南門，乃操管鑰坐城門外，命開門内之，而身自當賊，所活人以數萬計。時賊野掠無所得，奸民導之，發塚取贖。用賓與其弟用晦募鄉兵，後先殺賊多，賊大恨，乃剜用賓父塚，劫屍去。用賓聞之，拊膺號慟，與用晦徑走賊壘，戰於南安雙溪。賊大潰，連破十三壘，負父骸歸。賊追之，用晦殿，與其僕鬬死。會僉事萬民英、指揮歐陽深以官兵繼至，翼而前，又大破賊。前後斬倭首百有十顆，生擒一十四人，奪回被擄生口二百七十餘人。時嘉靖壬戌五月初二也。倭寇既潰，黄元爵勢窮，遂就撫，泉郡悉平。當道屢上其事，爲冒功者掩抑，久之未叙，而用賓終身不自論列。萬曆二十二年，倭寇朝鮮，子鳳章乃上言於朝，下其事部議。贈用賓太僕寺少卿，官用晦子百户，世襲，以風勵天下士。蓋去用賓破倭之年且四十載矣。其後曾孫際昌，舉萬曆己未會試第一，廷對復第一。人咸以爲用賓開門活人之報。際昌天啓中任修撰，不附魏閹，沉廢數年。愍帝立，起春坊庶子，未幾卒。以風節故，追贈詹事。所著有《周易解意》一編，黄文簡爲之序云。《史館擬筆》、傅錦泉撰墓誌、先文正公撰本傳

莊先生鳳章

莊鳳章，晉江青陽人。守闕上書，言其父僉事方塘用賓與其叔父用晦嘉靖中所爲禦寇扞城狀。晚歲有志斯道，游李見羅先生之門。何鏡山撰《莊孝子述》

侍郎莊陽山先生國禎

莊國禎，字君祉，晉江人。少奇穎，王遵巖慎中器之，妻以女。舉嘉靖四十一年進士，授會稽令。出諸生趙日新於冤獄，贊直指倡行條鞭法。以卓異徵拜給事中。先後疏論大臣如郭宗臯、游震得、遲鳳翔，皆黌緣有奧援者。出浙江按察僉事，遷江西參議、廣西副使，復改視江西學政。累遷廣東按察使，轉雲南、江

西左右布政。丁外艱。服除,補河南。值兩河大祲,白兩臺,請發臨德倉,改折漕糧。三歲,倣趙閱道荒政,選丞倅分地經理之,民藉以全活甚衆。潞邸新開,中貴人菡事,所爲裁經費,汰浮冗,無少假借,事以就緒,而民亦不告疲。以資望擢副都御史,巡撫江西。先一年水,次年大旱,復以河南例,題請改折。計部初猶難之,再疏得請。晉南京刑部右侍郎,旋改戶部。以內艱歸。國禎器度端凝,貌寬和而衷嚴整,有屹然不可奪者。所至守官盡職,循級而登,不屑借譽養交以營速化。性坦夷,樂道人善,非意之加,恬然不掛胸臆,每謂:“昔人理遣情恕兩言,終身誦之可也。”爲文喜典重深厚而厭鉤棘,爲詩喜春容雅渾而薄纖巧,大都得遵巖之指授爲多。歲時伏臘,率宗之子孫敬共祀事。每與人語,好稱引國家典制,往哲節概行誼,祖先以來積功累行之跡,旁及今昔人情善敗,隆汙之變,聽者聳然感動。居常所過從,不過一二故人厚善者。當路諸公及門,未嘗峻拒,利病未嘗不以告。里黨有負枉不能直者,語次間爲直之,然不任受德也。卒年七十有八。子懋華、懋聲,見《科目志》。舊郡志、新郡志、黃文簡撰墓誌

郎中莊仁山先生士元

莊士元,字君聘,晉江青陽里人。自童年端重,不煩父師教詔,而言動盡有繩檢,人稱謂“莊家顏回”。閉戶下帷,窮探玩索,庶幾深潛純粹之學。嘉靖三十二年試春官,編修胡公杰得其文,以白大學士徐公,亟加稱賞。洎揭榜,置名第二。時方試館職,士元以濡迹權門爲恥,竟不入選,授知廣德州。原本經術飾吏,而政尚簡静,輕徭省訟,吏戢民安,尤興學勸禮,垂意作人。廣德自前守歐陽南野而後,州人以士元並稱焉。轉比部員外郎。己未會試,檄入簾,所得皆知名士。給事吳時來抗章劾嚴相嵩,逮治獄。士元爲問官,改擬謫戍,當國怒甚,持卷四日不下,然畏公議,不果駁,吳公得棲遲嶺外,旋復柄用,士元曲全之力爲多。已而,轉本部郎中。曹銓預有江西督學之注,會當慮囚,士元得命廣東。行抵家,已有足疾,披閱招移,用是勞勩,疾劇,卒於高之化州。士元寬宏簡默,近於仁者。仁山乃其自號,要其質與行,誠足當之。李氏叔元曰:“敏德爲泉南

《易》宗,而陳氏琛其傳心高弟,蔡于省之授莊士元,李維徵之授蘇濬,皆《易》學淵源云。"《清源文獻》、李淑元《青陽五先生傳贊》

莊明齋先生龍光

莊龍光,字自昭,別號明齋。用賓冢孫。甫四歲,父没。少負穎質,九歲能屬文。弱冠,補弟子員,嗣是祖父母及母繼没,龍光以嫡冢持服,不與棘試者十年。時以積毀故,遂得疾,病良已,猶理故業。没時,年三十有四。龍光篤有至性,内行修飭。母病忘食飲,非子手調進不御,日侍匕箸間。間以文事出,必歸上食,食已復赴,日數還往以爲常。母不喜服藥,籲天頌禱,宛轉進之。如是者五年,母賴以坐起。比母没,事二叔父甚恭,所有遺田悉推與之。少時師黃文振先生,經術之外,尤以行誼相慕合。遇友人困厄,銳身救之,乏者不待告,賑之。王生爲舞文吏所陷,竟得直有司,而金生妻子恒待以舉火。龍光死,交友無不雪涕者,而文振先生與金生各爲之服視小功,此以知其義矣。子二,夢岳更名際昌,重岳。史文簡《雲臺藏稿》

詹事莊羹若先生際昌

莊際昌,字景說,號羹若。曾祖用賓夢張襄惠岳投刺相謁,而際昌生,因名夢岳。以試,更今名。九歲善屬文,十一而孤。萬曆己未會試、廷試皆第一。泉掄魁天下,有宋己未曾樞密從龍而後,五百年始克再覩,邦人士艷傳之。廷對制策,一字偏傍偶誤,被勘,遂乞假,歸。天啓元年,授翰林院修撰,經筵展書,起居注,纂修國史,編葺六曹章奏。乙丑,分校禮闈。尋管理誥勅。時魏璫擅權,求爲撰祠記,拒不應,璫銜之。視事數日,奉使趙藩,卻諸餽遺無所納,便道抵家。丙寅秋,當復命,會修三朝要典,蹙然曰:"是固欲以國史爲刑書者,奈何居詞垣受璫指使哉?"丁卯,天下大比士,論資當衡文兩京。親友勸駕,長安中有促之者,曰:"公速來,可步武三事也。"夷猶不赴。會部推遷秩,爲魏璫所擠,奪職。崇禎初,璫誅,即家起諭德道,陞左庶子。至京,召對,陞侍讀,兼記注官。時懷宗勵精宵旰，五漏入侍，率二鼓方罷。際昌赴召時，途中已得末疾，用是困憊，卒于邸，年五十二。上聞心悼，降旨："莊際昌起廢詞臣，劻勞卒官，贈詹事。"蓋示優異云。際昌胸次坦洞，絕不爲矜倨態，而性峭直。好引掖後進，孝友切至。傷其弟重岳孝廉早卒，撫遺孤如己子。終身茹素，午惟一葷而已。爲文泚筆立就，初若不經思索而天動輒隨。入仕若干年，里居强半。族經倭難，修譜牒，茸祠屋，家居蕭飭自將，蒼頭戟戟不敢問户外事。獨好爲德于鄉，嘗與鄉先輩合力築溜石陡門，濬新溪水道，獨捐費二百金，增舊規三之二，四十二鄉咸利之。天啓末，海氛不靖，鄉人將遠竄，爲立約編伍，守望相助，瀕海以安焉。孫延裕，好古鯁亮，有祖風。新郡志、史文簡撰墓誌、《閩書》、林麟禎《補八閩掇名記》

修撰莊梅谷先生履豐學派

按：吾郡青陽莊氏，世多令德，代表偉人。梅谷先生資稟篤厚，孝友肫至，以文學著稱。傳稱其力護趙公用賢，贈賻洪公朝選。其扶持善類，誠可風世也。再，洪公一事，文簡黃公撰封翁小石公墓誌謂："公適竣事北上，與相值，頌言出之，且周旋襚賵，或怵太史是相君所甘心也，而奈何强預人事。封公獨寄聲慰曰：'兒即以此得罪，無恨，老父亦無恨矣。'"即此可想見家學之槩。餘鏡山先生叙文備詳云。

修撰莊梅谷先生履豐

莊履豐，字中熙，晉江人。祖一俊，仕浙江參政，有詩才。履豐，萬曆五年進士，選庶吉士，授翰林編修，轉修撰。尋題注起居，充經筵官。丁外艱，卒。履豐天性至孝，事父望槐，飲食起居，惟恐傷之。弟履朋，舉進士，爲郎。早夭，無嗣。當其病時，度不可起，中夜籲天，願以身代。爲人長厚冲抑，見人一善，若自己出。或聞有過，蓋覆周旋如其自計，惟恐失名而喪位。其他所先容而汲引者，惟恐人知。至其邁往之氣，有時勃發，必奮爲義。常熟趙檢討用賢抗疏忤時相張居正，杖闕下，人多避聲迹，履豐獨左右之。同郡洪司寇朝選爲勞堪陷，斃獄中。
適履豐還朝，北上，屬所善爲經紀襚賵，乃去。才具敏贍，每有撰屬，當食篝燈，
率爾成文，不勞草創，而雋氣颷舉，博達宏閎，川湧嶽停，世人推服之。弟履朋，
亦有雋聲。舊郡志、何鏡山撰《文集序》

閩中理學淵源考卷七十三

文山黃氏家世學派

　　吾郡隆、萬間耆舊典型於時蔚起，而恬澹清修，立身本末，有進退大節，則共稱文簡黃公也。公之學術宗奉紫陽，鄒氏元標謂其平生服膺蔡文莊，規矩尺寸不踰。考公立朝，建沃忠言，匡持君德，丰采德業，爲世名臣，實無愧於文莊矣。至退歸林下，敦禮耆舊，獎掖後生，闡發潛德，崇厚禮教，敬讀《田亭草》諸製述，仰見正學源流，實有關世教之作。原其家學，皆本于守軒、朴齋，溯逸齋而上，積功累德，至公而丕恢前烈。其後嗣踵起者，學使靜谷公潤中爲最著。兹特録其先世所以肇基孝弟、敦説詩書以貽厥後人者，以風世焉。

處士黃逸齋先生賢

　　黃賢，字彦德，號逸齋，晉江人。元處士天麟公，其初祖也。生五齡母没，鞠于繼母孫氏。天資純懿，孝養逾於所生。長即知讀書好禮，維持家務，勤儉治生，家用是裕，且樂施予周急。里閈少年不事事者，必喻以爲善，人多化之。長子應，登永樂二年進士。次惠，抱德不仕。《田亭草》、家譜傳節録

黃守軒先生禮

　　黃禮，字廷文，號守軒。逸齋公曾孫。天性至孝，而尤篤於信義，鄉閈稱之。少孤，父墳湮没，後籲天祈神，大號于鄰墳者三日，忽有龐眉老叟指示其處，果得證驗，相傳爲孝感焉。家庭之間，其教不嚴而肅，嘗訓子曰："惟謹厚可遠怨，惟質實可動人。其識之。"《田亭草》、家譜傳節録

文簡黃儀庭先生鳳翔

黃鳳翔，字鳴周，號儀庭，晚更號止菴，晉江人。少小即警敏絕人，觀書沉潛，經目成誦，笥腹不忘。稍長，習胡氏《春秋》學於學博蔣與泉。鳳翔習其師說，本經據傳，折衷以己意。弱冠，即以善《春秋》聞郡中，時王遵巖慎中方設比論文，誘教後進，得鳳翔藝，造廬訪之。鳳翔以髫年攝衣冠見，不懾不迫，步止從容。遵巖益大奇，與坐，語曰："生年少而文章氣概俱高，異日者必魁天下。"遂致鳳翔爲諸郎文社交。辛酉，鄉薦第四。自是益肆力文章，與臬長張洞齋、藩伯洪心齋對壘角藝。隆慶戊辰成進士，殿試第二人。明泉中及第自鳳翔始。授編修、教習內書堂，亡何以疾假。里居三載，還朝。旋丁外艱，歸。萬曆丙子，補故官，與修《世宗實錄》。成，進修撰，充經筵官。五年，同考會試。首相張居正奪情起復，取中旨罪諸言臣，怒新進士鄒元標特甚，欲斃之杖下。鳳翔昌言於朝，曰："此孤忠，即不使生，奈天下綱常何？"囑門人多方調護，鄒得不死。頃之，有編管諸言事章奏之役，鳳翔慨然任之，悉編入，無隱諱。庚辰春，居正欲鳳翔再與同考，使次相喻意望錄其二子，鳳翔固辭不赴，借奉使益藩避去。及壬午秋，以次當主試南畿，少宰王篆亦欲如張相旨，托鄉貴人爲先容，復謝不往。尋遷中允，累陞南京國子祭酒。省母歸，起補北監。時方校刻《十三經注疏》，鳳翔上言："頃陛下去《貞觀政要》，進講《禮經》，甚善。但讀《曾子》言孝，則當珍護聖躬。講《學記》言學，則當緝熙聖學；察《月令》篇，則當勤勵聖治；繹《世子》篇則當豫建皇儲。"疏入，上嘉納之。尋擢禮部右侍郎兼侍讀學士。會洮河告警，疏言："多事之秋，陛下宜屏游宴，親政事，以圖安攘。爲今大計，惟用人、理財二端。宋臣有言：'平居無直言敢諫之臣，則臨難無敵愾致命之士。'頃吏部員外郎鄒元標直聲勁節，銓司特擬召用，而聖意頓改。于前建言遷謫，諸臣如潘士藻、孫如法，亦擬量移，而疏皆中寢。士氣日摧，言路日塞，平居衹懷祿養，臨難孰肯捐軀爲國哉？昔宋藝祖欲積縑二百萬易敵人首，太宗移上供物，爲用兵養士之資。今戶部歲進二十萬，初非舊額，積爲上供。陛下富有四海，奈何自營私蓄？又竊見都城市觀，金碧熒煌，歲時齋醮絡繹，道路經費齎予，外廷莫知。與其要福於冥漠之鬼神，孰若廣施於孑遺之民命。況東南財力已竭，西北邊務方殷，誠國民交病之日。”疏入，上不能用。是時儲位久虛，廷臣屢請冊立，久未得命。上意欲國本之定發自宸衷，密諭王家屏以明歲舉行，且無令外廷知之。家屏傳語禮部，鳳翔遂與尚書于慎行、左侍郎李長春具冊立儀以請。上怒，各奪俸三月，并責閣臣不密之失。廷臣無敢復言，鳳翔獨抗疏爭之，不報，遂乞休歸。壬辰，起禮部左侍郎，旋改吏部。已，復陞南禮部尚書。以母老辭，再疏，乃優詔許之。甲午，起復原官，更力陳母老，准以新銜在籍候用。母沒，遂不復出。甲寅，有旨特起，而鳳翔已卒，年七十有六。訃聞，予恤典，贈太子少保。天啓初，諡文簡。李氏光縉曰：“公居官耿介自守，所履清班善地，未嘗爲政府私人。華亭、興化，身出其門，一事之以道，史館諸公以文章行誼相引重，有之不能款布腹心。初抑於江陵，偃蹇郎官十餘年，及進宮僚，淹滯留都，旋歸旋起，屢起屢辭，則公出處之道可知矣。公通籍四十七年，立朝僅十三年。在里居者三十餘年，養晦就寂，絕無慍色。布衣菲食，匡坐小齋，不蓄古物書畫，亦無園池、臺榭之觀。用器無雕鏤，居室不漆塈。林泉多年，庭可張羅，足跡罕及公門，或時以時事枉直利病公言之。天性孝友，子孫三十餘人，訓之以禮，悉遵教如之。學術一稟紫陽，務躬行實踐，不設道學之名。官中秘時，退食之暇，惟有楗户讀書，老而家居猶然，故苞孕極富而譔著獨多。嘗自言友天下士則不足，尚友古人則有餘。壬子春，郡守陽公纂修郡乘，請公爲總裁。同事林省菴、何匪莪、蘇石水、光縉亦涉筆其門。公曰：‘先輩行誼可稱，不妨廣爲蒐羅，第勿作過情之譽，則瑕瑜自不相掩。’凡所進退人物，公不自疏舉，以公之共事者，公但受成而已。然每一傳成，必經折衷，或自再著。書成，人或病其太寬，而直道固存矣。公意在寬嚴之間，其硜硜爲公，所包容多矣。然有執益堅，持益力者，公亦不難虛己，夫然後知公之心也。”鄒氏元標謂：“公服膺蔡文莊學，尺寸不踰。數十年出處之正，不淄不磷。”何氏喬遠稱公平易忠孝，狷介謹嚴，爲太羹元酒、布帛菽粟之先正楷範，信知言也。所著有《嘉靖大政記》、《大政編年錄》、《田亭草》等書。子淳

中,門廡;潤中、顯中等,俱見《科目志》。《閩書》、《明名臣言行録》、新舊郡志、李衮一撰本傳、何鏡山撰行畧

提學黄静谷先生潤中

黄潤中,字嗣雨,號静谷,文簡公第六子也。少穎敏,崇禎十年進士。初任刑部主事,轉禮部員外郎,旋出督學中州,矢公矢慎,所甄拔皆單寒奇士。是時,烽火相聞,絃誦之聲寂然,潤中多方誘掖,士氣日振。未幾,有廣東惠潮之命,欣然就道。旋歸里,杜門著書。晚節嗜學。卒時年七十有一。所註解《易義》、《杜律》、《禹貢解》諸編,藏于家。《田亭草》、家譜誌傳録

鴻臚史觀吾先生朝賓學派

按:觀吾先生清修直節,前輩論之詳矣。咫亭詹公在南雍時,嘗稟學於先生,其後與鱗泉王公用汲、愚菴郭公惟賢並以抗疏直言先後顯著,洊登九列,爲世名臣云。

鴻臚史觀吾先生朝賓

史朝賓,字應之,別號觀吾。少隨父商崖公宏璉讀書,質遲重,強力苦識,學成,爲文章演漾汪洋。登嘉靖二十六年進士第,授刑部主事。久之,以員外郎署司篆。兵部郎楊繼盛疏論嚴嵩納賄蠹國十大罪,上怒甚,杖繼盛百,下之獄。嘉靖三十二年也。先是,獄未下,嵩子世蕃私以意授其黨李天榮,令預囑朝賓曰:"必得楊甘心焉,即與美擢。"朝賓正色曰:"有高皇帝之律在,何可枉也? 吾寧失官,無寧失律。"及議獄時,司寇以下惴惴不知所出。朝賓遂擬傅奏事不實律以進,部尚書何鰲謂曰:"更有一比,盍思之?"翼日,復尚書曰:"有之,則有減於此。"尚書乃自比其律,且云:"傅此,庶得當。"朝賓持不可,獄數日未上。事益急,尚書曰:"急矣。雷霆不測,如君所執誠是,夫固爲俱糜耳,盍以待後解。"而侍郎王學益直曰:"司官徇名,予老矣。"於是當以"詐

傳令旨,罪絞",自爲藥授朝賓。朝賓既爭不得,請署奏,末云:"楊繼盛語雖
詿誤,心實無他。惟陛下憫其狂愚,謫發遠戍,庶以全好生之仁。"奏入,繼盛
竟坐大辟,尚書、侍郎奪俸,而朝賓降三級,外調泰州判。方繼盛下獄時,薦紳
相見脇息不敢語及。繼盛杖瘡甚,同年提獄,禁不許關通。獄之上,朝賓自分
重譴,與繼盛俱死耳。諸公有入獄勞問繼盛者,繼盛都閉目不言,及朝賓至,
瞪視曰:"史應之耶? 費心多矣!"朝賓當往泰州,別繼盛書曰:"遇公之事,當
以死爭,賓不死者,尚冀公不死也。"楊復書曰:"某批奸人腸,恨不即死。公
何苦哉? 公其珍重。"判泰州三年,量移揚州。久之,遷南戶部。以艱歸。服
闋,補工部郎,分署張秋鎮,通商惠民。久之,嵩敗,徐文正階當事,乃以河南
僉事擢尚寶少卿,尋改南大理丞,旋復徙應天府丞。久之,轉鴻臚卿。卒,詔
賜諭祭。朝賓居常訥訥,至臨大事,決大利害,屹然山立不移。嘗稱"民生利
害之端,非有惻怛忠誠之心,不能體察。吾身利害之端,非有正直剛毅之守,
不能鎮定"。故其所至,無論中外,並皭然不滓,卓有樹立。而其最彰明較著
者在不屈嚴相與部長,持忠愍獄,士論韙之。歿之日,宦橐蕭然,居屋數椽,不
蔽風雨。所著有《觀吾集》及《史氏内範》,藏於家。學者稱曰觀吾先生云。舊
郡志、《閩書》、李衷一撰本傳

司訓洪積齋先生猷學派

按,文簡史公撰洪先生《周易翼義》叙云:"余家世受《易》,先君子嘗有撰次
未就。稍長,獲遊積齋洪先生之門,而始有會也。先生束髮窮經,老而逾篤,至
晚年而後論說始定。"又曰:"邇來士習好異,異說曹興,不獨與文莊、紫峰二先
生刺謬浸尋,而操戈紫陽矣。二先生書皆已布之學宫,日爲異論所蝕,予嘗求其
書於里塾不得,以爲恨。於是先生子孝廉子愚出其家藏梓之福安讞舍,俾小子
序而行之。先生之説行,即二先生之説行也。先生淵源於蔡、陳,而宗朱子之
義,故云《翼義》云。"今録其派系,載于篇。

司訓洪積齋先生猷

　　洪猷,字文振,號積齋,世家晉江錢嶼里。猷性資强毅,厚於彝常藩身,必以禮遇事。尤奮發敢任,斷詞正言,卓有任道之質,而學足以充之。弱冠喪父,奉母并撫諸弟,殫厥心身,家貧不支,以舌耕佐費,一切婚嫁咸取給焉。蚤以學名,從遊之士數舍而至,士相遇講述,鮮不名猷之學者。平昔毅然能尊師重道,其學則緜紫峰、虚齋,以上遡考亭,條分理解,塾師箋析之外,又復推緣傳註,以印合聖賢宗旨。誠意諄諄,顧不自立門户,直於講藝中提掇身心實際,用證聖功。文章絶去華飾,根諸理奥。久之司訓江右之南安,一如教閩士旨。貧生脩贄,每從謝却,間贍之餼。律人以恥,養人以名,言準履繩。居一載,當道旌為廣文冠。遽疾,卒。門人史文簡繼偕誌其墓。所著有《易經翼義》、《四書説約》。子啓哲,萬曆丁酉鄉薦。纂史文簡撰墓誌

方伯洪鏡潭先生澄源

　　洪澄源,字子定,號鏡潭。富之從孫。萬曆十四年進士,授户部主事,歷郎中。時資深當守郡,而桂林守缺。里人秉銓,或謂可謁銓曹易一名都,毋桂也。澄源笑不答,於是擢守桂林。在郡半年,謁謝不一行,廉仁著聞。擢貴州按察副使,備兵畢節。時宣慰安疆臣地廣兵强,澄源外制以法,内推以心,疆臣畏服。播酋楊應龍為變,朝廷出師征之,命疆臣出征助戰,中丞郭子章委澄源監其軍。安與楊實相唇齒,内懷觀望,數張皇以撼。澄源不為動,疆臣乃進兵,攻應龍於大水田,大破之,斬首無算。應龍敗,入海,囷踰月,授首。論功賜金帛,陞貴州按察使。踰年,轉雲南左布政使。未赴,卒。澄源平昔逡巡樂易,及其受脤臨戎,有壯夫弗克為者,惟不擇利害為趨舍,蓋自卻謁銓圖大郡時預見之矣。故强酋阻夷,莫不歸心,其忠誠有以孚之也。史文簡贊曰:"李文節公不輕許可,而獨稱澄源制安平播為仁者之勇,有百世之功。"信然哉! 新郡志改本,參史文簡撰本傳

副使許賜山先生學派

按：賜山先生《易》學，一時推重。文節李公曾撰墓誌，追述無異辭。其所學所守，固可信者矣。

副使許賜山先生天琦

許天琦，字大正，食廩德化，後歸晉江。其先世有許稷者舉唐貞元進士，賜告歸，讀書清源山中，因顏其讀書處曰“賜恩”，今爲賜恩巖。而天琦號賜山，不忘祖也。嘉靖四十一年進士，歷工科給事中，贊署長。疏止鰲山燈費，又疏海防四事。轉刑科給事中，疏刑名弊源六事。既而疏劾兩廣總督，其人倚奥援，中天琦，乃出天琦廣東參議，備兵惠州。年餘，擢滇副憲，備金騰兵。金騰多雜夷，天琦至，以化誨爲務，日進諸生講學，羣民庶立鄉約，俾相訓迪，俗稍稍變。方四閱月而嬰疾卒。天琦有至性，又方嚴，無所狃昵，絕不爲人干請。其爲給諫時，某學子介鄉嫗持八百金爲壽，天琦叱去之。平生獨喜説《書》講《易》，多自得，箋註外，一時學者以爲指南。仕宦所至，英髦秀士執經請業，屨滿户外。所著有《周易管見》、《續宋史斷》行于世。李文節撰公墓誌言：“每見公説《書》講《易》，多發前人所未發。其議論老誠，識大體，不尚沽激。其操行，斤斤檢押外，不錯寸趾也。既貴，嗇陋儉約，蕭然故諸生時，一絹袍十八年云。”纂李文節撰墓誌

蔣敬齋先生際春

蔣際春，字君育，別號敬齋。世家於泉之福全濱海，獨以《詩》、《書》絃誦著聞。父赤山公好行其德，開子姓以儒，多彬彬者。子二，際春其仲也。際春讀書，質魯而敏悟。王遵巖特奇其文，嘗曰：“摩空白鶴，非樊中物也。”與兄伯沂泉公稟學于賜山許先生。是時賜山坐皋皮講《易》，邑賢豪爭北面，獨賞識于際春。所著有《四書日抄》、《易經記註》，並膾炙人口。惜無年而卒。子光彥，孫

德璟。纂《李衷一先生集》

史氏家世學派

按，黃恭肅撰史方齋墓誌稱：“史氏先世，自寧波入閩，數傳至旌孝公仕傳，以孝行著。成化中，詔旌其門。方齋即仕傳公元孫，與觀吾、禮齋少受業伯父商崖公，日講四書、《周易》，不襲時師皮膚説，務根極聖賢，垂訓本旨。”商崖事實未能詳，然按其家世，亦以見當時父兄之教肅而成之爲多。迨後大鴻臚朝賓有不可奪大節，方齋兄弟以高蹈名德稱，其後嗣踵出，爲世名臣碩輔，皆本于家學云。

訓導史商崖先生宏璉

史宏璉，別號商崖，晉江縣學。嘉靖間，司訓金壇，以子朝賓官贈刑部主事。餘事實未詳。按：觀吾公朝賓、方齋公朝宜、禮齋公朝富，皆少受學於商崖公，其家庭牖教大畧，詳見《方齋公墓誌》。泉郡萬曆志、史氏《雲臺稿》

藩伯史方齋先生朝宜

史朝宜，字直之。黃恭肅撰公墓誌曰：“公嘗自言，少受業於伯父商崖公，日講四書、《周易》，不襲時師皮膚説，務根極聖賢，垂訓本旨。翌日，答而未悉，必使反而更思索之。復未悉者，責之。既悉，方與續講後章。自是循循孜孜，愈久愈覺意味深長，公讀書之法然也。公既得書意味，遂以身膺而服之。自綱常倫理之大，以至謁見取受一事一物之微，苟有畔於聖賢垂訓義理，偲然不使少加於其身也。”弱冠，補弟子員，屢試高等。士慕公者，競學步其舉子業。公曰：“是筌蹄耳。君等遜志聖賢義理，意見既充，詞自足以達之。抑士君子立身天地間，道德功業職分重矣，奚區區舉業效習爲也。”淳菴公患瘇卧牀，公躬理藥餌，時湯粥，扶持起居者五餘月，至目不交睫。歿而哀且毀，執喪必如禮制，廬墓

717

讀書者三年。嘉靖三十二年，登進士第，授淮安山陽令。山陽田土多荒而賦額廣，民多流移。當路督計嚴急，催徵艱甚。公以帑藏備賑饑之蓄，遣糴於江南、湖北間，招賑其流移者，而代輸其所逋負，蓋存活淮民莫可計數。是時，倭奴入寇，趙文華視師海上，獵賄郡邑，比過淮，公防守封疆，保定居民，供帳一如常禮，送不出境。趙恚甚，既廉知爲苦節吏，置之。旋丁母憂。服闋，補戶部主事。是時，東粵亦病倭，珠厓孤懸海島，守臣率以賄敗，朝議遴公以行。比至，杜絕陋習，撫安疲民，崇風教以正酗淫之俗，肅官箴以剔貪殘之吏，其治狀爲置守以來第一。在郡三載，即拜公廣東按察副使，晉參浙藩，總東粵憲。東粵之民服其威信，不怒而嚴。陞湖廣右布政。楚爲江陵相之鄉，公覩江陵規局，槩以刑名慘刻，斲國家元氣，不能婟阿，任職未數月，引疾乞休。楚撫固留，公迺自馳使特疏、再疏，司銓者覆請，得旨，回籍調理，且云：「病痊之日，撫按具奏起用。」公歸，治小書室於陋巷，仍讀書其中。時與禮齋廬居雲臺先塋側，以山林泉石爲樂，足跡未嘗及當道之門。時閩撫，楚黃州人也，以理學相雅重，或勸公時致通問，可藉薦起復。公曰：「則如勿止，止而復仕，且援焉，非夫矣。《易》稱『不恒其德，或承之羞』，而欲予以羞自承乎？」竟無隻字往復。蓋公清貞之節，道義之守，終始不易如此。初，淳菴公宏珂方生公時，卜者言當爲盛世高蹈名儒，非徒功名富貴士也。信不誣矣。公閱歷仕路二十四年，骯髒直道，自號主齋以見志。享年六十有八。所著有《易說》及詩文。子繼偕哀輯傳之，凡十二卷。弟朝富，鄉會試同榜，歷官永州守，以清望著聲，亦引疾歸。卒，年九十。鄉人以比漢二疏焉。纂黃恭肅撰墓誌

郡守史瑞巖先生朝鉉

史朝鉉，字貫之，號瑞巖，晉江人。隆慶二年進士。父宏詢，歷壽、沅二州知州，朝鉉隨行官邸。自沅歸，從許賜山天琦受《易》，日以所口授者輯而成書，後梓行於武塘官舍。朝鉉爲人性端介，潔修澹尚。初令嘉善，每蒞政，容止儼然，人不敢干以私。書座右曰：「公生明，嚴生威，二者爲官箴要訣。」編審按戶輕重

布之，強家無所假貸，加意作人。授南吏科給事中。盡却例儀，任三載，侃侃多糾繩，而劾大璫申信，疏十罪，南中人德之。萬曆乙亥，復筭大計，適同年户垣余懋學者疏時政四，江陵憾爲刺己，内批予削籍，而移牒朝鉉。未幾，而湖州命遂下，朝鉉夷然之任。時方潦暑，至則躬閲繫囚，不待訊爰書而湔雪冤濫者十餘輩。其處脂不膩，一一如爲令時。後民思之，以配前守黃氏樞并城隍神而三焉。

纂史文簡撰墓誌

文簡史聯岳先生繼偕

史繼偕，字世程，號聯岳，晉江人。萬曆壬辰進士，殿試第二人，授翰林院編修。率同官請册立東宮，開館講學，不報。詔使兩粵，盡蠲軍興諸賦。還陞侍讀，轉中允。未幾，由南司業遷南少宰，兼署户、禮、工三部，力請盤庫盜帑積弊。改詹事。疏請致仕。家居一年，起爲吏部侍郎、東閣大學士。時神宗深居不出，繼偕每會廷臣請視朝，并力陳備兵措餉，不報。旋致政歸。熹宗即位，屢遣行人促入朝。視事甫閲月，以延綏捷，加太子太保，兼文淵閣大學士。爲阮大鋮所忌，從中擠之，引年，疏十八上，乃得歸。卒於家。新郡志

閩中理學淵源考卷七十四

清溪詹氏家世學派

　　按，黃文簡先生嘗言：“吾郡茂族其纘緒最遠，文獻足徵者，宜莫如安溪詹氏。溯厥肇基之祖，在後周爲清隱公云。”馥嘗讀公《不受王氏袍笏詩》，不應留氏從效之辟，從效不許，乃求監小溪場，始建議創邑。後遂潔身以隱，樹德保世。迨後宗支繁衍，至司寇岊亭先生，以直聲清節著于明隆、萬間，後先名德踵起。茲録其家世以著吾邑文獻之始焉。

同知詹邦寧先生靖

　　詹靖，字邦寧，安溪人。縣令敦仁之後。正統六年鄉薦。景泰中，知廣昌縣。縣人有揭姓者，素豪黠，前令不能制，靖至寘諸法，縣境肅然。廉慎之操，六載彌勵。後陞開州同知，卒于官。孫源，曾孫仰庇。萬曆府志、舊邑志

兵備詹企齋先生源

　　詹源，字士潔，號企齋。母林氏娠九月，而父没。林矢志育孤，攜居郡城，使就外傅。源聰穎力學。弘治十八年成進士，授户部主事，榷稅河西務。廉正獨持，朝議以其有風憲體，改監察御史。時逆瑾用事，凡拜官者必私謁謝，源獨不往。瑾誅，源名益著。顧以梗直爲柄臣所忌，時母方就養，乃乞恩奉母還。已而，忌者卒擠之，就家轉貴州按察僉事。貴州直指阿柄臣意，劾源不職。朝議，源任未一年，無不職狀，竟不行，尼直指，奏不行。乾清宫災，興大工，採木於貴陽、川、湖，乃留源領其役。會香爐山苗叛，督將卒勦平之。論功，擢雲南按察副

使。有墨吏,欲置之法,御史庇之,源執不可。聞於朝,罷其官,源亦坐罷。歸時,年甫逾强仕。源既早廢,杜門養母,備殫色養,推祖腴産讓其兄。於官司訊讞、里閈是非,絶無所聞問。嘗疏清溪積水三十里溉田,白葉坂山寇平,白當道,全活良民爲俘者九十餘人,其爲德於鄉類如此。年七十一,卒。自題作墓誌謂"平生勉企古人,而卒以褊中負氣兀傲忤俗"云。萬曆府志、黄文簡公撰《詹氏家廟記》

司寇詹咫亭先生仰庇

詹仰庇,字汝欽,號咫亭。清隱公敦仁之後,副憲公源之子。自幼有識量膽力。年十二,而副憲捐館。未幾,遊庠,尋游南辟雍,受業邑先輩鴻臚卿史公朝賓,學日益進。嘉靖四十四年進士,授南海令。才贍守廉,於上官無所阿承。以卓異徵入爲御史,是爲隆慶二年。在臺兩月餘,數上疏。穆宗命户部購寶石、珍珠諸物,責三日取辦。大司農與諫官諍不能得,仰庇疏言:"珍珠、寶石多藏中貴家,上供日亟,則索價逾倍。今南北多事,財用不給,軍興告匱,將焉用此? 乞罷購便。"明年春,内官監辦製烟火進奉,元夕,火藥突起,所延燒内房十餘間。復疏言:"逸欲害德,近習債事,宜嚴懲其不恪者,凜宴逸之戒,杜逾奉之階。"疏入,俱寢不報。而是時陳皇后遷居別宮,寢疾危困。仰庇聞之,復疏言:"皇后殿下乃先帝所擇以配陛下,爲宗廟神人之主者也。竊聞道路流言,坤寧宮曠而弗居,積有歲月。又云睿體抑鬱成疾,陛下畧不省問,萬一不諱,其爲聖德累不少。願陛下一聽臣言,還皇后于坤寧宮,時賜問慰。即臣蒙譴,死賢於生。"上覽疏心動,手批曰:"皇后侍朕多年,無子,近且病,移居別宮,冀安適却疾耳。爾不曉宮中事妄言,姑不究。"初,仰庇疏上,聞者謂禍且不測。及得旨,中外懽傳,稱主聖臣直,乃今睹之。然爲仰庇慮者謂公:"今且休矣。批逆鱗而嬰崛虎,不可爲常。"仰庇奮不顧也。會奉命巡視監局庫藏,復疏言:"内官監錢糧,動以供御爲名,肆行侵冒。乞命户、工二部及巡視科道等官查覈,以杜奸欺。其該監所開工作諸費,如鼇山、花欄、金櫃、玉盆之類,皆作無益以害有益。伏願慎儉德、屏玩好,近侍諸臣或以織造采辦逢迎者,悉屏斥之,以彰聖斷。"疏入,上震怒,責其悖逆狂妄,杖之百,黜爲民。仰庇官臺中八閱月耳,而四上疏,疏多指斥中貴人,其被杖,爲中貴人所齮齕也。神宗登極,起廣東參議。蓋是時江陵張居正與大瑠表裏,故特從外轉云。抵任閱月,乞疾歸。徜徉林壑十有三年。逮江陵卒,大瑠保逐同邑郭中丞惟賢徵用,遂疏薦仰庇,於是復起家江西參議,旋轉山東按察副使、南京太僕少卿,晉左僉都御史。諸所振刷論建,如申飭御史出巡事宜,擬定章奏體式,爲蔡文莊請諡,侃侃縷縷,心地磊落。其持論以正綱紀、崇體統爲重,時論翕然歸之。遷刑部右侍郎,甫數月,引疾乞休。連六疏,乃得請。家居寡接,惟與二三同志譚古道今。布衣筍輿,留連溪山間,如曩興至,必有賦咏,皆超脫工鍊、瀟然物外之思。行部使者、郡國守相旌旄相屬,不獲一望見顏色,顧時時伺其言論爲時政因革。閭閻脈脈蒙覆露,居鄉恂恂,而訓子弟、戢童僕,尤爲嚴飭。廳事設二屏,大書君子之道四及博學審問二節,常在左右以自省。歸里二十餘年而卒,年七十一。賜祭葬,贈刑部尚書。黃文簡言:"公立朝謇諤,百折不回。居鄉使人有所慕而爲善,有所畏而不敢爲不義。"友人潘洙言:"使公立朝,有虎豹在山之勢。"何鏡山言:"公俊偉光明,豪傑之作用,繩檢律,操聖賢之家法焉。"舊郡志、《閩書》、黃文簡公撰墓誌

東街郭氏家世學派

余讀朱簡齋先生撰《郭氏譜序》,述其初祖於宋建炎間爲安撫節度使,數傳至伯臺公,授閩省鹽運使,意家於閩在此時歟? 居賢先生爲伯臺之孫,莅官以忠孝聞。厥後,玄孫楠以直節顯,族孫文煥又以學行聞。迨弘、正間,有所謂岱峰、冠峰伯仲者,與陳南樓爲友,岱峰疑即郭氏立彥。至恭定先生,特起歸然,未知與白峰族系如何。然據《咏賢水詩》有宗寶者中稱賢水先生爲"伯",稱符甲先生爲"祖"。再考符甲先生讀書恭定祠,則諸公皆同族無疑矣。末造二公以忠烈並時而著,尤志乘所希覯云。

教諭郭先生居賢

郭居賢,晉江人。弱冠知名,博學有奇節。洪武二十年鄉薦,授臨武教諭。

念不得迎養父母，不攜孥之官，日夜思慕泣下，形諸聲詩，無非忠孝懇惻之詞。有《淤川遺稿》。弟宙，精於楷書，選翰林院庶吉士，有時名。玄孫楠。《閩書》

御史郭世重先生楠

郭楠，字世重，晉江人。講《易》蔡文莊之門。正德九年進士，授浦江令。有廉幹聲，徵入爲監察御史。世宗即位，請召還直臣舒芬、王思、黃鞏、張衍瑞等，從之。嘉靖元年，奉命稽覈兩廣倉帑，參劾藩司方面，無所回撓。尋上章，請退朝之暇延見大臣，如祖宗故事，且言主事陳嘉言忤中官，不宜逮繫。上怒，奪其俸，復巡按雲南。時議大禮起，大小臣多被杖、謫戍，杖有死者，楠感痛不勝，自恨不得與跪門之列，上疏曰："陛下入繼大統，以孝宗爲所後之親，自張璁倡爲異議，桂萼、席書、方獻夫輩和之，羣臣伏闕呼號，忠情迫切，而置死問罪。璁等排正議，竊美官，上激九重雷霆之威，下貽舉朝縉紳之禍。所議之禮未足慰二帝在天之靈，而號痛之聲已徹九廟之內。臣愚，不意聖明之世屢見以忠諫而獲罪也。乞復學士豐熙等官，優邮死諫之臣，庶以收納人心，全君臣之義。"疏入，上大怒，遣逮繫赴京。廷杖，下詔獄，削籍爲民。六年春，以天變修省，從吏部議，量與一官，起吉水教諭。尋陞崑山知縣，再遷至南寧守，遂乞歸。家居十有八年，構祠堂，作家規、年譜遺示子孫。以壽終。族子文煥。《明史》、舊郡志、新郡志、《通志》、《閩書》

訓導郭實峯先生文煥

郭文煥，字仲實，號實峰。以貢授高安訓導，卒於官。文煥自少究心理學，四書、《易經》、《太極圖》、《通書》、《正蒙》俱有註釋，間或發蔡文莊所未發。讀史別出論斷。《四書學庸口義》成於林次崖《存疑》未出之前，議論多有脗合者。所著有《課程切問》。漳人蔡鶴峰列聘居西塾，刻而傳之。僉事項甌東喬稱："閩中士子，才敏學充不爲不多，獨泉士郭某是非不謬於聖人。"而王遵岩讀其文，喜曰："義理純明，經學精到，不惟進於理而兼於文。讀之忘食，至於家人報食數四不覺也。"按：先生族父楠與蔡鶴峰皆文莊高弟，先生爲蔡鶴峰家塾弟子師，今擬附私淑之列云。

文學郭以相先生元愷

郭元愷，字以相，實峰公文煥之孫。父士登，以《詩經》名於時，元愷繼其業。弱冠，讀書郡城東之靈丘山舍。時鄉先輩參議尤烈棄官歸隱，書齋相近，元愷不一往見。尤公請問之，賞識其文，延致與其季子相切磨。又與何廷評喬遷交友。元愷治詩益有聲，弟子執業屢滿，從延建及楚粵來者彌衆，館舍至不能容。元愷孝友篤至，勵志問學，爲人不苟然諾。七上棘闈，竟不得舉。僻嗜書史，積箱數十，家徒四壁，不以爲憂，其爲人如此。何鏡山先生撰本傳

恭定郭愚菴先生惟賢

郭惟賢，字哲卿，號愚菴，晉江人。萬曆二年進士，令清江。以治行擢爲南御史，例應掣鹽，所得贖鍰不貲。惟賢疏言："户部職錢穀，御史職糾察，各有司存，請令主事掣鹽，御史按季監督。"許之。由是廉名益著。時江陵相已死，言事得罪諸臣多未復。皇子生，下恩詔。惟賢言："恩詔雖下，而建言諸臣如吳中行、趙用賢、艾穆、沈思孝、鄒元標、傅應楨、朱鴻謨、余懋學等尚在戍籍，乞行赦宥。"是時，巨璫馮保猶用事，疏入，謫江山丞。逾月，保敗，召復原官。劾左都御史陳炌希權臣指論罷御史趙耀、趙應元，不可總憲紀，炌罷去。又薦海內耆碩之士如王錫爵、孫鑨、孫丕揚、耿定向、曾同亨、蔡國珍、詹仰庇等，皆後先起用，輿論快之。主事董基以諫止內操被謫，惟賢疏救甚力。上怒，調南大理評事，遷户部主事，陞吏部稽勳郎中，改考功。值大計，上書宰相李世達、都御史海瑞二公，請絕請托，斥巨奸，屏私暱。計成，中外咸服。改尚寶丞，晉通政司參議，轉應天府丞，旋改順天。攝府尹篆數月，中貴干請，一切拒絕。南北臺省交薦可大用，以右僉都御史巡撫湖廣。至則請定三楚賦役全書，以革加派之弊，發泰和山香稅以補宗禄、兵餉之缺。分三衞輪戍武崗，并請罷諸衞遠戍柳州，以郵疲軍。禁苗寨贖擄人口，以遏異類。楚故有景藩者，肅宗愛子也，予賦異等諸王，景絕國除，賦額仍在。時潞王之國，上悉以景賦予潞，潞必欲得舊額以聞。上鐫司、

道、府、縣官俸,責巡撫報聞甚急。惟賢酌定賦額,請令有司徵送潞府,王無得遣人來徵,以致騷擾。會楚災,復疏減潞賦額,築黃梅、通城二城,以固桑土。又請祀周元公父於啓聖祠,刻元公、二程文爲《三儒集》,屈大夫、諸葛武侯、岳武穆文爲《三忠集》,以風示楚人。召入爲左僉都御史,言:“行取不宜久停,言官不宜久繫,臺官不宜久缺。”已,復言:“天下多故,乃自大僚至監司,率有缺不補,政日廢弛,且建言獲譴者不下百餘人,効忠者皆永棄。”上不納。尋遷左副都御史,請早建皇儲、慎簡輔弼、亟行考選、盡下推舉,諸疏俱不報。自戊戌、己亥兩預計典,佐臺長,佑善黜奸,無所嫌避,如南考功時。以丁内艱歸。服除,起爲户部左侍郎。未上,卒。贈左都御史。天啓初,謚恭定。惟賢樸誠直諒,朗豁精密。其念繫乎天下國家之大,而最注意者,人才用舍之間。其神周於器物服用之微,而最慎守者,辭受取與之際。服官三十餘載,宦轍所至,綱挈目張,風清弊絕。世局常遷,有守獨定,海内士大夫無所間然。惟賢本師事大學士李公廷機,其淵源如此。子夢詹,以蔭仕户部郎中。《明史》、舊郡志、新郡志、《閩書》、葉文忠撰墓誌

郭介菴先生符甲

郭符甲,字輔伯,號介菴,晉江人。誕母家謝氏山莊靈鷲山下,山挺衆峯特立。公生而嚴正不阿,有嶽峙偉概。自幼至壯,雖接談宴集,竟日夜端坐兀然,未嘗箕倚。少聰穎,過目成誦。凡天文、地理、星數、醫卜、律、劍、琴、棋、畫、篆、書刻、騎射之藝皆諳習。精通五經、子、史,垂髫即淹貫。八歲成舉子業,研精于《易》,著有《墨訣》、《易訣》、《大小題筆要八法》行于世。天啓癸亥,年十九,爲學使周日臺公拔儒士第一。甲子,年二十,登賢書,莆郡司李祁世培公分校所得士。乙丑下第歸,讀書恭定公祠以自勵。戊辰下第後,教讀給日用,且供菽水。歷漳、潮、平和、饒平及齊、魯、豐、沛諸郡邑,足跡不肯一踵公門。惟與生徒講論,或娛詩酒,窮山水,搜勝探奇。其在平和也,有僧求公序文作衣鉢計,遇盜欲殺之,搜見其文,大奇之,曰:“此郭大人筆也,清操君子,汝獲與遊耶?”釋之。僧袖文來謝,曰:“活我者,此也。”因乞題簡。末云:齋地在大蓬山頂,公深夜讀

書,虎常來窗外伏聽,每有咆哮超躍聲徹於內,公著《虎聽草》紀之。其在饒平也,邑人黃姓者求公書扁及門對,懸掛後其家失火盡燬,惟扁對巋然僅存,人皆異之。饒令邱金聲,公同里同年友也,居是邑三年,不通一刺,謀一面,邱甚怪之。一日,徒步造訪,公閉齋門不納,只隔扉問答。邱曰:"郭年兄何見拒之深也?"公曰:"爾治爾政,吾讀吾書,公私互無干涉。決於爾治內,終不親覿也。"其狷介類如此。其在豐沛也,以地近聖賢,風多淳古。公意欲挈家卜居於此,乃積館俸買闕家園地百六十畝,并構茅屋一所,嗣而值滄桑之變,所志乃不果。公二十年青袍,六上春官。崇禎癸未,年三十九,宮僚春坊周巢軒公同校禮闈,得公卷,大加器賞,曰:"此正氣文字,必真人品也。"亟薦之,以膳硃魚魯,待校改乃定,不置前矛。殿試二甲,假歸里。甲申,賦闖犯都門,聞三月十九之變,恨不與難。公爲孝廉時,贈資德大夫辱菴公與贈太夫人謝母布衣疏食,怡然曰:"不可以吾兩人易兒純操。"公之卓行,亦二尊人之遺也。_{沈公佺期撰傳畧}

郭賢水先生承汾

郭承汾,溫陵陳氏寶鑰紀畧曰:"公字懋衰,別號賢水,晉江人。登崇禎癸未進士,初授淮安府推官。涖任八閱月,以才能徵爲浙江道監察御史。公家城東十里之杏宅,鄉族丁以千計。性好任俠,郡有不平事,不憚攘臂爲之。凡有紛難者,必排解之,故人多以'郭解'稱焉。豪族多目懾之,公不顧也。然此少年事耳。其臨大事,百折不回,始信昔日之好俠者,皆所云配義與道,溢于胸臆,而不自禁焉爾。"_{陳綠厓先生寶鑰撰紀畧}

潯江何氏家世學派

馥按:何氏譜牒自元末分派,一郡城,一潯溪,一漳江。其家潯溪者,自小洛先生曾大父始,初住邑之鳳嶼,後移潯溪,故爲潯江何氏。先生少從父慇所公雄稟學,未嘗就外傅。稍長,受業於孫東溪、從兄孝廉洛江,二公並名士,俱器重先生。而張凈峰先生嘗造精廬,試其文藝,特異之。故先生之學,自少小已見知於大賢之門,淵源固已遠矣。考嘉靖間,先生退休閭里,爲時典型,而整率家規,惇正典禮。文節李公曾爲先生延請課子,心特欽慕之。見諸墓銘可考。厥後,蘇紫溪、李衷一諸公爲行狀,爲墓表,推重無異詞。溯其根源,孝友篤厚,傳之數世,英碩輩出。至季祚,中理先生燮殉流賊之難,其死事與江門並烈。蓋一門忠孝,尤足風世也。今謹緝其事畧著于篇。[①]

孝廉何次洛先生元選

何元選,字元學,別號次洛,晉江人。少穎敏,十歲,家庭授章句,經書、傳註,寓目成誦。十三,逸齋公捐館,哀毀執喪如成人。十九,補弟子員。弱冠,游何怍菴公之門,怍菴目爲奇士,每日講口授畢,退即筆記。閱再歲,手錄疏解累十二卷。築精舍於東湖臨江,引曹偶互相切磨,旋卒業成均。嘉靖甲子,舉順天鄉薦。元選爲人倜儻英邁,習於昭代典故,沉毅有大畧。善赴人厄窘,友没,子少孤家貧,延歸,解衣授粲,給食館之,其人竟以儒顯。平生慕義多如此。他如議設祭田,營祀屋,建鄉塾,召子姓弟姪耕者受器,讀者受書。家歸三年,漸施有政,而嗜學日篤。隆慶丁卯,束裝且北上,旋卒。李衷一先生撰述事狀謂:“公世所稱豪舉士哉! 及跡其行事,則恂恂儒者。仁心爲質,引義慷慨。百里頌功,千里頌名。內外無間,是爲難耳。”李衷一先生撰行狀

忠壯何中理先生燮

何燮,字中理,晉江人。萬曆乙卯舉人,任靈川桂東令,陞亳州知州。崇禎中,流寇土賊交訌,饑癘洊至,百姓十僅存一。燮儲備賑饑,全活甚衆。甫三日,而齊寇、豫寇復東西至,燮統兵力戰於盧家廟,民爭致死,擒賊首李忠、常顯吾,殺之,刳其腸以示衆,賊潰。隨招撫李龍房、應魁等萬餘衆,河西平。未幾,闖賊轉熾,陷名城數十。燮堅守孤城,擐甲胄,晝夜不懈。賊逼城下,雲梯蟻集,城陷被執,甘言餌降。燮強立不屈,大罵曰:“吾頭可斷,不可辱也。”賊斷其足,罵益疾,復割其胸,旋罵旋割,賊衆有泣下者,嘆曰:“好烈漢。”磔死,懸其首於市三

日,耳、鼻皆動,賊相顧驚愕。

武榮洪氏家世學派

按,黃文簡公撰洪易齋公墓誌云:"武榮洪氏其子弟多才,其父兄峻督而勤卹之,若穮蓘之俟豐年,以故人材踵起,閭閬稱崇。"今錄其先世所以肇端後嗣者,載於篇首云。

侍御洪德馨先生庭桂

洪庭桂,字德馨。登嘉靖十七年進士,授行人。奉節旴江,以清介不緇著聞。擢御史,權貴勳戚爲之避驄。會當事者銜臺中抗疏激切,因御史失儀槩罰,遂出爲江西按察司知事,旋擢德興令。復以越次驟遷,論罷。歸里,恬澹清修,杜門謝客,監司守令,絕不通謁。有以寺租山蕩言者,桂笑而謝之,曰:"吾自有良田可遺子孫也。"洪族科第著武榮,桂爲開端云。《南安邑志》

布政洪心齋先生有復

洪有復,字懋純。初銓武陵知縣。時江陵秉國,楚人席氣焰,多以意作使縣官,暴橫邑里。有復三尺裁之,席氣焰者議徙有復他去,會相敗,反以得聲。擢工科給事中。中貴人殺人不法,有復疏論抵罪,中貴人走匿,至偕其黨環上泣也,有旨屬刑部。有復再疏論,竟抵罪。歷禮科左給事中。進士武進人薛敷教疏論大中丞不法,詞連冢宰,部院顉之,授有復意彈薛。有復曰:"吾有去耳。"因自求外轉。亡何,補廣東按察副使,備兵肇慶,擢羅定參政。時州邑初建,所撫猺獞與諸民分籍而處,恃衆喜亂。有復布以威德,久之,皆請隸民籍。粵西岑溪猺叛,攻城,屠士卒。有復從總督陳蕖授便宜部署東三道進勤,入山大破之。上功,賜鏹陞俸。遷浙江按察使、湖廣右布政使,尋轉左。礦稅不逞,湘澤震動,同官馮應京觸稅瑺,被逮繫。有復悉力調停,爲民請命,上爲易中使,以礦稅屬郡邑吏,而更置巡撫,有復有勞焉。卒于官。族弟有助,字懋遜,授南安府推官。高潔明敏。嘗攝大庚、南康二邑,清洗宿弊,入爲工部郎。尋守廣州,以艱歸。服除,補徽州。治徽三年,口碑載道。遷廣東副使,方有徽州卓異之旌,而有助卒矣。有助篤倫常,厚故人,當官克持節,而遇親舊不失恩意,物論歸焉。

布政洪爾介先生啓睿

洪啓睿,字爾介,別號訒原。萬曆二十年進士。授禮部主事,職典屬國。首發沈惟敬之奸,疏大司馬石星主和誤國,宋應昌等扶同欺蔽。復上冊立東宮,救于孔謙、陳泰來、顧允成等二封事。署儀制郎,大璫以封爵爲請,睿不許,璫銜之。及璫負罪,始擢祠祭郎,視兩浙學政,轉金衢參政,陞按察使。治兵海上,功績最著,四明人建祠祀之。轉右布政,攝符入覲。凡浙吏中蜚語者,抗力昭雪,所全善類甚多。尋轉左屬。浙東饑,浙西澇,睿彈力請蠲賑,咸報可。庚戌,計典竣事,遂決意乞休歸。作《還山十誓》,誡子弟,禁僕隸,約里戚,奉法惟謹。郡邑歲時罕所謁見,惟窮交數人,時相過從而已。又常以義急人之困,家食淡約,特以檳梌祭器盡孝思追養爲第一義。事兄如事父,友愛性植,晚而彌篤。壽六十一終。子承綏,孫士宏,俱鄉薦。《南安邑志》

部郎洪爾還先生啓初

洪啓初,字爾還,庭秀之孫。先世由南安徙居晉江。萬曆四十一年進士,授户部主事,出権滸墅關。故有北關兩稅,商困莫支,即疏請罷。諸商懽躍,舟蔽江下,羨金至萬餘,悉籍上之。典試雲南,適貢金騷擾,啓初疏陳其害,遂得免,著爲令。遷兵部郎。丁内艱。歸,不出。與友人蘇庚新相切劘,著書以終焉。
雍正閒志

【校記】

① 此學派首爲"副使何小洛先生元述",文已見卷六十七,故删。

閩中理學淵源考卷七十五

學博何怍菴先生家世學派

按：鏡山先生著《我私志》，志私族也。何氏譜系志遜基公之孫，至元末，兄弟以軍役他移，始分派，一郡城，一潯溪，一漳江。《我私志》錄自五世祖諱安，字叔恭始。叔恭先生領洪武丙子鄉薦，授開建、江山二縣儒學教諭，通《毛詩》、《春秋》二經。數傳至怍菴先生，專精學《易》，兼治宋儒書，遂開大理、司徒一派，蔚爲儒林楷模，其家學源本，固遠有端緒矣。文簡黄公嘗曰："怍菴先生於先中允公爲僚壻，先公嘗謂小子某曰：'何先生後學師表也，爾宜以師道事之。'"然則怍菴當日爲吾郡師資典憲，載之名賢碩彦集中，可考也。至其敦《詩》説《禮》，一門父兄子姪自相師友。鼎革後，培所忠寅諸公歸隱終老，其飭躬範家，典型猶在，至今述舊德者稱家學未艾云。兹錄其畧載於編。

學博何怍菴先生炯

何炯，字思默，號怍菴，晉江人。專精《易》學，治宋儒書有名，諸生裒然爲後輩師表，士從游者以數百人。嘉靖中，應貢試内廷，世宗親擢第一，授安福訓導。立教必本忠孝，擇周、程、張、朱遺言之切於讀書者，刻之學舍，以教生徒。從其邑先生鄒文莊守益講德論業，舉祀鄉賢，申獎節孝，事皆闡實德。雖貴勢，不少狥，所賞識士如傅應楨、劉臺皆以氣節顯。遷靖江教諭。其教一如安邑，士莫不仰其方嚴樸直，以古君子尊之。嘗於學齋召諸生月試之，靖僻邑，諸生爲時義外，史傳朦如。炯試目，必先論策，後經義，以進其才識，邑士遂有達者。性至孝，早孤，念禄不逮養，孺慕不替衰白。修家譜以識先德，嚴寢堂以肅先祀。編

730

次泉郡先哲之文章,爲《清源文獻》,哀王忠文、真文忠二公守泉之文章政教,爲
《溫陵留墨》,二書並刻於郡齋。莊氏履豐撰《文集序》,稱其所傳著,大指在實
學實行,以究乎彝常之極。故其爲文,體物切理,意鑄性鎔,澹然而文,黯然而
質,蒼然而老於骨,卓然而高深於裁,蓋絕不爲浮異詭瑰之辭,所謂孝弟之言藹
如,仁義之言粹如也。子喬遷,喬遠別見學派。舊郡志、《我私志》、莊氏撰文集序

<h2 style="text-align:center">大理何齊孝先生喬遷孫運亮附。</h2>

何喬遷,字齊孝,晉江人。與弟司徒喬遠世其尊人廣文公炯學,同習《戴氏
經》。初治博士言,有聲,最後攻古文辭,俊潔典亮,矩矱歐、曾。萬曆丙子,舉
鄉試第四人,授建陽縣教諭。却贊給貧,以"宗朱"扁其堂,刻《潭陽文獻》於學
齋中。擢國子學正、大司成,委校《二十一史》。進大理寺評事,讞獄多所平反。
卒於京師。所著有《廷尉集》。孫運亮字忠寅,崇禎癸未進士,授廣東海康縣知
縣。甲申後,與林下諸先達共結詩社,環堵蕭然。嘗稱述先訓以爲家規云。著
有《草間集》、《咏史》、《癸甲草》諸編。舊郡志、新郡志、何氏家譜

<h2 style="text-align:center">庶常何培所先生九雲</h2>

何九雲,字舅悌,號培所,鏡山仲子也。萬曆壬子舉于鄉。天啟辛酉,鏡山
起用少卿,九雲侍京師。同里相國蔣八公、黃石齋、黃東崖、太史莊羹若、鄭大
白、銓部林素菴皆爲文章性命之交,東崖復特薦于朝。丁丑下第,授漳平教諭。
端嚴率士,捐俸構布衣陳先生祠。又築講堂於東山寺側,每釋奠,先期親視。捐
俸修文廟,刻《宋名臣言行錄》,舉先朝未祀鄉賢中允景公暘以下十人。癸未登
進士第,授庶常,讀中秘書。不浹旬而際國難,誓死,以父未葬,自賊營逃遁南
歸。歸後,扁其軒曰"江湖閒史",與二三遺老結社山中。順治己丑年卒,年六
十。九雲嗜好經籍,癸丑北返,過維揚,鹺(鹾)使者爲鏡山門徒,馳書相問,淮
商欲夤緣納賄,九雲叱之曰:"奈何以不肖之行辱我故人?"閣部曾二雲參藩泉
州,聞九雲名,造庭下交,九雲不受刺,不庭謁。既成進士,或謂公宜見政府,早

爲地。九雲曰："某平生不敢喪其所守。"其出處大節類此。所著有《荷野集》。
新郡志、《漳平邑志》、何氏家譜

户部翁海門先生堯英

翁堯英,字熙采,號海門,晉江人。少警穎,博學强記,善屬文。嘉靖十九年鄉薦。六上春官,謁選,得懷集。平粵賊。三載,報考功,召爲太僕寺丞,歷户部員外郎。旋歸,杜門謝客,捐餘俸搆祠堂祭器。讀書於諸史百家靡所不窺,顧獨潛心《易傳》、《太極》諸書。所著有《易傳節解》、《太極圖説》、《教民歌》、《詩文論藥》諸篇,藏于家。卒之十餘年,登《懷集·循吏》邑志。又數年,祠名宦。又數年,祠鄉賢,采公評也。堯英爲何祚菴高弟,《清源文獻》載其《贈張月洲天衢之洛容序》,略曰:"余友月洲張先生分教西粵之洛容,人咸謂遠且陋,非所以處先生。先生怡然喜,以爲吾舊遊之地也,居易俟命,志之所至,即至矣,無所謂險易遠邇也。世稱豪傑之士翔奮君子之林者可多數哉!然或陟據通顯,或投置冷落,或騰茂初年,或收功末路。其途不同,其趨一也。士所遇亦何常之有?余觀漢興,重文學,爾雅博士,學官著之功令。維時言《詩》,無如魯申公者,年九十餘矣,其徒王臧、趙綰等力薦於朝。當是時,安車駟馬,弟子傳從,天子爲親問治亂之事,力行一言,何其壯也!今先生《詩》學爲世名家,年未逮申公,而志不讓焉,何有途之險易遠邇哉?先生行矣,申公退居,謝賓客,弟子自遠方受業至者猶以千餘人。先生方銜天子新命,涉萬里以教,出平生之素,變一方之士,鳳莫橫經,口傳心授,隨材培植之。又以其餘大肆力文章,俾與柳柳州頡頏上下,皆先生鳳志,亦餘事也。聖天子壽考作人,嘉惠文學,重儒術制作,以崇化本,庸知不有嘗受先生《詩》如臧綰輩者言之于朝,安車蒲輪以迎,令濟濟多士乘輜傳從者相踵耶?夫老驥垂耳於林坰,人將以外閑下乘視之,然壯心猶在,一試之羊腸太行,顧盼千里,先生勳業毋類是乎?於是先生躍然曰:《詩》云:'周道如砥,其直如矢。'又云:'人之好我,示我周行。'吾與子相從筆研之好有年矣,切磋之功,吾何以報子也?請敬服斯言。"楊文恪撰墓誌、《清源文獻》

少卿李存孝先生纘

李纘,字存孝,晉江人。受經何怍菴之門。嘉靖二十九年進士,授户部主事。丁艱。服除,補禮部,遷祠祭司郎中。迂直不善彌縫,爲嚴嵩所擠,出爲景府長史。景王初之國,從官中貴人勢張甚,所至魚肉小民。纘請王以法繩之,橫者乃戢。未幾,王薨。召爲鴻臚少卿,禮儀肅嚴,清節益振。尋罷歸。新郡志、何鏡山撰墓誌

通判沈震卿先生維龍

沈維龍,字震卿,號宗西,晉江人。嘉靖三十七年鄉薦。維龍少孤,事母獨至,又上奉其祖母。其喪父時,年方十三,侍父病,隨醫調藥,至廢寢食。父歿,哀毀如成人。至宗中立祠立田,修墳修譜,無不獨任。事叔友弟,敦族睦宗尤謹。始仕廣之翁源。革除奸蠹,雅重儒術,置學田贍士。一日,單騎入賊壘,下賊千衆而生擒其譎酋梁忠,既平,餘黨聽撫。歷蕪湖縣。去供應,節省民力,興學教士,視翁源有加。旬月承重祖母憂。服除,補浙之慶元。居五年,遷惠州通判,旋拂衣歸養。杜門讀書,數武之田不展,十畝之桑常閒。與人言,下氣怡辭,而一歸於孝弟忠信之行。嘗自銘以示子孫曰:“予幼而壯,壯而老,有所勉,有所戒,有所教,皆臨深履薄之意云。”何鏡山先生撰本傳

王先生應篤

王應篤,南安人。承箕子。爲諸生,受業於何怍菴先生。其歿也,怍菴嘆曰:“是予之高弟也。”走唁承箕。承箕有十子,應篤其三,獨以孝稱。問所以孝,則凡承箕志與事,咸體而爲之。承箕仕,凡門内賓祭諸政,一以委焉。嘉靖之季,邑中寇賊輒發人塚,應篤募死士與寇爲出入,發大父柩竁,扶之歸,得無恙。倡修祖祠,爲族人先。事繼母毋怠。伯兄遘疾,奉湯藥,卧起與俱。宗族不能婚喪者,皆助以舉。他如扶人困阨,不遺餘力云。何鏡山先生撰《王孝子傳》

司徒何鏡山先生喬遠學派

余嘗讀鏡山公文集載《王未齋傳》而知怍菴先生與公爲一時典型師表，維挽狂瀾之砥柱也。公生於萬曆之代，至崇禎初年捐館，維時士風譚説異矣。公之言曰："當嘉靖之時，晉江有蔡松莊先生講《易》，松莊之壻弟子雲從，而吾先子怍菴與之相亞。當是時，王文成之學方新，學士大夫多議其簡徑，而閩中諸先正去考亭尤近，尊守其致知力行之説，以合於聖門博文約禮之義，不敢一毫離於繩尺。其爲功甚勤，而其踐履甚實。及乎今日，而始講性命以爲高，扣玄虛以爲歸，求之躬行實踐之際，茫然背馳，不見其影響，而去諸先正之學遠矣。"嗚呼！公之言如此，其爲世道慮也，不亦深切著明哉？即此見公之篤信師説，遵主朱學，淵源相紹，確乎不移。後之論公者，亦莫過於公所自述者矣。公著作宏富，如《名山藏》、《閩書》，包羅涵蓄，列代英賢言行昭然可考，即公之志事，亦具見於是矣。嘗論學曰："主靜莫如居敬，致虛莫若明理。"此尤救明季末流之弊。林氏素菴曰："泉自紫陽鐸以後，學脈薪傳，蔡文莊、陳紫峰、何鏡山、家省菴相繼互有發明。"諒哉！再，公門人林氏如源撰公遺事曰："《司徒佳話》記云：如源侍公于鏡山，嘗取《名山藏》翻閲。公曰：'此藁猶未定，吾每喜閲者刪改。'"按：此乃公暮年之語，詳於《佳話》中。《閩書》亦暮年之作，疑亦未爲定本，今併及之。又按：先生門徒莫得盡詳，有從衷一而從先生者，俱不重載。今據集中所見及校刻公集諸姓氏，録其著者載于篇。

司徒何鏡山先生喬遠

何喬遠，字穉孝，號匪莪，學者稱爲鏡山先生。父怍菴公烱，潛修篤學，爲靖江教諭。子四，季即喬遠。稍長，讀書過目成誦，厭塾師句讀，贈公獨教之。年十四五，即攻古文詞，有志聖賢之學，未肯俛首舉子業以希急售。年十九，與兄大理喬遷同領鄉書。時與楊文恪道賓、莊户部履明、李左相夢麟、山人黄克晦結社,稱"五子"。萬曆十四年成進士,除刑部主事,歷儀制司郎中。時光宗爲皇第一子,十二齡未册立。神宗傳諭禮部,將三皇子并封,以待將來有嫡立嫡、無嫡立長。喬遠上疏,以祖訓無待嫡之條,請行册立,於是并封議寢。考功郎趙南星被斥,陳泰來、顧允成等俱論救,鐫秩。喬遠抗疏極言之。倭攻朝鮮急,大司馬石星闇懦,至爲請封貢。喬遠疏言其以和欺主,因進累朝馭倭故事力阻之。而星堅持己說,疏竟不行。坐累謫廣西布政司經歷,以事假歸。思北山先墓在焉,且爲贈公手植荔園,遂之鏡石結土橡,世傳鏡山是也。里居二十年,中外交薦,不起。光宗即位,即召爲光禄少卿。喬遠以爲大行而得遷,非臣子所忍言。九月,光宗崩,熹宗即位。葉文忠、鄒忠介二公先後以書道出處之義,天啓元年,始赴闕,移太僕。王化貞駐兵廣寧,主戰。喬遠畫守禦策,力言不宜輕舉。無何廣寧竟棄,經、撫繼逃,合疏請并逮治,時傳爲"五少卿疏"。初,喬遠與鄒元標、馮從吾皆於林居考德爲事,而汪應蛟、楊東明、高攀龍、曹于汴一時同志并起廢籍,因城南建首善書院。科臣朱童蒙劾之,喬遠言:"書院上樑文實出臣手,義當并罷。"再疏,不允,仍用爲光禄卿。上薦舉疏,舉同縣李光縉、永春李開芳、同安黃文照、海澄丁玉明、龍溪張燮,及華亭陳繼儒,有旨議覆。蓋薦舉久已不行,喬遠復倡發之。會舊病作,方志乞歸,旋有銀臺之命,言者謂其因病得陞,喬遠聞之,即日出國門,方上辭疏。熹宗以喬遠舊學清脩,起用未久,不許。再堅辭,疏凡五上,乃晉户部右侍郎以歸。入里門,即便道鏡山,作客位帖,引太祖戒汪中魯"告歸不得輙通郡邑官長";作《祠堂帖》,引孔子"鄉黨恂恂",戒子弟不得横取人財、横辱人、箠楚以慢父母、虐兄弟。會郡守移建朱子祠爲泉山書院,延主教事。魏璫竊柄,屢欲起喬遠以收人望,不赴,益與社中講論切磋躬行之學。戊辰、己巳間,鄭芝龍肆氛海上,喬遠開誠約束,欣然就撫。李魁奇再叛,獨言:"招我,非何侍郎不可。"喬遠毅然親至中座,慷慨諭以禍福,弭耳不敢動,收回巨艦利器,當事因掃平之。崇禎二年,臺省交薦,特起南京工部右侍郎。具疏引年,甚切。屬有邊警,慨然曰:"此豈臣子高卧時也?"立就道。甫入都,即上疏言:"敵盤踞内地,須日夜撓亂之,毋以塘報爲了事、截殺爲虚名。請開鎮江之練湖以通運道。"懷宗嘉其老成體國,署戶、工二部。署事二月,乃乞骸歸。懷宗以清名慰留,力請,乃許,猶復上開海禁一疏。入閩,至建陽,遍拜考亭諸儒祠墓。崇化里有橫渠子孫在焉,爲書《祠記》,以《西銘》一篇括盡仁體而要以完天所生爲主,無常變死生,一以順受天命、還禀天則,發程、朱之旨。既抵家,修羅一峰書院。於月之三八日,與鄭孩如、唐見梅、韋衷芹、黃季敊、張玄中率諸門人集講。曾撰講"懲忿"、"窒欲"二解,且言人於一歲之中,循省善念幾多,惡念幾多,庶漸漸有遷善改過、近裏著己之意,語極切至。常題一聯座右曰:"人心中無私便聖;天理內行事最樂。"海內以喬遠與鄒南臯、馮仲如、趙鶴儕並稱。崇禎四年卒,年七十四。喬遠終始四朝,後先一節,安貧樂道,鞠躬厲行。平生德容沖粹,與人交,洞見肺腑。自少勵志前修,既立朝,以文章氣節自砥。里居多年,益加意學問,因人設教,誘迪以躬行語默之常。扁其齋曰"寡過",又曰"自誓",取古人誓墓之義,命其堂曰"恥躬"。每與許敬菴、李見蘿、范晞陽、洪桂渚諸公論學,不分別門戶,不支離心性,惟欲於庸德庸行中步步繩尺,庶不負終歲讀書求友之意。大學士葉文忠向高,問林宗伯欲楫曰:"何穉孝何如人也?"答曰:"文章氣節,人皆知之,其深於道學,人未必知也。"葉曰:"穉孝,吾未嘗見其講學。"林曰:"惟不講學,乃真道學耳。"因具述其平生得力惟"自誓"、"寡過",不求人知。文忠以是序《閩書》,稱其平生篤學真修,無愧宋儒云。所著有《釋大學》、《釋武城》、《釋大誥召誥洛誥》。他纂述之作,在刑曹有《獄志》,在禮曹有《膳志》。而大者,輯明十三代遺事爲《名山藏》,集一代賢士大夫所論著,擇其雅馴,兼收衆體,爲《皇明文徵》。又纂《閩書》百五十卷,自著詩文,百餘卷,有《萬曆》、《泰昌》、《天啓》、《崇禎》等集。壬申七月,福建巡撫鄒維璉以大學士史繼偕等公舉理學名臣,題請特祠祀于學宮之左隅,贈工部尚書,予謚。後未得謚。九年,興泉道曾櫻爲建理學名臣坊。十六年,賜祭葬。子九雲,見家學。《明史》、行畧、家學、新郡志

宮贊鄭大白先生之鉉

鄭之鉉,字道圭,號大白,晉江人。博通經史。天啓壬戌進士,選庶常,授簡

討,纂修《神宗實録》。時魏璫竊柄,之鉉浩然求去。丁外艱,哀毀幾殆。居家五載,於後彦多所獎進。旋起授官贊,册封岷藩。事竣,念母,馳歸。至莆,病卒。按:先生曾與何培所九雲、林讓菴胤昌、傅漢溪元初、王何稱之驥、黃石眉日昇、黃東厓景昉同結社爲文。没後,東厓先生爲撰行狀。新郡志、《通志》、《湘隱堂自識》

給事李元馭先生焜

李焜,字元馭,晉江人。崇禎甲戌進士,殿試二甲一名,授禮部主事,擢兵科給事中,召對,陳禦敵宜以守爲戰,平賊宜以剿爲撫。上首肯。久之,差封益藩,還遷禮科,督餉江西,再往粤東,至武林,病卒。新郡志

給事傅漢溪先生元初

傅元初,字子仁,晉江人。祖道唯,鄉薦,累官按察副使,里居,爲李文節所重。元初,崇禎元年進士,授浮梁令。建議漕運折色,民立祠祀之。直指舉卓異,入部會。丁外艱,服除,擢工科給事中,條議屯政、馬政及閩海利源,悉軍國至計。以劾南史科,爲所中,罷歸。卒於家。所著有《尚書撮義》四卷,自跋云:"齋頭索居,餘忠耿耿。輒温《尚書》舊聞,參合經史,要求真實經濟而訓詁經生之習,愧未免焉。"林氏胤昌序曰:"吾郡襟江帶海,扁舟上下可以溯洄,然郡士大夫鮮有爲此游具者。漢溪傅子既卜其尊人宅兆於漢溪,復以一葉作江上岵廬,風朝月夕,乘潮往來而省視焉。余問舟中往來所讀何書? 漢溪曰:'吾幼從父祖讀《尚書》,開卷見放齊舉胤子爲千古諂媚之祖,驩兜薦共工爲千古朋比之祖。當時未設諫官,知人之哲,獨推聖帝。然四岳舉舜,未嘗論賞,薦鯀不效,未嘗議罪。吾忝諫官,每念二祖列宗用人行政之大,克媲美於典謨。因撮史合經,名爲《撮義》。夫猶是幼從父祖所讀《尚書》也。'一日,林子攜榼舟中,與漢溪泛遊筍江、浯溪、溜墉諸勝,訪曾子霖寰於法石,曾化龍別號。則《撮義》已成帙,刊傳海內矣。余既羨漢溪之思奇而才敏,志孝而願忠。顧竊歎以其烺烺天球之章,爲坎坎河干之具,因爲朗誦《説命》三篇,拜手颺言曰:'君家傅巖,濟川作

楫,亦惟代言納誨,啓沃乃心。今《撮義》稱引古昔,揚扢昭代,閑邪陳義,足爲
經筵啓沃之資。當宁側席旁求,吾子其以《尚書》進,爲恭默遜志,稽古訓之一
助。巨川之濟,有如此舟,豈獨借岾廬於江上哉?'曾子曰:'善。'請書之爲《撮
義序》。"按:此序林氏《筍堤集》脱漏未刻。雍正間郡志、朱氏《經義考》

林維清先生如源

林如源,字維清,晉江人。五歲而孤,七歲而通文史。年二十餘,舉有司不
遇,築室於其所居馬鞍山之旁,名堂曰"五因",蓋因山、因水、因樹、因石、因其
先人故所遊盤之跡,結而隱焉。讀書其中,老至不知。遍借書籍於人,録其佳
話,分爲四科,人倫庶物,靡不擥載。惟所常目,則罷抽揚。星霜七更,藁楮四
易。命其兒夢叶、夢甲、夢斗手書之,而名之曰《五因閒抄》。又有《綱目集要》、
《史評》、《八閩名山志》、《掇名志》、《何司徒佳話》。順治戊子年卒,年七十三。
子四,二爲名諸生,有名於時。季曰麟禎。

比部林先生奇樣

林奇樣,字未詳。按,鏡山先生撰奇樣父東井林公太毓墓誌云:"林氏之世
有太平守鉞,賢士大夫也,與吕涇野、顧東橋、屠赤水、張角川同時而與之游好。
子太毓,受業里中先輩李白齋公及吾先子怍菴公,卒年僅四十有四。太宜人黄
氏督比部兄弟讀書兼晨夜,比部歌鹿鳴,守澧州,太宜人八十四矣,愀然曰:'爾
第爲余作五斗耶!'家人自澧還,問政廉平乎,無他及。三載,秩滿。丁蔡母憂。
癸亥,補東牟,得贈公爲奉直大夫,而黄太宜人封母也,此時太宜人九十又一。"
比部君居比部,事實未詳,其受業鏡山先生,見《萬曆集》校刻門人,今録出待
考。何司徒撰林太毓墓誌

御史徐奕開先生縉芳

徐縉芳,字奕開,晉江人。榮之孫。萬曆辛丑進士。

李德御先生登卿

李登卿,字德御。從鏡山先生受業,黃氏季敔云:“吾黨中不可一日無德御。”

黃鳴晉先生

黃鳴晉,名未詳。從鏡山先生受業,與修《閩書》。

黃麗甫先生

黃麗甫,名未詳。林氏素菴曰:“鏡山高弟黃麗甫,蚤以《毛詩》登壇,蓋鏡山早歲得鄭道圭而《詩》名益顯,晚得黃麗甫而《詩》情益豪。”抑麗甫先世。竹溪、肖竹二公,文章、德業爲世所宗,家有衣鉢,又不徒學鏡山者矣。餘事實未詳。《筍堤集》

郭先生望奎

郭望奎,晉江石湖里人。祖孝義先生始遷郡城中。孝義先生名尚謙,以至孝文學名,見志乘。望奎爲諸生楚楚者,嘗受學於鏡山先生。餘未詳,待考核焉。何公撰《孝義先生傳後》

縣令潘士雅先生藻

潘藻,字士雅。以明經仕寧德訓導,處諸生如朋友,切磋共之,士皆樂從。遷廣東長樂知縣。視民疾苦如其自身,不取民一錢也。以其兄瀾仕廣憲,迴避改官,歸卒。平生錚錚志古人,臨没,猶與予談曾氏之學,請與必有正,是托孤寄命之根,其卓見如此。《何司徒文集》

宗伯林平菴先生欲楫學派

按,先生撰鏡山何公志狀云:“某從壬寅歲,以文字受知鏡山,遂托門牆,考

德問業。溯吾鄉彼時英髦,陶鑄鏡山之門者爲多也。厥後,先生歷官清要,物望
歸然,於後輩亦多所獎進。如吾宗餘隱先生光龍,其一也。"再考先生館甥張碻
菴潛夫,疑在及門之列,今并附之。其餘待考。先生著述,今存者《易勺》一書,
國朝督學汪公薇及諸前輩序言表章備矣,獨《友清堂文集》未見。馥從乾隆丁
丑寓郡齋,託友人從先生家購覓無得。先生舊里在郡之南鄉,其族裔太常林氏
洪烈爲吾先公辛未所得士,因是訪先生的系,近頗式微,而篇籍亦荒渺莫問,可
勝嘆哉! 謹識之,尚有待訪求云。己卯四月望前二日,書於雲津山館。

宗伯林平菴先生欲楫

　　林欲楫,字仕濟,號平菴,晉江人。萬曆癸卯鄉薦第一,三十五年成進士,選
庶吉士,授編修。假歸,起充廷試掌卷官,使封益藩。還,掌起居注。戊午典浙
試,假歸。泰昌初,起左中允。天啓元年,轉右諭德,陞右庶子,擢少詹事,晉禮
部右侍郎。六年,遷南吏部。懷宗立,陞禮部尚書,掌詹事。朝議誅毛文龍,力
言不可,與閣忤,假歸。三載,召修《實錄》。甲戌,充殿試讀卷官,教習館員,引
疾去。戊寅,起掌部職。楊相嗣昌議增兵餉,欲楫力言:"三空四盡之秋,以窮
民養驕兵,未見其利。"復具《民窮兵荒疏》,力指時弊,不報。差視鍾山陵寢。
還至天津,連疏以疾乞休。歸,卒於家。所著有《易勺》、《老子勺》、《日記》、
《友清堂集》。雍正年間郡志

閩中理學淵源考卷七十六

郡西林氏家世學派

　　郡西林氏家學舊矣。何司徒爲《林坦齋先生傳》曰："有泉先輩之盛，士專一經者，弟子聚而師之，楷其模範而守其訓詁，終身無所改徙。以故師名其家，士名其學，文獻之盛，所由來也。蓋自成化以後，蔡虛齋修明《易》學，士得聆其緒論，轉相授受，其傳浸廣。林先生受《易》於郭公文博，其一也。"又曰："先生所説書已焚草，今不傳矣，乃質行不愧怍於俯仰。廣文與志，唯君繼述，有道之盛，皆先生開之，夫立德君子烏在尚言耶？"兹録其家學著于篇。再素菴先生稱省菴爲伯祖，未知族派之詳，姑附待考。

文學林坦齋先生文明

　　林文明，别字坦齋。少受《易》於郭文博，而文博受《易》於蔡文莊公虛齋。文明褒衣博帶，與諸弟子雍容講説，陳紫峯先生與之相重，統會聖真，窮討理窟，旁及詩文，靡不闡究。弱冠爲諸生，教人反復諄切，句析條分，悉盡其誠，而規矩嚴密，無所假借。閱史籍，見忠臣孝子，貞夫義婦遺事，輒掩卷垂涕。得一善言，隨筆劄記，爲人講論，不暢不休。以此得宗仰諸生間。幹質魁梧，與之處油油若無皁白，至是非義利，嶄然辨毫髮。事父母切至，孝敬不違。伏臘祭祀，洒掃焚香，終老忘倦。邑中饑疫流行，家無宿食，量力推賑，於親友往來恤問，亡少却避。鄉有不平，得一言而退，其篤行如此。所講四書、《易經》，故有《草説》，皆手自訂定。及見紫峰《淺説通典》曰："足以傳矣，吾不能有加也。"臨没，取而焚之，《草説》遂廢。子敦忠、孫學曾。

教授林錦山先生敦忠

林敦忠，字恕甫，晉江人。生稟至性，母陳氏疍歿，權厝叢間，每朔旦輒省視，哀哭如成人。長爲諸生，步趨舉止，折矩準繩。同業生望見，輒目爲有道先生。敦忠生平論學，一以躬行爲主。督學奉新蔡公國珍嘗集諸生講學于清源山中，諸生羣有問難，敦忠拱手徐前曰："今之學者，基無尋尺，而臨深爲高，自謂聖賢作用，不知中行難得，若狂若狷，須求一箇入頭。狂者，天資洒落，地位儘高。若狷者，痛自刮磨，掃却枝葉，從本源著力，亦自覺有洒落處，此狷之可幾於狂也，所謂踏實地人也。"蔡稱善者久之。其論學如此。應歲貢，授南陵司訓。已，遷諭海澄，教授興化，所至皆立模楷，諸生翕然敬信。接人恂恂，一團和氣，而於義利之關斬如。海澄爲生祠，南陵、莆陽伐石紀德。歿後，三庠並祀名宦，泉祀鄉賢。子學曾，別見。學閔并孫維暹，俱見《科目志》。黃文簡銘其墓曰："德行恂恂召伯春，居今行古任定祖。史氏傳之標儒林，寥寥千古公爲伍。"舊郡志、墓誌

司徒林省菴先生學曾學派

林素菴曰："吾郡自蔡文莊而後，行修學富，必推黃恭肅；光昇[1]。風清塵絶必推李文節。九我[2]。至若居官居鄉，如寒潭秋月，心嚴爲師，老而不倦，則吾伯祖省菴先生一人而已。"馥按：明自隆、萬以後，異説蠭起，公之學雖兼尚餘姚，然其教授生徒，獨稟朱子《小學》教人成法，步趨不失，年耄不衰，其維持風氣，造就髦士之功偉矣。於時會龐雜之日，能獨守典型於不墜，亦一時砥柱中流也。

司徒林省菴先生學曾

林學曾，字志唯，號省菴，晉江人。萬曆二十年進士，授南康司李，擢爲吏部郎，周歷四司。疏陳東南水患，乞遇災思儆，亟簡賢才，共濟時艱。尋引疾歸。甲寅，起爲太常少卿。天啓中，累官户部尚書。致仕歸，問業者屨滿閩省。直指

使者張巡撫熊特疏于朝，略云："林某，孔、孟真詮，周、朱正派，不愧理學名儒。年踰八十，猶朝夕講誦不輟，學者羣然宗之，比之蔡文莊，而其厚德雅量，殆類先代文潞公、韓魏公之爲人。宜特加優禮恩錫。"部覆奉旨，命有司遵照存問。閩自司馬林文安瀚至學曾百二十年，僅再見焉。崇禎甲戌年卒，年八十八。學曾孝友天植，學業庭授，蓋方髫齡，已卜爲有道氣象。生平自誓一字不輕出，一錢不輕入。歷官所任，皆以趙清獻一像自隨，苟且請託，望風遠却，聞神宗時每呼曰"林秀才"，其以清白受知如此。居恒與李文節相嚮慕，文節被攻時，人勸避之，學曾恬然如故。嘗語人曰："吾鄉不可一日無文節，使少年後進有所敬憚。"宦三十餘載，未嘗一刺投有司，雖至親不少假借。室僅蔽風雨，門可羅雀，兒童走卒咸知有林夫子。年逾七十，猶燃夜讀書，或達旦不寐。終日危坐，未嘗跛倚。逢人循循善誘，開陳懇至，曠若發蒙焉。所著有《史評警語》、《潔身亭説》，皆論學正派。又有《孝經詮解》、《批點小學編》諸書。新郡志、《通志》、林氏《筍堤集》跋語

銓部林素菴先生孕昌學派

按：素菴先生爲吾郡明季舊獻，視鏡山何公爲前輩，與石齋黃公、八公蔣公爲同年友。《榕檀問答》，公爲之序，皆同時互相觀摩講切。其學本之伯氏省菴司徒。考省菴與公皆談姚江之學，然省菴自授徒至耄年，奉朱子《小學》書爲高曾矩矱，絶無肖似王學者。素菴則平生景慕文清、文成、文莊三先生，纂輯三公遺書，不但誦説其文而已。是時，閩中典型師友，猶有可稽，如莆有"金石社"，漳有"榕檀"，吾泉鏡山何公倡學於"恥躬社"，省菴林公講説於不二精舍，布衣季敬黃公栖隱於"昇文社"，而素菴則讀書於筍江"在兹社"。嘗自撰《在兹社序》曰："筍江在兹山房，余小子所草構耕隱，鳩子弟讀書其中者也。每慨末俗虛名，焦心正學，不講有言及身心性命之故者，輒指之爲迂，詆之爲偏。而後生、新進粗知章句，便膾炙李禿翁之書，言以翻案爲奇，行以跅跎爲高，釀成輕薄，漸爲世道之憂。思一起而維之，顧余非其人也。"觀素菴自叙結社之志，可見彼時

俗波靡，公蓋維持于不墜者爾。又，公嘗集子弟月三會，講説經義，旁及史學。其門人張拱宸、何承都等緝成，名曰《經史耨義》。又著《周易解義》、《筍堤集》諸書，著作甚夥。今考其門徒姓氏著于編。

銓部林素菴先生孕昌

林孕昌，字爲磐，號素菴，晉江人。祖雲龍，隆慶丁卯舉人，官至運同。晚好讀《易》，手評二程及《易傳》。時與布衣黃季敄論學，必依程、朱、虚齋正派。年九十終。爲諸生時，即志濂、洛、關、閩之學。天啓二年進士，歷官吏部文選司郎中。其秉銓衡，澄叙官方，疏邮直節，薦揚理學諸名臣。後以避璫黨忤權貴，借他事下詔獄百日。歸家，立朝僅兩歲。已而三徵不出。里居講學，從游者屨滿。所著有《易史象解》、《廣占》、《續小學》、《春秋易義》、《泉山小志》、《經史耨義》、《旦氣箴》、《語録》、《在兹會語》、《筍堤集》，未梓者有《論語耨義》、《尚書》、《三禮》、《三百篇藥》、《前後戊己自鏡録》、《雁山集》等書。童氏子燁撰《春秋易義序》、新郡志

林素菴先生問問録節鈔

問問録小引

學之需問久矣。言博學者繼以審問，舜大智也而曰好問，今人迺有學而無問矣。夫子以好學下問，稱孔文子，風世也，非爲文子也。學不講，是吾憂，問弗知，又烏能措乎？中州張得一先生來按吾閩，慨然以倡學明道爲己任，巡方事竣，則偕參知曾二雲先生進“筍江社”諸友於羅一峰先生書院而提誨之。已，復出《上問録》三十則見示，若謂滿目皆上也，何處是下？愚拜受讀之，不覺起舞曰：“有是哉！‘學問’兩字復明於今日也。夫《皇華》之詩，諏謀度詢，皆問也。乃察吏安民而外，更爲崇儒橫經之舉，則斯問也，不獨振風紀，且勵風化矣。愚不敏，承問宜有所答，而慚未能因抒管見，而再申問焉，遂名之曰《問問録》。尚冀有道君子之再有以教予也。”

問：未發之中，解説猶易，尋認甚難。不認得，如何執得？此探本窮源之論

也。愚謂：未發，非屬玄虛。人身實實，有箇中體，如花之有根，如水之有源。雖發矣，而有未發者存焉。雖不發矣，而有能發者存焉。所謂天命之性，無極而太極，天地之大本是也。人身實實，有箇太極，却被私欲蔽錮。憧憧勞擾，未發之中，從何識認？惟日夜所息，至平旦之候，一夢甫終，衆緣未乘，天地清寧之氣來與我接。此時良知好惡，炯炯不昧，已隱具發而中節體段矣。在天爲平旦，在人爲未發，此孟夫子“旦氣”二字，程子謂其大有功於後學也。李延平教人静中觀未發氣象。夫静則孰有静於平旦者？從此尋認，從此下手，用戒慎恐懼工夫，使一日之間，無非旦氣之流行，推之應事接物，隨處提醒，隨處迫現，則不獨静可觀未發，動亦可觀未發矣。不知可備芻採否？

　　問：致知格物。“格”字即“有恥且格”之“格”，當“化”字看。此論極是。夫格致之説，紛紛莫定久矣。愚謂：當先繹《大學》本文“明明德於天下”至“先致其知”。工夫已盡，乃不曰先格其物，而曰在格物，實無所用工夫矣。蓋知即明體，如日月當空，明鏡在懸，著不得一物，無論惡物著不得，即善物亦著不得也。“格”字即“格君心”之“格”。人終日爲物所障，故知體不現物，格而知自致，猶塵去而鏡自空也。看來格去與格化，與陽明“格不正以歸於正”意似相合。不審有當否？

　　問：子何以孝？臣何以忠？俱莫爲莫致之光景，便是天命之性。此解最爲妙悟。人但知子臣弟友爲庸言、庸行，故日用習而不察，不知其所以然處皆天也。静思默想，何等奇妙！即如人終日目視耳聽，手持足行，習爲固然，亦安知爲天所命。迨觀盲聾者之無以與於視聽，痿痺者之無以與於持行，然後知天之錫我者奇而厚我者至也。子思子將天命説入庸德，使人不苦玄虛，復將庸德歸到天載，使人不厭平易。

　　問：吾輩下工夫，一味枯静，終無著落。愚見亦是如此。程子曰：“不哭底孩兒，誰抱不得。”虛齋先生云：“若是真學問文章，須見於威儀之際與夫日用之常。若是真道德性命，須見於治家之法與夫當官之政。不則閉門静坐亦虛耳！”然先輩每教人静坐，想爲脚跟未定者先下一砭，此法亦可細參否？

問：忠恕是"仁"字脈絡，歸仁見一貫光景，何以知之？曰：即以"克己"兩字知之也。夫忠爲中心，恕以如心。此己不克，則一團窒礙，到處荆棘。己心不能如人心，人心不能如己心，仁從何歸，一從何貫乎？愚嘗謂"一"字，堯、舜以來相傳之意，而"貫"字爲聖門獨標之宗。"一以貫"三字內實實有克己工夫，故告淵以"克己"，而授參、賜以"一貫"，其道一也。然否？

問：愛之一途，未足盡仁。仁，性體也。發而爲愛，則情也。仁體不可見，惟惻隱爲仁之端，故以"愛"字歸之，要亦有不拘拘於愛者。舜舉十六族而誅四兇，何其愛十六族而不愛四兇耶？總以行吾仁而已。此説不相證否？

問：夫子處處言"仁"，却不曾露出"仁"字。抑夫子與諸賢言仁者屢矣。乃以爲罕言仁，何也？夫子所言非求仁之工夫，則爲仁之作用。若仁體渾淪，實口角形容不出，只可静參默會耳。然否？

問：讀書須句句收合自家身上，此是讀書要法。人身自具有《太極》，具有儀象，具有《姤》、《復》兩卦，但非讀書窮理亦體驗不出。如周子著《太極》之書，遡之無極，而其用工夫處，只定之以中正仁義而主静。張子《西銘》本於《乾》父《坤》母，而其用工夫處則以不愧屋漏爲"無忝"，存心養性爲"匪懈"。邵伯温謂《乾》、《坤》爲大父母，故能生八卦。《姤》、《復》爲小父母，故能生六十四卦。然《復》之中行，《姤》之含章，皆隱隱示人以處身處世之法，此數者收合自家身上，即他書不讀亦可矣。如何？如何？

問：惟怒難忍，惟過難覺。此兩語聖賢學脈也。顔子亞聖得力處，惟不遷怒，不貳過。忍則能不遷，覺則能不貳矣。薛文清嘗言："二十年治一'怒'字，尚不能消磨。"王汝止曰："心有所向，便是欲；有所見，便是妄。"如此用功檢點，庶幾無過。然否？

童先生子燁

童子燁，林氏素菴門人。其序素菴《春秋易義》署曰：燁方髫齡，即炙先生之教，受知特深，日與彙翁世兄同硯席，親承提命，立雪春風者數十載。兹復與彙翁同宦一方，適《易義》一書正在剞劂，煒因得効校讎之役，聊述生平有得於《易義》之旨，以誌授受淵源之有自如此。童氏撰林素菴《春秋易義序》

王氏家世學派

按，郡先輩楊氏興撰《彥衡王公銓神道碑》稱："王氏之門，世篤忠貞，家全孝友。"今考公在靖難時，奮身殉節。其孫桓，庠生，早逝。妻李氏，爲吾六世祖樸菴公之女，誓守節，教督其子，是爲東軒公熺。其媵洪氏，不字，從李氏老，世號"雙節"。顧新山先生諸公撰志傳詳矣。東軒首以儒學顯著，其子居南公文昇、孫三揆公鏞、漢冶公鍔皆以理學稱。東軒、居南又以"雙孝"著。同郡先正王公用汲、何公鏡山、許公宗鎰，並娓娓作傳述之。厥後孫曾某爲寧粵軍門，贈東軒居南爲安東伯。考其家世，累葉濟美，自遜國迄季明，與國咸休無極，此可以觀德矣。兹著其家學，纂錄前輩所紀述者，著于編。

司訓王東軒先生熺

王熺，字仕顯，號東軒。曾祖銓，靖難時，以忠節著。父桓，郡庠生，早逝。母李氏，安溪旌義李公森之女，矢志守節，督教其子讀書。其媵洪氏，不字，以從李氏老，世號"雙節"。熺資稟聰穎，博學多識。事其母以孝聞。父墓患水，熺哀哭幾絶，改葬焉，追服斬衰，蔬粥廬墓。母死，毀瘠治葬，復廬墓三年。正德十三年，以貢授廣東瀧水訓導。瀧水僻陋，士鮮知學，首以明倫敬身爲教，以經義啓迪之。俗尚鬼信機，熺刪定《家禮》教之。任官五載，乞休歸。恒言稱母訓。母好施，熺雖貧，每新穀升，必播精遺四鄰。忌日必哀，其生辰雖年七十不敢受子弟上壽禮如忌日。《肇慶郡志》載名宦顧新山先生志其墓。子文昇，亦以孝稱。顧新山先生撰墓誌、何鏡山先生撰《王先生父子傳》

王居南先生文昇

王文昇，字子騰，號居南，熺之季子也。凝定有至性，自少即不爲凡兒嬉戲。十三歲，隨父司鐸於廣。父患疾，祈以身代，躬湯藥。少愈，乞休歸。途疾轉劇，值寇警，旅寓郭外，又有水患，文昇竭力護持，設床褥臥，父床離水僅尺許，文昇立侍水中三日，父疾愈，亦無恙。洎父歿，毀瘠致哀如禮。嫡母陶、繼母李，事之盡歡。生母鄭疾，思荔，非其時，迨荔熟而母逝，則終身弗食焉。公於祀事虔甚，潔修思慕，潸然涕出。感母鄭獨子之言，中年議納妾，初捐金納一女，同安人。既至，詢已許人，蓋儒生也。昇不敢近，亟物色儒生，歸之，不責原金，其重義如此。生平勤學强識，動遵矩矱，不愧衾影，談吐必稱古人。性和粹莊重，口不出暴戾媟狎之言。每詫兒輩，仕無崇卑，毋以墨敗法。課子雖以舉子業，而視世之繁華靡競、口習行違者弗善也。嘗戒子遺言曰："吾泉前輩林龍峰、近輩王嵎齋，此二先生者，人皆謂之樸實頭。學者正當樸實上用工夫，做到精微細密地位，便是真正聖賢。大抵人品好者都樸實，不好者都不樸實。好人又有幾樣者，全看他學問如何耳？"昇之著述可擴入性理者甚多。許公宗鑑、王公用汲，並爲撰誌傳。子鏞、鍔，皆以實行理學著聲。後以曾孫某貴，贈安東伯。許公宗鑑撰本傳、王公用汲撰墓誌

孝廉王三揆先生鏞

王鏞，字庚鑄，號三揆。旌孝文昇子。幼醇謹，長有志聖賢之學，覃精會思，手筆識之。萬曆十六年舉于鄉。七上春官不第，無意世途，抱遺經以終老。歲丁未，下第歸，遊山東，卒濟南逆旅舍。家僮圖輕裝，取所著書焚之。喪至，其弟鍔驚問其故，大慟而搜家篋中者次之。今見鏡山所撰傳中附載數十條。鏞自少知孝，五歲請父取筆作書，即書"老萊子孝奉二親"七大字。執父喪，每餐二合米、數葉菜合煮之。陳布衣欲潤題其齋曰："今世誰有如王庚鑄行古人道？執父喪，蔬粥三年，未嘗一啟齒笑。庚鑄真孝子矣。"鏞沉靜堅忍，渾厚洪深，得失不分，喜怒不形。其言訥訥，其貌迂迂。而大義所在，必爲必止，賁育不能奪也。趙撫

軍欲求賢師，以囑觀察，觀察求得鏞，而鏞已先受聘甘廣文所，固辭卻之。廣文曰：「此吾上官，足下奈何重名義，慢吾上官，而使見怪我乎？」不得已，往館三年，未嘗以一事干。其梗節大槩類此。所著有《天彝淑世編》及《語錄》諸書。先輩何鏡山先生撰本傳，其言曰：「吾泉理學之盛，自蔡文莊、陳布衣而後，興起者僅僅。其當吾身所見者三人焉，布衣陳欲潤、諸生林甫任、孝廉王鏞云。」後以孫某貴，贈安東伯。何鏡山先生撰本傳

明經王漢冶先生鍔

王鍔，字淑甫，號元液。天性孝友，少慧穎，居南公一言，即服之終身，竭力養志，幾微周悉。父歿，毀瘠骨立，喪祭如禮。與兄鏞事嫡母曲盡孝敬，事生母雖孝，然終嫡母世不敢與齒。事兄稟命，步趨惟謹。歲藉教授弟子呷唔自給，操持極嚴介。平生志學，以居敬窮理爲務，讀古人書，卷不去手。雖終老明經，而實以斯文正脈爲己任，言動不苟，後學負笈相踵。自癸巳受學李見羅、徐匡嶽，潛心著述，有《四書五焚存稿》、《易經七削存稿》、《詩經三百大意》及《時習諸說》等書。與林省菴諸公同修《府志》。一時名士如鄭孩如、李衷一、何匡我諸公並稱許以爲後學楷式。設教江右，勉諸生實行，與廣文孝廉涂世葉、門人吳文盛講論不輟。獨坐一室，不夜分不寐。卒之前一日，猶以「吾未見剛」章未脫藁，命姪燦記之。學者稱爲漢冶先生。林省菴先生撰本傳

安海黃氏家世學派

馥按：黃氏之先，自正德間通判公爲陽春令，其仁澤流徽數世矣。毅菴尊人菊山公又以詩古文辭名，與莊公一俊、王公遵巖相善，王公獨稱其詩與駢語爲長。平昔庭訓皆根本禮教，故毅菴立朝清節，屏斥中涓，書牘出處本末，毅然有執，猶足窺其家學大端也。茲錄其家世大畧，著於篇首。

同知黃菊山先生伯善

黃伯善，字未詳，號菊山，晉江人。以詩賦古文詞名，與莊一俊、王道思二公相善。王公獨稱其詩與駢語爲長。庭訓根本禮教，不及居積，嘗言曰：“吾行不能矯俗，但自信無一橫錢。”又曰：“吾未敢即謂君子，然不敢爲小人。”此足窺行己大端矣。所著有《菊山文集》十卷、《菊山詩集》二十卷、《讀書彙記》八卷、《連枝集》十卷、《詞賦雜體》四卷，藏于家。子憲清，孫汝良。

同知黃以憲先生憲清

黃憲清，字以憲，晉江人。嘉靖甲子舉人。隆慶初，知陽春縣。縣屬萬山中，亡命窟穴，桴鼓數起，官皆挾兵自衛。憲清一意撫循，嘗奉詔清覈民田，盤跚橇楯，跋履皆徧，所至茹糗席蓐，不以供應煩民。五閱月，而田之溢於舊額者幾倍，然惟按舊籍，纔足而止，歲賦十二三，民大便之，立石著爲令。復革奏籍例金。遷廉州同知。珠海故多盜，設有戈船守兵，墨者縱兵入海，詭云游徼而陰與爲市，憲清無寇輒出者罪之。再攝雷廉守篆，並以節愛稱。丁外艱，歸，卒。子汝良。

宗伯黃毅菴先生汝良

黃汝良，字名起，號毅菴，晉江人。萬曆十四年進士，選庶常，授編修，纂修國史。使趙藩，王簡踞，欲殿外安節，汝良堅執入殿中，禮畢即行，餽贈一無所受。轉南司業，復移北。有監生爲巨璫私人，偃蹇無狀，欲按之，挾巨璫書至，汝良曰：“國學四方觀瞻，且司成無與中涓通書例。”如法責懲。擢東宮日講官。每敷引古今，隨事披陳，東宮喜動顏色。進大司成。天啓初，轉南禮部侍郎，乞歸。乙丑，起禮部尚書，掌詹事。崇禎初，逆奸既殄，首疏抗言：“楊、左諸臣宜加封郵，《要典》一編亟宜焚毀。”奏入，陛見陳時務八要，遂致政歸。著有《樂律志》、《冰署筆談》、《野紀矇搜》、《河干集》。子慶華，崇禎舉人。孫光祉，康熙

補科舉人，署甌寧教諭。雍正九年郡志藥

【校記】

 ① 徐本缺"光昇"二字。

 ② 徐本缺"九我"二字。

閩中理學淵源考卷七十七

萬曆以後諸先生學派

　　按：隆、萬後，吾鄉宿望老成接踵相起，惟時學術分離，鄉前輩尤守舊榘界限甚嚴，其扶樹世教，底柱狂瀾，諸家集中可證也。間嘗考當時所推者，如黃氏文簡、李氏文節之清修碩學，王氏恭質、詹氏咫亭、家太常心湖之睿諤孤忠，王氏尹卿、楊氏貫齋、弟文恪之貞規實踐，蘇氏紫溪、何氏鏡山之紹述前脩，李氏序齋、郭氏恭定之建白忠懇，黃氏毅菴、黃氏襄惠之清毅有執，蔡氏清憲、林氏文穆之負荷大節。外此，若蘇石水之風猷，呂天池之守正，王慕蓼、莊梅谷之砥節，楊日燦、劉台巖之家學，王三揆、朱敬所、林甫任、陳欲潤之儒修，林省菴之鳳望，鄭孩如、蘇子白、莊九微之治經，黃季敭、林素菴之講席，王忠孝、盧若騰、何九雲、李光龍、紀文疇、陳履貞等諸公之志節，稽其出處本末，升沉顯晦，各成所學所守，而流風餘範卓然可以待質後世。據其跡而論其心，蓋人物是非，必百年論定，一代川嶽英靈之萃，亦於是而可徵矣。諸公未能備採，爰輯其師友所訂述載於篇，其在隆慶間及家學學派者已於前編詳云。

同知鄭孩如先生維嶽

　　鄭維嶽，字申甫，別號孩如，南安人。萬曆丙子經魁，銓遂昌教，轉五河知縣。立方田法，濬淮河，督役平均。陞曲靖府同知。以母老歸養。維嶽究心聖學，兼通禪理。每講經，論辨無窮，又於天文、樂律無不究心。有《知新錄》、《四書正脈》、《易經密義》、《意言》、《禮記解》諸書。《閩書》、《南安邑志》

襄惠黃鍾梅先生克瓚

黃克瓚,字紹夫,號鍾梅,晉江人。萬曆八年進士。授壽春知州,擢刑部郎。累官山東布政,陞巡撫。時稅礦病民,抗疏極論,并劾稅監陳增、馬堂不法事,嚴治其黨。蝗旱爲災,復疏發帑賑濟,蠲額外稅銀十餘萬。陞南戶部尚書。召理京營戎政,改刑部。受神、光兩朝顧命。李選侍移宮,克瓚疏論內侍王永福等八人盜案。光宗謂其偏庇李氏,怒責之。乞休,不許。天啓元年冬,加太子太保。明年,復以兵部尚書協理戎政。廷議"紅丸",克瓚述進藥始末,力爲辨析,持議與爭"三案"者異,攻擊紛起,自是創《要典》者率推附之。屢疏移疾,加太子太傅以歸。四年,魏忠賢盡逐東林,召爲工部尚書。視事數月,與忠賢忤,復引疾歸。三殿成,加太子太師。崇禎初,以薦起南吏部尚書,尋致仕歸。卒,諡襄惠。著有《數馬集》、《杞憂疏藁》、《百氏繩愆》、《性理集解》、《春秋輯要》諸書。按:黃之先有爲宋學士者,崖門之難,去妻子,於海門居焉,人號沙堤黃氏,有山曰梅林山,故公別號曰"鍾梅"云。子道敬,戶部員外郎。道爵,刑部郎中,嘗劾巡撫熊文燦及弁將趙庭貪懦狀,黃公道周稱之,著有《麗矚亭集》。姪道瞻,有風節。道泉,癸未進士。雍正九年郡志、王氏志道撰墓誌、《明史》

州守楊日燦先生啓新

楊啓新,字日燦,晉江人。萬曆十七年舉人,授海門令。左遷東筦丞,量移武宣令,遷左州守。卒於官。啓新循循朴謹,不求人知。歷官五載,布衣蔬食。沒,幾無以殮。漢吏悃愊無華,庶幾近之。左人祀之名宦。著有《易經講義》。子瞿崍,丁未進士,官至江西副使,著有《易經疑義》、《栖霞山人石室藁》、《黃華讀藁》、《二東藁》。

朱敬所先生一泮

朱一泮,字達宗,晉江人。生而恂遜,嚴重和易。亂歲稱孤,既數年,得其尊

甫手書叢籍中，悲涕不止，感動家人。稍長，事母盡孝。晚節母氏病風，先生晝
夜起居不怠，志養無方，母歿，哀毀過當，素髮夕改。祭奠之日，精潔必芬，式厥
禮儀，子姓舅弟遵而化之。先生少受經書，邃於《春秋》，旁通諸經、子、史。厭
應舉俗學，設帳授徒，尊尚誠敬。衣冠危坐，靡間寒暑。雖屋漏之中，了無岸幘
跛倚之態。康莊坦逢，蕭恭矩步，及至曲巷旁途，亦紆轉方正，不斜側取捷跡。
先生平生非禮之事不接於目，近利之行不邇諸躬。從先生學者儼然尊崇，雖至
白首貴倨，猶惲畏如一日。先生之言曰："一，誠也。主一，敬也。繇敬入誠，四
勿是也。"又曰："道，正氣也。精神，私氣也。吾儒從事於道，而葆其精神。釋
氏第葆精神而已，其所攝持亦類於敬，遺乎道矣。"先生以言爲塗，以行爲璽，用
璽印塗，是以學者稱爲敬所先生。何氏鏡山曰："士之不能盡於道者，豈非馳慢
其外貌哉？夫耳目手足，人所共見也，猶不能矜且攝，況夫人所不見之心。先民
有云：'繇乎中，以應乎外。制於外，以養其中。'懿哉斯言，先生體之矣。先生
無麻之蓬，不淆之芷，卓然自會於聖學，而實究之躬行。惜乎其名僅止於閭巷，
吾烏乎敢泯先生哉？"何鏡山撰本傳

文學林志宏先生甫任

林甫任，字志宏，其先燕人。元末有諱泰者，兄弟皆舉進士，爲泉州路同知，
因家泉。泰之孫曰觀，入明爲歸州別駕。別駕之孫曰茂森，喪妻不娶，鄉里多質
平焉。三傳爲甫任之父某，以文學爲諸生祭酒，人稱曰春亭先生。甫任幼時，動
止異凡兒，稟學於父。父時時稱說古先聖賢、有宋諸儒，甫任輒欣欣嚮焉。弱
冠，補弟子員，以家貧授徒，瞿然模範在念，繩趨尺步，弟子無敢以褻見。遂發憤
聖賢之學，終日危坐，讀書不輟寒暑。自六經、宋儒以及近世薛、胡諸先生所著，
仰思反求，內索外驗，以求其是，而見諸實踐。於是作《四面圖纂》以自記，曰居
敬、曰立志、曰進學、曰遠識，而曰："'敬'之一字，吾持之最堅，白刃弗能奪矣。"
夜歸，則以日所教者跪正春亭公，父子間自爲淵源。性至孝，二親繼沒，悲哀慘
惻，蔬食、避內舍者三歲。平生痞痒經籍，學問多出自得。每念正學精進寡人，

朋儕中有虛心願質者,後進有質美願學者,皆樂與誘掖開導。其誠意既足動人,而光霽又易爲親,故從遊最盛,皆以孝弟忠信爲學。其言談舉止,遇之循然有理者,不問知爲甫任弟子也。年五十三得疾,正冠衾而逝。所著有《詩經翼傳》、《四書管見》、《易錄》、《禮錄》、《書傳評》、《性理》、《史評》及《感省集》諸編。素交友有陳氏欲潤、王氏鑄爲最善云。何司徒撰本傳略

遺佚黃季敬先生文照

黃文照,字麗甫,同安人。參政文炳弟,學者稱爲季敬先生。始爲諸生,數奇,遂棄去。專性命之學,潛心力行,自比陳布衣真晟之儔,日以談道爲事。所著有《道南一脈》、《孝經仁詮》、《太極圖》、《理學經緯》諸書。晚又以《易》學著。隱溫陵南臺山中。嘗出游大江以南,至雲間訪陳氏繼儒論業,大相歡契。平生至老,手不釋卷。性好獎士類,遇人有片善,必極引重。念及朝家,宵旰憂勤,內外多故,疎床敝席,不敢自逸,見者皆爲之興感。嘗柬林素菴句云:“天上有人調玉燭,山中許我坐春臺。”又云:“四郊多壘懷司馬,一籌莫展愧仲連。”蓋憫時念國,草茅抱杞憂如此。崇禎戊寅,南安倉猝之變,走者相望,富家巨室,不知所爲。照與監司峽江曾櫻講學於筍江,出片紙開諭之,立散,人服其德化。乙酉,年九十,歸隱故里輪山之北。年九十三卒。林氏孕昌曰:“吾郡自紫陽過化以後,學脈火傳,至蔡文莊師弟,薪而揚之,近何司徒倡學於泉山,家省菴開講於不二,又燈而燃之。黃氏季敬,司徒同學友也。司徒與閩直指李公先後曾薦於朝,未及徵,昇文、筍江二社奉爲北斗。先生屏嗜寡欲,絕識去智,以聖賢之書愉其志,以朋友之聚飭其躬,枯坐一室,著述萬卷,八十年來有如一日。嘗有取於《朱子晚年定論》,其學以未發爲宗,其教以躬行爲本云。”《同安邑志》、林素菴先生《筍堤集》

縣令蘇子白先生庚申

蘇庚申,字子白。天啓元年舉人,就教易州,負笈從學者甚衆。遷連山令,潔己愛民。卒於官,連人醵金護喪歸。著有《四書翌箋》、《見經管見》。雍正九年郡志

藩伯潘士鼎先生洙

潘洙,字士鼎,晉江人。萬曆戊子鄉薦第一,聯第進士。教授廬州,陞國學博士,轉工部主事。榷杭州南關稅,羨金八千餘,悉貯藩庫。改吏部,歷員外,陞郎中。時神宗惡吏部諸臣,在官、在籍盡逐去,留者僅四人,洙與焉。丁外艱。服除,復補吏部。念母假歸,久之,起爲江西參政,兼理驛傳。丁內艱。服除,補浙江參政,備兵嘉湖。遷廣西按察,陞江西右布政,轉廣東左布政,卒於官。洙涖官所至,不妄取一錢,家日窘迫,終無改悔。愛國之誠,至沒不衰。弟瀾,字士觀,萬曆甲辰進士,授户部主事,改兵部,歷郎官,出爲湖廣參政,著有文集。雍正九年郡志

司寇蘇石水先生茂相

蘇茂相,字宏家,號石水,晉江人。萬曆二十年進士,歷户部郎,典試貴州,調守彰德,遷河南副使。尋督學江西,晉南尚寶少卿,陞太僕正卿。晉僉都御史,巡撫浙江,請修方正學祠,厚恤其家,詔從之。尋丁艱,歸。以薦人爲趙南星所劾。天啓五年,起爲刑部右侍郎,改户部,總督漕運,晉尚書。七年秋,懷宗立,改刑部。崇禎元年春,回籍,尋卒。雍正九年郡志

清憲蔡遯菴先生復一

蔡復一,字敬夫,號遯菴,同安人。萬曆二十三年進士,弱冠登第,疏請歸娶。授刑部主事。疏劾石星殺平民,冒功狀,御訊處死,中外憚之。歷郎署十七年,始遷湖廣參政,分守湖北,進按察使、右布政使。清介自持,以疾歸。光宗立,起故官,治兵易州,尋遷山西左布政使。天啓二年,以右副都御史撫治鄖陽。歲大旱,布衣素冠,自繫於獄,遂大雨。黔苗爲亂,貴州巡撫王三善敗没,進復一兵部右侍郎代之。喪亡之餘,兵食盡絀,斗米銀八錢,復一勞來撫循,人心乃定。尋代楊述中總督貴州、雲南、湖廣軍務,兼巡撫貴州,賜上方劍,便宜從事。復一召集諸將吏,申嚴紀律,前後督師,斬馘無算。復請敕鄰省諸郡掎角平賊,上悉

可之,因命各省諸鄰郡悉聽復一節制。時復一爲總督,而朱燮元亦以尚書督四川、湖廣、陝西諸軍,以故復一節制不行於境外,而復一所遣魯欽等深入四川、雲南,兵皆不至。復一因論事權不專故敗,遂自劾罷,免聽勘,移境上候代。復一仍拮据兵事,盡瘁不輟,竟卒。軍中訃聞,上嘉其忠勤,贈兵部尚書,諡清憲,任一子官。復一好古博學,善屬文,耿介負大節。既歿,橐無遺貲。有《遯菴全集》行於世。《明史》、雍正九年郡志

藩伯王慕蓼先生畿

王畿,字翼邑,號慕蓼,晉江人。早失怙恃,家海東,倚依荒郊,備嘗困苦。塾有書聲,壁聽而樂之。時輟耕,竊讀古人書,積久而心靈功深。年幾三十,始蔚然黌序間。萬曆二十二年鄉薦第一,二十六年成進士,授餘干令,不赴,改越州教授,遷國子博士,轉戶部主事,督太倉儲。歷吏部,出典蜀試,遷杭州守。濬南湖工竣,詔賜金勞之。以治行第一,召賜宴光祿,命督學浙江。擢江西參政,晉觀察使、山西右布政,道轉浙江左布政。時邊事孔亟,兵餉驛騷,重以織造之役,糜金錢動百萬計,屢被嚴旨督責。部推太常卿,未下,會有劾其餉缺額者,遂引疾乞歸。畿平生砥節自勵,宦游二十餘載,治行卓然。嘗曰:“國家無輕豢虛餌之爵祿,世上無便宜富貴之聖賢。”二語自奮。論學以洛、閩爲派,近世獨服膺薛文清、蔡文莊,而於王陽明,衷其曠。論文以韓、歐爲的,近世獨服膺唐應德、王道思,而於王元美,衷其材。故時見之文章議論,無非從心性發揮,其矩度可爲後學步趨,即微嬉謔,亦且道存。呂氏圖南撰《樗全集》序道:“晚年友於畿,最爲得力云。”“無日不晤,晤輒憂盛危明,惻然於臨深履薄之際,而勉我者慕蓼先生云。”所著有《樗全集》、《四書》、《易經解》,門人施邦曜梓行之。當事采譽言,特祀蠁宗焉。《通志》、雍正九年郡志藁、蔣相國撰墓誌、呂天池撰《文集序》

侍郎呂天池先生圖南

呂圖南,字爾搏,別號天池,晉江人。萬曆二十六年進士,授中書舍人,歷禮

部郎，擢爲御史，出按粵西、浙江，尋謝病歸。天啓初，起爲南通政使、右參議，尋遷左通政使。時璫焰方張，有監生陸萬齡等請祠璫文廟，李映日等請加九錫封王，俱嚴駁不上。懷宗賜敕有“心事皎然，守正不阿”之語。加右都御史，旋改南京戶部侍郎，總督糧儲。會江陵饑，軍士聚衆鼓譟，變且不測，遂抗疏乞留漕糧二十萬石，不俟俞旨，便宜給發，用是削籍歸。家食十餘年，築藍水利，鄉人賴之。歲時閉影齋居，跌宕書史，如武榮、清溪諸邑志，俱與邑侯共修焉。卒年七十有二。所著有《壁觀堂文集》。新郡志、《南安邑志》

司業莊九微先生奇顯

莊奇顯，字允元，晉江人。敏之玄孫。年十九，登萬曆三十四年賢書，四十一年進士，殿試第二人，官至南國子司業。三十五而卒。著有《尚書便覽》行世。雍正九年郡志

文穆林實甫先生釬

林釬，字實甫，同安人。萬曆四十四年進士，殿試第三人，授翰林院編修，累官祭酒。時璫勢甚張，頌德建祠遍天下。一日，諸生執呈欲立忠賢像於太學，請定判。釬曰：“孔聖，師也，禮有北面之尊。魏公功德雖盛，臣也，若並列上座，他日主上臨雍謁奠，君拜於下，臣偃於上，於心安乎？”即稱疾去。懷宗即位，聞其語嘆曰：“危行言順，君子也。”召爲禮部侍郎，拜東閣大學士。卒於官，謚文穆。雍正九年郡志

巡撫曾霖寰先生化龍

曾化龍，字大雲，號霖寰，晉江人。萬曆四十七年進士，授臨川令。以卓異擢御史。崔呈秀惡謝文錦，以化龍爲所首舉，遂出爲寧國同知。擒斬大盜，陞南戶部員外。丁內艱，服除，補兵部郎，督學廣東。衡鑑獨絶，所首拔陳學銓、葉著、謝宗鎬三人，先後俱登解首。攝海道篆，平海寇劉香。陞廣西參議。士民勒

石紀績。轉江西副使，再轉糧儲道，兼巡視漕河，擢按察使，時有“曾鐵面”之號。後以原銜督江西糧餉。丁外艱，服除，即家起僉都御史，巡撫登萊，移鎮膠州。賊衆十餘萬圍膠，督兵固守，遣降將擊賊，大破之，復東昌等二十七州，擒僞官二十餘人置法。無何，闖賊陷京，棄官，歸。卒於家，年六十三。著有《作求堂集》。雍正九年郡志

宰輔蔣八公先生德璟

蔣德璟，字中葆，號八公，晉江人。父光彥，江西副使。德璟，天啓二年進士，選庶常，授編修。崇禎中，歷官少詹事。召對，陳練兵、練將法甚備，又上救荒事宜。擢禮部右侍郎。請徹內操，覈要典，禁伐採濫規，止黃冠陪祝太學。又請正楊嗣昌聚斂之罪，薦侍郎陳子壯、顧錫疇、祭酒倪元璐等，上皆錄用。壬午，廷推閣臣，召對，言邊臣須久任。上問：“天變何由弭？”對：“拯百姓即弭天變。近加邊餉千餘萬，練餉七百萬，民何以堪？又增督撫二、總兵六、副將數十人，權不統一，何由制勝？”上然之。首輔周延儒常薦德璟淵博，可備顧問，文體華贍，宜用之代言，遂擢德璟及黃景昉、吳甡爲禮部尚書，兼東閣大學士。時延儒、甡皆各樹門戶，德璟獨鯁直無所比，黃道周召用，劉宗周免罪，皆其力也。開封久被圍，自請馳往督戰，優詔不允。明年，進《兵備冊》，凡九邊、十六鎮新舊兵食之數，及屯鹽、民運、糟糧、馬價悉具。復進《諸邊撫賞冊》，及《御覽簡明冊》，上深嘉之。諸邊兵馬報戶部者，浮兵部者過半，耗糧甚多，因條十事以責部臣。又因召對，言：“文皇設京衛軍四十萬，內府軍二十八萬，又有班軍十六萬，春、秋入京操演，誠得居重馭輕勢。今皆虛冒，願修舊制。”上不能用。甲戌，輔臣請行鈔法，德璟力爭得免。先以軍儲不足，歲給直畿輔、山東、河南富戶，令買豆米百萬，輸天津，民大困。力陳其害，上罷之。二月，上以賊勢漸逼，令羣臣會議奏聞。都御史李邦華密疏云：“輔臣知而不敢言。”翼日，上手其疏問何事，陳演以少詹事項煜東宮南遷議對，上取視默然。德璟從旁力贊，上不答。給事中光時亨追論練餉之害，德璟擬旨：“向來聚斂小人倡爲練餉，致民窮禍結，悞國良

深。"上不悦,詰曰:"聚斂小人,誰也?"德璟不敢斥嗣昌,以故尚書李待問對。
上曰:"朕非聚斂,但欲用兵耳。"德璟曰:"所練兵馬何在? 徒增餉耳。且新舊
練餉,戶部雖并爲一,州縣追比,仍是三餉。"上震怒,責以比友。德璟力辨,諸
輔臣爲申救。尚書倪元璐以鈔餉乃戶部職,自引咎,上意稍解。明日,德璟具疏
引罪。旋罷練餉,而德璟竟以三月二日去位。給事中汪惟效、檢討傅鼎銓等交
章乞留,不聽。德璟聞山西陷,未敢行,及知廷臣留己,即辭朝,移寓外城。賊
至,得亡去。丙戌九月卒。德璟熟前代典章,及明朝掌故、邊塞、漕鹽、水利、刑
律,莫不究其利弊。文章敏贍,在詞垣,日草二十餘誥勅,見者嘆異之。《明史》、
雍正九年郡志

兵備吳竹公先生載鼇

吳載鼇,字大車,號竹公,晉江人。性至孝,母病,衣不解帶,既卒,親負土葬
於雒江,風雨夜歸,有神燈翼之。天啓五年成進士。逆璫慕其名,欲以鼎甲許
之,不就。戊辰入對,以忤權貴,謫浙臬幕,陞金華司李。平反冤獄馬文紹等九
十餘人。嘉、湖軍旗之亂,以片言諭止之。後官至兵備僉事。卒於家。所著有
《宙書》、《咫聞》十餘種。雍正九年郡志

主事王愧兩先生忠孝

王忠孝,字長孺,號愧兩,惠安人。崇禎元年進士,授戶部主事。時朝議輸
通津外儲以實京師,忠孝督運大通橋,催攢有法,日輸三萬石。會薊督咨部欲得
廉慎明決者與共事,部推無如忠孝,遂提督薊儲監督。内官鄧希詔數以難事相
窘,欲自置兵設餉,索倉耗羨,忠孝曰:"升斗皆官物,安得耗羨?"希詔曰:"餉
司能保無額外徵耶?"忠孝正色曰:"吾戴吾頭來,豈以頭易升斗哉?"希詔大愠,遂
拾其未兑濕米疏上之,旨逮下獄。及置對,抗辭不撓。希詔乃羅織成獄以上部
堂,薊督皆疏言其冤,都察院王志道復力爲辨,上意稍解,得削籍遣戍。明年,希
詔所爲不法事露,論斬,忠孝乃得白,歸。雍正九年郡志

掌坊賴宇肩先生垓

賴垓，字宇肩，德化人。崇禎元年進士，授平湖令，治行爲兩浙最。召對稱旨，擢翰林院檢討，歷右春坊，以才名著。乞歸養親，居近二十年卒。雍正九年郡志

侍郎陳龍甫先生洪謐

陳洪謐，字龍甫，晉江人。宋與桂之裔。崇禎四年進士，授南户部主事。管北新關，盡撤關防，復兑南糧，盡塞出入影耗之竇。遷員外，擢知蘇州。蘇賦幾當天下之半，積逋稠叠，至即奉削級之命，乃下教州縣，盡斥諸羨費以充正額，終不能逮，坐鐫級。至盡其聽訟，以牒畀訟者，令自攝對，開誠剖析，人皆信服，或不欲終訟，輒銷牒遣之。吳江民變，奉檄單車往諭，皆羅拜伏罪，僅摘爲首一人以報。流賊薄安慶，督撫議撤閶門萬家爲防禦計。洪謐曰："賊必無越江陵趨蘇州之理。脫有不虞，守請任其咎。"乃止。嘗閱舊牘，見倡議毁九學書院爲奄祠者擬戍未遣，曰："罪有大於此者乎？"趣具獄論死。遇童子試，與諸生指授題義，語溫溫不啻其父師。請囑不行，榜發不限額數，務盡能文者而止。至今吳士語及，猶感涕也。恒言："天下之亂，皆吏不恤民所致。"故守蘇垂十年，一以仁恕爲政，民號"陳母"，又號"陳佛"，所在肖像祀之。本緣賦不遷，吳人反以爲幸，惟恐其去。庚辰、癸未，雙擧卓異第一，紀名御屏。召赴闕，與清廉宴。陞山東按察副使，備兵登、萊。未抵任，晉太僕寺卿，推兵部右侍郎。歸，卒於家，年六十九。洪謐學行夙優，守蘇循職，爲一時最，與方岳貢齊名。晚方大用，而未竟其措施云。雍正九年郡志

給事莊任公先生鼇獻

莊鼇獻，字任公，晉江人。崇禎四年進士，授庶吉士，改兵科給事中。上太平十二策，首在格君心、開言路，終以折獄用刑，謂："秦、晉蠢動，以中州爲淵藪，必有跋扈釀亂者。及今不創，禍將靡極。"又謂："番甲之設，本以緝奸盜，非

以網縉紳。中使豈有韜畧,何故委以監紀重任?"語多激切。疏入,謫浙藩照磨。黃公道周贈詩云:"當年稽首十二策,我遠不及莊任公。"後歸隱葵山,盧父墓側以終。著有《葵山文集》。雍正九年郡志

主事盧牧洲先生若騰

盧若騰,字牧洲,同安人。崇禎十三年進士,御試召對稱旨,授兵部主事。時閣臣楊嗣昌督師湖廣,作佛事祈福。若騰疏參嗣昌不能討賊,止圖佞佛。上以新進小臣妄詆元輔,嚴旨加責,時論壯之。後歸隱海濱,卒。同時有沈佺期、許吉爆俱癸未進士,隱居以終。《通志》

縣令吳宣伯先生韓起

吳韓起,字宣伯,晉江人。崇禎十三年進士,授當塗令。有惠政,文詞古雅,海內稱爲青嶽先生。著有《四書》、《易經說》。雍正九年郡志

行人陳喬嶽先生履貞

陳履貞,字喬嶽,晉江人。崇禎癸未進士,授行人司。壯歲常遊武夷,見考亭祠宇傾圮,即捐倡修葺。在安平,復新朱子書院,朝夕禮之惟謹。生平孝友,凡期功之貧不自贍者,悉衣食之。同譜稱貸無吝色,亦無德色。晚節食貧自適,著書課子而外,無他與焉。雍正九年郡志

文學紀先生文疇子許國。

紀文疇,同安人。廩生。博學有名,與子許國並遊黃石齋先生之門,稱高弟。著《復書》、《史勺》等書。卒海島。許國年二十二舉壬午鄉薦。《同安邑志》

孝廉曾弗人先生異撰

曾異撰,字弗人,晉江人,移家侯官。少孤,事母至孝。家窶甚,歲飢,採薯

葉、雜糠粃食之,妻負畚鋤乾草給爨。長史有知其賢,欲爲地者,介然不屑也。久爲諸生,留心經世學,詩詭激有奇氣。南贛巡撫潘曾紘得王維儉《宋史》,招異撰與徐世溥更定,未成而罷。崇禎己卯舉於鄉,癸未歸,卒。著有《紡綬堂集》。雍正九年郡志

主事林致子先生志遠

林志遠,字致子,同安人。年二十六舉于鄉,力學博聞,勵志弗衰。九上公車,癸未始成進士,授工部主事。假歸,奉慈幃,結茅清溪仙峰嶺,稱陶菴先生。著有《歷代史白》。年七十二卒。雍正九年郡志

監丞黃明立先生居中

黃居中,字明立,晉江人。萬曆乙酉舉人。博通典籍,得未見書,必手自校錄。授上海教諭,遷南國子監丞。僑寓金陵,藏書萬卷。年八十餘,著書不輟,人稱海鶴先生。子虞稷,有才名。國朝康熙己未年以博學宏詞徵。雍正九年郡志

溫陵楊氏家世學派

按:隆、萬間,楊貫齋兄弟以篤學姱修躋顯仕,爲時碩彥。鏡山先生撰《貫齋傳》稱:“理學文章,庶幾兼之。”撰《文恪傳》稱:“一代完行名臣。”蓋二公家學一時推重,信有道之儒也。再考公尊人含山公宦歸而貧,其貽謀以光大其家者,厥有自矣。今撮先輩論述,叙其家學著于編。

布政楊貫齋先生道會

楊道會,字惟宗,號貫齋,晉江人。隆慶二年進士。初令黃巖,息訟緩徵。歷工部郎,擢南戶部主事,乞省親歸。起補原官,丁內艱。服闋,補工部,尋榷木南關。張居正授指令伺察,不報,受督責。久之,張病,六曹堂官皆爲設齋祈福,

大司空出俸金首事。道會謂:"此臣子事君父禮,某不敢預。"聞者爲道會懼,而江陵相自此不起,道會亦未嘗自言。出守安慶。丁外艱,服除,知台州。黃巖,故台治也。將至,民襁負道迎不絶,倭寇不敢犯境。遷廣西按察副使,與巡撫微不合,即投檄歸。居二年,起爲某省提學使者。會臬僚多缺,悉委署篆,兩平猺亂。既成功,又仰屋嘆曰:"猺雖平乎,吏墨而刻,豪蠹而侵,此亂本也,其可勿問?"尋遷湖廣參政,分守荆南道。有香璫久與士大夫爲難,道會至,驚爲神人。轉布政右使。值楚宗獄起,諸司尚日夜治楚獄不休,道會語左使:"楚宗始事者已坐罪,若株連及人人,恐生他變。"左使乃列上罪狀爲數等,得旨施行。又語楚撫:"誅戮之後,宜停楚刑一年,以示寬。"楚撫奏上,報可。道會復時時嘆曰:"楚氛之起,國戚幾頓,牽纏斯長,亦因諸公操之太甚。令某在事,當不其然。"亡何轉左。自親王而下,皆具禮待之,曰:"大家巨族,且厚本支,況天潢乎?"庚戌,因入覲,乞歸,許之。其入覲也,李文節時爲言者所攻,迸居荒廟。道會每過從,譚至夜分。道會爲誦白沙詩"茫茫宇宙人無數,幾箇男兒是丈夫"以壯其志云。道會貞而不諒,和而不流。生平不齒榮利,未嘗一失足權貴人門。嘗言:"理學盡於《性理》,往鑑備于《綱目》。"因取《性理》精言,採入《程朱全書》、《近思錄》,爲《性理抄》。修史依《春秋綱目》例纂成,自作論贊,有《史綱節要》。又有《詩禮二鈔》、《周禮詳節》、《四書商求》等集,藏於家。弟道恒、道賓,見蘇阜山學派。《道南源委》、新郡志、林素菴《續小學》、《閩書》、《通志》

文恪楊惟彦先生道賓

楊道賓,字惟彦,晉江人。道會從弟。萬曆十四年廷試,擢及第第二人,授翰林院編修。累遷國子祭酒、少詹事、禮部侍郎,尚書缺,攝篆者久之。充經筵日講、記注起居,累疏乞歸,不許。奉命有事齋宮,禮未成,以疾擁還,遂没。道賓爲國子祭酒時,疏請東宮行齒胄禮。表進《三國志》、《五代史論》,斥閹豎、公貨財,以古爲鑑,詞切而直。與諸國子按古射儀行之射圃,縣省日之賞以誘勸之,以推明高皇帝建立射圃學宮之意。其攝尚書禮部,疏陳五事,曰葆清明平旦之氣以澄聖衷,曰召閣部大臣入對以決壅鬱,曰復章奏批發之規以尊主權,曰慎内批中發之旨以杜羣疑,曰去形跡體面之套以振事功。上萬壽節,道賓緣華封三祝之意,推而衍之,請上勵精圖治,所以爲受天之壽祝;命東宮諸王出就傅,所以爲受天之多男子祝;捐爵出禄,修廢官,補大僚,所以爲受天之富祝。每遇進講,盥頮焚香,端坐待旦。入視部務,退邸舍作《春秋通鑑講章》,隨事發明,借古爲喻。講讀久輟,道賓言:"太子天下本,培養宜厚,諭教宜勤。宋臣程顥有言:'與近習處久熟,便生褻慢,與士大夫處久熟,便生敬愛。'此確論也。宜亟涣玉音,卜期開講。"蒙恤諸大臣諡典久闕,道賓言:"國初大臣議祭、議葬,即與議諡,後因請乞紛紜,乃令會議類奏。今萬曆三十一年以至今日,閲五年矣,物故大臣其人非一,不及此時一爲分別,將來耆舊不存,事跡湮廢,揣摩任意,毁譽失真,豈國家慎重勵世褒賢之大典哉? 宜下臣部,以三年或五年爲期,博採公論,酌擬奏聞,著爲成規。"從之。道賓起家翰林,以至掌部,嘗分試禮闈,兩主鄉試,一主會試,所得皆知名賢士。居家孝友盡誠,與人煦温,引己反躬,靡有繫吝。至乎義所不可,事所當爲,不肯苟爲徇異。作箴自警,大旨謂:"貴常可賤,富常可貧,須立定根脚。我不必是,人不必非,須剖破藩籬。性命爲輕,名節爲重,須審度權度。名位非求可得,禍患非避可免,當勘破機關。"箴成,遂爲絶筆,時年五十八耳。當朝士大夫皆曰:"楊公達生若是。"立爲請贈諡,得贈禮部尚書,諡文恪。遣使營葬護喪,恤終之典,恩數獨隆。《閩書》、舊郡志、新郡志

洛陽劉氏家世學派

按:劉公可先生三世樸學古行,其仕者皆清德恬節,有名於時。而麖台先生尤惓惓家庭訓誡,其秉心砥行,欲與古人相上下,於時會頹靡之日,獨世篤謹厚風規,以爲一時坊表,故特録之。

少卿劉台巖先生弘寶

劉弘寶,字公可,號台巖,晉江人。萬曆十四年進士,選翰林院庶吉士,授户

科給事中。首上疏勸上御經筵，召還直言諸臣而糾大璫之橫不法者，人以爲得大體。進工科都給事中。察水衡錢，數諸令甲所不急，一意搏省，即中貴人，必執誼力爭之。時江西困陶埏，三吳困機杼，徐淮上下瀕河困墊溺。弘寶請陶埏無徵奇巧，機杼宜舒其期。河堤亟築亟潰，民困版築，宜厚其催直而驅諸罷民佐之，責治河大臣折厥衷，諸請復故道及請浚七百餘里陸地別通漕，皆讕甚，宜一切報罷。他所論奏平反率類是。會科臣序遷，視資之後先爲内外。弘寶遜同官，自請外補，遂出爲浙江參政，分部台州。會有言水被淮泗祖陵者，上切責治河大臣，部覆波及，坐謫潮陽典史。以謫籍卒於家。後以登極恩贈太常寺少卿。弘寶清介仁厚，蔬糲終身，所居不蔽風雨。其端榘正範，雖夜分盛暑必衣冠。與人交，毋問少長，惻怛至到，望之知爲有德君子也。嘗手抄薛文清《讀書録》，躬行一稟之。在惠、潮時，訪李見羅、楊復所二公，相切劘。居常逡巡韜抑，不露意氣，而遇事必言，輒復委婉，曲盡事情。公卿間尤以此多之，於是公望蔚然。所著有《尚書説》、《諫垣遺藥》。子廷焜。雍正九年郡志、史文簡先生撰墓誌

文學劉廣台先生廷焜

劉廷焜，字子曦，號廣台，台巖之子。有名諸生間，餼于庠。奉父母至孝，友恭于兄弟，篤古質愨，無一毫流俗之氣。其方嚴勤儉，出於天性。酷嗜書史，矻矻孜孜，留心古今治亂興亡之大機，及聖賢學問、經濟，可以裨身心捄世務者，手記目識，無虛日月。即之而介，久之，款款中孚如金石。其臨事祇慎，不敢造次。其於"敬"之一字，被服終身，以求無愧家學。其誡鱗長之言曰："汝也，當官若稍懈偷，從不自愛護來也。"又曰："處不競之地，避緇染之塗，可以讀書，可以修身，可以承先世之風節。"又曰："爾其請教於老成練士。"又曰："聖人處事每從忠厚，戒刻薄。兒綜覈甚善，吾慮兒之爲怨府也。"又曰："儕輩之交，宜謙和静定，斂藏鋒鍔。吾慮兒處同事，自恃直道，未能降心相從也。"又曰："京師遊客，附聲射利，多有窺覷，往來宜慎。吾子念之。"又曰："弊役衙蠹，剪除固當，乃吾視吾子，若不能頃刻容者，發之太驟，恐施之過當。吾願吾子之審處熟思也。"

又曰:"少年臨事接物,易入輕率恍惚。吾子念之。"凡累言爾爾,莫非義方云。
何司徒撰墓誌

參議劉孟龍先生鱗長

劉鱗長,字孟龍,晉江人。弘寶之孫。垂髫時,受學於何公鏡山。萬曆四十七年進士。天啓初,授工部主事。時有臯門及浚湟之役,中官馬誠揭開工費三十萬,鱗長僅以六千金竣事。誠怒,欲中以禍。會丁外艱。服除,補街道廳。大璫估保橋運石費四十萬,鱗長核用萬金,大忤魏璫,削職。懷宗立,起原官,司節慎庫。以臺省擅行支放事,累逮詔獄,謫倅毗陵。適大宗伯孫公慎行倡學東南,鱗長師事焉。轉南户部,視學兩浙。歷官至四川參議。時張獻忠破雲南,賊黨率衆寇蜀。鱗長毅然以恢復爲己任,屢與賊戰,有功,復夔、慶等郡。會闖賊陷京,棄官歸,卒于家。新郡志

閩中理學淵源考卷七十八

清溪李氏家世學派

嘗讀曾祖伯漁仲先生叙族譜繫略云："余家世相傳系出李唐江王之後，曩甲午見族人參軍孔文於延平手家乘相示，自武陽流移之後，數世昭穆具存，其散處他州者，記次甚有序，謂余爲其宗人，蓋灼灼也。歸檢舊譜，讀樸祖自序稱先世家尤溪，尤爲延屬邑，竊意孔文爲不謬。夙聞奉常曾經田陽，奉羊豕，登絶巘，祭所謂先廟者。子孫村樸業樵漁，所居里名翰林崎，在大田縣治之東十里。大田未建，昔隸尤溪。嗣後在明，檢討亦過而拜焉，問其高年，具稱一支徙湖頭，在季元之世。然則樸祖距前祖未遠，所聞有據。合諸斯言，殆不誣也。"清馥謹按：漁仲先生所叙皆係始祖以上者，今據舊譜，斷自君達公爲始祖。君達公，感化里河洋保人。元泰定二年，置田莊貫常樂里，而住在清溪藍湖之感化里。其溪據湖之端，水流而下，其色藍，故曰藍湖也。二世祖名號無傳，惟舊木主題千五位。三世祖玉山公，行善好施，老而彌篤。至六世祖旌義樸菴府君，力行仁義，家聲始大。再世而第二子南豐令公煜，舉景泰庚午鄉薦，受《書》於戶部主事莆陽黃公聲仲，刻志問學，《詩》、《書》之澤已顯。迨萬曆庚辰，公之五世孫、心湖先生懋檜始登甲科，由是人文踵起，遂稱安溪名族。嘗考正、嘉以前，時潛修亮節之士亦有應述者，如紀善先生亮清風夙學，望著鄉間，載在志乘。至前修所品待如九世祖羅峯府君，受知於周公孟中，中藍先生瀾受學於蔡公元偉、何公炯，瑞峯先生鳴陽從游於莊公履豐，其親師問學，皆有派別可尋，已附見之學派矣。今錄自樸菴府君而下，并諸前輩派繫，逮隆、萬以降心湖諸公。蓋心湖先生立朝忠讜清修，有進退大節。仍樸先生仕亨、懷藍先生栻以《易》學相師授，而幹宇先生楨有循聲亮節,與李公衷一相友善。若吾高祖念次府君卓犖好義,敦説詩書,有樸祖遺風,其樹義尤宏遠矣。若餘隱先生,明季遺獻,實曾祖伯漁仲公先曾祖,惟念公受業之師也。家世隱德,未能詳述,敬附其大畧待考焉。念次府君及漁仲府君,惟念府君本傳,別見國朝編録。

旌義李樸菴先生森

李公諱森,字俊茂,號樸菴。先世肇於唐江王元祥之後,遷江南,分居於泉之安溪感化里。高、曾皆隱德,大父則成公,洪武初應詔舉孝廉,授將仕郎,判大名府内黄縣簿。父宗江公,修身慎行,不樂仕進,抏拓田廬,以遺安於子孫。公少慷慨,有志向。早歲從師獵涉經史,事親奉公,式由其道。二親謝人間事,禮儀畢備,追慕未嘗頃刻忘也。公席先世遺産,復自居積日起。輕財重義,賙窮恤匱。凡遇假貸,貧不能償者,悉焚券契;喪不能舉者,終不能斂者,即助以貲;捨藥以資貧病。一日,道經邑之劍口川,見負擔者涉水被溺,其心惻然,詢諸友舊曰:“是路正當延、汀、漳、泉要衝,何不作興梁以濟之?”衆皆以無力辭。公遂發心捐貲造橋,至再不就間,忽逢老人有言曰:“此溪險急,難成。長者欲造此橋,須先造石塔以鎮之。”言訖不見。公依言表浮圖數級,而橋告成。又往莆造江口大石橋,本邑復造龍津、鳳池等二十五橋。事具邑乘。正統間,協造本府黄堂及本邑琴堂,又修郡庠黌門及本邑大成殿,以至東嶽五帝殿、元妙觀及一應神祠、聖像,莫不助資理妝飾。正統中,遭歲饑荒,應詔出粟五千石賑濟,又慕義輸邊三千石,有司具名以聞。以上參陳公巘送公之官序、朱公撰墓誌、陳公紹功撰本傳及縣志。詔旌義民,詣闕謝復,拜賜贈帛酒饌。由是聞望顒昂,聲譽益彰。方嶽郡邑循例交薦,授官保障鄉邦。疏累上,覈實命未下,適沙、尤寇發,公以旌義奉檄,統鄉之義勇子弟數千勦珍。總兵官具功次奏聞,授清漳九龍嶺巡檢。輿論咸以爲未足以償其敵愾之績,而公處之泰然,且曰:“三世荷列聖子惠洪恩,兹值梗化陸梁,當捐軀戮力服勤皇家,不避艱險,衝冒矢石,固分内事也,豈可計資秩之崇卑哉?苟能盡職萬一,則銓衡自有公論。”聞者莫不壯其志,而期於遠大也。瀕行，薇垣名卿、守令將帥咸以禮餞，旌其折衝防禦之勞，晉江親舊友契供帳於石筍江之滸。時處士陳氏璵，素知公者，撰序以華其行，景泰元年，庚午九月也。以上見陳氏璵送公之官序。三年，從安溪耆民請，調公源口渡。至則建廳事，修房舍，以綏兵卒。永春、德化前後缺令，監司命公攝其篆。公所至多惠績，二邑咸謳頌之。已，攝安溪，則修公館，整儀門，以安吏民。數年之間，邑政具舉，凡百廢墜，煥然一新。天順癸未，暑雨彌月，大浸稽天，公所建劍口及龍津三大橋圮。公冒雨省視，太息曰："百年之功，盡於此乎！"由是，民復病涉。公因之抑鬱成疾，遂至不起。見朱公撰墓誌及陳氏紹功撰本傳。[1]公自微有官迄白首，大都折節爲義，矜已諾，其急人之困先於己。公事既畢，然後乃嘗酒食，人以是嚴重之。計五十年無曠時虛歲，公其性命於功德者乎！里中人視公猶父，望公家若庫庚，尊之不名，稱樸菴長者。即有競，不從邑令訊，而信李長者之言化。逮其弟俊德，咸駢爲義。公生洪武三十一年戊寅二月，卒天順七年癸未八月，享年六十有六。娶黃氏，本邑感德處士黃胄之女，有賢行。子五人。公既不得志於儒，別立書塾，置書田，積書萬卷，課諸子。五子皆賦質超穎，凡異卓犖，咸有衣冠。長烜，義官，先逝。仲煜，受書於戶部主事莆陽黃聲仲，刻志學問，應庚午鄉試中式，見陳氏紹功撰本傳及陳氏璵送公之官序。[2]後爲南豐令。炳，承事郎。炯，散官，不就。焯，貢太學，爲南雄司理。十世孫清馥謹述。

　　按：公事實見於邑、郡志，《清源文獻》、陳氏紹功撰本傳，詳哉其言之矣。《家譜》中家傳之外，亦陳公紹功所撰傳爲詳，而都憲朱簡齋所撰墓誌，譜中未及錄刻，只有公及妣黃氏《遷墓記》。而處士陳氏璵所撰公之官序亦未及登載。二蘽藏於從祖茂夫先生家，前歲於從弟清柱處持出鈔錄。蓋陳璵先生，字微仲，號栢崖，爲明初高士。性孝友，不求聞達。宣德間，累召不起，號爲徵君。載在志乘。要其人爲不苟作者，且此公筆札殊少，亦吉光片羽也。簡齋朱公當日負碩望，其所志皆精覈，今此蘽集中亦未載。茲就陳紹功先生蘽本又郡縣志之外，再節錄朱、陳二先生曩時撰述，略補本傳所未登載云爾。

　　再按：朱簡齋先生《願學蘽》，天順七年十月十六日往湖頭祭公詩曰：

"乘興相邀弔故人,不辭艱險不辭辛。湖頭紅日湖間雨,林外青山林下津云云。"又題云:"同寺丞蔡公翼、太守楊公興、知州陳惠、提舉賀文、通判陳睿往安溪湖頭弔祭樸菴李公。"讀此,知公當時所交契者皆碩彥舊德,志乘俱有傳。表表而一時氣類之同,遠從弔唁,仰見公之德誼所孚矣。清馥謹識。

縣令李勤齋先生煜

李煜,字秉常,樸菴次子。時清溪科第寥如,公獨自奮發,號勤齋以見志。用壁經舉景泰庚午鄉試,甲戌春闈副榜,署福州、羅源縣諭。一切謝諸生常禮,以大成殿、明倫堂暨東西廡之圮也,慨然笈家貲重建之。成化六年,移諭江西建昌之南城,其庇堂齋饌堂如教羅源時。十三年,江右直指保陞南豐令。下車詢民利病,爲之興除。邑城依江,旦夕假舟楫,渡人不便,即躐址鳩工,築通濟橋,延袤數百步,人德公甚,立石于橋左頌焉。已,復建山川社稷壇壝,立曾子固先生書院,設鋪舍,建衆安亭。政績詳載太史青齋劉公、太常卿廣平程公碑暨太學生《興造記》中。時爻繡屢以最聞,擢有日矣,顧公非其好也,致政歸。爲鄉名德,凡若而年。今名宦、鄉賢並祀之。平生慷慨好施,不事家人生產,自博士至牧長二十餘年,所至以清白稱。宦遊資用,悉從家輂致。獨喜營建,造福於民,宛然先公遺意焉。

紀善李東皋先生亮

李亮,字文誠。家貧植品嗜學,事親盡孝,邑令以孝友大書于旌善亭。見邑志。由明經教潮陽,調任四明,陞淮王府紀善。正德間,致政歸。老進階長史。淮王賜之詩云:"論道經邦得老成,年華驚見鬢絲盈。丘園思切三章疏,魚水難禁十載情。酒熟山中應索醉,鷗閒海上可無盟。明朝遣問須經對,莫使江都獨擅名。"公之爲紀善也,傅王世子。一日,戲捋公鬚,公正色拂袖,引疾抗辭,王數慰留,不可。居家,絕跡公門,士論高之。督學高公委官存問,嘉靖癸巳冬,姪婦林陷賊,投水死,公年八十又一矣,爲詩三章以弔之,如古風人之長言嗟嘆。

公生平不隱惡,不虛美,其節概有如此者。壽八十五終,祀鄉賢名宦。

文學李羅峯先生鏜

李公諱鏜,字時和,號羅峯。事繼母張盡孝,愛諸弟,養而教之,無同異。少俊穎,督學周公孟忠行部延平,過湖,夜宿清溪宮,奇湖中山水,曰:"是必有俊彥。"數顧問此間佳子弟盍與俱來。公年十三,長未四尺,踴於叢而觀貴人。周從高望見一少小衣服嫺雅,傳呼以入。公躐級及堂,拜起有儀。試一題,即其旁立成,呈畢出,周曰:"雖其齒未也,作養則有餘。"立與附庠。既去,留題宮壁曰:"迢遞漳平四日程,清溪夜臥到天明。年豐已喜民安堵,村靜不聞犬吠聲。自是山川留過客,却教風雨阻行旌。搜求俊彥充庠序,從此湖頭多顯名。"爲公作也,題在嘉靖癸卯。後三十餘年,奉常成進士。族中累登科第,踐班行踵,相接爲達官卿相,先正篤學清修,精爽不二,言若持券,可謂先覺。公治家嚴肅,祭先必豐潔,簋有常物,晚稍耗,當祀,少一鵝,恚累旬不自懌。蓋至性之厚,鄉里推重,此其一端也。清溪李氏家譜傳

附　文貞公識詩後

明嘉靖季,學使者周公取道吾鄉,阻雨信宿。羣兒聚觀,因試以文,拔二人入泮,高祖與焉。臨行,留此詩,署曰"木鐸道人題"。時鄉族間發解者纔一二,自後科第遂盛,今四十餘人矣。長老以爲詩讖,故勒石所駐山隈,不忘其志也。玄孫光地謹識。

通判李中藍先生瀾

李瀾,字子觀,別號中藍。自幼警敏刻勵。嘉靖丙午鄉薦,凡九上春官,弗售,至隆慶辛未年,望艾矣,遂謁銓爲衢州府通判。仁心爲質,上下信之。嘗攝郡篆,又嘗假令於龍游、常山、江山、開化諸邑,諄諄曉諭,無煩鈎鉅,獄訟衰息,政教流行。倅掌錢穀,瀾矢心冰蘗,毫無緇染。性樸呐,不能與世俗低昂,適當

事者媒蘗之,瀾方送織造留都,聞其萌芽,即拂衣歸里。杜門謝客,居五載,而子枦生。瀾志行敦篤,事父母至孝,每先形聲,迎志意曲,當其歡心。居喪號擗,如不欲生。兄没,諸子未長,瀾子之。平生所爲,在倡義舉,恤貧乏,割私田以充公祀,時時捐橐金佐族衆婚嫁死喪之不贍給者。郡饑,出粟數百斛賑捄,郡人德之。文簡黃公鳳翔嘗曰:"公里居,嘗招余與詹司寇飲,儀制君即心湖先生。③之封君在焉。公縷譚今古,間一舉觴,封君侑以壺榼代勸酬,而公泊如也,若不知人間有引滿浮白事者,其真樸類如此。"又云:"某嘗過衢郵邸,問郵卒:'李使君昔日治衢何如?'卒曰:'清甚。'宗伯曰:'使君故有家,無藉衢爲肥也。'卒曰:'公見肥人不喫酒炙乎? 恨不兼人噉耳。'宗伯笑頷之,歎曰:'李公,李公,當於古人中求之矣。'"鏡山何公又云:"公所居在喧湫闤闠中,以道自高,瀯然如深山大谷,寡接於世,無競於物,而其無名之樸,自足鎮俗而維風,可謂先進君子矣。公仕本非好,出見人之求致高官大爵者,真不覺如塾人疇客見夥頤之爲沉沉者爾。"先生受學予先子。有子枦,舉進士。卒,年八十九,崇祀鄉賢。黃文簡公撰墓誌、《閩書》、縣志、何鏡山先生撰本傳

太常李心湖先生懋檜

李懋檜,字克蒼,號心湖,安溪人。旅義樸菴公六世孫。總角馳文譽,才擅一時。萬曆八年進士,除六安知州,以愷悌稱。入爲刑部員外郎。長、貳舒公、耿公雅相慕嚮,懋檜一日抗顏而前,言讞獄非是者三。其一,謂中官與兵馬司詔獄失出,可慮。一則臨江守錢若賡罪逮,父老詣闕誦冤者年俱近百,並謫口外,可矜。一則侍郎洪朝選以勘遼藩忤江陵相指,閩撫勞堪希相意窘死之獄中,莫爲申理者,最後司寇僅當勞近戍,其假旨及擅殺大臣,法皆不蔽罪,可恨。懋檜言之激切,二公斂容謝之,舒竟致其事去,緣是負伉直聲。會詔求言,懋檜上疏陳九事以應,曰保聖躬,安宮闈,節內供,御近習,開言路,議蠲賑,慎刑罰,重舉勅,限制田。纚纚千百言,皆切中利病。其中安宮闈、御近習二事,尤聞者縮頸噤舌。大畧謂:"上近封貴妃爲皇貴妃矣,而恭妃尚仍故秩,臣願亟行冊封如皇貴妃之例。何者? 貴妃以皇子得封,乃恭妃則誕元子者。元子,國之本,恭妃異

日爲國之母。夫使國母位次皇貴妃下,臣有以知皇貴妃之必不安也。寧惟貴妃,即皇上心亦必不安也。臣不揣,自今以往,恭妃見皇貴妃禮能如前日乎?能無跼蹐自疑乎?夫使儲君、國母兩懷自疑,恐非皇貴妃之福。臣以爲,宜益封恭妃位在皇貴妃上,即不然,亦當使與貴妃徽號同。恭妃安,則國本安矣。而左右嬖御宜準《周禮》冢宰之制,三載別其淑慝而去留之。"是時,上意淵深,無人敢涉國本事,獨懋檜與部郎劉復初顯指貴妃言之。同日章並上,上怒,欲加重譴,言者猶不已,閣臣請上詔諸曹建言止及所司職掌,以慰解上意。居數日,上亦霽威,諸疏皆留中,而懋檜所條餘七事,亦寢不行。會邵庶上疏請禁各官非言責者毋輒言,又欲令各堂官禁其屬言。懋檜上言:"庶因世延條奏,波及言者,欲概絕之。防人之口,甚於防川,庶豈不聞斯語哉?今天下民窮財殫,所在饑饉,山、陝、河南,婦子仳離,僵仆滿道,疾苦危急之狀,蓋有鄭俠所不能圖者,陛下不得聞且見也。邇者雷擊日壇,星墜如斗,天變示儆於上,畿輦之間,子弑父、僕弑主,人情乖離於下。庶以爲海內盡無可言,羣臣盡可依違,澳溲默默固位已乎?夫在廷之臣,其爲言官者十僅一二,言官不必皆智,不爲言官者不必皆愚也。無論往事,即如邇歲馮保、張居正交通亂政,其連章保留,頌功詡德,若陳三謨、曾士楚者並出臺垣,而請劍引裾杖謫以去者,非庶僚則新進書生也。果若庶言,天下幸無事則可,脫有不虞之變,陛下何從而知。庶復以堂上官禁止司屬爲得計,伏覩《大明律》,百工技藝之人,若有可言之事,直至御前奏聞,但有阻過者斬。《大明會典》及皇祖《臥碑》亦屢言之。百工技藝之人,有言尚不敢阻,況諸司百執事乎?庶言一出,志士解體,善言日壅,主上不得聞其過,羣下無所獻其忠,禍天下必自庶始。陛下必欲重百官越職之禁,不若嚴言官失職之罰。當言不言,坐以負君誤國之罪,輕則記過,重則褫官。科道當遷,一視其章奏多寡得失爲殿最,則言官無不直言,庶官無事可言,出位之禁無庸,太平之效自致矣。"上責其沽名,命貶一秩,科道合救,不允。庶偕同列胡時麟、梅國樓、郭顯忠復交章論劾,乃再降一秩,爲湖廣按察司經歷。懋檜雖放斥外幕,而忠益勵,氣益奮。至謫所,聞邊警,復郵奏安邊之策,宜用馬端肅、俞武襄車制禦邊,而薦趙文毅有文武才,大將則舉朱先、郭成、黎國耀等。疏再上,不報。久之,量移南通政司經歷,歷禮部主事。丁外艱,歸。服除,赴補。牘數上,不獲命。旅食京師者三年,而不知已疏名御屏,錮不用矣。乃告歸,自是里居者二十年,當道屢薦無虛月。神宗晚廉其忠,丙辰即家起南兵部主事。戀檜念母老,乞養歸。遂轉員外郎。尋丁內艱。光宗立,錄舊臣,起禮部郎中,遷光祿少卿,轉太僕少卿。一歲三改命,已復不調者三年。天啓四年,以北太常召,而戀檜已於是歲卒,時年七十有一。戀檜爲人見事,敏審機豫。方蚤歲,即已留神世務,練習朝章,而精心密理,足以運之。藉令循循任職,拾級而上,亦足以致功。而夷然不屑,縣其謇諤之素,遇觸必發,蓋根於天性然也。居家,篤根本,落戍籍,構宗祠,表揚祖德,縑緗捆載。平生廓落無町畦,無賢不肖咸以爲親己。素所交遊如鄒吉水、姜丹陽、呂寶陵、魏南樂、顧錫山、許東陽、蔡龍巖等,皆號知交。然時相規正,有不與俱靡焉者。衡文取士,則李長庚、魏說、李若愚、陳所蘊、何慶元、宋之禎,亦當世名卿。其直言敢諫,安邑自詹仰庇而後,僅見戀檜一人耳。《明史》、邑志、家傳、墓誌

李仍樸先生仕亨

李仕亨,字克澹,號仍樸。生性樸厚,少清苦,讀書淹究經史。早有文名。天啓二年成進士,年已五十九矣。初授戶部主事,監大通橋。丙寅,督餉山西,革招買蠹規,商人懌悅。時二閹至,頗有忤言,然終敬其清白,莫能涅也。戊辰,出守嘉興,三載,政簡刑清,凡父母子弟相爲訟,俱不譴訶,而使自化。其《自誌》云:“不取一虧心錢,不受一無處餽。”覲後,即引疾歸。著書課讀,修葺宗譜,皆崇厚力本之事。閉戶絕應接,復自號迂叟。仕亨爲諸生時,力學傳教,名輩多出其門。族叔中藍公延請教其子栻、孫日曄,皆積年受業。所著有《四書注翼》、《易本義翼》、《四書解》、《易解雜著》、《迂言編》,皆以“迂”名焉。崇禎丙子年卒。郡志、邑志、家傳

臬長李懷藍先生栻

李栻,字克儼,號懷藍,安溪人。父瀾鄉榜,官別駕,有清望。見蔡松莊學派。

杙，萬曆庚子鄉書，癸丑進士，授刑部主事，多所平反。出守維揚，加意恤民，治漕理鹽，善政猶傳。舊有織造稅例，一切革除之。丁艱，補潮陽。潮故多盜。至則立里保，嚴警衛，自是盜患寢熄。有巨猾勢厚，黨劇播惡，莫敢忤視。杙剪除惟亟，需時屬托千函，悉委于焰，既斃而懽歌者比戶，時擬之除人鱷焉。注意作士，譽髦鵲起。潮人衣冠之盛，則自杙作牧始。轉陞高肇副使，七載，緝盜安民，聲績顯著。晉大參，分鉞端州道，威望益隆。最爲百世利者，造太平驛、通濟橋，爲文記之，廣人士誦德。歲餘，陞雲南按察使。值土酋跳梁，杙承委督餉，鞅掌匪遑，卒于官。杙受《易》學於族兄仍樸先生，自齠齔至登第，無二師。凡承《易》旨皆集而演之，刻趨對編。杙守先世田廬，退不營山海之利，進不取公帑之餘，以經術垂訓。子曰曄，天啓五年進士，由中書歷官至廣東副使。郡志、邑志、家傳

審理李幹宇先生楨

李楨，字克輔，別號幹宇，安溪人。萬曆丙子舉人，授安化令。時萬曆之季，海內蓋有開採之役，璫陳鳳指縣有硃砂礦，剋期興役，上官莫敢議。楨曲奉而陰阻之，事得寢。陞茶陵州知州。鋤奸剔蠹，視安化有加。以不能結奉上官，再調臨高縣。因地震，請罷稅礦，一郡俱席其庇。遷王府審理。歸卒，年七十有四。何鏡山先生撰墓誌略曰："公椎魯狷介，一似木強人，而中懷潔白，先哲自將，心常在國家，意常係斯民。第不能修上官之名譽而候其顏色，所以三仕不失令，三令不能得美遷者乎？公三調劑開採之役，其大者矣，其他省訟、絶餽、興學、慎獄、緩征斂、重符信、鋤奸梗，以公廉自誓，而以移風易俗望民，蓋所至若一，是以上官有'商彝秦鏡'之褒，楚民有'耳勁筆貴'之謠。至楚值征播之役，粵值欽州之變，公佐飛輓，靖羽檄，其通變之才，不可以木強論者也。余與公早歲悉有四方之役，迨公懸車，則余謫宦里居二十餘年矣。居常過公，但見公編蒲緝柳，無虛日月，暇則鼓漁陽撾爲三弄而已。"所著有《狷介編》，若自爲譜者。外有《問奇便覽》、《仕隱緒言》，家藏《年譜》、《宦中獨鑑》諸書。何司徒撰墓誌

李瑞峰先生鳴陽

李鳴陽,字克儀,別號瑞峰,十洲公長子。鳴陽學問根柢馬、班,於博士家言涉獵耳。少壯,甚自負。久之,數困棘闈,兼家喪頻仍,而父祖户務殷繁,悉身肩之,用此紛挐,決棄纓鎖。性伉爽輕財,慕范文正公、陶靖節爲人,有急必赴,有侮不恥,信心而行,不求人知。習與游者,如莊梅谷、黃一龍兩先生,蓋相知之深者也。鳴陽檢身方正,嘗思"謹言、慎動、寡欲、節飲"四箴以自警,所稱述皆先獻格言。一夕獨坐書室,有美姝搴簾求貸,鳴陽正色不動,量探篋中錢遣去,人方爲魯男子云。晚退居先公舊隱,自爲《舊隱歌》。留心家譜,綜核詮次特詳,要於闡揚先德,誘誨族屬,文翰炳然,誠家世之琬琰也。自爲《壙誌》曰:"年近古稀,不可謂不壽。學知崇正,不可謂俗流。生平抱莫知之歎,不可謂終身皆未定之天。"蓋自信無所愧怍,齊順逆,一死生,非深於道不及比。家譜

進士李在明先生光龍

李光龍,字蟠卿,號在明,安溪人。誕生時,祖瑞峰公夢杜工部來訪,覺,值光龍生。七歲,父命對"乘桴浮於海",光龍應聲"束帶立于朝"。年十三,從族叔肖巖公偕芳受《易》。時里中多治《尚書》,惟肖巖素治《易》精熟。光龍年雖穉,殊有悟。稍長,與閩瀛叔父鳳鳴同學,又偕叔寶峰受業于孫伯紫先生。疑即本傳中孫司理胎湖,俟詳考。④每構義,屈行輩。自言稍長爲舉子業,亦能帖括一二,歸索家中遺書,得馬、班全集,縱觀之,玩味至忘寢食,益厭時師訓詁學,遂上及六經,旁及諸子,下至宋諸儒、近代諸名公,俱欲究其指歸,汰其緒論。又言:"自戊午以後,讀書仲悔兄齋中,桃源陳子因公車歸,必攜笈就焉。三人同席相證者,不斤斤舉業,專以品行相勗,旁及經濟,深究性命。"壬午,出揭潛銘重熙房,薦於主司,稱光龍《易》學純深,備采作程。會試,過江上,阻寇而反里中。士大夫競勸曰:"時事須公,豈爲斗禄哉?"於是强行。癸未,登進士第。後爲本房薛行塢所蘊推重,而房首爲白東谷胤謙,尤一見傾服。是時,光龍名重,有速

之應中秘之選者,顧光龍愀然私謂薛師曰:"京師棼埃黯黯,磚瓦咸碧,即不習《五行傳》而吉凶居可知矣。"不廷試,遂歸山中,日與宗黨親朋沉淪詩酒間,尋方外交。戊午之間,里中大變,光龍深心潛力,委蛇而坐消之。事平,後人始推其安鄉里之功。光龍生於郡城負郭窮巷,屬家道中衰,旋移故里。稍長,即問家世之所以廢興狀,因就外傅。家貧,素不事生產業,浮沉諸生者最久。然其才爲國幹,學足世儀。郡邑大夫數式閭問政,嘗講切師友,於同郡黃東崖、林平菴諸公有往復,載集中可考。平生著作不甚篋藏,諸子頗收十之三,未刻,目曰《閬山集》。卒,年七十五,時康熙乙巳年也。宗中受業者,族叔漁仲先生日爆、惟念先生兆慶,皆稱高弟焉。家傳、墓誌、《閬山集》、邑志

【校記】

① 此注徐本誤作"以上見陳氏瓛送公之官序",與上重復。

② 徐本缺注文。

③ 徐本缺注文。

④ 徐本缺注文。

閩中理學淵源考卷七十九

清漳明初諸先生學派

按，文勤蔡梁村先生《漳郡志序》曰："維漳郡始於唐初，僻陋濱海。自有宋朱文公涖郡以後，陳北溪、王東湖親承其統緒，道術既一，禮法大明。明代陳剩夫、蔡鶴峯諸賢又起而賡續之，流風餘韻，至今猶存云。"竊嘗敬讀先訓論近代人物，蓋于清漳留連不置，聞彼間風土山川靈異，潮波安恬，水汐時，石岡嶙岣挺峙，其清淑磅礴之氣，鍾爲人傑，不亦宜乎！茲將洪、永、宣、正間先正學派，錄其著者載于篇。

總憲劉愛禮先生宗道

劉宗道，名駰，以字行，龍溪人。洪武壬辰，徵秀才八千餘人，入試朝政，宗道第一。仍命學士詹徽密察諸儒中特異者，居德行第一。以布衣侍坐，共論治道。拜都察院左都御史，上格君澤民二十事，言甚切直，上命所司採行之。自是議大政，多所讜切，遂爲邵質、董希賢所構，詔徙南詔。不久貰還。宗道明程氏學，好修家禮，鄉人稱愛禮先生。有《愛禮集》十卷。陳真晟讀之，稱其繼北溪而起，大有功於名教云。

編修李先生貞

李貞，南靖人。永樂十三年及第第二人，授翰林院編修，與儒臣編輯《四書》、《五經》、《性理大全》。後以不肯預修佛書，貶高州府教授，卒。

孝廉林先生暐

林暐，長泰人。志行高亢，刻意學問。與林震同學，爲震所推。永樂庚子，

與震同領鄉薦。後隱居不出,自號後岡處士,後進皆師表之。《閩書》

評事胡先生宜衡

胡宜衡,名檟,以字行。宗華子。性敏嗜學,謹厚莊重,孝事繼母。漳人及門甚衆。永樂十七年,以賢良薦授翰林院中書舍人,與修成、仁二廟《實錄》。上《爲善陰隲》詩,賜金帛文綺。陞大理左評事。居官清苦,尋引疾致仕。《閩書》

柳先生文通

柳文通,平和人。父没,既除喪,當就試,其母止之,遂不復出。居家教授生徒,戶屨常滿。所居西林,凡西林之占一經者,皆其徒也。《閩書》

吳汝華先生霞

吳霞,字汝華,海澄人。邑庠生。天性孝友,篤志好古。即所居傍築小室,扁曰“顏巷”,聚書其中。其潛玩程、朱,至忘寢食,諸儒語録、行録,悉手抄讀。每語門弟子曰:“世無真儒,‘學’之一字弗明也。‘學’字既明,士風自變矣。”又曰:“其本在立志,其要在主敬。”所著有《射禮輯説》、《道原録抄》、《義集抄》、《學則拾棄稿》、《示兒編》,皆有關世教。年八十餘卒。長子邦懋,生員,有父風。《閩書》

閩中理學淵源考卷八十

州守唐東里先生泰學派

唐公在明代國初沈潛經訓,諸名德多出其門,實倡起之師也。

州守唐東里先生泰

唐泰,字師廓,長泰人。資稟迥異,通曉五經,尤邃于《易》。登永樂十三年進士,知祁州,有惠政。後以文學薦辟,召赴文淵閣,試《麒麟頌》、《明倫論》,稱旨,欲大用之。因大駕北征,遂乞歸侍養。四方之士,受業日衆,乃築草舍百餘間以居之。隨才誘誨,皆有成就,如陳布衣真晟、謝侍郎璉、林修撰震、陳考功璽皆出其門。著《思誠齋銘》。學者稱東里先生。《道南源委》、郡志

侍郎謝重器先生璉

謝璉,字重器,龍溪人。宣德丁未,廷試第三人,除翰林院編修。試詩,稱旨。嘗從謁長陵、獻陵,對述稼穡間閻利弊甚悉。丁艱,服除,與修《宣宗實錄》及令典《聖鑒》、《日曆》諸書。因災異陳言,請出宮人,又請赦諸無辜及除連坐法。尋遷侍講。正統十四年,上言時政十五事,中言石亨不可專任,尚書于謙知軍旅,大臣胡濙堪付托事,後若懸鑑。而築城龍巖,建守禦亦璉所議也。秩滿,陞南京戶部右侍郎,創便宜六事,爲經久可行之規。明年,兼掌兵部務,時戶部郎陳秀坐誣下獄,璉力爭之,秀乃得脫。景泰癸酉,以疾卒于官,詔遣中使涖喪諭祭葬。故事,翰林居養優地,徒以筆翰相高,慷慨論朝政自璉始。著有奏箋百餘卷,及《玉堂藏集》。

修撰林敦聲先生震

林震,字敦聲,長泰人。事繼母至孝,家貧力學,每樵耕,挾書自隨,臥樹下仰讀不輟。宣德五年,殿試第一人,授翰林修撰。正統二年,以疾告歸。娛心書史,非公事不至郡邑。廣藩兩聘主試,號稱得人。卒于家。《閩書》、郡志

布政陳尚勉先生亹

陳亹,字尚勉,漳浦人。師事唐師廓,與陳剩夫爲同門友。登正統元年進士,歷官吏部郎中,文章政事爲時所重。威喇犯邊,守臣失策,作《備邊禦戎策》以獻。天順四年,廣東盜起,廷議必得陳某乃可,除廣東布政使。時英宗初辟,勵精圖治,召入內殿,賜宴遣之。既至,密相機宜,討平新興,撫定德慶、蓬州等峒,賊患遂息。以疾乞休。著有《經籍要覽》、《梅菴存藁》。羣從多以科第顯。《道南源委》

閩中理學淵源考卷八十一

布衣陳剩夫先生真晟學派

按，陸清獻公《問學錄》曰：“吾學編以胡敬齋、陳剩夫附于白沙之傳，此其失莫甚焉。敬齋雖與白沙同遊康齋之門，然其學固非白沙所及。陳剩夫著《程朱正學纂要》，雖其教人專一靜坐，陳清瀾謂其學識未及胡敬齋，只是狷介之士，然亦非白沙禪學之比。而乃以附白沙之傳，何哉？”按：此陸清獻公衞道之嚴也。白沙雖與敬齋共學于康齋，實同門而異戶。布衣先生其用功，實從主一之訓入，其學術端默沈潛，持守有餘，前輩楊氏廉以爲和靖之徒。《明史》傳謂其潛思靜坐，其學近吳康齋。陸公以爲狷介之士，殆確論歟？

布衣陳剩夫先生真晟

陳真晟，字剩夫，漳浦人。浦濱海患倭，洪武間，其先世自泉中調戍漳之鎮海衞，因家焉。先生丰格高聳，神氣蕭清，望之非塵埃中人也。年十七八，即能自拔于俗，厭末作之蠹心，惡異端之害道，專心致志，以儒爲業。入長泰山中，從進士唐泰治舉子業。業成，薦于有司，至省試，聞有司防察過嚴，無待士禮，遂歸。自是不復以科舉爲事，務爲聖賢踐履之學。初讀《中庸》做存養省察工夫，覺無統緒。繼讀《大學》，始知爲學次第。又讀《大學或問》，見朱子博採主敬諸說，以補小學工夫，始知敬者乃《大學》之基本也。及求其所以爲敬，則見程子以主一釋敬，以無適釋主一，始于“敬”字，見得親切，乃實下工夫，推尋此心之動靜而務主於一。靜而主於一，則靜有所養，而妄念不作矣。動而主于一，則動有所持，而外誘不奪矣。嘗語人曰：“《大學》‘誠意’章爲鐵門關，難過。‘主一'二字,乃其玉鑰匙也。蓋意有善惡,若發于善而一以守之,則所謂惡者退而聽命矣。"又曰:"人于此學,若真知之,則行在其中矣。蓋以知之真,則處善安,循理樂,其行甚順。然而氣質有偏勝,嗜欲有偏重,二者用事,其順而易者反逆而難矣。此聖門論學於學問思辨之後,又加以篤行也。"天順三年,用伊川故事,詣闕,上《程朱正學纂要》。其書首採程氏學制,次採朱論說,補正學工夫,次作二圖,一著聖人心與天同運,次著學者心法天之運。次言立明師,補正學,輔皇儲,隆教本數事,以終圖說之意。書未上,先上疏乞召見而陳其說,不報。及書上,奉旨"禮部看了來說",署部事侍郎鄒幹漫不知其說云何,其事遂寢。歸家,讀提學使者頒行《勅諭教條》有合於程、朱教法,喜曰:"此學校正教也。然學校雖崇正教,而科舉不定正考,雖有正教不行也。"因採勅諭中要語,參以程氏《學制》、呂氏《鄉約》、朱氏《貢舉私議》,作《正教正考會通》,定考德為六等,考文為三等,各有按例,可據而行。又纂長書以告當道諸君子,諸君子亦不能推行其說,其事又寢。凡先生學有所得者,至是皆無所遇。聞臨川吳聘君名,欲往質之,乃貨其家之直,得五金,攜其兄子以行,戒之曰:"我死,即瘞于道,題曰'閩南布衣陳其墓'足矣。"行至南昌,張東白元禎止之宿,叩其所學,大加稱許曰:"某敢僭謂斯道自程、朱以來,惟先生得其真。吳、許二子亦未是,如聘君者,不可見,亦不必見也。"遂歸。鎮海初創戎壘,自先生為學,而儒術始正。自先生與莆人李文舉諸先輩講行文公《家禮》,而風俗始正。先生生於鎮海,遷於龍巖,晚定居於漳之玉洲。自以布衣詣闕上書,因號布衣,學者稱為布衣先生。成化十年卒,年六十有四。後十年,學使周孟忠為文以祭,郡守彭桓立石官道傍以表之,題曰"大明闕下兩上書請補正學泉南布衣陳先生墓"。所著有《布衣存稿》,藏于郡齋。《道南源委》、《閩書》、家譜傳、郡志、《明史》、林氏雍撰行實

布 衣 先 生 文

答 周 公 載

所論欲搜剔聖賢微言緒論而紬繹之,以庶幾深乎道,殆是也。蓋搜繹亦窮

理之事,《大學》之要,莫先於窮理,豈不信然? 然以程、朱之學揆之,要必先求其所以能紬繹之者以爲之本,然後可也。若無其本,則雖欲勉强以紬繹之,亦不可得也。蓋義理之聚於物,猶蠒絲之聚於繭,至精深微密者也。令欲紬繹之於繭爲易,蓋引其緒以出於外者也,於物理爲難,實游其心以入於内者也。故苟非先養其心,使有剛鋭精明純一之氣,則安能入其微,步其精,以詣其極,隨其表裏精麁之處無不到,而脱然盡得其妙於吾胸中乎? 妙有不盡得,則雖曰紬繹,猶未紬繹也。如一物有十分道理,已繹到八九分,則一二分繹不得,此一二分正其所謂精妙者也。精妙者既不能繹,則其所繹者八九分皆其麁者耳。得其麁,昧其精,雖謂之全未紬繹亦可也。且但一物不能繹,則物物皆不能繹。譬如印板,但印出一張糊糢,則張張皆糊糢。心麁之病,何以異此? 苟如此而欲望深於道,殆難矣。矧道不惟精深,實且廣大,蓋合衆精深而爲一廣大者也。故既不能析之極其精,則必不能合之盡其大。所謂物有未格,則知有未至者,此也。然所以合之者,又須此心先有廣大之量,然後能也。故先儒曰:“入道莫如敬。未有能致知,而不在敬者。”又曰:“涵養須用敬,進學在致知。”所謂敬者,豈非涵養此心,使動而窮夫理,則有剛鋭精明純一之氣,静而合夫理,又有高明廣大之量者乎? 凡此皆有真實工夫,做到至處,所謂聖學也。程、朱之學,入道有門,進道有階,升堂觀奥,皆有明轍。惟此最爲要法,誠不可不先講而力求者也。

夫學一也,豈有道、俗之分? 所以分者,在乎心而已矣。故志乎義,則道心也。志乎利,則俗心也。以道心而爲俗學,則俗學即道學;以利心而爲道學,則道學即俗學,只在義利之間而已矣。惟在朝廷則不然。朝廷風化攸繫,故以道學鼓天下,則天下皆道學而義風盛;以俗學鼓天下,則天下皆俗學而利習熾,此程、朱所以皆欲朝廷革俗習而崇義方,有以也。若君子自學,苟立志有定,則無不可者也,何俗爲?

答　何　椒

今之學者皆言“居敬”,多只是泛泛焉。若存若亡,而無主一,無適之,則是未嘗居程子之敬也。皆言“窮理”,亦只是泛泛焉。務多讀書而無即事窮理之精,則是未嘗窮程子之理也。

蔡九峯之學未得爲淳,只觀其自序,乃以窮神知化,與獨立物表者並言,亦可見矣。若物之表果有一個獨立者,則是莊、列之玄虛。康節謂老子得《易》之體,正亦同此。是皆於體用一原,顯微無間之旨見得不透徹故也。

備　考

張净峰先生爲《鎮海衛鄉賢祠記》畧云:景泰、天順間,布衣陳公、翠渠周公二先生同時産於鎮海,皆以學行有聞于天下,二公蓋爲聖賢義理之學者。嘗聞布衣少食貧,業作末藝。一日遇鄉校聞講《中庸》"戒懼謹獨",若有會於心者,遂棄其業從之。既復讀《大學》"格物致知"之訓,知其與《中庸》相發明,又知其工夫真切,不越乎"敬"之一字,故其學以默坐澄心,反躬踐履爲本,於章句文義蓋有不數數然者。翠渠自業舉子時已不安於俗學之陋,其學自六經、四子、天文、律曆、字畫及方外之書無所不究,而每以辨析精微、洞見本原爲歸宿之地。蓋二先生之所自得及其所從入如此。鎮海故戍壘,自二先生後,人始知學,至爲立博士弟子員以教養之。嘉靖乙酉,豐一齋先生熙謫戍是壘,嘗舉二先生之學爲學者言之。既又以祠事言提學使者,度隙地爲屋三間,並祠二先生,既成,馳書于岳,俾記之。岳之先世蓋嘗講于翠渠者,而布衣之言論風旨亦嘗竊聞其大畧如此。又曰:當二先生時,士大夫以講學有聞者多矣,爲説皆務高遠,考其要歸,能無憾於後學者蓋鮮,獨二先生之學粹然本於考亭無議也。昔朱子有言曰:"子思以來,教人之法惟有尊德性、道問學兩事爲用力之要。"然學者性質趣識不能盡同,大抵多因其所近者而入,誠能兼取二先生之所用力而反之於身,以審其先後之端,如病者用藥,陰陽寒熱,期中病源而不至于偏勝,則庶乎有合於聖人之行,無愧於二先生矣。布衣名某,字某,泉人。翠渠,名某,字某,莆人。初築壘時,調二郡之人戍守之,蓋守者子孫云。

蕺山劉氏曰:一者,誠也。主一,敬也。主一,即慎獨之説。誠由敬入也。剩夫恐人不識慎獨義,故以"主一"二字代之。此老學有本領,故立言諦當如此，是故東白得真之言亦定論也。

郎中林蒙菴先生雍

林雍，字萬容，龍溪人。景泰五年進士，授行人。以母老乞歸養。終喪，起就職。憲宗初政，上疏勸修德格天、親賢講學，復請進周惇頤、程顥、程頤、朱熹于顏、曾、思、孟之後，列爲八配，又請祀陳淳兩廡。並不報。遷爲司正。先是，諸行人出使往往以賄聞，雍屬操先諸公，諸公皆自愛惜。屬吏部考察，雍獨不赴，曰："使某不勝任，黜之可也，安能隨行俛首，言科目籍貫耶?"陞駕部郎中。未幾，乞歸。命下，忻然就道。長安縉紳賢之，相與詠歌其事。歸，結廬龍山，從布衣陳先生真晟相師友，日與徒侶講明正學，謀之林僉憲克賢、姜郡守諒建祠祀北溪芝山麓。又與鄉人月爲一會，修藍田《呂氏鄉約》。累徵不起，年七十餘卒。陳先生真晟稱雍學始終本末，有序有要。督學周公孟忠稱其居官冰蘗，未老乞歸，清風高節，海內傾仰。漳人謂北溪之後，得正學之傳者，真晟與雍二人而已。學者稱爲蒙菴先生。《閩書》、《漳郡志》

備　考

周翠渠《送林蒙菴序》畧曰：先生學平實，不矯飾以爲僞，處事多委曲詳慎，無直遂。每公退，坐一室，左圖右書，檢點其身心，自慮念之微以達於事爲之著，務合於道義。間有不合，如被穢在躬，力褫去之乃止。嘗語瑛曰："凡學不過欲得此心而已，心不可外天理人事以求之也。處人事以合天理，則此心得矣。若厭人事而慕高虛，惡積累而求超脫，皆非學也。"

侍郎魏仲禮先生富

魏富，字仲禮，龍溪人。少孤，學于布衣陳真晟、翰林謝璉之門。成化丙戌進士，授監察御史，繼按廣東。林蠻洞蜒爲厲，廉得不法吏若干人，置于理，蠻蜒皆復隸編戶。遷浙江按察司副使。重舞文告訐之禁，有縣令爲豪猾所誣，久坐繫,同官莫敢直,富直而釋之。修蕭山、諸暨、石塘堤以捍田,發粟賑嘉、湖、寧、台饑,存活萬餘人。陞江西按察使,擢右僉都御史,巡撫順天。畿內地中貴人及將領、守臣多操利匿亡,互相倚援,富部分將領,授以成算,一時無犯者。疾作,乞歸。後起用南京大理卿。正德改元,陞刑部右侍郎。乞致仕,給驛歸。富歷仕四十餘載,隨事盡職,未嘗立異,譽輒隨之。疏衣糲食,自奉泊如焉。《閩書》、郡志

丁迂峰先生世平

丁世平,字迂峰,龍溪人。從學陳布衣。布衣詣闕上書,世平詩送之曰:“先生學趣似陶淵,嗜酒忘形老益堅。心借程朱五百載,道憂孔孟三千年。一筇策破關山月,雙棹撐開泗水天。歌詠歸來吾與點,半生辛苦付恬然。”《閩書》

嘉、隆以後諸先生學派

紀道範先生孚兆

紀孚兆,字道範,海澄人。僻處海陬,卓然自奮,極力營辦,以事父母。授徒他鄉,朔望歸省,有餽送,懷歸。父母色不豫,率妻蔣跪問,必得其懽。居喪悲痛,不入臥房,廬墓三年。衣冠古樸,與人拜酬,輒命子弟執往,不屬童僕。所教生徒,皆以正學爲本,兼及當世之務。晚年以程、朱爲的,其學益進,如蔡烈、林一陽、潘鳴時,皆傾心下之。所著有《心極圖説》。妻蔣,事姑愛謹。《閩書·韋布》

陳欽齋先生鳴球

陳鳴球,字舜夫,詔安人。性至孝,兒時即定省如禮。家貧力學,不事口耳。嘗與湛甘泉論體認工夫,謂:“工夫無處不貫,然下手處,不可不知。”甘泉大嘆服之。後又與薛中離講明良知之旨,證吾心之無二。球明于理學,而於天文、陰符諸書,尤爲精曉。所著《道心圖》、《體認要解》及《欽齋集》外,有《陣圖解》。其卒也,友人林士章題其石曰:“明處士欽齋陳先生之墓。”郡志

州判潘徵求先生鳴時

潘鳴時，字徵求，海澄人。家貧，就外傅，樵採以資學業。讀書能嶺巖，得王文成《傳習錄》讀之，遂負篋吳會，謁王龍溪畿、錢緒山德洪。歸來，自以爲有得也，益聚徒講論。行鄉約，積義倉，練鄉兵。爲政枌榆間，會五寨草寇發，竟以鄉兵擒之。隆慶戊辰，領恩貢入太學。歸則講徒日衆。久之，叙選，判信陽州，以拂當道謝去。逾年卒。所著有《讀易偶見》、《語錄》等編。門人吳道濂、蘇攀等爲創祠南山寺之東偏祀之。《閩書》、郡志

縣令林復夫先生一陽

林一陽，字復夫，漳浦人。嘉靖甲午鄉薦。爲學以居敬窮理爲宗，謂：“道至程、朱有何不盡？何須別立教門？”及判濟南，調霍邱令，皆有惠政。以不諧於時，遷藩幕，歸。嘗曰：“惟敬勝怠，惟勤補拙，惟儉養廉。”所著有《論學義》。又善臨池大書，有晦菴、白沙筆致。

孝廉高先生則賢

高則賢，龍溪人。貌古行樸，動法古人。性沈密，善講解。嘗持《周易本義》、《程子易傳》端坐雲洞中，一年始出，作《易解》，士多宗之。爲文覃思至深，能抒寫其所自得。晚貢成均，萬曆己卯舉順天，林宗伯士章延之西席，都下諸公皆願識其人，而賢即世矣。

閩中理學淵源考卷八十二

漳浦蔡氏家世學派

縣令蔡丕禮先生大壯

蔡大壯，字丕禮，漳浦人。性友愛，篤志勵學。受業周翠渠之門，告以主敬工夫，充然有得。由舉人任寧鄉知縣。開渠灌田，履畝均輸，撤淫祠，禁溺女。又重刻翠渠《祠山辨》、《教民雜録》等書，授鄉老以教子弟。嘗書"居敬"二字於衙齋，銘曰："遠敬君，近敬身，幽敬鬼神明敬人。必至無所不敬，庶幾不負吾學，不負吾身。"凡折獄，必引經文爲斷。民以事至邑者，必問曰："讀書乎?"則告以講習之法。或以貧辭，輒勉之。以入覲，告乞歸。所有田宅，悉以均諸兄弟。著《毛詩釋義》。

主事蔡震湖先生宗禹

蔡宗禹，字寶元，漳浦人。秉性剛介，明敏過人。少年讀書，但求大意，不事鉤索。乃父教以因經求道，因物求知，一日大省。萬曆間，貢入太學，大司成葉臺山稱爲"天下士"，屢贈以詩，于是聲名藉甚。登萬曆辛丑進士，司李鎮江。甫下車，首嚴左道之禁，勸諭空門還俗，僧僚院宇置役守之，以絶士女之往來，而緇衣、黃冠徑入人家者有罰。法令嚴明，人莫敢犯。惟罪跡未著，或已著而情屬可矜者，率多平反。郡丞某墨而殘，欲以其私害人，公爭之强，致失丞懽。丞方攝郡，上官檄公使代之，丞益恨，構陷萬端，遂被劾，謫湖州照磨，覈其事皆烏有。未幾，丞亦敗，彈丞者以螫公爲名，公得白。補授白水令。冰蘗自矢，園有椿樹，菹之以佐食，蒼頭短衣不完，所得俸錢，悉以興校資貧士。凡有淫祠，悉改爲書院,而逐其住僧。日與諸生談經講道其中,講畢,必謂曰:"吾所持以爲治者,此耳。然天下事,宜古不宜今者多矣。凡諸政令有不便于民者,諸生匡我焉。"歲饑,貧無可賑,勸諭諸富室爲糜以濟,而自賦詩以歌其事,富室益樂於爲善,全活不下萬數。事聞,陞刑部主事。以疾乞歸,講學於湖西書院,終日正容危坐,諸生非加冠束帶不敢至前。曉集必拜,有問必趨,退則一揖而別。自臨文作字,以至洒掃應對,莫不循循然有規矩,几席之下,儼若朝儀。四方負笈來者,至房舍不能容,別結草廬以居。公當風清月白時,提茗挈果,放舟湖上,顧謂門弟子曰:"活潑潑地,何人解得? 向來到此,塵慮盡消,不啻如湖泉萬斛洗腸胃也。先儒所謂吟風弄月,有吾與點也之意。此時光景,殆庶幾乎?"生平爲學以力行爲主,獨往獨來,不儕流俗,而婚娶喪葬,一遵《禮經》。足跡不至寺觀,僧巫、術士弗與交談,曰:"磨不磷,涅不緇者,聖人事也。吾輩自揣堅白如何,果能磨涅無玷乎? 吾不能爲柳下惠,且先學爲魯男子。"或以舉業爲道學病者,答曰:"君勿蹈時趨,但從程、朱講解,則舉業即道學矣。"又曰:"陳布衣先生有言:'程、朱何嘗不科舉,亦以其學居敬窮理而得者以應試而已。'"年七十餘卒。先生爲人明敏,治郡治邑,寬嚴並用。生平屏絕異學,宦跡所經,僧道裹足,其闢邪崇正之功,更不在韓、狄下。今子孫猶能世守其訓,凡吉凶事不仗僧巫,尤近世所希覯者,宜爲有家之法也。所著有《明誠解》、《程朱要言續》、《毛詩釋》、《史記一家言》、《叢桂軒語錄》、《杜詩註釋》等書。學者稱震湖先生。時江右羅公倫、浙中豐公熙,皆謫戍濱海,而同邑薛公士彥,亦自雲南布政使致仕歸,相與講明正學,有鄒魯之風。子一橙。

孝廉蔡廷黄先生一橙

蔡一橙,字廷黄,號伯梁。充養和粹,雅志經學。黎明即起危坐,曰:"此平旦清明之氣也,孟子所謂好惡與人相近者,正在此時,其焉可錯過。"或告以姚江"良知"之說,則曰:"世守程、朱門戶,未便操戈入室也。"領萬曆丙午鄉薦,每公車北上,載籍千卷以行。其於濂、洛、關、閩之書,雖驢背板橋,未嘗釋手。曰:

"吾敬此如神明,庶幾不見不聞中,不敢自肆也。"著《四書提旨》、《詩經會解》、《布衣心圖註》。與晉江蘇紫溪友善,書問辨復甚多。子孫各守家學。

學正楊商泉先生豫學派

按:商泉先生,邑志惟載蔣蘭居、葉泰窩爲及門之士。今附列之。

學正楊商泉先生豫

楊豫,別字商泉,漳平和睦里人。早歲設教里中,人士多從之遊。蔣蘭居、葉泰窩出其門。學者稱爲商泉先生。以貢仕遂溪教諭,陞德慶學正。邑志

貢士葉泰窩先生時新學派

按:先生,郡志列在《儒林》。考本傳,以仁讓聞,鄉里化之。何公九雲贊曰:"葉君鄉祭酒,諸生半在門。君乎討性學,言行必有藩。"蓋有道之士也。

貢士葉泰窩先生時新

葉時新,字蒼竹,漳平人。年四十,盡焚其少年雜著,與陳文溪、蔣蘭居講明窮理致知之學。應貢不仕。仁讓有聞,里人化之。晚乃隱居教授,里中人士多出其門,稱爲泰窩先生。其門人嚴和濟、黃佩韋等録其論學要語數十則,直可分宋人一席。其次陳文溪偕曾五溪游龍亭寺詩曰:"周旋時事自知閒,不落風塵主宰間。每泛孤舟觀碧草,也憑佳節歷名山。吾鄉幸有真朋聚,世道應看淑氣還。記得當年山寺講,乾坤此間破玄關。"《漳平志》

黃先生佩韋

黃佩韋,傳闕。

嚴　先　生　和　濟

嚴和濟,漳平人。邑庠,爲葉泰窩高弟。子卓如。

嚴希立先生卓如

嚴卓如,字希立,漳平人。立身端方,雖獨處,必正衣冠危坐,無間寒暑。接人處中,一出於誠。《漳平志》

林　先　生　梅　濟

林梅濟,漳平人。爲嚴希立高弟。得師門之遺,秉心質直,制行温醇,膺選後方在强年,不復爲仕進計,家居課讀。《漳平志》

運使曾惟馨先生汝檀學派

運使曾惟馨先生汝檀

曾汝檀,字惟馨,漳平人。以貢入南雍,受學于湛甘泉先生。嘉靖壬辰舉進士,授都察院都事。時甘泉爲禮部侍郎,朝夕親炙。及其轉南禮部尚書,汝檀亦求改南從之,遂遷南户部員外郎,歷禮部郎中,擢知撫州府。首建陸象山、吳草廬、吳康齋三賢祠,立五經閣,教鄉約。月朔臨視,獎善勸農。政暇,與諸生講明正學。以拂當道意,調南寧,治如撫州時。時甘泉已家居,檀往訪焉。時安南内亂,久不貢,廷議屢勅行勘,藩臬難其事,檀即請行。未幾,疏乞終養。道經嶺南,復謁甘泉而歸。既釋服,起補安慶知府。時親藩景王之國,道經郡,當道議析民居爲行宮,汝檀移于城東空闊處。及王至,供億整辦。尋陞山東鹽運使。逾年,卒官。汝檀資稟厚而信道篤,所學淵源於陳白沙,刊落支節,務窺本源。歸家以養親講學爲事,與諸生論經旨,但遇舊説分析太過處,必爲渾合,使知歸一。嘗以《中庸》"戒懼慎獨"教人,曰:"《中庸》揭此獨知,爲後學開一門路,多少緊切。譬如種植,必有真種子落地,然後培植,日加暢茂矣。"於是,四方來學者衆,乃構心源精舍爲講所。所著有《心源問辨録》及《漳平縣志》。督學姜公寶訪求八閩人物,獨推重之。祀之鄉賢。學者稱廓齋先生。

同知陳先生九叙

陳九叙,漳平人。萬曆甲戌進士,累官同知,有惠政。九叙少學曾汝檀之門,嘗言:"學必成其大,不在一節取名高。學必成其是,不在與人競門户。"沈古林、王東里、耿楚侗諸先輩咸許可其學,以爲正脈。著有《心源録》,詩文諸編。

閩中理學淵源考卷八十三

黃石齋先生道周學派

黃石齋先生道周

黃道周,字幼元,號石齋,漳浦之銅山人。少負奇節,以孝聞。年十四,慨然有四方之志,不肯治舉子業,抵博羅謁韓大夫日纘。韓家多異書,得盡覽所未見。嘗即席酒酣,援筆立就數千言,名大噪。天啓二年第進士,選庶吉士,歷編修,監修《國史》、《實錄》。故事,經筵展書官奉書膝行。道周謂:"膝行,非禮也。"平步進。魏忠賢目攝之,不爲動。未幾,乞歸。葬父石養山,結廬其下。旋丁內艱。服闋,還朝。崇禎三年,典試浙江,以《神宗實錄》成,晉右中允。明年冬,故相錢龍錫坐袁崇煥事被逮,道周草疏救之,貶秩鐫三級,而龍錫卒得減死。科臣有銜道周者,摭浙江典試事蜚語上聞。疏乞休,許之。瀕行,上小人勿用疏,蓋指輔臣溫體仁、周延儒也。上怒,削籍還。至浙江,學者聞道周至,爲築大滌書院而稟學焉。歸至石養山,守墓如新喪時。踰年,以有司請講學於郡治紫陽祠,門人自遠至者可千人。乙亥,起補原官。時方久旱,五月內繫兩尚書,道周疏請慎喜怒,以回天意。六月,又上疏曰:"陛下下詔求言,省刑獄,然方求言而建言者輒斥,方清獄而下獄者旋聞。當此南北交訌,奈何與市井細民申勃磎之談,修睚眦之隙乎?"時溫體仁方招奸人興東林、復社之獄,故道周言及之。晉左諭德,掌司經局。疏陳有"三罪"、"四恥"、"七不如"語。遷少詹事,侍經筵。會鄭三俊下吏,講官黃景昉救之。道周上疏推獎,旨下切責。再疏,以支飾譴。道周前有疏纂述《洪範》、《月令》等,書未就,乞寬假數月去,有旨得卒業。時楊嗣昌奪情入閣,陳新甲奪情起宣大總督。道周草疏分劾,同日上之。上持

795

疏不下。及召對，與嗣昌爭辨上前，犯顏諫諍，不少退沮。貶江西布政司都事，未任。巡撫解學龍以道周才堪輔導薦，上怒，疑爲黨，削籍逮治。詞連黃文煥、陳天定、董養河、文震亨，俱下詔獄。户部主事葉廷秀、太學生涂仲吉先後疏救，並杖戌。道周繫獄時，吏日奉紙筆乞書，道周爲書《孝經》百二十本。在獄兩年，感明夷事，著《易象正方》，草十二圖。錦衣校徵急，道周恬然謂曰："俟吾畫一圖成，就逮耳。"擁之去。至北寺，與仲吉、廷秀對簿，受械鞫。時奸黨必欲殺道周，尚書劉澤深等謂："道周不宜以建言誅。"得遣戌廣西。既而嗣昌敗，周延儒、蔣德璟乘間爲上言，得免戌，復故官。疏乞致仕，歸。講學於邑之明誠堂及江東鄴山，郡邑有司、遠近鄉大夫士畢至，凡一再會而燕都變作。初，道周未第時，渡釣龍江，舟覆溺焉，恍惚見一人前導至一殿，額曰："倪黃館。"選時，元璐名第一，道周第二。一死北都，一死南都，出處始終若前定然。著述甚富，奏疏、經解、詩文，旁及天文、曆數，共四十餘種。《二希堂集》、行狀、《通志》、《儒林録》

張蒼巒先生若化

張若化，字雨玉，號蒼巒，世居漳浦之丹山。弱冠，師事黃石齋，得聞明誠之學。旁及律曆、經綸諸務，靡不淹貫。崇禎丙子舉於鄉，兩上公車不第，而弟若仲以庚辰捷南宮，因留京師。時石齋以言事下北寺獄，若化青衣小帽雜廝役中，時時進獄問起居，左右之。若化事父母以志養，食貧茹苦，嘗搗栢葉以代園蔬，諸孫嘗之，喀喀不得下咽，若化茹而甘焉。山居四十年，足不及城市，未嘗以姓名通有司。勵志獨行，不標講學之名。疾惡守義，凜不可犯，雖骨肉至親不少假。而惻隱所周，悉力於人者不少靳。時值兵荒，盜賊蜂起，羣相戒曰："慎勿犯張公廬。"鄉人依以避難，終其身，盜不入境。丹山在羣山中，巉巖阻絶，日夕雲霧往來。茅茨數椽，上漏下濕，豺虎交橫，時曳杖孤往，登陟羣峭，徜徉泉石，嘯歌自得，人咸異之。年六十六，正襟危坐，無疾而終。子士楷，能繼父志，潛心性命之學，稱儒宗焉。

張次巒先生若仲

張若仲，字聲玉，號次巒。生而韶秀，讀書明理，以不欺方寸爲本。嚬笑不苟，作止語默，持之以敬，若性成焉。崇禎丙子，與兄若化同舉於鄉。庚辰成進士，例選州牧。性廉静，不願任煩劇，改授益府長史。居官清儉簡貴，以禮匡宗藩，請崇寬大，戒嚴切。不納。以去就争之，益藩爲之改容。以母病乞休歸。母没，既葬，爲土室處其傍，聞狐兔嘷嘯，輒泣下嗚嗚。山居五十年，清修獨善，藝圃一區，果蔬薯蕷，度給賓祭。餘悉種梅竹，栽蒔灌溉，身自爲之。時蓑箬牽犢，飯隴畝，與野夫雜處。晚歲益務爲敦篤，飲人以和，遇鄉里有争訟，勸之以誠，久而化焉。邑濱海有蝗起，羣飛蔽天，觸禾稼草木，葉噉盡，民多聚泣，或泥首禳之，獨若仲所居數里内外無蝗患，里賴以安。歲丁卯秋，夜風雨大作，所居屋盡拔，若仲獨寢地上無恙。黎明，人視之，毛髮爲悚。年八十四，以壽終。鄉人稱若仲兄弟爲"丹山二先生"而不名，與兄若化同祀鄉賢。《二希堂集》

張端卿先生士楷

張士楷，字端卿，漳浦人。父若化，弱冠，師事黄石齋先生，得聞明誠之學。士楷幼穎異，稍就外傅，即學爲詩歌古文詞，超然獨往，下筆立就。弱冠，一意屏棄舉子業，潛心性命，以主敬爲根本。嘗謂："精一之學，九思盡之。"作《九思注録》、《太極圖説》、《定性書》、《西銘敬齋箴》，各爲題詞，參《曲禮》、《内則》、《小學》諸書爲敬學科條，務合天則，而不苦於拘攣，以授學者爲言行準，漳南學者争師之。其論經濟之本，必在存養之熟，從性命中起經濟，還從經濟中求性命，斯内聖外王之學也。平生踐履純懿，端重温克。望之如泥塑，接之和氣藹然，而義之所在，剛介不撓，雖妻孥不以情恕，千駟萬鍾不以易也。自學道後，益卑視文藝，然文益深造，詩直逼少陵。凡天文、地輿、曆象、律吕，無不洞覽。卒，年四十有七。論者以士楷方漢汝南黄憲，憲好臧否人物，時露圭角，中涵養所得，未知於楷何如也？所著有《濮沿山人集》、《談學録》、《明儒林列傳》、《土室

庸言》、《藝苑提宗》、《静學編》等書。郡志

蔡時培先生春溶 賴繼瑾附。

蔡春溶,字時培,龍溪人。賴繼瑾,字敬儒,平和人。二人者,少倔强負志節,仝受業于黄道周之門,道周器之。

林子篤先生邁佳

林邁佳,字子篤,詔安人。潛心力學,從薛欽宇、黄石齋二先生遊。著《環中一貫圖説》,究論天人事物之蘊。薛以"一庵子"呼之。年八十餘,猶與同志講《易》忘倦云。

洪阿士先生思

洪思,字阿士,龍溪人。年十三,隨其父遊黄石齋之門,容止甚飭,石齋器之。及石齋出山,思稍長,乃自附於鄞山之徒,日以詩歌自放。末年,憫其師文字散軼,乃出,收文于江上,士大夫多重之。其詩激楚清越,不落時流,作章草甚佳。晚復入山而卒。著有《洪圖六經》、《洪圖六史》及《敬身録》。郡志

陳祝皇先生天定

陳天定,字祝皇,龍溪人。與文穆林公釬爲中表,嘗師事之。天啓五年成進士,遭魏璫方張,不釋褐而歸。日與友人談經史,操時藝。選政海内,操觚家多宗之,而《陳氏説書》尤盛行于世。會漳中不靖,二十四將躪海濱,窺于郡。郡守施邦曜與共商捍敵之策,天定繕鄉兵,輕衣治戎,自城以東皆主之,築土堡於鎮門兩岸,以固郡圉。賊嘗一夜以輕舟泊浦頭,天定乘月黑要之,賊幾不得出,自是不得内犯。歲復饑,天定捐貲勸賑,聚米分恤,活饑民無數,民爲立碑紀其事。崇禎辛未,璫焰既熄,始廷獻,授官行人。未幾,林文穆卒,遂請護喪以歸。著有《陳氏説書》及《慧山詩文全集》若干卷,行于世。學者稱爲慧山先生。郡志

涂德公先生仲吉

涂仲吉，字德公，鎮海涂一榛季子。生而骫髒，喜談節義，時論未之許也。稍長，入太學，聞時事闕失，輒頓足或時爲流涕。一日，在金陵聞黄石齋道周下詔獄，時方飲，投觴而起，曰："仲吉當一行，爲朝廷保正士。"遂間關赴闕上書。上覽疏，大怒，杖仲吉於長安門外，復下錦衣獄鞫指使者。錦衣喬可用盛陳刑具，仲吉曰："吾閩南男子，見義而動，死即死耳，寧足怖耶?"可用拶其指盡折，仲吉不少挫，既而懷宗亦稍悟，乃與道周俱論戍。未幾，復赦還。郡志

紀石青先生許國

紀許國，字石青，同安後廍人。與父文疇並受業於黄石齋先生。石齋弟子數百人，許國年最少，許以掉臂獨行。年二十二，舉崇禎壬午鄉試。《同安縣志》

王載卿先生仍輅

王仍輅，字載卿，漳浦人。少宰志道之孫。從張端卿遊。家既落，恒敝衣冠。有姑妻於貴人，仍輅不往。貴人餌以千金，終不顧，率妻子入珠溪萬山中。暮年乃還，於牆東舊址築數椽，曰"狐死首丘耳"。嘗置一笠爲亭，四面編蘆障之，竟老其中。郡志

張紹和先生燮

張燮，字紹和，廷榜之子。萬曆甲午舉人。聰明敏慧，博極羣書。結社芝山之麓，與蔣孟育、高克正、林茂桂、王志遠、鄭懷魁、陳翼飛稱"七才子"。與黄道周尤稱交好，道周嘗云"文章不如張燮"，一時遠近鉅公咸造廬式訪。校書萬石山中，刻有《七十二家文選》行世。郡志

范介卿先生方

范方，字介卿，同安人。後遷漳之長泰。天啓元年，鄉試第一。性耿介，聯

同志爲社,異趣者擯不入。與銅山黃石齋道周、浯州盧閑之若騰、熊山沈復齋佺期,尤以氣節相高,期不負所學。一試春官,不第。見逆閹濁亂,時事日非,歸里閉戶却掃,無復仕進意。崇禎改元,閹黨伏法,乃更北上。以石齋薦,授國子監助教,遷戶部主事,晉員外郎。流賊李自成陷京師,方聞賊入,整冠帶,坐部署。賊執之,問:"倉鑰誰掌?"曰:"我。""掌匙安在?"曰:"頭可斷,匙不可得也。"遂抗賊不屈,死之。其子登楓,同之弟子員。甫冠婚,自家來省,適值難,方揮之不去,殮方畢,號痛出血數升,絕吭於其旁。有老僕爲藥葬於都城同安義塋,登楓附焉。

清漳何氏家世學派

考何公經學樸茂,先正皆推重無異詞,其書誠足爲後學指南。今撮其晷著于篇,爲何氏家學云。

何玄子先生楷

何楷,字玄子,漳浦鎮海衛人。生有異質,書過目不忘。天啓五年登進士,時魏璫肆毒朝紳,楷不謁選而歸。崇禎時,起戶部主事,榷滸墅關。事竣,進員外郎。七年,詔簡部曹爲言官,大臣多推楷。改刑科給事中。流寇陷鳳陽,燬皇陵,楷疏劾撫臣楊一鵬、按臣吳振纓下獄,語侵輔臣溫體仁、王應熊,旋復劾兩人朋比行私,言:"振纓爲體仁私人,一鵬爲應熊座主。情面重,則祖宗之陵寢爲輕;朋比濃,則天下之刺譏不恤。"語甚切至,忤旨,鎸一級。復疏,請罷內操。上又不從。是時,上憤在廷之臣多貪庸顧身家,視君國輒泄泄,思欲痛整齊之,于是詔獄繁多,司寇諸曹郎日不暇給。有言者,上疑爲偏護,舉朝皆結舌無敢言。楷乃疏陳慎刑八議,娓娓千言,援祖制,明國典,寄匡救于將順之中。天子知其諷切也,一時獄稍寬。楷自以身爲言官不得默,朝廷每有大事,時政有得失,嘗侃侃敷陳,議保舉,言擇相,請停秋決及言海寇宜勦,併駁諸大臣情弊。即皇陵一案,楷已得罪,尤復再申前説,謂:"二輔輕視祖宗,勇護私黨,政本何地,相率爲比,尤而效之,弊將何極?"及應熊陳辨,楷復駁其:"明旨未下,應熊何知置辨,必有往來偵探漏禁中語者!"應熊竟由此罷去。蓋天子亦知其敢言,雖不能悉從,然顧心志之。未幾,改工科都給事中。時火星逆行,天子減膳修省。兵部尚書楊嗣昌方主款,因歷引前史惑帝意。楷疏駁其立言本心,附會罔上。及嗣昌奪情柄政,楷又疏劾其非。忤旨,貶二秩,爲南京國子監丞。旋丁內艱,乃歸,講學于紫芝書院。服闋,諸大臣請復原官,上不許。既而國用匱乏,朝廷思用鈔,乃召楷問鈔法,至南都而京城已陷矣。楷博綜羣書,寒暑不輟,尤邃于經,所輯《古周易訂詁》、《詩世本古義》最精博,《春秋繹》尚少四公,然皆爲學者所傳云。郡志

閩中理學淵源考卷八十四

延平明代諸先生學派

延津爲楊、羅、李、朱四賢授受講學之區,其山川清峭秀蔚,仰止者不啻閩邦之岱嶽矣。明代希風往哲者,如王希白、田布古、游行簡、盧叔忠、田德萬諸先生,其學術仕跡卓然可考,固皆昔時之流風餘緒也。今録其著者載於編。

編修王希白先生暹

王暹,字希白,將樂人。洪武丙子舉人。永樂中,以薦入京修《五經大全》。由興安訓導歷官國子助教,學士飭修,祭酒而下,咸推重之。終翰林院編修。著《聲律發蒙解註》。《道南源委》、《閩書》

副使田希古先生頊

田頊,字希古,大田人。爲文簡奧。初領鄉薦,計偕不赴,讀書秬麓。後登正德辛巳進士,歷官禮部郎中。與張治具、廖道南、王用賓、鄭善夫輩,以文章相砥。及督學湖廣,闢濂溪書院,規飭諸生先行後文,相與講明性命經濟之學,所識拔多爲名雋。遷貴州副使,以母年老力疏乞養,時年方四十餘而已。撫、按交薦,五上不起。母年九十七終,頊攀號擗踊,有如孺慕。家居三十年,絶跡城府。流賊犯境,頊出私貲募死士環守,賊因以遁,邑人德之。《閩書》、《道南源委》

教諭吳敬昭先生恭

吳恭,字敬昭,南平人。選爲翰林庶吉士,與纂修《宣宗實録》。以疾告歸。

久而踰年,部文督責有司促行,勉强赴部,願就教職,授餘干[教]諭。致仕卒。恭篤志向學,淡於世務,天性孝友,家業悉讓二兄。有《學古文集》。《閩書》

教授樂廷冠先生文解

樂文解,字廷冠,沙縣人。少好學,精詣窮理,沈思忘日夜。以貢授吉安訓導。從羅文恭洪先講學,洪先與語,忻然曰:"吾老友也。"檄署廬陵。歲值饑,著《救荒解》上,當道行之,邑賴不困。擢鳳陽縣教諭,雷州教授。謝病歸,日與其從兄應奎酬和以老。《閩書》

樂 先 生 如 璋

樂如璋,沙縣廩生。禔躬正大,以禮義自持,篤嗜羣書,垂訓後學,弟子半出其門。有《四書翼經説》行世。《延平郡志》

侍郎游行簡先生居敬子於廣。

游居敬,字行簡,南平人。嘉靖十一年進士,選翰林院庶吉士,改授監察御史。以澄清自任,巡視蘆溝,按商人匿税,語侵司農,竦然憚之。巡按應天,劾僞學之聚徒游談、騷擾驛傳者,捕奸黨王冠,寘之法。出徽州,民久滯疑獄,劾池州守之倚相勢爲墨恣者。出爲浙江按察僉事,覈吏治,畫民便利,禁湖游,戢戒壇,杭俗爲一變。擢廣東按察副使、湖廣布政參政,仍按察浙江,累官左、右布政使。丁内艱,復補浙。時倭賊猖獗,征調主客兵以數萬計,旁午倉卒,庫無羨贏,百凡皆倚辦居敬。居敬處畫無遺。一日,議者欲練土著,汰客兵,當關而噪,督撫沮喪莫爲計。居敬挺身前諭數語,皆解散。丁外艱,復補山東,晉都察院副都御史,巡撫雲南。鎮守沐朝弼故恣橫,居敬以分義裁之,歸其所侵騰越州莊田。東川蠻酋阿堂謀簒東川,强奪府印,擅立作亂,奔烏撒,致與宣慰安萬銓霑、益州土官安九鼎治兵相攻,十餘年不解矣。至是復侵及羅雄州,逼危會城。居敬上疏,請川、貴兵聯誅之,有旨令川、貴撫按勘明具奏聞,相視莫敢先發。居敬又屢招

阿堂不服,乃出不意,督土漢兵進勦。阿堂窘急,自刎死,三省遂定。而沐朝弼
故銜居敬裁抑之,言於巡按御史王大任,以討堂奉朝命會勘,奈何不俟勘得旨,
擅興兵者。大任遂疏劾居敬,坐逮杖繫,論戍碣石,而前功盡抑。穆宗即位,赦
歸。廷臣交章訟居敬,召起南刑部右侍郎,尋轉左。高新鄭再相,欲甘心徐華亭
無上事,請考察科道官,凡見彈劾者一網去之。居敬語其所善同官曰:"君相必
不忘華亭,暨所嘗牴牾,此斤斤耳。僕謂君相姑舍是而一心謀宗社,異日誦相
業,孰光大者?"新鄭聞之,恚甚,示意於其門生,其門生以老論居敬。居敬方爲
三疏上之,其一言中貴擅權,其一言時宰作威福,其一請其鄉之羅豫章、李延平
從祀孔廟。而先上從祀奏,新鄭以中旨摘其奏詞繁稱,罰俸三月。而居敬遂乞
歸。越四月,卒。朝廷遣官諭祭,營葬如故事。居敬學務實踐,身甘茹苦,衣粗
食糲。一席十年,漆枕、櫛匣尚青衿時物。宦途垂四十年,諸子僅給衣食,鄉評
重之。其峻德宏猷,古風直節,一時鮮儷。所著有《五經旁註》、《可齋文集》及
《延平郡志》、奏議若干卷。子於北、於廣。居敬滇南被逮時,廣方登十六,力辨
父冤。既長,從三山王應鍾講學、後以太學蔭授太僕,累官戶部郎、卒於官。

鄭 先 生 文 端

鄭文端,永安人。幼鬻魚鹽。行年三十,盡棄所事,從師爲學。精於《易》,
生徒日衆,永安《易》學,自端啓之。《通志》

趙 雪 航 先 生 弼

趙弼,字輔之,南平人。博學多識,清潔自好,邃於《易》,教授鄉邑。學者
稱爲雪航先生。所著有《雪航膚見》等集。今《通鑒》內,雪航趙氏史評,即其人
也。《延平郡志》

縣 令 朱 希 純 先 生 成 文

朱成文,字希純,南平人。嘉靖壬子舉人,知於潛,嚴禦礦寇。時與田一菴、

王龍溪、錢緒山會講天真書院,究心理學。著《讀書會要》、《越閩議略》、《天目劍津會語》、《鐘臺問答》、《續壤瑣吟》、《藝林枝語》等集。《閩書》

教授林茂實先生應芳

林應芳,字茂實,南平人。弱冠,扶父柩楚南,颶風忽作,抱棺溺湖水中,俄觸沙畔,得留,歸葬如禮。縣選貢訓溫州,遷吉安教諭,南安教授。解綬歸。入仕、家居,惟以講明道學爲己任。《閩書》

施 先 生 明

施明,南平人。家貧苦學,六經、子史,悉能通解。徐文貞司理于延,期以大器。領教南康,士慶得師。及歸,後進景從,鄉評高尚。《閩書》

縣令徐時傑先生登第

徐登第,字時傑,南平人。以歲薦授學博,教士以身心性命之學。部使者首薦之,擢令容縣。清守直行,竟掛冠歸。《閩書》

教授官思敬先生寅

官寅,字思敬,順昌人。嘉靖間,應府庠貢。天性孝友,以道學爲己任。歷嘉興教授。所至教澤及人。际平湖篆,清介不染。及歸,杜門課子,立祭田,睦宗族。《閩書》

同知盧叔忠先生應瑜

盧應瑜,字叔忠,順昌人。隆慶丁卯舉人,知遂溪縣,遷潮州同知。治河有功,掛冠歸養。著書闡明格致、一貫、中和、夜氣之旨。《道南源委》

教諭蕭賓竹先生來鳳

蕭來鳳,字舜儀,號賓竹,將樂人。力學甘貧。事李材,與語多所契合,退謂人曰："將樂有舜儀，身體力行，似可入龜山門者。"由貢諭饒平。學者稱爲賓竹先生。著有《演宗問答》、《雅歌集》。

尚書田德萬先生一儁

田一儁，字德萬，大田人。隆慶戊辰，舉南宮第一，選庶吉士。讀中秘書，遂心經濟，雅以大節自砥。庚午，授編修。尋奉使淮藩，不受藩王餽。復命，充經筵起居官，修累朝《實錄》。旋陞修撰，晉侍讀。萬曆丁丑，張江陵相奪情，輒假旨杖諫者，箝制天下，同舍郎趙用賢、吳中行二公與焉。一儁亟與趙公志皋謀抗疏論救，時王公錫爵視院篆，則相戒毋累聖德，姑過張所諷勸之。於是王公偕志皋及一儁、張公位、習公孔教詣張所，首爲杖者解。張默不應，則奮氣昌言，備責以綱常之義，且曰："天地鬼神，其可欺乎？天下萬世之口，可盡箝乎？"語峻直甚。張憤懇無地，顧左右，欲引佩刀自裁。一儁與諸公大笑，拂衣出。張大恨，於是志皋、孔教被逐，而一儁與王公錫爵先期告歸。亡何張敗，起故官，同修《大明會典》。然終非所樂，數月復引疾歸。久之，起家，以宮案視留篆，攝司成事。居二年，召修玉牒。已，擢國子監祭酒，飭規條，絕貴近關說，其序次出入，一無所假。有一生持刺求進越，一儁故召試，抑奪之。生鷙甚，寓言譏訕。一儁曰："吾抗顏爲弟子師，當爲生徒湔滌儻芴狀。"疏上于朝，斥爲編氓，諸士始逡巡閑軌。己丑，擢禮部右侍郎，兼侍讀學士。旋轉左。教習庶吉士，諄切不倦，時與講求經濟與立朝大節，無不人人顧化者。以病請，未發，卒邸舍。詔贈尚書，諭祭、給郵、予葬費。一儁恬淡寡慕，居恒辨一，介然不欲以潔自標。歷宦廿餘載，莫知其貧，迨病篤，諸門人更直侍卧榻，睹所食用率粗糲疏布，夫然後知其蕭然寒士也。

貢士林良章先生鈿賴汝允、何昇。

林鈿，字良章，將樂人。萬曆間貢士。時宋儒羅豫章、李延平二先生未與從祀，鈿請於督學熊公尚文行之。復刊《楊龜山全集》。著有《澹寧集》行世。時

有賴汝允者,亦請羅、李從祀,而龜山先生之祀則自何昇請之,何、賴二公皆鈿同郡人也。《道南源委》

董先生台庸

董台庸,將樂庠生。學有心得,爲先正典型,常爲其邑令傅宗皋致敬。遊李見羅之門,歸而與父紹幃先後著《禮記説約》。《延平郡志》

學正張先生居靜體中

張體中,字居靜,南平人。性簡淡,洽經史。歷歲貢仕香山、宣城、福寧學正。學博行端,諸生執經問難者咸與闡明宗旨。及歸,蕭然槃澗,杜門著述,有《經講意》、詩集等刻藏於家。郡志

祝先生允文

祝允文,將樂人。少業成均數載,試輒冠軍,積分候選。性恬逸不仕,好學力行,行坐終食,口不輟誦,老尤篤記詩文。居家正冠修儀,不妄與人交,紛囂不入于耳。送客不出戶外,而禮意誠懇。雖鄰人,數歲罕見其面者,人以儗之宋陳布衣。郡志

貢士黃本正先生炳如

黃炳如,號本正,南平人。淳篤好學,品行卓然。守父庭訓,孺慕不忘。膺歲薦,究程、朱之學,人士奉爲師表。郡志

鄧仲昭先生斯薦

鄧斯薦,字仲昭,沙縣人。年十五補弟子員。篤志好學,慨然以明道自任,邑侯方公延以西席,未嘗以私干。家徒四壁,常自怡然,有懸鶉樂道風。子可權,登乙未進士。郡志

閩中理學淵源考卷八十五

建寧明初諸先生學派

按：余則亮、杜德基、丘永錫、鄒季和、張孟方諸公，皆淵源建安之學，託志在巖穴山谷，惟時武夷雲谷間學侶尚有其人，故繫心者嚮往焉，非欲戢影寂寞之濱也。惜年代寢遠，師友莫詳矣。黃氏仁溯金華宋氏之傳，黃氏福、楊氏壽夫、李氏鐸各以治經砥行，名著廟廊，皆建安先正之遺範也。茲採其著者載于篇。

知事余孝友先生應

余應，字則亮，政和人。早從江惟志游，以私淑文公之學。性凝重，寡言笑，恒以禮自律。家逼闤闠，足跡未嘗入縣門。早失所恃，事繼母與處繼弟以孝友稱。洪武初，以明經薦，起爲儒學訓導，遷留守司知事。越三載，坐公文不式免歸。執父喪，一遵文公《家禮》。邑人稱曰孝友先生。《雒閩源流》、《閩書》

司訓鄒季和先生文慧

鄒文慧，字季和，建安人。任司訓。元末謝職，服柴桑巾服，與門徒講程、朱之學。洪武初，本郡理學推文慧爲首。《閩書》、《道南源委》、《通志》

贊禮郎黃淵静先生仁

黃仁，字淵静，建安人。曾祖定，宋末居六合，爲兵馬副都監。仁温純能詞章。少時，朝出受《易》於部使陳孟然，暮抵舍質疑於仲父居德，内外皆得師。學日進，如雲集水湧。洪武辛亥，有司以仁名上福建行中書省試藝。棘闈主文衡者,爲前進士林以順、吳尚志、江惟志、郭麟,取舍甚嚴。及出榜,選中三十人,仁居第四,年始弱齡耳。明年會試南宮,銓曹急用材,不俟再試,擢奉常贊禮郎。仁初名文仁,有司以犯周西伯謚,加水其左曰汶仁。及解名,中書右丞相汪廣洋曰:"仁,義甚弘,可冠以汶乎?"第爲名仁。仁受學宋文憲濂,濂甚愛之,爲作《黃淵静字辭》。而仁仲父居德者亦奇男子,年十六時,中程試高等,諸老生不中,譁於庭。居德請面試,譁者持筆不能下,面頸發赤出。後改名保元,爲鄞都丞。《閩書》

教授杜德基先生圻

杜圻,字德基,崇安人。元杜本之孫。苦學砥行,以先哲爲師。洪武間,以薦舉授甌寧訓導,轉溫州教授。《閩書》

教授丘永錫先生錫

丘錫,字永錫,崇安人。領洪武鄉薦,除工科給事。自陳願學職,改衡州教授。永樂四年,預修《大典》,改衢州教授。宣德七年後,預修《太宗實録》。成,仍乞原職,改建昌教授。自筮仕以來,凡五典文衡,人服其公。性嗜學,垂老不倦,偕其友徐仲禮結社武夷,手不輟披。卒年八十。有文集行世。《閩書》、《武夷山志》

訓導張孟方先生矩

張矩,字孟方,廣陵人。父伯巖,元季爲崇安五夫巡檢,遂卜居焉。依屏山劉氏,得其遺書讀之,遂通五經,諸禮書皆精絶。洪武間,薦爲崇安學訓導。《通志》

寺丞黃汝錫先生福

黃福,字汝錫,浦城人。博通經史,任杭州府訓導。勤教善誘,陞太常博士。永樂中,預修《五經》、《四書大全》及《性理大全》書,陞本寺寺丞。《閩書》

修撰楊先生壽夫

楊壽夫,建安人。父文叔,元末與兄恭叔舉浙江鄉試。恭叔洪武年薦甌寧訓導,改建安。壽夫名松,以字行。通《春秋》。孝友篤摯。建文辛巳,郡守芮麟薦授縣學訓導。秩滿,諸生請留,陞本學教諭。歷二十餘年,多所造就。典考鄉試者五,會試者二。宣德中,楊文貞輩交薦之,陞翰林院編修,預修《宣廟實錄》。陞修撰。正統中,致仕。《閩書》

李 先 生 鐸

李鐸,甌寧人。涉獵五經,尤邃于《易》。洪武中,以明經薦授監利教諭。爲文一主傳註,不尚穿鑿,誘掖爲多。《閩書》

簡討蘇伯厚先生庠

蘇伯厚名庠[①],以字行,政和人。父照。伯厚自幼以聰敏聞,比長,博通經史,尤精《毛詩》。爲文章援筆立就,聲譽日起。每自沉晦,篤意事親講學,絕跡不至城府。以孝行見重,累薦不起。洪武乙丑,以明經授建寧訓導,後學多所造就。陞晉府伴讀,未赴。永樂初,預修《太祖實錄》,遷翰林侍書。復預修《永樂大典》,爲總裁。陞簡討,兩典春闈文衡,進講東宮。卒。伯厚學本誠實,議論皆有根據。在翰林幾十年,絕無私謁,與禮部尚書鄭公賜有師友之舊,未嘗一至其門。鄭公嘗請見,必規以正言,每加敬服,其餘出其門者咸操守有品。人有一善,稱之不絕口。對同寮詞氣溫和,罕失色于人。家庭有禮法,服用儉約,自號素履。有《素履集》。子鑑,永樂間,官稽勳郎中。弟仲簡。《閩書》、《分省人物考》

訓導蘇仲簡先生鏡

蘇仲簡名鏡,以字行。善文詞,與兄伯厚、弟叔敬、季雅自相講授。洪武初,以明經薦,授崇安學訓導。《閩書》

州判盧士明先生欽

盧欽,字士明。建陽人。性好學,五經百氏,悉能貫解。曰:"讀書非徒記誦,將以行之也。"洪武,以明經聘爲儋州判,卒。《閩書》

助教趙志道先生友士學派

明代建安師席有立者湮晦莫詳,只趙志道先生傳中載鄭文安、楊文敏二公曾游其門,其餘有道前修,求師訪友,皆散見列郡及他邦,皆可考焉。

助教趙志道先生友士

趙友士,字志道,甌寧人。宋宗室裔。純厚樂易。洪武初,以明經舉爲府學訓導。正己率下,鄭文安賜、楊文敏榮,皆出其門。官國子助教。有文集行世。《閩書》《通志》

文安鄭彥嘉先生賜

鄭賜,字彥嘉,政和人。舉洪武十八年進士,授監察御史。時天下初定,法令嚴肅,郡邑吏坐罪逮繫者多。既解戍命,賜就龍江編次其行伍。時暑甚,賜諭以上恩,慰撫之,脱其鉗械,俾各就居止,旦一詣視,有疾病羸弱者,捐禄米饘粥之,皆感悦。湖廣布政司奏缺官,賜秩滿,遂與簡討吳文,並出爲參議。二人同德協力,剔弊去蠹,清簡寬直,最爲知名。丁内艱。服除,改北平布政司左參議。成祖在藩,賜服事甚謹,被眷愛,而謀國者疑之,謫置安東屯。未幾,召爲工部尚書。既命,督軍務河南,拒靖難師。成祖即位,李景隆言賜罪亞齊、黄。逮至,上問:"吾何如待汝,遂相背耶?"賜曰:"亦盡臣職耳。"上笑釋之。改刑部尚書,復轉禮部,寵遇日隆。後衰病,不任官冗,爲侍郎趙羾所間,益惶悸周章,上心輕之。頃之,卒。上問翰林臣曰:"賜不病遽死,自盡耶?"楊士奇對曰:"病矣,惶悸不敢就醫藥,昨在右順城門外立而仆,臣命其屬掖出之。"語未竟,上曰:"賜故君子,才不贍耳,其撰文遣祭。"翰林諸臣退,上獨召士奇曰:"微汝言,吾幾疑之。"遂贈太子少師,諡文安。賜小心恭慎,易直和厚,學士解縉嘗於上前稱其足爲君子。《閩書》

<h2 style="text-align:center">文敏楊勉仁先生榮</h2>

楊榮,本名子榮,字勉仁,建安人,漢太尉後也。祖達卿,有陰德。達卿,值歲儉,出積粟食人,使爲種樹於其縣之龍津,召子弟戒之曰:"樹長勿以售人,惟學舍杠梁,浮屠、老子之宮,貧無室廬,死無棺椁者,則予之。否,非賢子孫。"繇是鄉人獲濟者衆。元福建行省左丞阮德柔作《萬木圖》以美之。子榮登省試第一,建文二年進士,授翰林編修。永樂初,與解縉、楊士奇、胡廣、黃淮、胡儼、金幼孜被選入文淵閣,付之密務,而兩制悉歸焉。內閣典機務②自子榮始。時靖難之初,朝政鞅掌。子榮年最少,而最警敏通練。一日,寧夏報被圍。上召七臣,獨子榮在,示之奏而曰:"爾後進也,寧解此?何以禦之?"子榮對曰:"聞寧夏城堅,士卒習戰,勅守臣隄備可耳。"夜半,聞圍解。旦召曰:"何善料也?"因獨名榮。陞修撰。仁宗立爲皇太子,以侍講進奉訓大夫,右春坊右諭德,兼侍講如故。五年,命視邊甘肅。還奏稱旨,上手剖瓜賜之。明年,以父喪,給傳歸。既葬,起復視事。明年,母喪,乞歸。上以北行期迫,不許。明年,榮與學士胡廣、諭德金幼孜皆扈從。八年,從征至凌霄峰,與廣、幼孜及刑部侍郎金純夜失道,幼孜墜馬,廣、純不顧去,榮下馬,爲理鞍轡前,復墜,讓以所乘馬。午見上,時上遣人四索三學士,及見大喜,問故,笑語幼孜曰:"此中多狼爾,非楊榮,詎能免乎?"榮謝曰:"僚友當然。"上曰:"胡廣、金純,獨非僚友耶?"使掌護衛勇士三百,不隸于諸將,賜駕前先鋒銀牌。榮還京,請終制,賜金幣、馳驛,勅中官護行趣歸。既至,復榮官。已,侍諸皇孫讀書文華殿,講授有程度,皇太子稱之。明年,復與廣、幼孜從北巡。太孫侍行,上命榮以間陳說經史,兼領尚寶事,凡宣詔出令,及旗志符驗,必得榮奏乃發。比還北京,命修《五經》、《四書》、《性理大全》。書成宴勞之。留北京二年,進翰林學士,仍兼庶子,從還京師。明年,復從北巡。十八年,進文淵閣大學士,兼翰林院學士。明年,定都北京,營建規制,多出于榮。會三殿灾,榮直入麾衛士遷御書圖

籍。翌日，上喜，褒賜之。榮因與幼孜陳便宜十事，報可。榮論事激發，不能容人過，然羣臣或觸帝怒，致不測，輒從旁寬譬之。侍讀李時勉、尚書夏原吉皆以榮言得無死，都御史劉觀以榮言得無戍邊營。善探人主意，談言微中，以故其説得行。嘗謂人曰：“事君有禮，進諫有方，爲人臣以抗直賈禍，吾不爲也。”明年，復從出塞，軍事大小令參決，賚予優渥。師還，榮與幼孜皆受上賞。明年，從征西，駐萬全，軍務悉委榮，晝夜見無時。上時稱揚學士不名。額森托噶款塞，羣臣議莫定，榮獨請往受降，而歸師旋。明年，復北征。當是時，上凡五出塞。榮、幼孜輒從，周旋險阻，未嘗頃刻離。大軍抵達蘭河，敵遠遁，師亦弊。上問羣臣：“當復前否？”羣臣唯唯。惟榮與幼孜獨請班師，上許之。時浙江守臣言浙麗水與閩政和山賊熾，請發兵。榮曰：“愚民苦有司，不得已相聚。兵出，怕益聚不可解。遣一介往撫可，不煩兵。”如其言，盜果息。上御帳殿，從容語榮、幼孜曰：“東宮監國久，明習政務，今歸當付以國事，朕將老焉。”二人頓首。還次榆木川，上崩，中官莫知所措。榮與幼孜入御幄議喪事，二人議六師在外，去京師尚遠，秘不發喪，以禮斂。龍輿所至，朝夕進膳如常儀，益嚴軍令，人莫測。或請因他事爲勑，遣人馳報太子。榮曰：“皇帝大行，孰敢稱勑？莫若具啓。”人皆韙之。仁宗即位，進嘉議大夫、太常寺卿兼前職。有間，進太子少傅，兼謹身殿大學士。尋勑賜“繩愆糾繆”之章。始，大行訃至，仁宗哀亂，不及詳問當時事。痛定，乃知賜勑，曰：“先帝崩徂，六軍在外，卿盡忠謀，鎮定果斷。”加賜白金五十兩，綵幣十表裡，寶鈔二萬貫，白米二十石，特陞工部尚書。前官如故。其冬，勑護葬山陵。勑修《太宗實録》，命榮總裁。仁宗崩，宣宗即位，復命總裁《仁宗實録》，益推心委任。榮與楊士奇、楊溥協恭輔政，天下稱爲“三楊”。士奇曰西楊，溥曰南楊，榮曰東楊。而果斷之才，卒歸榮也。宣宗親征漢庶人，棄交趾之議，皆自榮發之。二年，賜勑并銀章五，褒予甚至。宣德三年，上北征，出喜峰口，榮與楊溥皆從，大獲而還，榮獻詩十章。又明年，兩朝《實録》成，宴勞有加。尋進少傅，食三禄如故。辭大學士禄，允之。有頃，誥贈三代。滿三載，賜勑諭。宣宗崩，英宗即位，委寄如舊，賜予相屬。五年，乞歸展墓。上使中涓輔行，還至武林驛而卒,年七十。上輟朝一日,贈太師,諡文敏,授世都指揮使。榮歷事四朝,謀而能斷。中官持文書至閣,必問東楊在否,不在即去。嘗會廷臣録囚,片言立决,衆皆歎服。尤喜賓客,善交際,雖貴盛,無厓岸,士多歸心。嘗疏舉陳循、高穀、苗衷三人自代。或謂榮處國家大事,隨機應變,不媿唐姚崇,而不拘小節,亦頗類之。正統初,天下休息,榮有力焉。榮少從師友,慨然有志古名相。嘗退朝,意甚不樂,子讓請曰:"大人得毋以不肖有所累乎?"榮曰:"非也。念吾職重,無以報國。三代以上之大臣,無不怠惰荒寧爲懼,所以憂戚不在汝輩。"曾孫旦,官吏部尚書。

尚書楊晉叔先生旦

楊旦,字晉叔,榮曾孫。弘治庚戌進士,歷吏部考功郎中。嘗考察京職,有被黜而夤緣奏辨,奉旨再覈。馬文升倉卒欲改擬,旦曰:"祖宗來未有此例,倖門一開,後將謂何?"竟覆罷。陞太常少卿。歸省還朝,中官劉瑾欲要見不得,遂以違限,出知溫州,提督浙江學政。瑾誅,陞順天府尹。時武宗未建皇儲,與九卿具疏請擇宗室之賢者,育于宫中。尋奉勅總督京、通等倉。適回賊犯邊,甘肅驛騷,奉勅督理糧餉。陞總督兩廣軍務,兼巡撫番禺、清遠、河源等縣。蘇岡十八山、滴水巖等塞猺獞負固,旦調集官軍土兵分道並擊,斬級萬一千有奇,俘獲四千一百有奇,奪回被掠男女二百三十餘人,牛馬輜重不可勝紀,璽書褒異。以母喪,奔歸。嘉靖初,起掌南院,陞南吏部尚書,旋改北。會桂蕚、張孚敬以中旨陞學士,旦率都院疏論,忤旨,遂爲陳洸所誣,有旨令致仕,科道交章論薦,不報。旦奉母至孝,雖貴顯不衰。年七十一,危坐而逝。《通志》

【校記】

① "庠",《閩書》作"垱"。

② "務"字原缺,據《閩書》補。

閩中理學淵源考卷八十六

成化以後諸先生學派

按：熊氏熙，爲勿軒先生之裔，少從三山林氏玭學《易》，與虚齋蔡氏同稱高弟。若趙蘭溪旻、楊天游應詔、楊文鋭鏓、黄元泰三陽，傳稱其授徒傳業，一時師席，而門徒莫考矣。其餘諸賢，或以經術文學著稱，或以功績節概垂名，皆表表可傳述者。嘗考建安風氣，宋時開倡首於八閩，自游、胡、朱、蔡、真、熊數家以來，遞衍宗風。中明以後，人才稍替矣，然其流風篤厚，大抵質有餘而文少遜。其守儒服躋顯仕者，規矩不踰，豈非大賢之烈哉？

訓導熊文明先生熙

熊熙，字文明，建陽人。弘治壬子鄉貢士。宋勿軒裔孫。少從侯官林先生玭學《易》，與晉江蔡虚齋先生同稱高弟。授翁源訓導。後謝病歸，門人感泣道左。所著有《四書》、《周易管見》。《閩書》

副使張摶南先生鵬

張鵬，字摶南，浦城人。正德辛未進士，授户部主事，督馬廠。劾中璫私貸影射之弊，衆側目擠陷，賴楊一清、石珤保持之。武廟東巡，鵬具疏諫止。轉本部郎，乞歸養。嘉靖初，起用，補兵部郎，陞廣東[①]按察副使。監司欲以賄脱二重獄，堅執不從，自免歸。年八十卒。鵬博覽羣書，尤精理學。後祀鄉賢。

教諭趙蘭溪先生旻

趙旻，政和人。嘉靖中，以歲貢任高安訓導，繼擢蘭溪教諭，續以年老解組。

諸生詣學使阮鶚保留，鶚曰："師德感人如此耶！"遂改行祠爲書院，留講學三載乃歸。歸則入受業于湛文簡。又二年，擴明道學，後進從遊甚衆。嘉靖壬戌，遭倭，厲聲罵賊不絶聲。《閩書》

舉人楊天游先生應詔

楊應詔，字邦彥，建安人。嘗讀書武夷天游峰，因號天游山人。少時，從其祖松宦學，祖試叩所欲爲，應詔言："欲盡讀天下好書，幹盡天下好事，做盡天下好人。"年二十，游庠序，謁朱文公祠，仰而嘆曰："他日不俎豆，是非夫也。"年三十一，舉于鄉，十上春官不第。其時上春官時，崑崙山人張詩者見其文，稱爲司馬子長、李太白復生，應詔不屑也。久之，遍遊趙、齊、魯間，卒業南雍，得奉常呂涇野柟之學，喜其淵源有本，遂師事之。歸而創道宗堂華陽山，奉祀孔聖，并顏、曾、思、孟、周、程、張、朱諸賢及涇野其中。揭涇野所嘗著教壁間，日與參對。年友溫陵蔡元偉亦潛心斯道者，遂自泉往建，相聚砥磨。而他諸名公若鄒東廓守益、王龍溪畿、唐荆川順之、魏莊渠校、章介菴袞，或見而心合，或聞而神往也。應詔之學以寡欲正心爲立本，以不愧天爲歸的。於古今壯猷、奇烈、忠義、慷慨之事，峻嶒激發，夢寐見之。雖沉潛深静之意少，而心懷軒豁，殆亦聖門之爲狂者。所著有《閩學源流》及《困學二録》，又有《五經辨疑》、《四書要義》以發聖賢之旨，有《衛道録》以闢禪，有《日史》以自記。子德興，睦州司訓，有士行。按：《明儒學案》傳後載有《楊天游集》。《閩書》

文愍李時言先生默

李默，字時言，甌寧人。正德十六年進士，選翰林庶吉士。明年，嘉靖改元，修迎立功，欲倣成祖封尚書茹瑺故事，擬執政封爵，默上執政書規之。改户部主事，陞兵部員外郎。差閱大同軍士戰馬，鎮卒素剽悍，動輒嘯呼。胡侍郎瓚銜命赴鎮經畧，措置乖方，卒復譁。默抗疏，請亟易帥，變遂定。調入吏部文選，陞驗封郎中，議復開國勳臣誠意伯暨常、李、湯、鄧四氏爵蔭。真人邵元和以符術方貴幸，請封誥，默奏勿予，朝論韙之。兩與文武會試，得葛守禮、陸炳等，多知名士。當武試畢時,就兵部宴,因辨論賓禮位次,忤兵部尚書王憲。憲疏劾默,坐謫寧國府通判。默雖坐謫,顧世宗心是默所持,以此注識之矣。默判寧國,周咨隱癏,陶範髦俊,纂修郡乘,建靖難死亡陳尚書祠,精心受事,不厭薄官守。陞廣東僉事,主屯、鹽二政。陞雲南副使,督學政,首經術,崇行誼,購遺書,廣屬學官,表賢者墓,窮荒僻遠,文學嚮風。歷浙江參政、按察使、左右布政。大都端毅廉直,所至有聲。久之,大臣以公輔器薦起太常卿,掌南京國子監祭酒事。博士等官得備臺諫選,自默發之。陞禮部右侍郎,改吏部右侍郎,尋轉左。庚戌秋,燕京戒嚴,默奉旨守正陽門,調營兵五千,畫守甚設,而奏令開門,無困居人,敵尋引去。陞吏部尚書。制冢宰,非部長卿有殊望者弗與。世宗知默,特以卿貳陟,異數也。嚴嵩當事,前此吏部率以疑事咨嵩,嵩得從容持之。默處置堅決,莫能短長,奏輒報可,無有留端為嵩地者,遂與嵩郤。久之,遼東巡撫缺,默推張布政臬。臬雖嵩鄉人,而素疎。上偶問嵩,嵩遂力言不任,上怒。而先是,咸寧侯鸞以干請不售,為密書疑上。上遂罷默。默歸,明年,鸞以逆誅。會吏部尚書員缺,御批特令默復職。召直無逸殿,許乘馬禁中,眷注益隆。未幾,加太子少保,復兼翰林學士。方有爰立之命,相嵩每阻其進。客有諷明哲自保者,默嘆曰:“吾備位公卿,年幾六十,尚復何求? 惟有致身耳。”屬歲大計,戒門下毋入一賓客,即同直大臣亦浹月不相往來。相嵩無所得為人地,以此滋不悅。而先是,嵩子世蕃規機利,多請託侵官,陰執國政。默微諷嵩曰:“公身許國久,墳墓濡降,當在夢寐,曷不令嗣君一掃展?”嵩曰:“然。吾將念之。”久之,不遣。復為請,嵩曰:“孰令我一子而不長侍膝下乎? 君數請去,何言之亟也?”默曰:“外言籍籍,宜暫行以息之。”嵩忿然作色,於是怨默益深。會工部侍郎趙文華當浙直禦寇,欲攘功,請視師。及還報,自施勞伐,謂本兵在掌握。默不為引,大失望,乃摭部試策題為謗訕,而嵩主之,誣奏下獄,論死。始,張經赴西市,默頓足嘆,人有先告嵩矣。又數數於公卿間摧折文華過堂,至是,兩人引繩批根,以償其所交惡夙憾。默既得罪,踰年,從獄中再上書,世宗注覽久之。縉紳大夫咸知天威漸霽,冀其復用,而默溘然卒矣。隆慶改元,南吏科給事中岑用賓等為默訟冤,詔復太子少保、吏部尚書兼翰林學士,遣官祭葬。萬曆十三年,追贈太子太保,諡文愍,録其孫銓爲國子生。默博學任節,矜踔奮激,言論截烈,屢蹈危機,骯髒自如。至于擘畫經濟,揚搉風雅,亹亹乎星貫川沛,發爲文章,淵宏俊達,有秦、漢之風。所著有《羣玉樓稿》、《孤樹裒談》、《建安人物傳》、《朱子年譜》諸書,皆傳于世。《明史》、《閩書》

訓導楊孟岳先生松

楊松,字孟岳,甌寧人。正德中貢士,授廣州府訓導。作人育才,時時以禮教諸生。學士黄佐爲諸生時,貧甚,松却其贄,重遺贈之。佐父善星曆人,多奇中,而松謂之曰:"子占人多中,余以文占汝子,亦奇中如子矣。"佐果以其年魁多士。松以母喪歸,貧甚,莫自存也,乃時時自謂宇宙道義場中不曾饑餓倒人。服闋,復授廣之香山。香山僻在海隅,士習樂游衍,躭聲利。松時時謂之曰:"陳公甫非汝鄰邑偉儒乎?彼以一孝廉,倡道白沙,崛起南服,至今江門烟水、白龍池之風月,揭揭如在。同時握鼎鼐,持衡樞者今安在也?而況如諸生者樂游衍,躭聲利哉?"諸生聞言,咸躍然感奮。卒于官。《閩書》

徐尚德先生驥

徐驥,字尚德,浦城人。性恬静,日以經史自娛。所著有《洪範解訂正》及《皇華詩》一卷。《通志》

縣令朱孔温先生煊

朱煊,字孔温。文公十世孫。少警穎,讀書日記數千餘言。舉鄉試,非公事不履邑門,令薛宗鎧嘆曰:"朱孔温,真儒裔也。"嘉靖初,授江西永豐令。永豐俗獷狠嚚訟,煊一鎮以静,間有犯者,必懲而婉諭之。秩滿,乞致仕。囊無餘金。居家操行醇謹,子姓侍立,衣冠肅然。

推官林子順先生命

林命，字子順，建安人。嘉靖癸丑進士，令溧陽、金壇，有聲。擢諫垣。首疏議革冗官，復條閩中致寇六事，得借留都積帑及閩中屯鹽之賦肆拾萬餘，以充軍餉。出參楚藩，晉廣東廉訪。尋有忌者，左遷金華推官。量移南部，遂解組歸。命提身高潔，居常撮集古人嘉言懿行爲《正氣錄》自警。歷官十餘年，一秉清白，而憂國公忠，議論封駁，不以詞色假人，遇公正輒發憤。所著有《正氣錄》十卷、《春秋訂疑》十二卷、《陽溪堂集》十六卷。《閩書》

侍郎騰汝載先生伯輪

騰伯輪，字汝載，甌寧人。令番禺，以德禮道民，若嚴師在上，不敢一日遊蕩而嬉。會兵鼎沸擊太守門，諸司捷户避之，伯輪出，乃不至亂。入爲吏部郎。出督學兩浙，聲教整嚴，所掄錄，號得人。歷廣東按察使、布政使。粵人葉春及以儗之先輩仕粵者莆田彭公韶、臨海陳公選、華容劉公大夏、蒼梧吳公廷舉。擢都御史，操江南京，條上江防八事。督撫浙江，值歲凶，開倉煮粥，令材官四出告糴，芻粟麕至。力疏請改折漕綱，停減織造，並見報可。颶風起海鹽，防海塘堤震壞，設方畧，發帑修築。春汛，海上忽島夷集數艐艎將入犯，急率諸將擊之，捕首虜百。事聞，恩賚有差。頃之，遘疾卒。訃聞，贈兵部左侍郎。蔭一子，諭祭葬。《閩書》

主事吳公度先生立

吳中立，字公度，浦城人。舉隆慶辛未進士，疏乞歸養。父没，服闋，遂絕意仕進。以著述爲事，結廬武夷山中十有七年。越中太史張元忭入山訪之，微諷以仕，則曰：“士各有志。”萬曆十五年，南禮部尚書袁洪愈、給事中周邦傑、巡按御史楊四知表其修節，詔府縣起送赴部。辭，乞終隱，貽相臣書曰：“昔唐元和進士費冠卿以禄不逮親，永懷罔極，隱於池陽九華山。長慶中，御史李行修薦舉,冠卿力辭,竟許終隱。愚願效之。"吏部復言:"聖世禮賢,首崇恬退,必使清節之臣得被寵榮,乃可以廉頑立懦,風勸士人。"詔授禮部儀制司主事,竢病痊録用。後推南寶丞。報至,中立已逝矣。所著有《易銓》、《古本學庸大旨》、《論格物》、《書性》、《氣説》[②]諸書。《閩書》

縣令楊文鋭先生鐮

楊鐮,字文鋭,建安人。縣貢士授靈武知縣。事兄銑友愛情切。自少至老,手不釋卷,建安人士多出其門。

通判黄元泰先生三陽

黄三陽,字元泰,建陽人。黄端公之後。縣恩貢任安吉州同知。罷運儲常例,履畝均輸,悉心經營。兩視州縣篆,廉而有惠。擢保定州。卒于官。吉人祀之。三陽通《易》、《詩》、《禮》三經,弱冠便開講席,從遊千數,三經並授。他如天文地理、陰陽醫卜,靡不究心。在官邸署蕭然,一編自適。所著有《易》、《禮》、《詩》各講義。《閩書》、《道南源委》

田仕濟先生汝楫

田汝楫,字仕濟,建安人。喜讀書,尤攻性理之學。每見地上行蟻,輒迂跡避之。家畜雞豚,非祀先、奉親、待賓不忍耗殺。時時出遊山水,吟咏嘯傲,盡醉而歸。子忠。《閩書》

巡撫魏禹卿先生濬

魏濬,字禹卿,松溪人。萬曆甲辰進士,初授户部主事,陞郎中,出爲廣西提學,陞江西副使。尋乞歸。起山東布政司參議,遷湖廣按察使。時黔、蜀交訌,苗蠻、礦徒表裏爲患。濬諭以德意,礦徒解散,焚其巢千七百餘所。陞江西左布政,擢都察院右僉都御史,巡撫湖廣。病卒,年七十二。《通志》

訓導吴世憲先生從周

吴從周,字世憲,甌寧人。博學善文,以孝友爲學使宗臣所稱。萬曆中,應貢廷試第一,訓導海鹽,與友生商榷今古。致仕,杜門。所著有《石匏集》、《史辨》、《書疑》四卷。

教授李去華先生韡

李韡,字去華,崇安人。天啓貢士。崇禎壬午,試南雍第一,選福州教授。棄官,閉門謝人事。著《易導》、《史略》若干卷。

【校記】
　　① "廣東",《閩書》作"山東"。
　　② "氣説",《閩書》作"説氣"。

閩中理學淵源考卷八十七

汀州洪、永、宣、正以後諸先生學派

按：長汀自宋徐氏守忠從學胡安定，深於經學，受知仁宗，厥後寥寥。故論者謂"海濱四先生"倡學，及楊、羅、李、朱之學興，汀中負笈者甚少。元、明以來，儒術奮起，從游有道者復斌斌矣。考洪、永以降，如賴氏先、舒氏冕、吳氏文旭、章氏昱皆能淵源正的，確述其師承，而清修實德，尤可風也。茲擇其著者載焉。

董　先　生　璘

董璘，汀州人。永樂中，入胄監，不仕。退充所學，莫不淹貫，興禮敦讓，爲鄉閭軌。《閩書》

舒廷瞻先生冕

舒冕，字廷瞻，武平人。太學生。游胡文敬之門，得用功之要，服膺靡懈。冠、婚、喪、祭，悉遵《家禮》。父母有疾，衣冠侍養，終制廬墓三年。《閩書》

教授吳景陽先生文旭

吳文旭，字景陽，連城人。少篤學，不溺時好。聞吳聘君倡道，遂受業其門。應貢，授安遠訓導。啓迪生徒，規教丕振。會寇作，當道委其勦捕，直抵賊巢，諭以大義，賊皆感服。當道以能聞，遷銅鼓衛學教授。丁內艱歸，以不得終養爲恨，隱居不出林下二十餘年，絕跡公門。其平居敬義自持，勢利不入于心。睦族

周貧,訓子孫以勤儉,或有過,引咎自責。年八十餘卒。《閩書》

郡守賴伯啓先生先

賴先,字伯啓,永定人。舉弘治三年進士。念親老,乞歸養。久之,始爲户部主事,署郎事。齎邊餉,督鈔關,收京倉糧,清西蜀屯田,悉著賢聲。遷員外郎,引疾歸。正德初,逆瑾用事,例京官養病者致仕。逆瑾誅,銓部屢檄不起。八年,擢常德知府。郡小民疲,時又修建榮府,中官誅求甚峻,痛加裁抑。民有利病興革,則力爲之。恥爲諛説,多忤當道,勇退而歸。先師事羅一峰,而與李空同相善,教鄉處家,後進推仰。《閩書》

縣令周文載先生輅

周輅,字文載,上杭人。知上饒縣,歲祲,請于朝,減常賦三之一。九年,以疾歸。《閩書》

教諭謝先生文寶

謝文寶,連城人。潛心經學,操筆成文。授於潛訓導。造就有成。遷玉山教諭,以疾辭。《閩書》

訓導李世玉先生元瑶

李元瑶,字世玉,連城人。少年時,父患癰,躬爲吮舐。正德八年,以貢授袁州訓導。知府徐璉檄往寧庶人府賀壽,還;舟將行,而庶人反勒諸教官爲之傳檄。瑶不屈,裂冠袍,躍入水中,以救免。歸白知府備兵,應王公文成討賊之舉,人稱忠孝焉。《閩書》、《通志》

主簿舒廷亨先生通

舒通,字廷亨,武平人。性鯁直,學問淵源。正德七年,以平寇有功,拔入胄

監。初任會同簿,補任東陽,所至有聲。《閩書》

縣令楊子晦先生昱

楊昱,長汀人。知都昌縣,操履端嚴,布袍蔬食,減偏累民糧。歲旱,祈禱輒應。民居遭火,叩首隨滅。致仕歸。《閩書》

童克剛先生世堅

童世堅,字克剛,連城人。正德癸酉,應貢京師,不就,嘆曰:"此時閹寺熏燭,道與世違,可以隱矣。"遂結廬於晝錦橋東,扁曰"尋樂"。時王文成倡道東南,世堅走謁請業。歸而沈潛體認,充然有得,邑人稱曰"尋樂先生"。孫,大樸。

王先生廬淵學派

王廬淵先生,未詳,俟考焉。

孝廉范文堅先生金

范金,字文堅,上杭人。性沈靜寡言,從王廬淵受《春秋》。永樂癸卯,以經義甲一省[①]。正統間,典始興、陵水二庠教。既以疾歸養二十餘年,士子樂從之。《閩書》

許先生浩志學派

許氏浩志,亦一時師表。

教諭許先生浩志

許浩志,連城人。正統中鄉薦,以親老就養,授同安教諭。將奉親之任,抵

家,遇寇發,率鄉人登冠豸寨,協力保障,邑賴生全。《閩書》

教授李善徵先生慶孫元泰。

李慶,字善徵,連城人。受業於許浩志,素富文辭,尤長詩賦。任封川學諭,多所造就。遷撫州學教授。便道抵家,值沙寇攻縣,與浩志籌辦方畧備禦之。寇平,偕其徒童昱倡道開講。後改任溫州,卒于官。孫元泰,字汝嚴,講學遵禮,胸中具韜畧。以歲貢授太平訓導。值倭亂,當道延之參謀,遂致克捷。尋告歸,會賊先後逼城,元泰偕當道贊畫督勸,以勞致疾,卒。《閩書》

童道彰先生昱

童昱,字道彰,連城人。少從李慶遊,甚爲器重。及長,慕吳聘君學,私淑其門。不樂仕進,卜築文溪之東,名曰"東皋清隱"。李慶爲作《東皋清隱賦》。

【校記】

① "省",《閩書》作"道"。

閩中理學淵源考卷八十八

嘉、隆以後諸先生學派

嘉、隆以後，諸先生皆崇尚閩學宗派，而品式規畫，猶儒者之選也。彼時時尚異趣，而沈氏士鑑、李氏世熊皆能求師問學，卓有豎立，其論著亦多足稱，可覘風尚之懿云。

通判陳體元先生仁

陳仁，字體元，歸化人。嘗從湛甘泉若水學。嘉靖元年，由明經授廣西府通判。時粵地文教未闢，仁至，大爲闡揚，激勵士類，蒞民有惠政。致仕歸。以講究性命爲事，士林宗之。《通志》

州守鄧元植先生向榮

鄧向榮，字元植，自清流徙居長汀。嘉靖甲辰進士，授户部主事，監督淮運，杜絕諸弊。以直言忤時，謫六安同知。轉嘉定州，甫二日，聞父病，遂棄官歸。舊業腴者，悉推與弟。著有《正學準則》、《太極通書考》、《惜陰考》等書。《通志》

恭靖裴元闇先生應章

裴應章，字元闇，清流人。隆慶戊辰進士，授行人，奉使德、晉二府。陛見奏對，進止有度，神宗目屬焉。擢吏科給事，遷兵部都給事。所奏制馭，悉中機宜。念邊將玩愒，大吏相與爲欺蔽，遂劾罷撫臣之棄師、憲臣之昏庸與勳臣之不法、將臣之縱賊唆卒者，風采蕭然。江陵當國，嘗建議三歲一遣大臣行邊，應章言糜費當罷。大璫保欲取囩寺馬三千疋，應章議勿予。遷太僕少卿，所上疏給關防、嚴舉劾、戒侵剋、覈寄養諸事皆稱旨，著爲令。力請歸省，抵舍旬餘而母氏病終。轉太常正卿。議侑享祔葬禮，下禮臣，報可。郿卒辱撫臣，將爲亂，廷議非應章莫能定，被命馳往。未至，先檄諭以禍福，語甚切至。亂卒計窮，自縛至數百里外迎應章。應章集衆斬其魁，餘無所問，闔境晏如。自郿入爲户部右侍郎，復請歸養。久之，而父没。神宗即家起應章爲少宰，所推轂皆海内賢士。已，請歸襄葬事，晉南司空，遂得疾。力辭屢疏，不允。乃强赴。立法疏錢幣，諫採鷹架木，糾中貴人濫索，省水衡錢甚多。尋乞歸。復起南太宰，累疏懇辭，虛席者三年。卒諡恭靖。有集若干卷。《通志》、《閩書》

黄士登先生科

黄科，字士登，永定人。學問淵美，博究羣書，學者多師事之。將貢而殁，士類惜焉。子益純，領鄉薦。《閩書》

教授賴公弼先生祐

賴祐，字公弼，清流人。才敏博學，治《書經》，旁通《春秋》。以監生任臨桂教授，一時科甲多出其門。《閩書》

訓導蔣先生永洪

蔣永洪，連城人。授訓導，莅教三年，引疾歸。晚彌好學，鄉弟子從受業者日衆。守道安貧，恬如也。《閩書》

教授盧念潭先生一松

盧一松，號念潭，永定人。萬曆間，以貢授吉王府教授。謂宗藩之學與韋布異，乃摘《四書》中切於修齊治平者各一條，名曰《要學三編》以進，王嘉納之。所著《學道要端》、《井田議》、《化俗議》、《醒心詩》、《宗孔集》行於世。《通志》、

《閩書》

李嗣英先生穎

李穎,字嗣英,上杭人。天資儁異。年十三,或授以《老子》書,曰:"學者當師孔、孟,何用此爲?"從永豐邱賢遊。都諫邱弘謂穎詩文煙霞風月,陶寫性情,皆自然流出。居梅坡。著有《梅隱稿》。又輯宋、元鄉先輩詩,名《杭州風雅集》。《通志》

教授李安定先生瀾

李瀾,長汀人。孝友端方,學遵朱子,以躬行實踐爲主。萬曆間,由明經授松溪訓。之任距松溪三十里,遇鄉人言母卒,瀾痛哭,不俟家報即馳歸。服闋,改訓漳平,陞諭安定,再陞授平海。未任,卒。

縣令賴巒宗先生維嶽

賴維嶽,字巒宗,永定人。萬曆間舉人。由永春教諭,歷興寧令。嗜古學,多著述。有《古今裘》、《金湧集》、《半豹集》行世。《通志》

孝廉沈先生士鑑

沈士鑑,長汀人。少孤力學,博洽羣籍。崇禎己卯舉於鄉。有《清夢齋詩集》、《四書參註》、《孔門崇祀議》,藏於家。《通志》

裴先生汝申

裴汝申,清流人。善詩文,與李本寧、曹學佺相唱和。後挈家入南山。有《薛月軒文集》十卷行世。《通志》

督學李不磷先生于堅

李于堅,字不磷,清流人。崇禎辛未進士,起家汾州司理,遷禮部郎中,提督

浙江學政。著有《吳楚遊集》、《西河集》、《水花長句》。《通志》

李元仲先生世熊

李世熊，字元仲，寧化諸生。受業於漳浦黄道周。性穎悟，博極羣書，論著褒然成一家。凡墳典、經史以及釋典、道書、醫卜、星緯之學，靡不淹貫。著有《寒支集》、《寒支二集》行世。又修《寧化縣志》，新裁獨抒，爲通儒所稱。《通志》、《二希堂文集》、《汀州府志》

閩中理學淵源考卷八十九

邵武明初諸先生學派

按：邵武宋代人文特盛，迨元諸儒學不衰，大抵皆闡經論道之作。至有明，講述者頗少，若朱氏欽、陳氏泰之風節，鄒氏大猷之經術，一時風表，尚有典型焉。

教諭鄒星臺先生大猷

鄒大猷，字星臺，建寧人。歷益陽教諭。矩步動遵先民，傳經授徒，務在實行。遇人雖年少，必均以禮，或訓以格言云。《道南源委》

督學花蘊玉先生潤生

花潤生，字蘊玉，邵武人。永樂二年進士。幼穎敏，書史過目不忘。知古田縣，創公署，興學政，教民種藝，爲子弟置書籍，親課其業。轉知鳳陽、太和二縣，歷浙江僉事。吏部尚書王直薦其經學通明，轉提督浙江學政。年七十引年歸，行李蕭然。家居二十餘年，風節愈勵。自號介軒，有《介軒集》。《閩書》

巡撫陳吉亨先生泰

陳泰，字吉亨，邵武人。舉鄉試第一，除安慶府學訓導。正統初，廷臣交薦，擢監察御史，巡按貴州。大軍征龍川，歲取土兵二千爲鄉導，戰或失利，輒取土兵首級冒功賞，泰奏罷之。再按山西。時百官俸薄，泰言："羣臣禄入厚者三石，薄者一二石，所折鈔又不能即得，乞量增禄廩，俾足養廉，然後治贓，則貪風自息。”事格不行。六年夏,以災異下詔求言,恭請言官糾彈大臣,去其尤不職者,而後所司各考覈其屬。帝從之,言官劾者甚衆,賜罷者數人而已。後出按山東,擢四川按察使。不踰年,蜀中大治。鎮守都御史寇深忌其才名,陰諷所私參議陳敏,誣奏泰杖殺人,下刑部獄。其人實自溺水死,久始白,復官。于謙薦守紫荆關。額森入犯,關門不守,復論死。景帝宥之,命充僉事官,自劾。景泰改元,陞大理寺右少卿,守備白羊口。轉都察院右僉都御史,鎮守易州,節制紫荆、倒馬等關及沿河關口。五年,陞左僉都御史,疏理徐州、呂梁二洪及臨清、濟寧諸處河道。七年,巡按蘇、松、常、鎮及嘉、湖諸大郡。免租詔下,泰知恩未得均,有富室田多額輕,其重者多在貧下,因推廣周文襄法令,以五升之田倍其賦,而官田之重止取正額。於是,賦額不損,貧富均適①。英廟復辟,被譖,左遷廣東按察副使。連丁內、外艱。會四川寇亂,復起爲左僉都御史,巡撫其處。蜀中老穉聞泰至,奔走相告曰:“陳憲使復來矣。”州郡望風解組者數百人。陞右副都御史,巡撫淮、揚等處,兼督漕運。成化元年,乞歸甚切。許之。泰儀度修整,天性孝友,常慕鄉先哲李忠定之爲人。平居謹默似不能言,立朝論事,纚纚如倒囊出珠。素勵操行,三爲巡按,懲奸去貪,風稜甚峻。累保障重地,積有勳勞,未嘗矜色。於官無行誼者,怒目切齒,必除之乃已,以此被讒貶斥,其志不少回。致仕歸,囊無長物。閉户理舊書,間出遊山水,哦詩酌酒,囂然有餘。安成彭文憲時嘗與莆田柯詹事論人物,柯曰:“清操如吉亨,吾閩少有。”文憲曰:“天下士也,何止閩中!”晉王亦稱:“陳御史剛風勁節,須於古人中求之。”《明史》、《閩書》

教諭陳先生子良

陳子良,邵武人。永樂間以貢任光澤教諭。學規嚴整,訓迪有方。邑士以經術顯者多其造就。《閩書》

員外郎余孟高先生隆

余隆,字孟高,邵之建寧人。聰敏慷慨。仕吏部員外郎。居官恬退自守,不履豪貴門。少師楊文貞、楊文敏,先後冢宰蹇義之師逮、黃福皆器重之。子志。

僉事鄒先生允隆

鄒允隆名昌,以字行,泰寧人。博學多才。舉正統壬戌進士,授太常博士,陞寺丞,改太僕丞。天順改元,與翰林侍講學士王諫並使安南。時安南經黎季犛之變,久昧朝儀。允隆與諫據禮裁正,夷酋悚服,還復命。丁外艱,服除,仍丞太僕,尋轉廣東提學僉事。教諸生以立身行道,不徒習章句文詞而已。尋卒。

巡撫朱懋恭先生欽

朱欽,字懋恭,邵武人。少與甯堅友,共志考亭學。聞吳康齋倡道西南,不遠師之。成化壬辰進士,授寧波推官。潔白自持,讞獄惟允。召入爲御史,論列侃侃。銜命視河,遇潦災,輒發陳賑乏,見尸橫野,掘廣塚掩葬之。旋勑巡按,貪吏望風解綬。出爲浙江按察副使,進按察使,陞左布政使。儼恪端莊,官常整肅,節濫觴之費,謹啓鑰簿正之司,秩祿外秋毫無苟取。積羨財倍夙昔,勒石以示後來。擢都御史,巡撫山東。首劾方面官不公不法事某等若而人。正德初,逆瑾氣焰,遣使詣治索綵繒五百疋,有司具以請,欽呵斥使者,輒趨歸,遂與瑾隙。會瑾嫉同監王岳,謫謫守陵南京,抵臨清,賜死。欽疏言:"陛下首政,朝野仰望,威福之權不宜下移,刑賞惟公,方能即叙。太監王岳謫守皇陵,既不白其罪狀,賜死中道,尤未厭乎人心。臣諗岳爲劉瑾所忌,必瑾讒毀以惑陛下,雖岳死弗足惜,而瑾漸甚可畏。伏望察岳非辜,誅瑾讒賊,庶天下臣子頌陛下之仁恩睿斷。"草就,遣人齎進。有止之者,欽曰:"此瑾矯制擅柄之漸,吾守土大臣,安得無言!"瑾奪欽疏,不奏,乃媒蘖其短,欲擠之。先是,欽以東人酗酒,遂嚴鬻酒之禁,至行連坐法,使濟南推官陳元魁覺之,犯者枷其項。有民汝林之鄰人爲酒,林懼,自縊死,林母欲奏聞。元魁與之十金,知府趙璜亦與穀二石,至是爲東廠所詗。瑾勑錦衣衛百戶陳俊束欽逮獄,欽即去冠裳,跣步就束,立就道,不內顧。既入京師,結竟其罪,與璜同坐免官,而元魁爲謫戍,吏以失解弓張事,罰粟三百石,輸大同府。欽躬詣互納,家人請代,不許,曰:"天威咫尺,萬里敢罔耶?"尋又文致其罪,罰粟輸甘肅,未行而瑾伏誅。赦,復原秩,致仕。家居,衣冠儼坐,竟夕無惰。與鄉人語,必依孝弟禮義。每歲孟春,舉行冠射古禮示人。與新會陳文恭獻章、晉江蔡文莊清相善。其辨王岳事詳《蔡虛齋集》。作文典實詳贍,善書,有晦翁風骨。卒年七十有七。所著有《畏庵集》。

庠生朱德夫先生昂

朱昂,字德夫,邵武人。邵庠生,穎異有文才。嘗從教授宜興周衝講致良知之學,銳然以聖賢自勵。事二親孝,待戚屬仁。郡守吳國倫稱有古人風,旌之扁。《閩書》

縣令黃廷獻先生琮學派

按:廷獻先生,志乘稱其"自少即志爲己之學,教士先德行而後文藝",大端可識矣。

縣令黃廷獻先生琮

黃琮,字廷獻。邵武人。以太學生知安遠縣。廉謹靖恭,以愛人爲主。被構逮繫,未白而卒,民哀慕之。琮自少即志爲己之學,繩趨尺步,不苟徇時。事親盡孝,居喪謹禮。與人交,誠信不欺。教人先德後文,一時造就爲多。《閩書》

同知甯永真先生堅

甯堅,字永真。邵武人。九歲補弟子員,師事黃琮。弱冠,遊吳聘君之門。比壯,領鄉薦,屢試禮部不偶。卒業太學,大司成邱文莊器重之。年五十,授鳳陽府同知。未及再期,卒。堅早失怙,事母至孝,母有疾,視起居,奉湯藥,夜則假寐母側,衣不解帶。家居講授,善開發人志意,從遊之士多所成就。所得修脯之資,悉以歸母,與弟共之。尤致力冠、昏、喪、祭、鄉射諸禮,一時風俗爲變。其蒞官寬而不縱,正而不激,嘗以巡撫大臣檄督開郵湖畔新河,區畫有方,功成而民不擾,鳳陽民思之。

【校記】

①“均適”,徐本作“適均”。

閩中理學淵源考卷九十

嘉、隆以後諸先生學派

嘉、隆以後，諸儒述録頗少，恐遺闕必多，俟再考。

庠生王昭武先生岳

王岳，字昭武，邵武人。邑庠生。資性純潛，喜談性命，有志聖賢之學。聞四方高雅，洞見性宗者，不憚跋涉北面之。遊近溪羅先生門，以明德爲宗，遂爲羅門高足。生平矩步繩趨，有儼若思氣象。居家嚴正，動遵古禮。《閩書》

貢士高先生尚賢

高尚賢，邵武人。沈潛善文辭，究心性命，確然以聖賢自勵，清貧有守。幼年失怙，事母孝，待弟友愛。淹貫百家，善於開誘後學。生平得力，惟"毋自欺"三字，凡對之人，矢之己，無非是者。有書數篇，未付剞劂氏。以貢卒，學使者熊公按臨，舉鄉賢不果。別號文台居士。

丘子聚先生九奎

丘九奎，字子聚，邵武人。性端直凝重，動循矩度，常慕臺溪先生之爲人，年未四十，謝去青衿。于凡經、子、史、百家，九流、三教，靡不擷咀。聞有奇書，不遠百里借閲，率手録之。常曰："聖賢心法，寄於六經，佛、老之精，不出吾道範圍，而諸子之散見者，亦足資羽翼，所謂莫不有文武之道者也。"居家不尚巫覡，祭喪用《家禮》。所著有《弋獲解》六卷、《臺溪浣花詩集》二卷。

黄世表先生克正

黄克正,字世表,泰寧人。性資純樸,潛心道學。遊李見羅之門,講修身爲本之學。

江仰齋先生嶠

江嶠,字維鎮,泰寧人。私淑朱子之學。孝弟端謹,篤志力行,以五經教授鄉里。嘗語學者曰:"正心誠意在格致後,原非一味寂守,常時提醒此心,使動無不當,便是身修。"見羅先生,呼爲"老友"。世稱仰齋先生。

縣令蕭先生重熙

蕭重熙,泰寧人。生平砥行,希蹤聖賢。以選貢令靖安,地苦賊而民疲,多方綏靖。以艱子乞休,空橐而歸,饘粥不繼。

主事黄先生世忠

黄世忠,建寧縣人。嘉賓孫。萬曆中舉人,爲東陽教諭,擢刑部主事,乞歸。居小園,抱甕灌蔬,長吏罕識其面。著有《經濟集》十二卷、《麟經旨定》四卷、《碧澗流玉》四卷。

舉人張禮言先生能恭

張能恭,字禮言,邵武人。崇禎庚午,鄉薦第一。所述有《李忠定奏議選》、《禹貢訂傳》、《天地大文》八十卷。《通志》

閩中理學淵源考卷九十一

福寧明初諸先生學派

福寧僻在海隅，宋時名流輩出。延至元代，儒宗尚踵起相承。至明，如蔣氏悌生、林氏珙、陳氏自新、林氏偉、高氏頤皆精專儒學，教士傳業，稱躬行實體之儒。雖元之遺獻，而實有明一代倡學之師也。程氏鉅夫謂："自鄉儒先游紫陽之門，而絃誦衣冠盛，自鄭氏樵、師氏古教授而經術明，其所由來尚矣。"

訓導蔣仁叔先生悌生

蔣悌生，字仁叔，福寧人。檢身勵行，雅不出仕。洪武初，舉明經，任本州訓導。教誘諄諄，多所成就。著《五經蠡測》五卷，微詞隱義，多發前人所未發。《閩書》、《道南源委》

訓導林仲恭先生珙

林珙，字仲恭，福寧人。篤信力行，以開來學爲己任。舉明經，授本州訓導。雖窮約泰如也。

助教林孔徵先生文獻

林文獻，一姓陳，字孔徵，福寧人。博通經學，旁及子史。舉明經，授國子助教。立教有方，生徒仰之。《閩書》

縣令高應昌先生頤

高頤，字應昌，福安人。孝友天性，臨財以義。親没，廬墓三年。教授鄉校，

837

句暇輒至墓所拜哭。洪武間,舉孝廉,召對稱旨,遂授海鹽知縣,卒于官。著《詩集傳解》。《閩書》、《道南源委》

陳貢父先生自新子孟龍

陳自新,字貢父,號敬齋,寧德人。通五經,精《易》本傳義,而推衍以《皇極經世》書,從遊者衆。著有《起興集》等書行世。子孟龍,字霖卿。博學能文,洪武初舉明經,歷廣東僉事。

林先生偉子仕夑

林偉,寧德人。學問該博,與高頤、余復爲友,義方之教甚嚴。子仕夑,學行俱粹,以廉能見稱,官通直郎。孫祖泰,知建昌軍。

給諫林廷吉先生文迪

林文迪,字廷吉,寧德人。弘治乙丑進士,授刑科給事中。遇事敢言,奉命清糧,卒於廣西。文迪性敏質粹,學博識醇。著有《五峰遺稿》。《通志》

長史周質夫先生斌學派

按:周質夫先生在明初以經學著,識楊文敏於童年,授之以業,後爲國子師,多士悦服,固亦一時師範也。

長史周質夫先生斌

周斌,字質夫,寧德人。嫺雅夷曠,明《詩》、《禮》二經。教授建寧,嚴立教條,作新士習。與郡大夫語,皆政教大端。雲南平,進賀表稱旨,賜金幣。秩滿,太祖召至便殿,承顧問,以質直見重。拜中都國子司業,約度明信,諸生悦服。陞齊府左長史,輔翼開陳,一以正道。丁內艱,卒。楊文敏公微時,斌一見奇之,

親授以業,語之曰:"子器識非常,他日遠到,惜予老不及見也。"所著有《國子先生文集》。《閩書》

縣令陳鼎夫先生新

陳新,字鼎夫,福安人。永樂十二年,以貢入國子,從楊文敏公學。知海陽縣。時賦重民困,求其弊悉去之。每春巡省田野,勸課農桑,始終不倦。《閩書》

陳先生廣學派

按:先生及門者多而獨著莊敏林公,觀莊敏立朝讜論出處諸大節,其熏炙師門所得多矣。考莊敏之門如林氏各,恂恂言行,嘗論學者必以養素自重爲先,一時師友講習,固有淵源哉!

陳　先　生　廣

陳廣,寧德人。隱居授徒,多所成就。林莊敏聰嘗受業焉。既貴,寓書於廣,稱其自得真趣,非語言所能形容者。《閩書》

莊敏林季聰先生聰

林聰,字季聰,寧德人。正德己未進士,爲刑科給事中。景泰元年,轉都給事。時當英廟之世,承平日久,言路弗塞,聰感激論事,無諱及英廟北狩以後,益與同官葉文莊盛矯厲奮發,所彈劾皆切近內侍及當柄大臣,多因以下獄去者。迨額森將送英廟還,廷議迎駕,景帝既即位有日,不利駕還,心欲薄其禮,聰獨請備鑾輿鹵簿。景帝廢英廟皇太子,自立己子,衆唯唯署牘,聰獨難之,方欲極論而罷。尋遷春坊司直。大學士商輅言六科不可無聰,仍補吏科都給事中,領司直俸。戶部侍郎張睿、國子祭酒劉鉉並用母喪奪情,聰上疏:"侍郎,六卿之亞;祭酒,師儒之宗。忠孝大節,不可少欠,乞命依例守制。"不聽。復上言:"君親,人道大倫;忠孝,臣子大節,未有忠君不繇孝親,薄親能厚君者也。禮:'臣有父母之喪,君三年不呼其門。'高皇帝定制,斬衰之服,父母皆一;冒喪匿喪,俱有罰禁。所以扶綱常,維世教,豈不嚴哉?曩者國家多事,内外近侍、方面等官,奪情起復,此令共濟時艱,一時權宜也。今邊事寧謐,方面已皆不許,而在京猶或踵舊。臣誠愚昧,以爲大臣之中,有一身去就係國安危,猶若可言。若一槩爲例,弊且貪戀名爵,廉恥不顧,視天親若路人,希異數如常事。伏望當金革之不試,舉先朝之舊章,裨益世道,殊非淺鮮。"景帝所立太子薨,聰上大寶八事及修德弭災二十條,中言:"今三尺兒童,悉念太上皇德,獨恥皇太子見深何故見廢,時日曷喪之謠繼出,臣不知爲誰。陛下幸而聽臣,仍將太子立爲東駕。"又言:"陛下宜虛己省躬,戒玩好之蕩心,戒嬪御之燕溺,戒用度之過奢,戒逸樂之忘返,戒爵濫施,戒刑濫及。"又言:"唐、虞、三代,無有釋道之教、齋醮之事,然而享壽益高,傳祚益久,庶政惟和,萬事咸寧。自漢以後,或捨身施佛,或迎骨入禁,信非不專,奉非不至,而壽未見隆,祚未見永,治未見古,若二教亡益明甚。近者在京寺觀,既有齋糧以飯僧,又有燈油以供佛。一月而齋幾度,旬日而醮幾壇,甚至内府亦行修設,供奉之費既多,齋襯之儀不少。雖曰内帑,實出民脂。以爲爲民祈福,而民艱自如;以爲爲國禳災,而天灾屢見。伏望悉行停罷,庶幾當務爲急。"聰平居恂恂,不爲奇異,遇事正色讜論,確不可奪。景泰中,諫議之臣惟聰與葉盛爲首稱。嘗領會試考官,汲汲焉恐失一士。吏部選註,未嘗或徇私請,輒指斥改易。當事者外雖敬憚,中實銜之。尚書何文淵以選法不公,爲聰論罷。聰復時時忤大學士陳循、都御史王文,循、文諷諸御史劾聰,十三道溥等奏:"聰自劾去何文淵之後,數挾制吏部尚書王直,紊亂選法。"詔多官廷鞫,以大臣專擅選法,論坐當斬,并劾直等阿勢聽囑。而大學士高穀獨持正議保持之。禮部尚書胡濙亦曰:"給事,七品官也,儗以大臣;囑託,公事也,儗以選法,二者不合。"遂不與疏。歸,卧病不朝。上遣中使往問,對曰:"臣故無疾也,聞欲殺林聰,不覺驚悸。"景帝始知聰被構,左遷國子學正。英宗復辟,超遷左僉都御史,賑山東饑,全活甚衆。還,遷右副都御史,捕江淮鹽賊,籍其魁而已。三年,丁内艱。明年,起復。固辭終制,不允。至署院,曹欽反,錦衣官校報復仇怨,凡欽姻識一切逮繫,人心知冤,度無免理,聰力争出之。又一時幸功者妄取首級,京師人至不敢夜出門。聰按論捕賊功,必生獲其人。成化二年,江淮旱饑,人相食。右僉都御史吳深巡視民瘼無狀,命聰代之。九載秩滿,陞右都御史。七年,出巡撫大同。逾年,致仕。越二年,起掌南院事。又三年,召入爲刑部尚書,加太子少保。又明年,乞致仕,不許。十八年,卒。贈少保,謚莊敏。所著有《見菴文集》、《奏議》八卷。《閩書》

林　先　生　各

林各,寧德人。嘗從林莊敏游。安貧樂善,恂恂言行,諭學者必以養素自重爲先。年八十餘。

閩中理學淵源考卷九十二

正、嘉以後諸先生學派

按：黃氏乾行，陳氏衰皆以儒學顯著，而立朝又卓然，餘或求師取友，或建白當時，固皆特立有守君子矣。

郡守周懷玉先生璞

周璞，字懷玉，福寧人。嘉靖四年舉于鄉。從呂涇野講學，以潛心力行見稱。判廣州，覈市舶，斥絕常賂。陞上思知州。諄諄講論，蠻俗一變。經營物力，以築城門，歲成一門，四門成，擢思恩同知，尋擢知府。首戒九司曰："地方多事，皆因爾輩爭立，今若覬紊繼法毋貸！"呂馬者，岑猛黨也，聚衆爲梗。兵備曰："有周守在，母憂。"旬月，馬服罪，且納金爲謝，累却之。入覲，乞休。不允，徑歸。粤民兩齎撫按檄至州，促復任，竟不起。璞與人交，若飲醇。有過婉諷，俾自悟，而中介有不可徇者。著《一石摘藁》。與弟珉同以孝友稱。《閩書》、《通志》

縣令吳汝礪先生鈺

吳鈺，字汝礪，福寧人。教諭宣城，卻贄恤貧。師鄒東廓守益、汪東麓佃，講學淑士。令公安，以不阿歸。宦橐蕭然，書十數篋而已。叔琇孤寒，鈺爲立嗣，匀以己產。兄鐸死，無子，敬禮寡嫂。弟鱗早逝，撫其二孤。庠友程珩疾革，偕周璞旦夕省侍，及没，珩妻李亦亡，偕璞舉其二喪焉。《閩書》

郡守黃大同先生乾行

黃乾行，字大同，福寧人。父子厚，青田訓導，嚴直不阿。子四：長乾清，恂恂孝友,會試下第,製絹衣,父知詰之,跪伏自責。乾德,知宣平,鋤強戢吏。乾行,舉嘉靖三十二年進士,授行人,歷户部郎中。出守重慶,誨士卑俗。卒于官所。著有《禮記春秋日録》,四方傳之。乾行倜儻負義,兄乾清病,夜覓醫于鄉,遇虎不顧。乾清子復早卒,爲昏嫁其孫及孫女。弟乾道夭,無子,養其嫠終身。《閩書》

兵備陳邦進先生褒

陳褒,字邦進,寧德人。嘉靖二年進士,選侍御史。劾胡侍郎提督大同逗遛,疏立獻廟,疏廖冢宰私閣臣所親。因乞終養,十餘年,起復,巡按江西。夏言爲相,欲毀民居以益苑囿,書以諷之云:“費鵝湖之變,幾至滅族,相公方締歡魚水,當造福子孫。”霍韜嘆曰:“真御史也。”左遷韶州推官,復謫判泗州。久之,爲慈谿令。毀淫祠,以祠吳相闞澤、唐相房琯之有功德於慈者。陞廣西兵備,有平獞賊功。尋致仕。著《禮記正蒙》、《騶山集》行世。《通志》、《閩書》

訓導薛宗舉先生公應

薛公應,字宗舉。嘉靖十七年貢士,訓導盱眙,教諸生以躬行實踐之學。三年乞休。子孔洵,事公應孝,有士行,學者稱爲企泉先生。

李先生中美

李中美,福寧人。博學好禮,雖盛暑,衣冠儼然。嘉靖晏駕,中美蔬素三日。與袁樞、林子燧、陳喜談《詩》。著《詩書玉篇直音》。《閩書》

張美中先生緔

張緔,字美中,參議蘭曾孫也。惇尚孝友,篤志讀書,長於詞賦。阮雲塘、陳鰲溪以文章氣節相高,時號“三傑”。《閩書》

袁先生樞

袁樞,福寧人。天禄公裔。樂易俶儻,輕財仗義。入深山中,苦訖經史,與

李中美談《詩》。教子學古。諸兄弟服其友愛。《閩書》

<h2 style="text-align:center">陳希和先生喜</h2>

陳喜,字希和,福寧人。續學渾樸。蚤喪父,獨事母孝養,至老不衰。母年高多病,躬伴母寢,晨昏溫清,衣食櫛盥至牏厠瑣猥,未嘗假他人。年九十四。《閩書》

附　録

四庫全書總目提要

　　臣等謹案：《閩中理學淵源考》九十二卷，國朝李清馥撰。清馥，字根侯，安溪人，大學士光地之孫。以光地廕授兵部員外郎，官至廣平府知府。是編本曰《閩中師友淵源考》，故序文、《凡例》尚稱舊名。此本題《理學淵源考》，蓋後來所改。序稱乾隆己巳，而每篇小序所題年月，多在己巳之後，蓋序作於草創之時，成編以後復有所增入也。宋儒講學盛于二程，其門人游、楊、吕、謝號爲高足，而楊時一派，由李侗而及朱子，轉輾授受，多在閩中。故清馥所述斷自楊時，而分別支流，下迄明末。凡其派傳幾人，某人又分爲某派，四五百年之中，尋端竟委，若昭穆譜牒，秩然有序。其中家學相承，以及友而不師者，亦皆並列，以明其學所自來。其例，每人各爲小傳，傳之末各註所據之書，併以語録、文集有關論學之語摘録於後，考據頗爲詳核。其例于敗名隳節、貽玷門墙者，則削除不載，間有純駁互見者，則棄短録長。如《廖剛傳》中，删其初附和議一事；《胡宏傳》中，但叙不持生母服，爲右正言章厦所劾，而不詳載其由。蓋爲賢者諱，古義則然，不盡出鄉曲之私也。清馥父鍾倫，早夭。清馥幼侍其祖光地，多聞緒論，故作是編，一稟家訓，尚有典型，雖意崇桑梓，而無講學家門户異同之見云。乾隆四十四年九月恭校上。

　　總纂官：臣紀昀、臣陸錫熊、臣孫士毅

　　總校官：臣陸費墀

校 點 後 記

　　《閩中理學淵源考》九十二卷,約七十萬字,清李清馥撰,成書時間約在乾
隆六年(一七四一)。

　　早在清雍正七年(一七二八),李清馥便輯有《志學録》内外篇一書。十三
年後,"於乾隆辛酉年(一七四一)冬,效職天雄……道經博野,謁副憲元孚尹
公。公即自述所學,慨然念國朝魏環溪、湯睢陽、陸當湖及先文貞公四先生,欲
有待論列於朝寧,因言濂、洛、關、閩五子之書,遞衍八百年來,家習户誦,生於其
鄉者,或親炙,或私淑,其派別相續,源流更易爲尋溯。傾聆之下,與余夙心所擬
者頗合。歸屬後……重尋舊麓,得《伊洛淵源録》、萬氏《儒林宗派》、宋氏《考亭
淵源録》諸編,録出,次第考訂之,目曰《閩中師友淵源考》"(原序)。此即《閩
中理學淵源考》之前身——《閩中師友淵源考》。

　　李清馥,字根侯,李光地之孫,理學名家。生四歲而孤,幼從李光地,時聽緒
論,飽讀詩書,學識淵博。李光地授以《通書》、《太極圖》、《西銘》、《正蒙》等
書,即知以古學爲期。以父祖蔭,肄業國子監。授盛京户部員外郎,遷户部四川
司郎中,後出知大名府,調廣平,以疾歸里。

　　《閩中理學淵源考》"以龜山載道南來,羅、李遞傳,集成於朱,而上溯周、
程,以傳千載不傳之秘者也。故以龜山冠冕編首,各從派繫遞列相承,不以世次
論其先後,而以師承訂其旨歸也。唐初,歐陽四門與翁、林諸賢勃興,爲開閩人
文之始。彼時師友未廣也,故列未及焉。宋初,海濱四先生與安定胡氏諸公,同
時倡學,有魯一變之風,然派別未著也,故另附本篇之後。是道南者賡續,雖名
爲衍緒,而倡作則實爲開先,非獨閩省一方所賴,而實千古正學之宗也。由元閱
明成化間,蔡虚齋、陳剩夫、周翠渠諸賢先後講學,起而倡述之,經學稱一時之

846

盛。中明以後,學術漓雜,迄於季造,決裂判散,使後生晚出,不復見先正本來之懿。先公感焉,嘗論吾閩之學,篤師承,謹訓詁,終身不敢背其師説,以爲近於漢儒傳經遺意。公餘講切,每持此論以救末學之偏,其意遠矣"(原序)。

《四庫全書總目提要》稱《閩中理學淵源考》"凡其派傳幾人,某人又分爲某派,四五百年之中,尋端竟委,若昭穆譜牒,秩然有序。其中家學相承,以及友而不師者,亦皆並列,以明其學所自來。其例,每人各爲小傳,傳之末各註所據之書,並以語録、文集有關論學之語摘録於後,考據頗爲詳核"。

這次以《影印文淵閣四庫全書》本爲底本進行點校,並參考有關文獻,以考辨異同,補其缺訛。心雖專注,但對古人字裏行間之用意,或有未盡之處,敬請方家指正。

編　者
二〇一四年十一月

圖書在版編目（CIP）數據

閩中理學淵源考／（清）李清馥著；何乃川，李秉
乾點校.—北京：商務印書館，2018
（泉州文庫）
ISBN 978－7－100－16443－6

Ⅰ.①閩… Ⅱ.①李… ②何… ③李… Ⅲ.①理學—
研究—福建—宋代②理學—研究—福建—明代 Ⅳ.
①B244.05

中國版本圖書館 CIP 數據核字（2018）第 172600 號

責任編輯　閻海文

特約審讀　李夢生

閩中理學淵源考
（清）李清馥　著

商　務　印　書　館　出　版
（北京王府井大街36號　郵政編碼100710）
商　務　印　書　館　發　行
山東鴻君傑文化發展有限公司印刷
ISBN 978－7－100－16443－6

2018 年 9 月第 1 版　　　　開本 705×960　1/16
2018 年 9 月第 1 次印刷　　印張 57.75　插頁 4
定價 238.00 元（全二冊）